高等院校物流专业"互联网+"创新规划教材

企业物流管理（第2版）

主　编　孔继利
副主编　贾国柱　冯爱兰

北京大学出版社
PEKING UNIVERSITY PRESS

内 容 简 介

本书针对当前物流市场的人才需要和高等院校创新型应用人才培养的特点，以"企业供应物流—企业生产物流—企业销售物流—企业回收与废弃物物流"为主线，讲解了企业物流管理概论、企业物流战略与企业物流组织、采购与供应物流管理、企业生产物流管理、企业仓储与库存管理、企业销售物流管理、企业回收与废弃物物流管理、企业物流信息管理、企业物流服务管理、企业物流绩效管理、企业物流现代化及其发展趋势等内容。本书安排了一定数量的技术工具实践内容，以培养学生的实际动手能力；提供了不同类型企业物流管理案例、丰富的知识资料和形式多样的思考与练习题，以供读者阅读、训练或操作使用。

本书可作为高等院校电子商务、物流管理、物流工程、工业工程及其相关专业的教材，也可作为工业企业、商业企业、物流企业的技术人员和管理人员的自学参考用书。

图书在版编目（CIP）数据

企业物流管理 / 孔继利主编. -- 2 版. -- 北京 ：北京大学出版社，2025.7. -- （高等院校物流专业"互联网+"创新规划教材）. -- ISBN 978-7-301-36394-2

Ⅰ．F273.4

中国国家版本馆 CIP 数据核字第 2025XS9843 号

书　　　名	企业物流管理（第 2 版）
	QIYE WULIU GUANLI (DI-ER BAN)
著作责任者	孔继利　主编
策划编辑	郑　双
责任编辑	杜　鹃
数字编辑	金常伟
标准书号	ISBN 978-7-301-36394-2
出版发行	北京大学出版社
地　　　址	北京市海淀区成府路 205 号　100871
网　　　址	http://www.pup.cn　新浪微博：@北京大学出版社
电子邮箱	编辑部 pup6@pup.cn　总编室 zpup@pup.cn
电　　　话	邮购部 010-62752015　发行部 010-62750672　编辑部 010-62750667
印　刷　者	天津中印联印务有限公司
经　销　者	新华书店
	787 毫米×1092 毫米　16 开本　24.75 印张　630 千字
	2012 年 7 月第 1 版
	2025 年 7 月第 2 版　2025 年 7 月第 1 次印刷
定　　　价	69.00 元

未经许可，不得以任何方式复制或抄袭本书之部分或全部内容。
版权所有，侵权必究
举报电话：010-62752024　电子邮箱：fd@pup.cn
图书如有印装质量问题，请与出版部联系，电话 010-62756370

前　言

党的二十大报告强调，要"建设高效顺畅的流通体系，降低物流成本"。作为现代流通体系重要组成部分的现代物流体系已成为衡量一个国家综合国力和现代化水平的重要标志。我国物流业正处于一个蓬勃发展的时期，对物流人才的需求不断加大，且要求也逐步提高。物流学科是一门综合性交叉学科，物流业又是一个跨行业、跨部门的复合产业，发展物流业不仅需要高级物流管理人才，还需要大量的物流执行型与操作型人才。物流专业人才的培养必须立足于当前物流市场的需求，以创新思维与能力为培养定位，充分调动学习者的积极性和主观能动性，确保培养出来的人才能够适应全球化竞争、推动我国经济发展的战略性人力资源需求。"企业物流管理"被确定为高等学校物流类相关专业的核心课程之一。编者基于多年的教学实践，编写了体系结构完善、实践性强、具有趣味性、紧跟时代发展趋势的教材，以提升"教师教""学生学"的双向积极性。

《企业物流管理》出版后，读者提出了建设性的意见，推动编者进行教材的改版和修订，有些高校的教师也建议编者加快教材的修订进度。正是教师和读者的肯定与期待，促使编者以饱满的热情投入教材的修订工作中。

本书以市场需求为导向，按"概念—理论—方法—工具"系统设计内容体系，既考虑了企业物流管理理论方面的发展趋势，又考虑了我国企业物流管理的实践需要，特别是不同类型企业的物流管理理论研究与实践。本次修订主要根据行业的新规范和标准，学术研究、企业实践的新需求，尤其是大数据、云计算、互联网应用的物流新业态最新成果，加入对读者有启发的、能够体现新时代特征的案例。本书注重知识的系统性和实践性，希望对我国物流业的健康发展和高效管理以及物流人才的培养与提高起到一定的积极促进作用。本次修订保留了各章的教学要点和技能要点，便于初学者把握学习的精髓；更新了部分图表、案例和数据。

本书主要具有以下特色。

（1）确保内容的准确性和结构的系统性。本书系统介绍了企业物流管理的有关内容，讲解的概念性知识符合行业的标准和规范。

（2）强化内容的实践性与应用性。每章的导入案例都源于优秀企业的实践活动，文中的阅读案例和知识拓展供读者参考和研读；典型的例题供读者理解和巩固重点内容；每章附有不同类型的习题及实际操作训练，以便读者进行实训或实验操作；每章以案例分析结束，便于读者对相应章节知识进行综合应用。

（3）增加内容的趣味性。为了方便读者对知识的掌握与应用，本书不仅在每章设置了教学重点、关键术语，而且通过资料卡、小知识等形式引入了大量的背景资料、拓展知识，以扩大读者的知识范围。

本书由北京邮电大学孔继利担任主编，提出编写大纲并负责统稿；北京航空航天大学贾国柱、北京科技大学冯爱兰担任副主编。第3、4、5、6、8章由孔继利编写，第2、7、10章由孔继利、贾国柱编写，第1、9、11章由孔继利、冯爱兰编写。

在本书的编写过程中，我们参阅了大量专家、学者的著作与教材，引用了其中的相关概念及国内外一些企业的实例，已尽可能在参考文献中列出，同时参考了互联网公开的企业信息与行业报道，在此，向这些文献的作者表示衷心的感谢！

由于编者的学识水平和实践知识所限，书中难免会有疏漏和不足之处，恳请广大读者批评指正。

编者
2025 年 2 月

资源索引

目 录

第 1 章 企业物流管理概论 1
1.1 现代物流概述 3
- 1.1.1 物流概述 3
- 1.1.2 传统物流与现代物流的对比 6
- 1.1.3 现代物流的特征 7

1.2 企业物流概述 8
- 1.2.1 企业物流的概念与内涵 8
- 1.2.2 企业物流与社会物流的关系 9
- 1.2.3 企业物流的结构与内容 10
- 1.2.4 企业物流的特征 14
- 1.2.5 企业物流的合理化 15

1.3 企业物流管理概述 19
- 1.3.1 企业物流管理分析 19
- 1.3.2 企业物流管理的目标 20
- 1.3.3 企业物流管理的内容 21
- 1.3.4 企业物流管理的特征 23

1.4 企业物流管理的学习与研究方法 24
- 1.4.1 学习与研究的基本观点与原则 24
- 1.4.2 学习与研究的主要方法 25

本章小结 26

第 2 章 企业物流战略与企业物流组织 31
2.1 企业物流战略 33
- 2.1.1 企业物流战略概述 34
- 2.1.2 物流战略规划 36
- 2.1.3 企业物流环境分析 39
- 2.1.4 企业物流战略选择 42
- 2.1.5 企业物流战略的实施 47
- 2.1.6 企业物流战略的评价与控制 48

2.2 企业物流组织 49
- 2.2.1 企业物流组织概述 49
- 2.2.2 企业物流组织设计 56
- 2.2.3 企业物流组织的创新与发展 61

本章小结 63

第 3 章 采购与供应物流管理 69
3.1 采购与供应物流管理概述 70
- 3.1.1 采购与供应物流的基本概念 70
- 3.1.2 供应物流管理及其内容 72
- 3.1.3 现代供应物流管理的理念 73

3.2 采购管理 74
- 3.2.1 采购管理概述 74
- 3.2.2 企业采购管理的流程 80
- 3.2.3 采购决策 82
- 3.2.4 采购物品的分类及采购策略的选择 84
- 3.2.5 企业采购的新型策略 85

3.3 供应商管理 89
- 3.3.1 供应商概述 89
- 3.3.2 供应商选择 91
- 3.3.3 供应商关系管理 99
- 3.3.4 供应商绩效管理 103

本章小结 106

第 4 章 企业生产物流管理 113
4.1 企业生产物流管理概述 115
- 4.1.1 生产物流的含义和影响因素 115
- 4.1.2 生产物流系统设计的原则 116
- 4.1.3 生产物流管理 116

4.2 生产物流的类型与特征 117
- 4.2.1 生产物流的类型 117
- 4.2.2 生产类型的划分方法 119
- 4.2.3 不同类型企业生产物流的特征 121

4.3 生产物流的组织 125
- 4.3.1 生产物流的空间组织 125

4.3.2 生产物流的时间组织 129
4.3.3 生产物流的人员组织 133
4.3.4 合理组织生产物流的基本要求 134
4.4 生产物流的计划与控制 135
4.4.1 生产物流计划的原理和方法 135
4.4.2 生产物流控制的原理和方法 145
4.5 现代生产物流管理的新模式 150
4.5.1 MRP/MRPⅡ/ERP 模式 150
4.5.2 JIT 模式 155
4.5.3 TOC 模式 159
4.5.4 MRPⅡ、JIT、TOC 模式的比较 164
本章小结 167

第 5 章 企业仓储与库存管理 175

5.1 企业仓储管理 177
　5.1.1 仓储与仓储管理概述 177
　5.1.2 仓储作业的基本流程 179
　5.1.3 仓储管理决策 181
　5.1.4 仓储合理化 195
5.2 企业库存管理与控制 197
　5.2.1 库存概述 197
　5.2.2 库存管理与绩效评价指标 204
　5.2.3 库存管理与控制方法 205
5.3 现代企业库存管理模式 222
　5.3.1 零库存管理 222
　5.3.2 供应商管理库存 223
　5.3.3 联合库存管理 224
　5.3.4 多级库存优化与控制 225
本章小结 226

第 6 章 企业销售物流管理 234

6.1 企业销售物流管理概述 236
　6.1.1 销售物流概述 236
　6.1.2 销售物流管理概述 239
6.2 销售物流服务 242
　6.2.1 销售物流服务概述 242
　6.2.2 销售物流服务的构成要素 243
　6.2.3 销售物流客户服务能力 245
　6.2.4 创造竞争优势的销售物流服务 246
6.3 需求预测 246
　6.3.1 需求预测的影响因素 246
　6.3.2 需求预测的内容 247
　6.3.3 需求预测的程序 247
6.4 销售订单管理 250
　6.4.1 销售订单管理概述 250
　6.4.2 销售订单处理的工作过程 250
6.5 销售配送管理 252
　6.5.1 销售配送的类型 253
　6.5.2 销售配送中心 254
　6.5.3 销售配送合理化的方法 255
本章小结 257

第 7 章 企业回收与废弃物物流管理 262

7.1 废旧物资概述 263
　7.1.1 废旧物资的含义 264
　7.1.2 废旧物资的产生 264
　7.1.3 废旧物资的分类 265
　7.1.4 废旧物资的使用价值分析 266
7.2 企业回收物流 267
　7.2.1 回收物流的含义 267
　7.2.2 回收物流的特点 268
　7.2.3 回收物流的分类 269
　7.2.4 回收物流的回收方法和回收渠道 270
　7.2.5 回收物资的处理技术 271
　7.2.6 回收利用废旧物资时应注意的几个问题 271
　7.2.7 回收物流的典型应用 272
7.3 企业废弃物物流 275
　7.3.1 不同形态的废弃物物流的处置方法 275
　7.3.2 不同来源的废弃物物流的处置方法 277
　7.3.3 不同性质的废弃物物流的处置方法 278

7.3.4 企业废弃物的物流合理化 279
本章小结 281

第8章 企业物流信息管理 285
8.1 企业物流信息管理概述 286
8.1.1 物流信息的概念 286
8.1.2 现代物流信息技术 288
8.1.3 物流信息管理的内容 301
8.2 物流管理信息系统 303
8.2.1 物流管理信息系统概述 304
8.2.2 物流管理信息系统的开发 306
8.3 典型物流管理信息系统案例 312
8.3.1 制造企业物流管理信息系统 312
8.3.2 流通企业物流管理信息系统 313
本章小结 315

第9章 企业物流服务管理 321
9.1 物流服务概述 322
9.1.1 客户服务的概念 323
9.1.2 物流服务的概念 324
9.2 物流服务内容 327
9.2.1 基本服务 327
9.2.2 零缺陷服务 327
9.2.3 增值服务 328
9.3 物流服务决策 329
9.3.1 识别客户服务需求 329
9.3.2 确定物流服务目标的方法 330
9.3.3 设定客户服务标准 335
本章小结 336

第10章 企业物流绩效管理 339
10.1 企业物流绩效管理概述 341
10.1.1 企业物流绩效管理介绍 341
10.1.2 企业物流绩效管理合理化及其模式 342
10.2 企业物流绩效评价 342
10.2.1 企业物流绩效评价的作用 343
10.2.2 企业物流绩效评价的体系 343
10.2.3 企业物流绩效评价的程序 345
10.2.4 企业物流绩效评价的指标体系 345
10.2.5 企业物流绩效评价的方法 353
本章小结 360

第11章 企业物流现代化及其发展趋势 365
11.1 企业物流的国际化 367
11.1.1 企业物流国际化特征 367
11.1.2 企业物流国际化组织 369
11.2 企业物流现代化技术 371
11.2.1 管理现代化 371
11.2.2 技术现代化 372
11.3 企业物流战略联盟 373
11.3.1 战略联盟的特征 373
11.3.2 战略联盟的类型 374
11.3.3 动态物流联盟 376
11.4 我国企业物流的发展趋势 377
11.4.1 双向发展趋势加剧 377
11.4.2 新一代信息技术将被广泛应用 378
11.4.3 绿色物流与冷链物流加速崛起 380
11.4.4 企业物流管理向供应链管理转型 382
本章小结 384

参考文献 388

第1章 企业物流管理概论

【本章教学要点】

知识要点	掌握程度	相关知识
现代物流概述	掌握	物流的概念、物流的基本活动、物流的分类、传统物流与现代物流的区别、现代物流的特征
企业物流概述	掌握	企业物流的概念与内涵、水平结构和垂直结构、内容、特征、合理化
企业物流管理概述	重点掌握	企业物流管理的概念、目标、内容、特征
企业物流管理的学习与研究方法	了解	企业物流管理学习与研究的基本观点、基本原则和主要方法

【本章技能要点】

技能要点	掌握程度	应用方向
企业物流的水平结构	掌握	能够有效地对企业物流的过程进行分类,并明确企业物流各个环节的主要工作内容
企业物流合理化原则	重点掌握	作为设计企业物流系统的目标并作为评价企业物流系统的依据
企业物流管理的内容	掌握	作为了解企业物流管理对象的依据,可以据此深入学习企业物流管理从业人员应具备的技能和知识结构
企业物流管理的研究方法	掌握	作为深入研究企业物流管理理论和实践的方法和手段

导入案例

一汽-大众佛山工厂的智慧物流系统

2019年11月,一汽-大众佛山工厂生产基地智能工厂项目打造了汽车行业首例"超市2.0"解决方案,实现厂级协同的智慧物流系统。

一汽-大众佛山工厂的智慧物流系统主要集成了机器人控制系统(Robot Control System, RCS)、仓储管理系统(由智能设备供应商提供)和一汽-大众的工厂生产信息系统(Factory Informations System, FIS)、物流总控平台(Platform for Logistics Planning, PLP),四者无缝对接,真正做到了生产与物流管理的系统化、一体化、透明化和智能化。智慧物流系统可以对一汽-大众佛山工厂生产基地的生产管理流程持续提供重组和优化的数据支撑,为提高企业生产管理水平打下坚实的基础,使生产管理更加信息化、自动化、数字化和科学化,有利于实现建立"智能工厂"的目标。

"超市2.0"解决方案的成效可总结为以下五点:

(1)"超市2.0"解决方案的"货到人"模式更人性化,降低了员工的工作强度,减少了占总工时30%的无效行走;

(2)"超市2.0"解决方案提高了汽车零件超市整体的工作效率和准确率,后端智能调度系统和图形化拣选指示使得拣选错误率降低为零;

(3)全程无人的标准化补货运输过程,让作业质量大幅度提高;

(4)供应商的RCS、仓储管理系统和一汽-大众的FIS、PLP协同联动、数据互通,真正做到智能运维、实时反馈,让生产运营管理水平得到进一步提升;

(5)"超市2.0"解决方案相对于传统物流超市具有更高的柔性,新车型并入等前提变化导致的方案调整都可以通过动态库存布置、智能系统负载均衡来轻松应对,减少了大量的重复规划工作。

一汽-大众汽车有限公司生产管理部部长窦恒言指出,一汽-大众倡导"精秩物流"理念,精准的需求预测、单元化的供应组合、透明的供应链管理以及用户交付的秩序是一汽-大众物流人的追求,而全过程自动化的智能物流是重要目标之一。在项目规划过程中,项目组开发了一系列的智能运筹算法,用于布局方案、设备调度仿真等规划工作,实现了生产柔性,有助于柔性交付。项目除了本身带来的每年数百万的经济效益,还能起到很好的新型数字化、自动化解决方案的探索示范作用,在智能制造方面处于行业领先水平。

资料来源:喜崇彬, 2020. 一汽大众佛山工厂的智慧物流系统[J]. 物流技术与应用, 25(10): 108-112.

思考题:

(1)一汽-大众佛山工厂智慧物流系统由哪几部分构成?

(2)一汽-大众佛山工厂智慧物流系统的作用是什么?

(3)"超市2.0"解决方案的成效包括哪些?

企业物流是指生产和流通企业围绕其经营活动所发生的物流活动。企业物流管理是指在社会再生产过程中,根据物流的规律,应用管理学的基本原理和科学方法,对企业内部物资的采购、运输、配送、储存等物流活动进行计划、组织、协调与控制的活动。

1.1 现代物流概述

1.1.1 物流概述

1. 物流概念的产生

物流最早出现在美国。1901 年，美国的约翰·F.格鲁维尔在《农产品流通产业委员会报告》中提及配送的成本及其影响因素，最早论述了对农产品流通产生影响的各种因素和费用。之后出现了物流概念的两个分支，见表 1-1。

表 1-1 物流概念的两个分支

时间	创立人	具体概念
1905 年	琼西·贝克（美国少校）	从军事后勤角度创立的军事物流（Logistics）
1915 年	阿奇·萧（美国市场营销学者）	从市场分销角度创立的商业物流（Physical Distribution）

知识拓展

物流活动的早期文献记载

1918 年，英国的利费哈姆勋爵成立了即时送货股份有限公司。该公司的宗旨是在全国范围内，把商品及时送到批发商、零售商及用户手中。这一举动被以后的一些学者称为有关"物流活动的早期文献记载"。

2. 物流的定义

人们对物流的认识是一个不断深化的过程，对物流的定义也是多种多样的。

从 1963 年到 2003 年，物流的定义在美国进行了 5 次更新（分别为 1963 定义、1986 定义、1998 定义、2002 定义和 2003 定义）。2003 年，美国物流管理协会（Council of Logistics Management，CLM）对物流的定义为：物流是供应链过程的一部分，是对货物、服务及相关信息从来源地到消费地的有效率、有效益的正向和逆向流动及存储进行的计划、实施和控制，以满足客户的要求。

从美国物流管理协会 2003 年对物流的重新定义可以看出，物流属于供应链管理的范畴，是供应链管理的一部分。

 小知识

从 2005 年 1 月 1 日开始，美国物流管理协会已经正式更名为美国供应链管理专业协会(Council of Supply Chain Management Professionals，CSCMP)。这就意味着，物流管理已经全面融入供应链管理，供应链管理在企业中的地位日益显著，供应链管理专业人士的活动范围日益广泛，对企业价值的贡献得到了认可。

1981 年，日本日通综合研究所编著的《物流手册》将物流定义为：物质资料从供应者向需求者的物理性转移，是创造时间性、空间性价值的经济活动。物流主要包括包装、装卸、保管、库存管理、流通加工、运输、配送等活动。

1994年,欧洲物流协会(European Logistics Association,ELA)对物流的定义为:物流是在一个系统内对人员、商品的运输、安排,以及与此相关的支持活动的计划、实施与控制,以达到特定目的的过程。

《物流术语》(GB/T 18354—2021)对物流的定义是:"根据实际需要,将运输、储存、装卸、搬运、包装、流通加工、配送、信息处理等基本功能实施有机结合,使物品从供应地向接收地进行实体流动的过程。"

尽管物流的定义至今仍有争论,但对物流的本质理解是一致的,即物流活动是由一系列创造时间和空间价值的经济活动组成的。

3. 物流的基本活动

在日常生产活动中,从采购到生产、从销售再到回收,各个环节都包含物流活动。物流活动如图 1-1 所示。

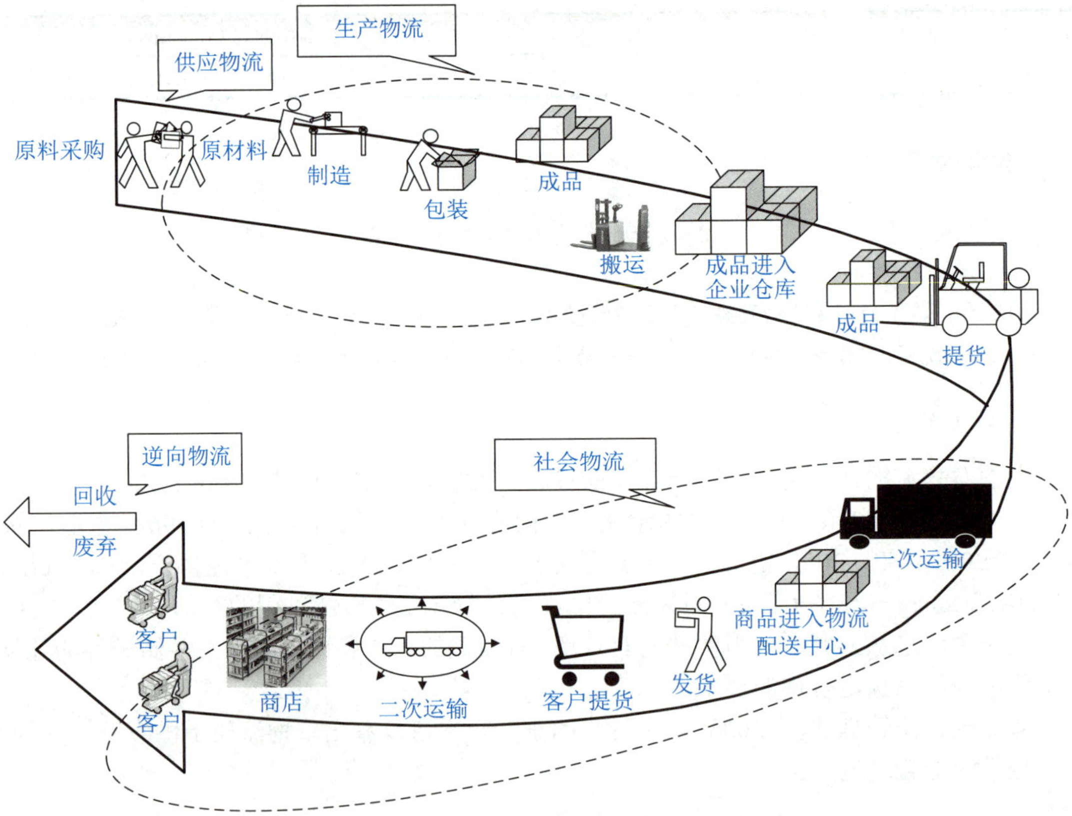

图 1-1 物流活动

由图 1-1 可知:物流过程是由一些具体的物流活动组成的,这些物流活动包括运输、仓储、包装、装卸搬运、流通加工、配送等,以及与之相关的物流信息。

(1)运输。运输是指利用载运工具、设施设备及人力等运力资源,使货物在较大空间上产生位置移动的活动。运输是实现物品空间价值的主要手段,是物流的中心环节之一,被称为国民经济的动脉和现代产业的支柱。目前,运输的基本方式主要有铁路运输、公路运输、水路运输、航空运输以及管道运输 5 种方式。

（2）仓储。仓储是指利用仓库及相关设施设备进行物品的入库、储存、出库的活动。仓储是为了消除生产和消费在时间上的矛盾而形成的。仓储是实现时间价值的主要手段，也是物流的中心环节之一，是物流活动的重要支柱。

（3）包装。包装是指为在流通过程中保护产品、方便储运、促进销售，按一定技术方法而采用的容器、材料及辅助物等的总体名称。包装也指为了达到上述目的而采用容器、材料和辅助物的过程中施加一定技术方法等的操作活动。通常，包装包括产品的出厂包装，生产过程中制成品、半成品的包装，以及在物流过程中换装、分装、再包装等。当然，包装也可分为销售包装和运输包装。

（4）装卸搬运。装卸是指物品在指定地点以人力或机械载入或卸出运输工具的作业过程。搬运是指在同一场所内，对物品进行空间移动的作业过程。装卸搬运包括物资在运输、仓储、包装、流通加工等物流活动中进行衔接的各种机械或人工装卸、搬运、堆码、取出、分类和集货等活动。

小知识

装卸搬运是劳动密集型作业，内容复杂。其人力与财力的消耗在物流成本中所占的比重大，常常是物流系统改善的重点和难点之一。目前，智能化的装卸搬运系统在物流环节正在被大量应用。

（5）流通加工。流通加工是指根据顾客的需求，在流通过程中对产品实施的简单加工作业活动（包装、分割、计量、分拣、刷标志、拴标签、组装、组配等）的总称。流通加工的主要作用是提高物流系统的效率。

知识要点提醒

流通加工与一般的生产加工在加工方法、加工组织、生产管理方面并无显著区别，但在加工对象、加工程度等方面的差别较大，流通加工与生产加工的差别见表1-2。

表1-2 流通加工与生产加工的差别

比较项目	流通加工	生产加工
加工对象	进入流通过程的商品，具有商品的属性	原材料、零部件、半成品
加工程度	简单加工，是对生产加工的一种辅助及补充	复杂加工
附加价值	完善商品的使用价值	创造产品的核心使用价值
加工主体	由商业或物资流通企业完成	由生产企业完成
加工目的	消费或再生产，也为自身流通	交换、消费

（6）配送。配送是指在经济合理范围内，根据客户需求，对物品进行拣选、加工、包装、分割、组配等作业，并按时送达指定地点的物流活动。

资料卡

配送种类的划分结果见表1-3。

表1-3 配送种类的划分结果

分类标准	种　类
配送主体所处行业	制造业配送、农业配送、商业配送、物流业配送
实施配送的节点	配送中心配送、仓库配送、生产企业配送、商店配送
配送商品的特征	单品种大批量配送、多品种小批量多批次配送、成套配套配送
配送的服务方式	定时配送、定量配送、定时定量配送、定时定路线配送、即时配送
经营形式	销售配送、供应配送、销售供应一体化配送、代存代供配送
加工程度	加工配送、集疏配送
专业化程度	综合配送、专业配送

（7）物流信息。物流信息是指反映物流各种活动内容的知识、资料、图像、数据、文件的总称。物流信息的基本功能是支持运输、仓储、配送等物流活动。物流信息不只停留在支持功能上，还包括更广泛的与流通有关的信息，如商品交易信息和市场信息。

4. 物流的分类

从不同的角度可以对物流进行不同的分类。按照物流的经济属性分类，物流可以分为宏观物流和微观物流；按照物流的性质分类，物流可以分为社会物流、行业物流和企业物流；按照物流的空间范围分类，物流可以分为区域物流、国内物流和国际物流；按照物流的组织方式分类，物流可以分为自营物流和外包物流；按照物流的作用分类，物流可以分为供应物流、生产物流、销售物流、回收物流和废弃物流；按照物流的主体分类，物流可以分为第一方物流、第二方物流、第三方物流、第四方物流和第五方物流等。

按照物流的空间范围分类，物流可以分为区域物流、国内物流和国际物流。

（1）区域物流。区域有不同的划分原则，可以按照省级行政区划分，如河北、北京等34个省、自治区和直辖市；也可以按照地理位置将区域划分为长江三角洲地区、环渤海地区、辽宁沿海经济带、东北经济区等。区域物流规划与设计需要与区域的特征，包括区域的城市建设规划、区域产业资料、交通资源、自然资源等相适应。

（2）国内物流。国内物流是指一个主权国家范围内的物流。国内物流需要在宏观调控作用指导下，做好公路、港口、机场、铁路等物流基础设施的建设、大型物流基地的规划、物流产业政策或标准的制定等。

（3）国际物流。国际物流是国家与国家、洲际之间的物流活动，如跨国公司的物流活动。

1.1.2 传统物流与现代物流的对比

有些学者将物流划分为传统物流和现代物流。传统物流是指物品从供给者向需求者进行的物理性移动。现代物流是以满足消费者的需求为目标，把制造、运输、销售等市场情况结合起来进行思考的一种战略措施，注重物流功能的有机整合。传统物流与现代物流的区别见表1-4。

表 1-4　传统物流与现代物流的区别

传统物流	现代物流
仅局限于物流各个环节作业效率的提高	注重物流系统化，着眼系统总成本最优和作业效率提升
简单位移	增值服务
被动服务	主动服务
人工控制	信息管理
无统一服务标准	标准化服务
"点到点"或"线到线"服务	全球服务网络
单一环节的管理	系统化管理
风险涉及范围窄	风险涉及范围广
时效性要求不高	时效性要求高
以产品生产为价值取向	以客户服务为价值取向
以实现物的使用价值转换为目标	以满足客户和市场需求为目标
物流各要素相互之间独立发展	由企业内部延伸到企业外部且注重外部关系
分散、低效、高耗的物流企业	多功能、一体化的综合物流企业

1.1.3　现代物流的特征

现代物流具有明显的科学性、经济性、技术性和社会性等特征。

1. 科学性

物流科研机构、物流科学体系的设立以及从事物流科学研究的专业人员队伍的不断壮大，都标志着现代物流在向科学化方向发展。现代物流的科学性还表现为各种物流标准的出台。近年来，物流领域逐步制定了物流系统标准体系，从国际标准、国家标准到行业标准乃至企业标准日趋完善。

2. 经济性

随着商品生产周期的缩短、商品流通范围的扩大、客户对配送要求的提高，企业要不断追求"整体最优"，以便在激烈的市场竞争中取胜。准时制和精益生产的提出是企业追求高效经营的结果，也是现代物流经济性的体现。

3. 技术性

随着通信技术、信息技术和网络技术的迅速发展，企业必须积极采用现代科学技术手段，全面完善和提升物流的技术能力。现代物流的技术性表现为物流信息化、物流自动化和物流智能化。

 资料卡

我国现代物流的技术特征主要表现在五个方面：一是全面感知、二是智能决策、三是自主作业、四是多方参与、五是自主完善。

（1）全面感知——冷藏集装箱全球物联网平台。

我国有 12 万～13 万个冷藏集装箱，每个冷藏集装箱在运输过程中的状态是怎样的？我国对冷藏集装箱的全球物联网平台进行了监控，对冷藏集装箱数据进行了实时监测，包括湿度、温度、运行轨迹等。现在已经有3万多个冷藏集装箱安装了冷藏集装箱全球物联网平台，未来我国希望所有冷藏集装箱都能安装这套系统，形成中国对冷藏集装箱监控的最大数据库。今后不仅要对冷藏集装箱进行监控，还要对通用集装箱进行监控。

（2）智能决策——战略决策智能化、智慧物流数字孪生。

智能决策在各个领域将会被广泛应用，在物流系统中应予以高度关注，包括改造业务流程和工艺，整合业务资源，实行专业标准化生产服务，不断提高物流生产效率和运营管理水平，为客户提供全方位和高附加值的服务等。智慧物流数字孪生包括全程监控、实时报警、场景警告、数据对比、预测与优化，这也应引起物流界的高度关注。

（3）自主作业——无人化物流系统。

人口红利消失、人工成本不断攀升、机器人技术不断完善、投资回报周期持续下降，这些现实问题都在推动无人化物流系统应用的推广。仓储机器人已率先大规模应用于物流的仓储环节，无人机、无人车配送也在特定场景开始应用。

（4）多方参与——区块链技术。

区块链核心优势是解决企业的诚信问题，同时也能提高企业的经济效益。区块链技术作为一种大规模的协作工具，天然地适用于现代物流与供应链管理。物流行业有一些痛点，如举证和追责耗时费力，信用等级普遍较低导致融资困难，物流信息不对称影响整体物流效率，等等。我国希望通过区块链技术能够解决，但是也不要在近期对区块链的应用给予过高期望，任何技术都需要一个发展的过程。

（5）自主完善——跨境物流风险监管。

跨境物流的运输量越来越大，如何把控跨境物流的风险监管呢？国外生产的产品可能符合产地国的标准，但是不一定符合目的国的标准，对于这类产品，应该怎样进行风险监管？我们相信这将是物流界今后碰到的大问题，因为物流不是完成运输就可以了，必须对运输的所有过程承担责任，所以跨境物流风险监管应给予高度关注。

资料来源：黄有方，2021. 我国物流科技研究和应用的新动态[J]. 物流技术与应用，26（01）：42-43.

小思考

查阅相关资料，分析现代物流智能化的特征。

4. 社会性

物流的社会性是指企业的物流活动不再单纯地由自己内部完成，而是由社会上的其他专业化的物流组织（主要是物流企业）完成。

1.2　企业物流概述

1.2.1　企业物流的概念与内涵

1. 企业物流的概念

20世纪60年代，彼得·德鲁克提出"产成品"物流的概念后，很快引起了企业界的巨大关注，企业物流理念迅速扩展到从包括原材料采购到产成品销售的整个经营领域。

1-1 拓展视频

《物流术语》（GB/T 18354—2021）对企业物流的定义是："生产和流通企业围绕其经营活动所发生的物流活动。"

针对生产企业而言，企业物流是指在企业生产过程中，物品从原材料采购，经生产加工，到产成品的销售，以及生产消费过程中所产生的废弃物的回收和再利用的完整循环活动。

2. 企业物流的内涵

从系统论的观点来看，企业物流本身是一个系统，其处在企业经营系统之中。当企业物流组织者向该物流系统输入人力、财力、物力等各种资源后，经过物流系统中运输、仓储、包装、装卸搬运、流通加工、配送、物流信息等功能要素的作用，就可以为用户提供物流的时间价值、空间价值以及加工附加价值等。

1.2.2 企业物流与社会物流的关系

物流在宏观层面和微观层面的不同表现成为区分社会物流和企业物流的主要标志。

1. 联系

企业物流与社会物流之间的联系是相互依存、不可分割的，具体表现在以下几方面。

（1）从物流系统网络来看，企业物流是社会物流系统网络中的一个个节点。只有把社会物流和企业物流联系起来，才能构成完整的物流系统网络体系。

（2）从两者的物流关系来看，企业物流是社会物流的基础，社会物流是企业物流赖以生存的外部条件。只有企业之间不断地有"物"在流动，社会物流才能运动起来。

（3）从物流连续性来看，只有把社会物流同企业物流联系起来，才能理解物流在时间和空间上的连续性。物流的这种连续性保障了社会再生产循环过程的不断进行。

（4）从物流系统的功能来看，社会物流就像一根无形的链条，把所有的企业物流联系在一起，发挥物流系统的整体功能。企业物流与社会物流的关系，如图1-2所示。

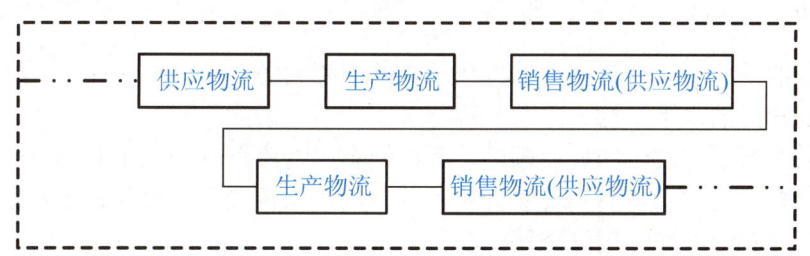

图1-2 企业物流与社会物流的关系

注：┈┈ 表示社会物流系统；──□──□── 表示企业物流系统。

2. 区别

由于企业物流与社会物流各自有着不同的规律和特点，这就决定了它们之间存在区别，具体表现在以下几方面。

（1）从范围大小来看，企业物流仅局限于企业内部，属于微观物流；而社会物流在整个社会范围内，属于宏观物流。

（2）从物流所处的领域来看，虽然社会物流系统包含着企业物流，但社会物流更侧重于流通领域的物流；而企业物流虽然处于社会物流系统中，但企业物流更侧重于生产领域的物流。

（3）从与商流之间的关系来看，由于社会物流侧重于流通领域，一般来讲，社会物流是以商流为前提条件的，即没有商流，就没有物流；由于企业物流侧重于生产领域，在一般条件下只有单纯的物流，不会产生物品所有权转移的问题，通常认为不发生商流。

（4）从物流规律来看，社会物流涉及面广、影响因素多、随机性强、变化大；企业物流范围窄、涉及因素少，生产类型和生产效率基本是确定的，因此，企业物流的规律性强、可控性强。

资料卡

企业物流与社会物流相比，企业物流关注的焦点是物料空间和时间的变动；社会物流关注的是流通成本和服务水平，两者需分别满足"6R"和"7R"，企业物流与社会物流的定义要素比较见表1-5。

表1-5　企业物流与社会物流的定义要素比较

企业物流的定义要素		社会物流的定义要素	
物料空间和时间的变动	正确的物品（Right Material） 正确的数量（Right Quantity） 正确的顺序（Right Sequence） 正确的取向（Right Orientation） 正确的时间（Right Time） 正确的地点（Right Place）	流通成本和服务水平	正确的产品（Right Product） 正确的数量（Right Quantity） 正确的条件（Right Condition） 正确的成本（Right Cost） 正确的时间（Right Time） 正确的地点（Right Place） 正确的客户（Right Customer）

1.2.3　企业物流的结构与内容

1. 企业物流的结构

企业物流的结构可以分为水平结构和垂直结构两大类。

（1）企业物流的水平结构。

根据企业物流活动发生的先后顺序，可以把企业物流划分为以下几部分。

① 供应物流。它包括原材料等企业生产经营活动所需要的一切生产资料的采购、进货、运输、仓储、库存管理和领用管理等活动。

② 生产物流。它包括生产资料及在制品等的厂内运输、在制品仓储与管理，以及生产安排等活动。

③ 销售物流。它包括成品的仓储与库存管理、发货运输，以及订货处理、顾客服务等活动。

④ 回收与废弃物物流。它主要包括回收物流和废弃物物流。其中，回收物流是对废旧物资、边角余料等的回收处理，废弃物物流是对各种类型废弃物（如废料、废气、废水等）的处理。

企业物流的水平结构系统如图1-3所示。

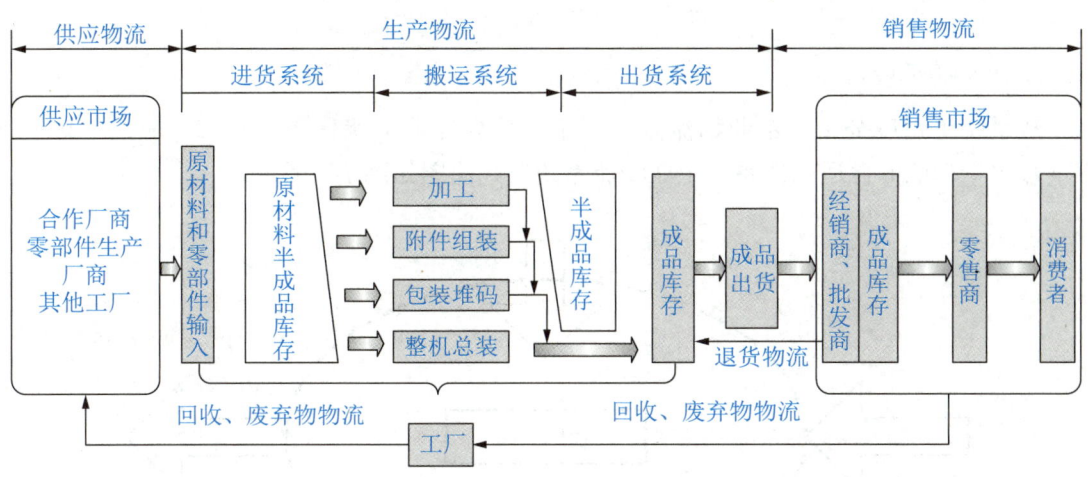

图 1-3　企业物流的水平结构系统

（2）企业物流的垂直结构。

根据企业物流活动的不同功能和作用，可以把企业物流划分为以下几个部分。

① 管理层。它对整个企业物流系统进行统一计划、实施和控制。其主要内容有物流系统战略规划、物流系统控制及绩效评价，以形成有效的反馈约束机制和竞争机制。

② 控制层。它对企业物流过程进行控制，主要内容包括订货处理与顾客服务、库存计划与控制、生产计划与控制、物料管理和采购等。

③ 作业层。它是指完成物料在企业生产经营过程中的时间和空间转移，主要内容包括出货与进货运输、厂内运输、包装、仓储和流通加工等。

综上所述，企业物流活动贯穿企业生产经营活动的全过程，并对企业生产经营产生重大影响。企业物流的垂直结构系统如图 1-4 所示。

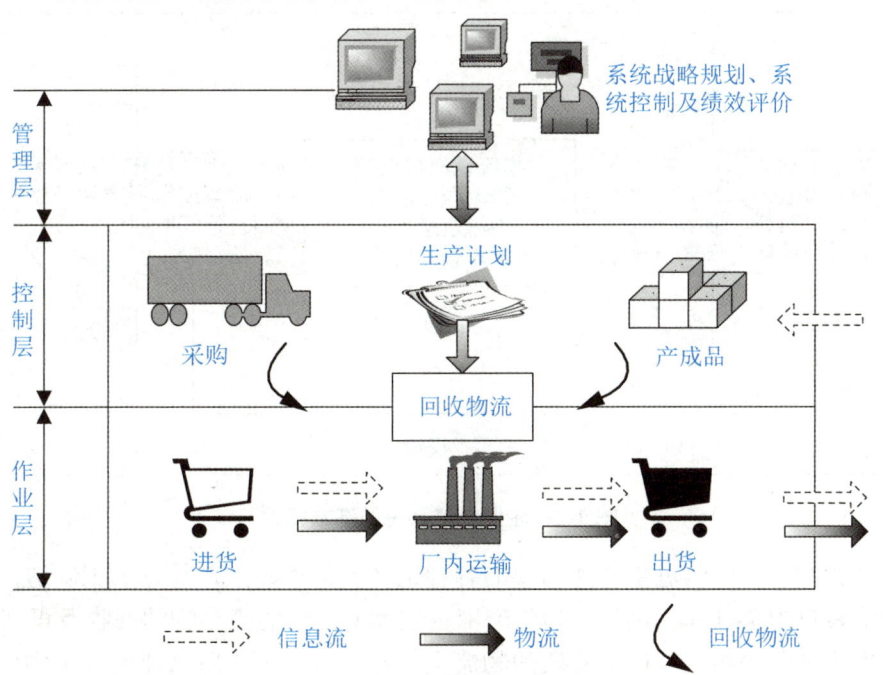

图 1-4　企业物流的垂直结构系统

2. 企业物流的内容

从系统论角度分析，企业物流是一个承受外界环境干扰作用的具有"输入—转换处理—输出"功能的自适应体系，企业物流系统模式简图如图1-5所示。

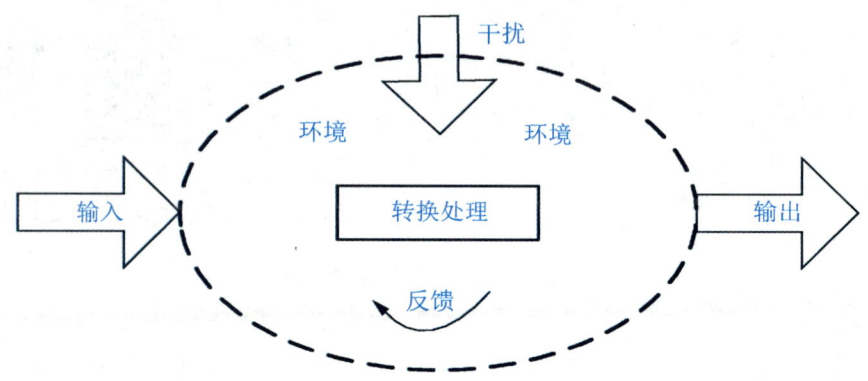

图1-5　企业物流系统模式简图

企业物流系统的运作过程：首先，外部环境向系统提供劳动力、资金、原材料、辅助材料、设备、能源、信息等，称为"输入"；其次，系统以自身所具有的特定功能，将"输入"的内容进行必要的转换处理，使之成为有用的产成品；最后，将经过处理后的内容向外部输出供外部环境使用，从而完成"输入—转换处理—输出"的基本过程。企业物流系统的基本模式如图1-6所示。

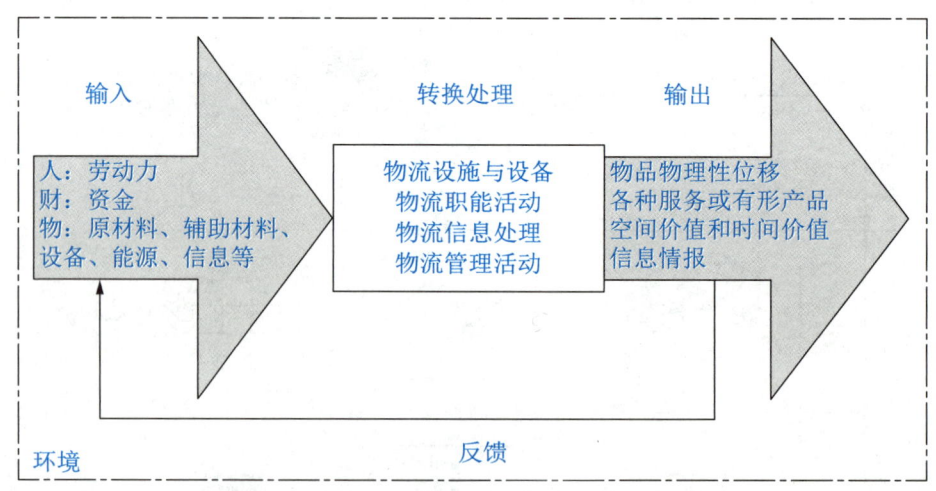

图1-6　企业物流系统的基本模式

生产企业物流是以购进生产所需要的各种生产资料为起点，经过加工制造，形成产成品并供应给客户的全过程，也包括随生产消费过程所产生的废弃物的回收及再利用。

（1）供应阶段的物流。供应阶段的物流是企业为组织生产所需要的各种物资供应而进行的物流活动。其包括两部分：根据企业生产经营战略计划组织生产物资外购及其送达本企业的外部物流；组织本企业仓库将物资送达生产线的内部物流。生产企业供应阶段物流如图 1-7 所示。

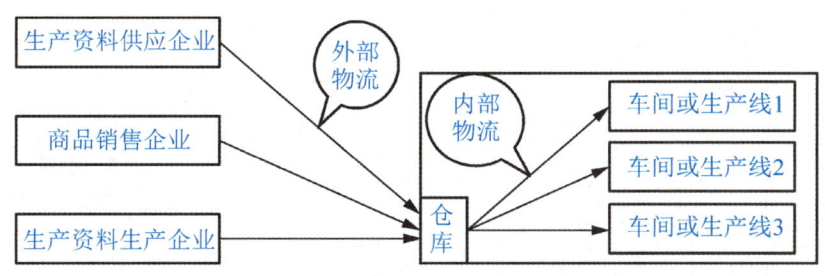

图 1-7　生产企业供应阶段物流

（2）生产阶段的物流。生产阶段的物流是按企业生产流程的工艺要求合理规划、组织和安排原材料、零件和部件等物资在各生产环节之间进行的内部物流，包括各个环节之间的物流速度（周转速度）、物流过程中的产品质量（物流损耗及搬运效率）、物流流程的规划（运送路线、物资堆放等）。生产阶段的物流因生产加工制造过程不同会有所区别，但指导思想和基本原则是一致的，即按企业生产流程的要求，以最合理的运送路线、运送量、运送方式完成物资在各生产环节之间的流动。以某机械加工企业为例说明其生产阶段的物流，如图 1-8 所示。

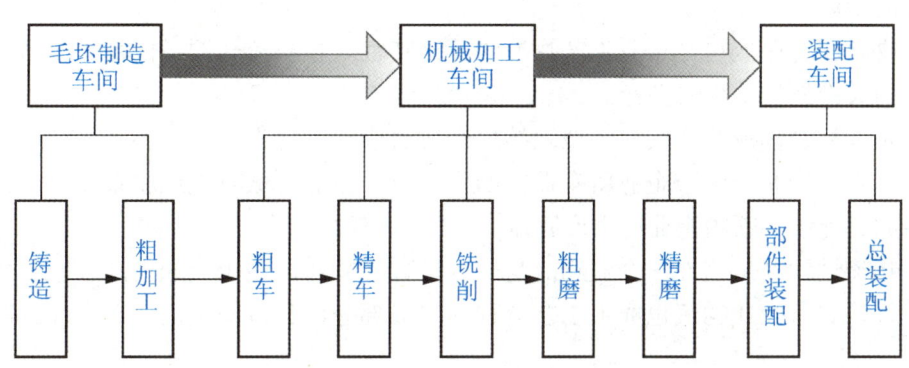

图 1-8　某机械加工企业生产阶段的物流

（3）销售阶段的物流。销售阶段的物流是产品经检验合格后从生产企业运达用户或市场的企业外部物流。对于双方互需产品的企业或进行零部件配套、协作的企业，一方的销售物流便是另一方的外部供应物流。

（4）回收与废弃物物流。回收物流是指对生产中所产生的能循环利用的废旧物品进行回收、分类、加工等处理，转化为新的生产要素的物流过程。废弃物物流是指对不能再利用或丧失使用价值的废弃物进行收集、分类、运输、销毁或填埋等活动所产生的物流过程。回收与废弃物物流的流程如图 1-9 所示。

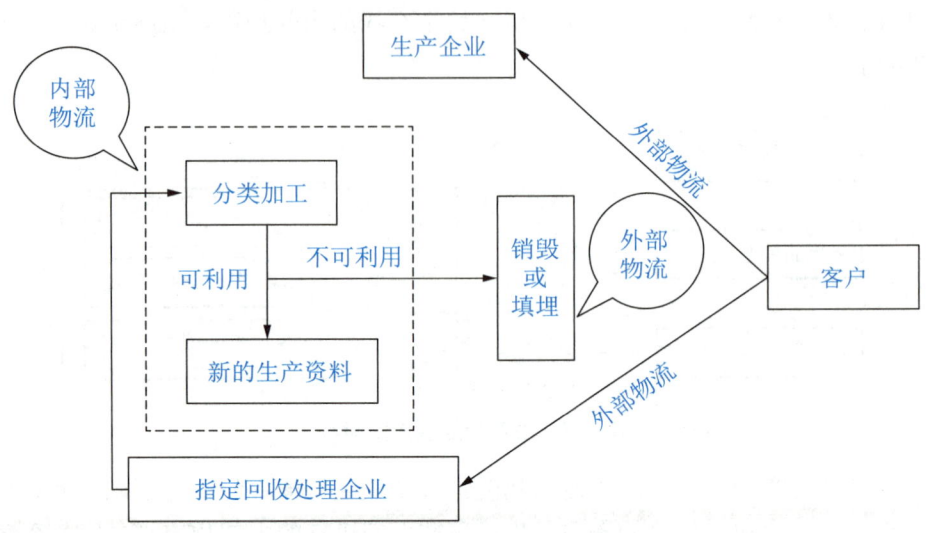

图 1-9　回收与废弃物物流的流程

1.2.4　企业物流的特征

企业物流具有以下特征。

（1）与社会物流以实现时间价值和空间价值不同，企业物流是以实现加工附加价值为主的经济活动。

（2）物料的有序流转是企业生产物流的关键特征。物料流转的手段是物料搬运，因此企业物流的关键特征是物料搬运。

（3）企业生产物流的连续性。企业的生产物流活动不但充实、完善了企业生产过程的作业活动，而且把整个生产企业所有孤立的作业点、作业区域有机地联系在一起，构成了一个完整的、连续不断的企业内生产物流。

（4）物流过程的工艺性。企业物流是一种过程性物流，由于企业生产工艺、生产设备及生产流程确定，企业物流也成了工艺流程的组成部分，具有稳定性、有序性、高度准确性等特点。

（5）企业物流管理的"二律背反"性。"二律背反"性实质上是研究企业物流的经营管理问题，也就是将管理目标定位于降低物流成本的投入并取得较大的经营效益。企业物流管理肩负着"降低物流成本"和"提高物流服务水平"两大任务，二者本身就存在着相互矛盾的对立统一关系。

> **小知识**
>
> 效益背反是指一种物流活动的高成本，会因另一种物流活动成本的降低或效益的提高而抵消的相互作用关系。例如，追求库存的合理化，必然牺牲运输成本的合理性；追求包装费用的节省，会降低产品在运输、仓储过程中的保护功能，从而造成经济损失。这样一方成本降低，另一方成本提高，即产生了成本的"效益背反"状态。

小思考

列出几个效益背反的例子,并分析每个实例中如何协调两者的成本,使整体成本达到帕累托最优。

1.2.5 企业物流的合理化

1. 企业物流合理化的含义

企业物流合理化就是根据企业物流系统中的各种职能要素的相互联系、相互制约、相互影响的关系,把物流中的运输、仓储、包装、装卸搬运、流通加工、配送以及物流信息等作为一个系统来研究、规划与设计、组织与管理,使整个物流系统过程最优化。

2. 企业物流合理化的基本途径

(1)推进企业战略一体化。

企业物流合理化需要一个良好的企业内部环境。企业要把物流放在与生产、销售同等重要的地位,同时要加强物流部门与生产、销售部门之间的合作。在此基础上,把物流战略作为企业一体化战略的重要组成部分。企业战略一体化如图 1-10 所示。

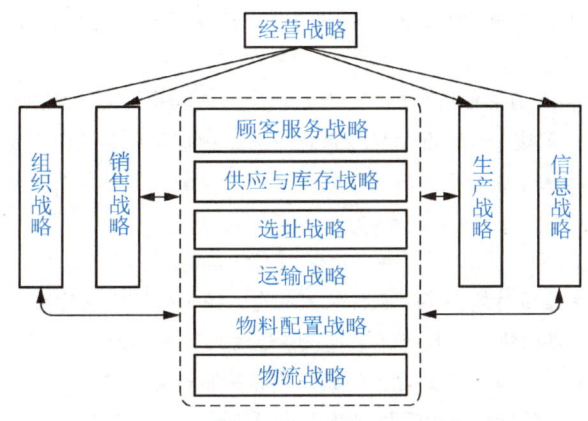

图 1-10 企业战略一体化

(2)提高物流系统技术素质。

物流系统技术素质包括:硬技术素质、软技术素质和信息技术素质。

① 提高硬技术素质:加强企业现有物流设施、设备的技术改造,提高企业物流系统的机械化、自动化、智能化水平;积极采用现代物流技术(无人仓、无人车、无人机等),因地制宜、循序渐进、逐步实现物流"硬件"的现代化。

② 提高软技术素质:运用现代物流科学的理论与方法,研究与改善企业物流的全过程,提高物流计划与控制的系统性、科学性,充实和完善企业物流评价体系,逐步实现物流"软件"的现代化。

③ 提高信息技术素质:依靠大数据、云计算、人工智能、区块链等现代信息技术,企业物流管理信息系统不但可以有效支撑企业物流的全过程业务运作,而且可以使企业实现全链条的协同计划、智能决策。

案例 1-1

顺丰的智慧物流建设

顺丰一贯重视并积极投入智慧物流建设,致力于成为科技驱动的行业解决方案服务公司,通过技术创新引领智能化、数字化、可视化、精细化物流行业建设。截至 2024 年 8 月,顺丰生效中及申报中的专利 4199 项,软件著作权 2535 项,其中发明专利数量占专利总量的 59.3%。公司积极与物流和供应链行业组织、高校等社会机构展开合作,提升顺丰科技社会影响力。

（1）智慧物流地图。

顺丰智慧物流地图平台提供物流全环节、更贴合物流场景的智能位置决策服务,是国内首家工业级物流地图服务产品,拥有导航电子地图制作甲级测绘资质,管理日均 8 亿条收派员位置数据、2100 万千米地面轨迹数据;云端服务日均请求量达 4.3 亿次,终端 SDK 日均请求量近 9 亿次。

1-2 拓展视频

（2）AI 智慧决策。

机器学习与运筹优化:顺丰构建了高度契合物流行业特性的业务预测、选址规划、网络与线路规划算法等系统,实现了多场景多环节多维度业务预测,解决多类实际业务场景的选址难题。多岗位线上排班管理、线路定价、中转数字化运营等方案,有效促进信息、资源管理线上化、智能化,推进传统管理模式变革。

AI 识别:顺丰通过对物流场景中的货、人、车、环境、场地等相关视频图片信息进行数据分析,创新研发安全驾驶平台、智慧安检系统、慧眼神瞳等成熟应用系统,不断推进智能化人员、车辆、场地管理调度升级,有效保障作业安全,预防货物破损,提高场地运作效率。

1-3 拓展视频

（3）数据生态建设。

大数据技术应用:顺丰控股持续夯实大数据技术底盘,强化数据管理能力,做厚数据中台,持续强化资源、营运、客户、体验等各板块中台数据体系建设,通过大数据+物联网技术推进 AIoT（AI+IoT,人工智能物联网）中转场建设,进一步支撑公司多领域业务拓展和数智化建设。

区块链技术应用:顺丰控股持续探索区块链技术应用场景,深耕药品疫苗、生鲜农副食品、跨境商品、供应链金融等领域,积极参与制定国家和行业相关标准,助力客户供应链数字化和数智化转型。

资料来源:2024 顺丰控股股份有限公司半年度报告和 2020 年顺丰控股股份有限公司半年度报告.

（3）提高物流系统管理素质。

改变传统的分散管理模式,加强物流管理部门之间的协调,逐步建立和健全能够对物流进行系统管理的组织结构。

加强管理者的现代物流意识,引进物流管理专门人才,加强物流人员的物流科学教育和岗位培训,全面提高物流系统的人员素质。

运用现代物流科学理论与方法,对企业物流管理的基础工作进行必要的改进,要特别重视物流成本数据的积累、物流标准化、物流质量保证体系等方面的工作。

（4）推进物流的社会化和现代化。

积极发展现代化物流形式,充分发挥物流服务生产、指导生产、参与生产的功能,改善企业的供应与销售条件,帮助企业以物流来调节生产与销售。利用第三方物流的理论与经验,转变经营观念,改善技术装备,逐步形成面向全社会的、系统化服务的第三方物流市场,大幅度降低社会物资平均库存水平,形成物流运作的良性循环。

3. 企业物流合理化的基本原则

企业物流合理化的基本原则主要包括以下几个方面。

(1) 系统化原则。

企业物流系统合理化可以解决企业物流的系统化问题,把整个系统的资源优化配置放在首位,使物流系统达到整体最优。

(2) 提高信息化和智能化水平原则。

信息化和智能化是物流现代化的重要标志。因此,可以应用现代信息技术整合企业物流资源,提高企业物流系统的智能化水平。

(3) 柔性化原则。

随着科学技术的发展、产品的日益丰富以及个性化需求的增加,企业的生产组织已向多品种、小批量的生产方式转变。因此,企业物流系统应具备良好的柔性,以适应产品不断调整和变动的需要。

(4) 满足生产工艺和管理要求原则。

企业物流系统应首先满足生产工艺和生产管理的要求,并与企业其他系统相协调、相配合,从而发挥最大价值。

(5) 近距离原则。

运输与装卸搬运只会增加产品成本,而不会提升产品价值。因此,在条件允许的情况下,应使物料流动的距离最短,以减少运输与装卸搬运强度和费用。

 小知识

国内青岛海尔工业园将一些重要的协作件生产厂家集中在一起,大大降低了物流强度和运输距离,为提高海尔产品的竞争力提供了保证。

(6) 简化搬运原则。

企业不仅要有先进的设备与设施,还要运用科学的操作方法,使装卸搬运作业尽量简化,环节尽量少,以提高物流系统的可靠性。

(7) 提高搬运自动化水平原则。

使用自动化搬运设备可以提高搬运的质量和效率。应根据物流量、物流的距离以及资金等条件选择搬运设备与设施。

(8) 合理提高物料活性指数原则。

物料活性指数是指在装卸搬运过程中对物料进行装卸搬运的难易程度。在条件允许的情况下,应尽量提高物料活性指数。

 资料卡

根据物料所处的状态,物料活性指数可以分为不同的级别,如图1-11所示。

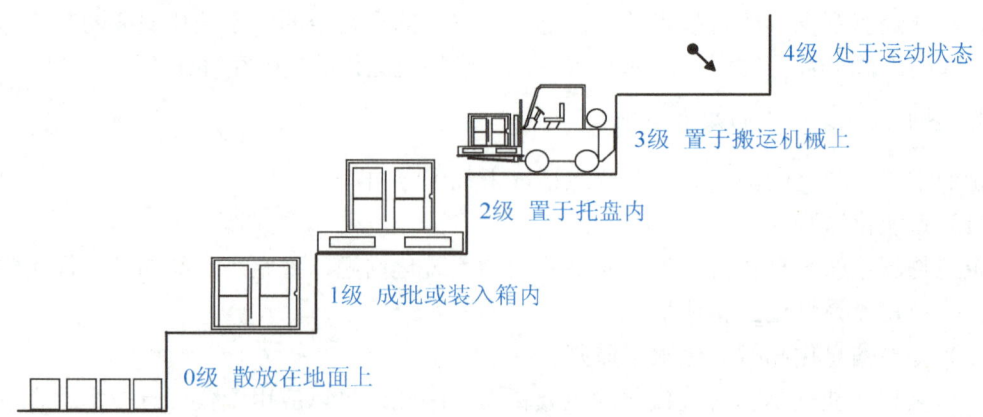

图 1-11 物料活性指数的级别

一般来说，物料活性指数越高越好，但也须考虑到实施的可能性。例如，物料在储存阶段，一般的仓库中很少采用级别为 4 的输送带和级别为 3 的车辆，这是因为大批量物料的储存不可能存放在输送带和车辆上。

（9）尽量避免迂回和倒流原则。

迂回和倒流会严重影响企业物流系统的效率和效益，甚至干扰生产过程的顺利进行，应最大限度地避免物流环节的迂回和倒流。

（10）利用重力原则。

可以利用高度差，采用滑板等工具，使物料进行移动。因此，在物流系统中，使用重力方式进行物料搬运是最经济的方法。但在实际应用时，应防止产品、零部件以及设备等的磕碰与损坏。重力式货架如图 1-12 所示。

图 1-12 重力式货架

（11）集装单元化和标准化搬运原则。

物流系统使用的各种托盘、货架等，要符合集装单元化和标准化搬运原则，以提高装卸搬运作业的效率、质量，提升物流系统机械化、自动化和智能化水平。

（12）在制品库存最小原则。

企业生产过程中的在制品存储在企业内部未完成其价值，是一种浪费，应通过合理的方法与技术使在制品库存降到最低。

（13）人因工程原则。

在进行物流系统规划与设计时，要运用人因工程原则，使操作者省力、安全、高效。

 看图学物流

思考图 1-13 所示的阁楼式货架是否符合人因工程原则。假设货物在各层之间搬运只能由人工操作。

图 1-13　阁楼式货架

（14）满足环境要求原则。

企业物流系统的规划与设计应符合可持续发展战略思想和绿色物流的要求，与其他系统（如自然、人文等）相互协调，绝不能为追求物流系统的功能和效益而破坏环境。

1.3　企业物流管理概述

企业物流管理通过对企业物流功能进行最佳组合，在保证一定物流服务水平的前提下，实现物流成本的最小化，这是企业不断追求的目标。

1.3.1　企业物流管理分析

1. 企业物流管理的产生

20 世纪初，在泰勒"科学管理"学说的指导下，企业产生了经营管理、财务管理和市场管理 3 个最基本的职能管理类型，物流管理并没有被列在其中。

直到 20 世纪 40 年代系统理论产生，人们才开始用系统、整体的观点来解决不合理的库存问题。20 世纪 60 年代，物料管理被认为是对企业的原材

1-4 拓展知识

料采购、运输、原材料和在制品的库存管理；而配送管理是对企业物流系统输出的管理，包括需求预测、产品库存、运输、库存管理和客户服务。自 20 世纪 80 年代以来，企业物流系统的输入、输出、制造和市场等功能被集成起来，企业物流管理才真正受到重视。

2. 企业物流管理的含义

《物流术语》（GB/T 18354—2021）对物流管理的定义是："为达到既定的目标，从物流全过程出发，对相关物流活动进行的计划、组织、协调与控制。"

企业物流管理是指在社会再生产过程中，根据物流的规律，应用管理学的基本原理和科学方法，对企业内部物资的采购、运输、仓储、配送等物流活动进行计划、组织、协调与控制的活动。

3. 企业物流管理的地位

1-5 拓展知识

1-6 拓展视频

波特在《竞争优势》中指出，企业的基本竞争战略有总成本领先战略、差异化战略和专一化战略。企业竞争的成功只有通过成本优势或价值优势来实现。当前既能提供成本优势，又能提供价值优势的管理领域是极少的，而物流管理则是这些为数不多的管理领域中的一个。近年来，企业对物流管理日益重视，逐渐把物流管理当作一个战略新视角，制定各种物流战略，以期提高企业的竞争能力。

4. 企业物流管理的层次

管理科学从宏观、中观和微观 3 个不同层次进行划分，可划分为理论管理学、基础管理学和应用管理学。企业物流管理属于微观层次的应用管理学。

1.3.2 企业物流管理的目标

企业物流管理的总目标是在尽可能低的总成本条件下实现既定的客户服务水平，即寻求服务优势和成本优势的动态平衡，并由此创造企业在竞争中的战略优势。企业物流管理的具体目标，包括以下 5 项。

1. 快速反应

快速反应（又称时基竞争策略）是指企业实时满足客户物流需求的能力，可降低供应链中的库存水平。快速反应需要信息技术的支撑。例如，使用电子商务平台订货可以缩短订单处理的时间；使用运输配送系统，快速制订运输配送计划，可以及时完成运输配送作业等。

2. 最小变异

变异是指发生非预期事件对系统绩效造成的不良影响。例如，送交客户订单的时间较预期时间晚；送货到错误的交货地点；送交客户的货物损毁等。所有物流作业均有可能引起变异，企业物流管理追求的目标之一就是最小变异。

3. 最小库存

有效管理库存量及周转速度，从而以最小库存量达到企业物流管理的目标，即以最低的总物流成本达到既定的物流服务目标。"零库存"是企业物流的理想目标,随着"零库存"目标的接近和实现,物流作业的其他问题也会暴露出来。

4. 物流质量

追求物流质量的持续改善,使物流服务水平处于市场领先地位。随着信息化、自动化、智能化水平的提高,企业物流管理所面临的是"零缺陷"的高质量要求。

5. 全生命周期的物流支持

由于回收与废弃物物流已经逐渐成为企业的物流作业内容,因此,企业要在重视正向物流作业效果的基础上,形成企业全生命周期的物流支持系统。

1.3.3 企业物流管理的内容

企业物流管理的内容包括 4 个方面,即对物流活动中各要素的管理,包括运输、仓储等环节的管理;对物流系统中各要素的管理,即对其中的人、财、物、设备、方法和信息等要素的管理;对物流活动中具体职能的管理,主要包括物流质量、经济等职能的管理;对企业物流过程的管理,主要包括供应物流管理、生产物流管理等。

1. 对物流活动中各要素的管理内容

企业物流管理活动的构成要素如图 1-14 所示。

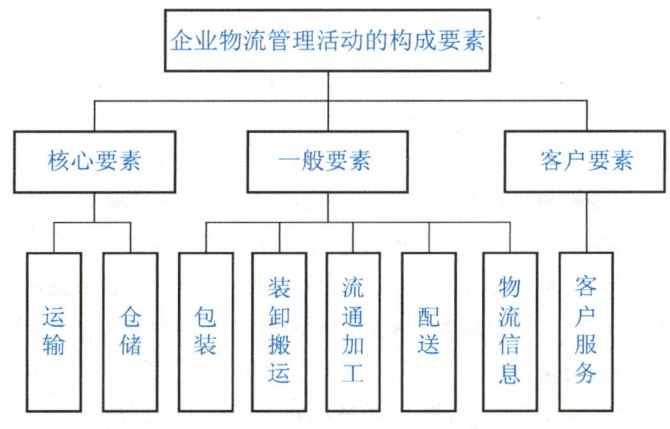

图 1-14 企业物流管理活动的构成要素

其中,客户服务管理主要是对物流活动相关服务的组织、监督和考核。例如,调查和分析客户对物流活动的反馈,决定客户所需要的服务水平、服务项目等。企业物流活动是服务性很强的企业经营活动,从客户下订单开始就与客户相联系。要提高客户对企业的满意度,客户服务的管理水平是一个重要因素。因此,对客户服务的管理尤为重要。

2. 对物流系统中各要素的管理内容

(1)人的管理。

人力资源是物流系统中最活跃的核心因素。对人的管理包括:物流从业人员的选拔和录用;物流专业人才的培训与开发;物流人员的绩效管理和薪酬水平的规划等。

(2)财的管理。

财的管理主要是指物流管理中有关降低物流成本，提高经济效益等方面的内容。这一管理理念是企业物流管理的出发点，也是企业物流管理的归宿。财的管理主要包括：资金的筹措与运用、物流成本的计算与控制、物流经济效益指标体系的建立、提高物流经济效益的方法等。

(3)物的管理。

物的管理贯穿于物流活动的始终，它涉及物流活动诸要素，即物的运输、仓储、包装、流通加工等。

(4)设备管理。

设备管理是指与物流设备管理有关的各项内容。主要包括：各种物流设备的选型与优化配置；各种物流设备的合理使用、更新改造；各种物流设备的研制、开发与引进等；包装工具等的选择、维护和保养；等等。

(5)方法管理。

方法管理的主要内容包括：物流科学研究工作的组织与开展；各种物流新技术的研究、推广、普及；现代管理方法的应用；等等。

(6)信息管理。

信息是企业物流系统的神经中枢，企业只有做到有效地传输、存储、处理、利用物流信息，才能实现对物流系统内部的人、财、物、设备和方法等5个要素的有效管理。

案例 1—2

顺丰信息网

顺丰控股自主研发了一套完整的智慧网平台，覆盖各个业务环节和场景，快速、灵活、安全、全面地赋能业务，进一步推动物流全链路的信息互联互通，为公司多元业务发展打造智慧化的坚实底盘。同时还致力于前沿技术的发展和落地，将运筹优化、机器学习、深度学习、数据分析与挖掘等前沿技术应用到更多的实际业务场景中，以云计算服务支撑新科技应用，坚持以用户为本的产品设计，提升经营效能和用户体验，让技术和产品真切落地并更好地服务于客户。整合内部资源，依托海量内外部数据，打造物流运营分析平台、业务预测平台等智慧管理与智能决策平台，以数据和科技驱动决策、引领经营，打造顺丰"智慧大脑"，实现数据驱动科技、科技赋能物流，"天网+地网+信息网"三网合一，支撑业务无限可能。

资料来源：2020顺丰控股股份有限公司半年度报告.

3. 对物流活动中具体职能的管理内容

(1)物流计划管理。

物流计划管理是指对物质生产、分配、交换、流通整个过程的计划管理，具体体现在企业物流系统内各种计划的编制、执行、修正及监督的全过程。物流计划管理是企业物流管理工作的首要职能。

(2)物流质量管理。

物流质量管理包括物流服务质量、物流工作质量、物流工程质量等管理。物流质量的提高意味着物流管理水平的提高，更意味着企业竞争力的提高。因此，物流质量管理是企业物流管理工作的核心问题。

(3) 物流技术管理。

物流技术管理包括物流硬技术和物流软技术的管理。物流硬技术的管理是指对物流基础设施和物流设备的管理。物流软技术的管理主要是物流各种专业技术的开发、推广和引进，物流作业流程的制定，技术文件和信息的管理，物流技术人员的培训与开发等。物流技术管理是企业物流管理工作的依托。

(4) 物流经济管理。

物流经济管理包括物流费用的计算和控制，物流劳务价格的确定和管理，物流活动的经济核算与分析等。物流成本管理是物流经济管理的核心。

4. 对企业物流过程的管理内容

企业物流过程的管理包括供应物流管理、生产物流管理、销售物流管理、回收与废弃物物流管理。

1.3.4 企业物流管理的特征

1. 企业物流管理以客户满意为首要目标

对于服务性较强的企业物流活动，使客户满意优先于任何活动。例如，在物流体系的基本建设方面，企业的物流设施、物流网络、物流管理系统等都要以客户满意为首要目标，使物流活动合理化，从而提高物流作业的效率。

2. 企业物流管理涉及社会再生产的全过程

企业物流管理涉及的范围特别广，包括生产、流通、消费各个领域。企业物流管理包括从原材料生产的源头开始，经过原材料的供应、产品的生产、产品销售，到回收物流、废弃物物流等方面的内容。所以，企业物流管理涉及社会再生产的全过程。

3. 企业物流管理强调企业物流的一体化管理

企业物流管理并不是运输、仓储、包装、装卸搬运、流通加工、配送和物流信息等各要素的简单集合，而是从供应商开始到最终消费者的整个流通过程发生的物品的运动及相关服务的一体化管理。企业物流管理只有将各个环节统一协调起来，才能使物流效率达到最优。

4. 企业物流管理是以"双效"为基础的管理

物流效率是指在物流过程中，通过合理的规划和组织，以最短的时间和最低的物流成本完成物流活动，并满足客户需求。物流效果是企业物流满足客户需求的程度，其可以用一些指标来衡量，如物流速度、准时性等。但实际上，效率和效果总是矛盾的。例如，运输速度与运输费用、服务水平与物流成本等。因此，要通过企业物流管理，综合衡量客户的需求，制定有效的物流策略，以达到两者的统一。

5. 企业物流管理中始终贯穿着信息的管理

企业物流管理除了对物品流动过程进行管理，还对信息进行管理。信息是企业物流管理的神经中枢，各个环节的有效联系与高效运作都离不开物流管理信息系统。物流管理信息系统包括采购管理系统、运输管理系统、仓储管理系统、销售管理系统等。

1.4　企业物流管理的学习与研究方法

作为一门独立的课程,企业物流管理拥有特定的研究对象与理论;作为综合性的应用学科,企业物流管理有相应的研究方法。

1.4.1　学习与研究的基本观点与原则

1. 基本观点

企业物流管理的学习与研究应遵循以下基本观点。

（1）系统的观点。

系统论是物流系统分析的基本理论。因此,研究企业物流管理必须采用系统的观点。例如,考察物流系统要用总物流费用的方法。

（2）权衡的观点。

在物流系统规划与设计、运作与管理过程中,常常会遇到"二律背反"现象。例如,物流质量与物流成本、服务水平与资源消耗、运输批量与库存量、预防鉴定成本与内外部损失成本、效率与效益、经济与环保等的权衡。需要在比较、选择过程中进行权衡,目的是使物流系统整体效益最优。

（3）发展的观点。

物流环节的集成、实践活动以及物流系统的运行是在发展中不断完善的。因此,对物流系统理论和实践的学习与研究也本着发展的观点,适时把握物流发展的前沿。

（4）融合的观点。

企业物流管理是交叉学科,既不能完全采用理论经济学的抽象推理、定性论证的方法,也不能完全采用应用科学的设计、实验、推导的方法;而应该兼收并蓄,注重多学科知识的融合,同时要与物流战略研究、物流系统规划、组织设计等有机结合。

（5）实践的观点。

企业物流管理是应用学科,因此,要注意理论联系实际,注重现场操作、沟通协调、全程监控,物流过程的细节往往决定系统的成败。要结合我国国情,将理论与实践进行有机结合。

（6）超前的观点。

企业物流管理的理论是指导企业管理实践的重要依据。因此,超前的观点是必要的。学习与研究企业物流管理的理论应保持一定的超前性,注重实践性,才能对我国不同层次的企业物流实践活动起到有效的指导作用。

2. 基本原则

企业物流管理的学习与研究应当遵循以下基本原则。

（1）熟悉相关行业、企业及其物流对象的基本特点和要求的原则。

现代企业的种类很多,其物流活动带有一定的共性,同时还因为其物流对象不同,在企业物流管理方面存在很大的差异。例如,制造企业、快递企业等,其物流对象所形成的物流过程和物流管理重点有所差异。所以，学习与研究企业物流管理理论或将企业物流管理理论应用于实践时，还需要熟悉相关行业、企业及其物流对象的特点和要求。

（2）坚持理论联系实际的原则。

企业物流管理的基本原理、方法都源于企业物流实践活动。许多理论、方法就是从国内外的物流实践中总结出来的。因此，学习与研究企业物流管理要和企业物流管理实践相结合，注意在实践中总结，在实践中提高，在实践中随时修正理论、方法上的不足。

（3）国内经验和国外经验相结合的原则。

企业物流与市场经济体制、现代高科技的结合十分紧密。企业物流经营思想、方法在我国的研究与应用水平还不高，一方面需要大量的宣传教育，认识存在的差距和努力的方向；另一方面也需要有担当精神的企业家敢于实践。国外企业物流经营有较长的历史，现代技术的应用较为成熟，学习国外的先进经验有助于我们缩短追赶时间，并在实践中总结经验，提高我国的理论研究水平。

（4）定量分析与定性分析相结合的原则。

企业物流管理活动是发掘蕴藏在企业物流过程中的利润的有效途径。在企业物流管理理论中既有质的规定，又有量的规定。在物流系统质与量的分析中，定性分析是基础，定量分析是手段；定性分析与定量分析相结合，可进一步提高企业物流方案的合理性；两者交互使用，可以使分析、决策的结论更为科学、可靠。

1.4.2　学习与研究的主要方法

企业物流管理理论的学习与研究方法主要包括：综合集成法、物流系统总成本法、案例分析法等。

1. 综合集成法

综合集成法是一种以系统思维为核心，采用多种研究框架与方法的跨学科方法论。其为解决高度复杂的现实问题提供了科学的框架。它既是软科学研究的一般方法论，也是物流系统研究的具体方法。它可以解决物流系统的规划、战略、政策、措施等涉及范围较广的问题，如物流系统存在灰色性、隐变量、隐结构、软约束、模糊性、群体认识的分散性等问题。因此，可利用综合集成法来研究物流系统的规划与设计、运行与组织等问题。

2. 物流系统总成本法

物流系统总成本法是以物流系统各个环节的总体成本节约作为决策准则。因此，需要结合系统的观点、权衡的观点，从整个物流系统价值增值的角度，权衡各个不同物流功能环节的资源分配，权衡物流质量与成本、效率与效益、局部与总体的关系。例如，设计运输方案、制订配送方案，都应考虑物流系统总体成本。运输方案的设计涉及不同运输工具的选择，需要在时间、成本等方面进行比较分析，寻求运输周期最短、总体费用最低的方案。

3. 案例分析法

案例分析法是一种行之有效的以个别案例提供的背景及具体实践经验研究为主的方法。这种方法形象具体，容易调动研究者的主动性、积极性，有利于提高实战模拟和操作能力。由于每个案例往往有其特定的背景，要在实践中结合具体情况进行分析、改造和创新。在企业物流管理的学习与研究中，根据少数案例研究得出一般性的概念、理论，其依据往往是不足的。但是，案例分析法能给人们提供很多具体的启示、指导或可借鉴的模式，可在此基础上，结合应用数理统计学的统计推断方法，如假设检验作为对案例研究方法缺陷的补充。

本 章 小 结

　　本章主要介绍了物流、企业物流、企业物流管理、企业物流管理的学习与研究方法等内容。

　　物流是指根据实际需要，将运输、储存、装卸、搬运、包装、流通加工、配送、信息处理等基本功能实施有机结合，使物品从供应地向接收地进行实体流动的过程。

　　企业物流是指生产和流通企业围绕其经营活动所发生的物流活动。企业物流是一种由多个独立要素构成，具有输入、转换处理、输出功能，受环境干扰和制约的系统。企业物流的结构可以分为水平结构和垂直结构两大类。企业物流的水平结构包括供应物流、生产物流、销售物流、回收与废弃物物流。企业物流的垂直结构包括管理层、控制层和作业层3个层次。

　　企业物流合理化就是根据企业物流系统中的各种职能要素的相互联系、相互制约、相互影响的关系，把物流中的运输、仓储、包装、装卸搬运、流通加工、配送以及物流信息等作为一个系统来研究、规划与设计、组织与管理，使整个物流系统过程最优化。

　　物流管理是为达到既定的目标，从物流全过程出发，对相关物流活动进行的计划、组织、协调与控制。

　　企业物流管理是指在社会再生产过程中，根据物流的规律，应用管理学的基本原理和科学方法，对企业内部物资的采购、运输、仓储、配送等物流活动进行计划、组织、协调与控制的活动。在保证一定物流服务水平的前提下，实现物流成本的最小化，这是企业物流管理的根本任务。企业物流管理的内容包括 4 个方面，即对物流活动中各要素的管理，包括运输、仓储等环节的管理；对物流系统中各要素的管理，包括对其中的人、财、物、设备、方法和信息等要素的管理；对物流活动中具体职能的管理，主要包括物流质量、经济等职能的管理；对企业物流过程的管理，主要包括供应物流管理、生产物流管理等。

　　作为一门独立的课程，企业物流管理拥有特定的研究对象与理论；作为综合性的应用学科，企业物流管理有其相应的研究方法。

 关键术语

物流（Logistics）　　　　　　　　　企业物流（Enterprise Logistics）
物流管理（Logistics Management）　　企业物流管理（Enterprise Logistics Management）
供应物流（Supply Logistics）　　　　供应链管理（Supply Chain Management）
生产物流（Production Logistics）　　销售物流（Sales Logistics）
回收物流（Returned Logistics）　　　废弃物物流（Waste Material Logistics）

 习题

1. 选择题

(1)（　　）是指根据实际需要，将运输、储存、装卸、搬运、包装、流通加工、配送、信息处理等基本功能实施有机结合，使物品从供应地向接收地进行实体流动的过程。

　　A．商流　　　　B．物流　　　　C．信息流　　　　D．供应链

(2) 物流的基本活动包括（　　）。

　　A．运输　　　　B．配送　　　　C．物流信息　　　　D．包装

(3) 以下关于传统物流与现代物流表述正确的是（　　）。

　　A．传统物流是单一环节的管理，而现代物流是整体系统优化

　　B．传统物流侧重"点到点"或"线到线"服务，现代物流则构建全球服务网络

　　C．传统物流无统一服务标准，而现代物流实施标准化服务

　　D．传统物流实行人工控制，现代物流实施信息管理

(4) 物流按照空间范围分类可以分为（　　）。

　　A．社会物流、行业物流和企业物流

　　B．区域物流、国内物流和国际物流

　　C．供应物流、生产物流、销售物流、回收与废弃物物流

　　D．宏观物流、微观物流

(5) 针对生产企业而言，（　　）是指企业生产过程中，物品从原材料采购，经生产加工，到产成品销售，以及生产消费过程中所产生的废弃物的回收和再利用的完整循环活动。

　　A．社会物流　　　B．企业物流　　　C．供应链　　　D．运输

(6) 企业物流可以分为水平结构和垂直结构两大类，其中水平结构包括（　　）。

　　A．供应物流　　　　　　　　　　　B．销售物流

　　C．回收与废弃物物流　　　　　　　D．生产物流

(7) 企业物流管理属于（　　）管理学。

　　A．理论　　　　B．应用　　　　C．基础　　　　D．以上表述都不对

(8) 企业物流管理的内容按对物流系统中各要素进行分类包括（　　）。

　　A．运输管理、流通加工管理、储存管理、包装管理、装卸搬运管理、配送管理

　　B．物流计划管理、物流质量管理、物流技术管理、物流经济管理

　　C．人的管理、物的管理、财的管理、方法管理、设备管理、信息管理

　　D．供应物流管理、生产物流管理、销售物流管理、回收与废弃物物流管理

(9) 企业物流合理化的基本原则包括（　　）。

　　A．在制品库存最小原则　　　　　B．满足生产工艺和管理要求原则

　　C．满足环境要求原则　　　　　　D．提高信息化和智能化水平原则

(10) 企业物流管理的研究应遵循的基本观点包括（　　）。

　　A．系统的观点　　　　　　　　　B．发展的观点

　　C．实践的观点　　　　　　　　　D．融合的观点

2. 简答题

（1）什么是物流、企业物流和企业物流管理？
（2）物流的基本活动包括哪些？
（3）企业物流的水平结构和垂直结构各包括哪些内容？
（4）按物流活动中各要素进行分类，企业物流管理的内容包括哪些？
（5）企业物流合理化的原则包括哪些？
（6）企业物流管理学习与研究应遵循的基本原则是什么？

3. 判断题

（1）配送不属于物流的基本活动。（ ）
（2）现代物流是以满足消费者的需求为目标，把制造、运输、销售等市场情况统一思考的一种战略措施，注重物流功能的有机整合。（ ）
（3）企业物流的水平结构包括管理层、控制层和作业层3个层次。（ ）
（4）管理科学从宏观、中观和微观3个不同层次进行划分，可划分为理论管理学、基础管理学和应用管理学。（ ）
（5）物流技术管理包括物流硬技术、物流软技术和物流信息技术的管理。（ ）
（6）物流效率是指企业以最低的物流成本完成物流的各个环节，并使客户满意；而物流效果是指最终企业物流满足客户的程度。（ ）
（7）物流合理化包括物流作业合理化、物流结构合理化和物流体制合理化。（ ）

4. 思考题

（1）通过书籍、杂志或网站，了解北京现代、海尔集团、盒马这3家企业的企业物流的现状、特点。
（2）了解一家零售企业的某类商品是如何从生产地到达消费地的。
（3）配送是物流的基本活动之一，请查阅相关书籍或文献资料，分析图1-15所示的配送中心的可能作业流程、结构和特点。

图1-15　某企业绿色食品配送中心

企业物流管理概论 **第 1 章**

 实际操作训练

课题 1-1：某企业物流管理内容的分析

实训项目： 某企业物流管理内容的分析

实训目的： 了解该企业物流管理的内容，掌握该企业物流管理的流程。

实训内容： 调研某企业的物流管理内容，分析该企业的物流管理流程。

实训要求： 首先，将学生进行分组，每五人一组；各组成员自行联系，并调查当地一家企业，分析目前该企业所处的产业环境以及采取的相应的企业战略；针对企业发展的相关制约因素，分析这家企业的类型是什么、有什么特点，物流管理的现状和特色是什么，该企业的物流管理流程如何，企业的物流存在哪些问题，并提出本组认为合理的解决方案；针对本组的分析和设计结果，与企业管理人员沟通，听取他们对分析结果的建议，之后改进相应的方案，如此反复直至得到管理人员的认可。每个小组将上述调研、分析、改进企业物流管理内容的过程和结果形成一个完整的分析报告。

 案例分析

京东物流

京东集团 2007 年开始自建物流，2017 年 4 月正式成立京东物流集团，2021 年 5 月，京东物流于香港联交所主板上市。京东物流是我国领先的技术驱动的供应链解决方案及物流服务商，以"技术驱动，引领全球高效流通和可持续发展"为使命，致力于成为全球最值得信赖的供应链基础设施服务商。

1-7 拓展视频

一体化供应链物流服务是京东物流的核心赛道。目前，京东物流主要聚焦于快消、服装、家电家具、3C、汽车、生鲜等六大行业，为客户提供一体化供应链解决方案和物流服务，帮助客户优化存货管理、减少运营成本、高效分配内部资源，实现新的增长。同时，京东物流将长期积累的解决方案、产品和能力进行解耦，以更加灵活、可调用与组合的方式，满足不同行业的中小客户需求。

1-8 拓展视频

京东物流建立了包含仓储网络、综合运输网络、"最后一公里"配送网络、大件网络、冷链物流网络和跨境物流网络在内的高度协同的六大网络，具备数字化、广泛和灵活的特点。截至 2024 年 12 月 31 日，含第三方业主运营的云仓，京东物流已拥有超 3600 个仓库，总管理面积超 3200 万平方米。京东物流服务范围覆盖了我国几乎所有地区、城镇和人口，不仅建立了我国电商与消费者之间的信赖关系，还通过 211 限时达等时效产品和上门服务，重新定义了物流服务标准，客户体验持续领先行业。在国家邮政局多个季度的快递服务满意度调查中，京东快递持续位居行业第一阵营。

京东物流已在全球拥有超 100 个保税仓库、直邮仓库和海外仓库，总管理面积超过 100 万平方米。通过先进的自动化设备应用、库存管理系统升级、运营流程优化等，京东物流为全球客户提供优质高效的一体化供应链物流服务，以海外仓为核心推动在美国、欧洲、大洋洲、东南亚等国家和地区的快递物流大提速。近年来，京东物流持续升级出海战略——"全球织网计划"，截至 2025 年年底，全球海外仓面积将实现超 100%增长，同时进一步布局建设保税仓、直邮仓，还将持续新增中马、中韩、中越、中美、中欧等国际航线。

京东物流始终重视技术创新在供应链全局优化中的巨大作用。基于 5G、人工智能、大数据、云计算及物联网等底层技术，京东物流不断扩大软件、硬件和系统集成的三位一体的供应链技术优势，包括自动搬运机器人、分拣机器人、智能快递车，以及自主研发的仓储、运输及订单管理系统等众多核心技术产品和解决方案，已经涵盖了包括园区、仓储、分拣、运输和配送等供应链的主要流程和关键环节，自主研发的仓储自动化解决方案处于全行业领先地位。

2024年，京东物流重点探索将尖端科技和算法与日常运营相结合，不断推进在物流网络布局、场地操作流程、自动化应用和运力调度等多方面变革。作为行业最早应用大模型的物流公司之一，目前京东物流已在数十个业务场景落地大模型应用，在异常管控、流程自动化等多个场景实现降本增效。大模型在前置识别并防范异常、提升人效等多方面持续发挥效用。京东物流构建了协同共生的供应链网络，我国及全球各行业合作伙伴参与其中。2017年，京东物流创新推出云仓模式，将自身的管理系统、规划能力、运营标准、行业经验等应用于第三方仓库，通过优化本地仓库资源，有效增加闲置仓库的利用率，让中小物流企业也能充分利用京东物流的技术、标准和品牌，提升自身的服务能力，截至2024年12月31日，云仓生态平台合作云仓的数量已超过2000个。

作为一家兼具实体企业基因和属性、数字技术和能力的新型实体企业，京东物流始终以"有责任的供应链"践行使命担当，扎根广阔的实体经济，促就业、保供应，持续创造社会价值。多年来，京东物流始终注重一线员工薪酬福利保障，坚持为一线员工缴纳"五险一金"，并提供有行业竞争力的薪酬福利保障。京东物流持续推动创造更多就业机会及对社会作出贡献，保障一线员工的薪酬福利。截至2024年年底，已有超过1200位一线员工在京东物流光荣退休。

稳定的收入、五险一金等福利保障，让员工形成了极强的职业责任感、企业认同感。京东物流着力推行战略级项目"青流计划"，从"环境（Planet）""人文社会（People）"和"经济（Profits）"三个方面，协同行业和社会力量共同关注绿色可持续发展。京东物流可持续发展领域持续获得国际权威认可，凭借多年在推动供应链全环节减碳等方面的努力，在2024年标普全球企业可持续发展评估中的评分有了提升，位居全球行业前列，并于近期成功入选标普全球《可持续发展年鉴2025》。京东物流正坚持"体验为本、技术驱动、效率制胜"的核心发展战略，将自身长期积累的新型实体企业发展经验和长期技术投入所带来的数智化能力持续向实体经济开放，服务实体经济，持续创造价值。

资料来源：https://www.jdl.com/news/5670/content02570.

问题：

（1）京东物流的服务产品主要包括哪些？

（2）京东物流构建了哪些网络？

（3）京东物流在技术创新方面做了哪些工作？

（4）基于京东物流的案例，我们对企业物流发展的趋势有哪些基本判断？

第 2 章 企业物流战略与企业物流组织

【本章教学要点】

知识要点	掌握程度	相关知识
企业物流战略概述	了解	企业物流战略的含义、要素、目标
物流战略规划	掌握	物流战略规划的流程、层次、主要领域、企业物流战略管理框架、企业物流战略的制约因素
企业物流环境分析	掌握	企业物流宏观环境分析、行业环境分析、企业内部环境分析
企业物流战略选择	重点掌握	物流战略选择的依据、典型的企业物流战略、物流战略选择的方法
企业物流战略的实施	熟悉	实施主体、实施对象、实施过程与组织支撑
企业物流战略的评价与控制	熟悉	评价标准的确定、物流战略控制过程、评价结果反馈
企业物流组织概述	掌握	企业物流组织的演变过程、典型的企业物流组织
企业物流组织设计	重点掌握	企业物流组织设计的影响因素，企业物流组织设计的原则、内容与过程
企业物流组织的创新与发展	了解	流程型物流组织、学习型物流组织、虚拟型物流组织、面向供应链的物流组织

【本章技能要点】

技能要点	掌握程度	应用方向
物流战略规划	掌握	企业物流战略规划的基础
企业物流环境分析	掌握	企业宏观环境、行业环境和内部环境分析的方法和手段
物流战略选择方法	重点掌握	企业物流战略的常用分析方法
典型企业物流组织	掌握	选择企业物流组织类型的依据和参考
企业物流组织的设计	重点掌握	企业物流组织设计方法

导入案例

DHL集团发布全新"2030战略"

近日，DHL集团发布"2030战略：加速可持续增长"。集团致力于至2030年实现收入比2023年增长50%，将通过各业务单元和集团层面的增长举措，充分释放增长潜力，推动目标达成。

过去几年间，"2025战略——在数字化时代递送卓越"引领集团有效应对了疫情、供应链中断和地缘政治格局等挑战。集团在"员工首选""客户首选"和"投资者首选"建设，以及实现2021年发布的ESG路线图目标方面取得了重大进展。在复杂多变的环境中，物流行业也在发生变化。各企业积极打造更具韧性的供应链。与此同时，气候变化和劳动力人口结构变化进一步加剧了环境的复杂性。DHL集团的目标是发挥自身优势，通过集团层面的举措在五大业务单元增长规划的基础上，进一步促进效益增长。

一是生命科学与医疗保健。DHL集团在应对制药市场的结构性变化方面具有优势，该领域依赖于温控冷冻或低温储存等专业物流解决方案。预计2023年至2030年间，生物制药、细胞与基因以及临床试验市场的复合年均增长率将超过10%。二是新能源。可再生能源和汽车行业的转型需要专门的物流解决方案，如处理风机叶片或电池储能系统等。预计2023年至2030年间，该领域的复合年均增长率将超过15%，为DHL集团带来巨大的增长潜力。三是地域性增长。DHL集团将凭借全球网络和本地专业技术，把握不同地区的增长机遇，以应对贸易路线增长，以及全球产业链和供应链格局的变化，并满足全球各地处于快速发展阶段的企业需求。四是电子商务。近年来，电子商务始终是集团稳定的增长驱动力。DHL集团将通过各业务单元的协同，为电商市场提供包括履约和"最后一公里"派送等在内的整合服务，以强化其在电商市场的发展。预计至2030年，全球电子商务市场的复合年均增长率将达到7%。五是数字销售。集团将进一步扩大数字销售计划，为整个集团的客户创造更好的线上交易体验。

DHL集团致力于至2050年实现业务脱碳。为此，它将可持续发展列入现有的"三大首选"战略框架中，"绿色物流首选"成为第四大战略"首选"。DHL集团的目标是利用自身的专业知识支持客户实现供应链去碳化，从而在不断发展的市场中实现业务拓展。相关举措包括建立战略合作伙伴关系和加大去碳化力度，以确保实现到2030年可持续航空燃料混合比例达到30%等目标。DHL集团首席执行官表示，集团在物流行业运维电动车队，并在2023年成为全球所有航司中使用可持续航空燃料比例最高的企业。对低排放物流的投资应顺应未来的市场需求，并将成为集团的竞争优势。因为对DHL的客户来说，这类运输解决方案正变得愈发重要。

DHL集团将对其复杂的法律架构进行调整，确保其与管理架构相一致。集团的管理架构包括快递、全球货运、供应链、电子商务和德国邮政与小包裹5个业务单元。但相关的基本法律架构较为复杂，且有部分重叠。法律架构进行调整的目的是降低复杂性，建立更加灵活、敏捷的架构设置，以更好地支持业务增长。简化措施包括将德国邮政与小包裹业务单元和电子商务业务单元设立为独立公司实体。德国邮政与小包裹业务单元将继续使用"德国邮政股份公司"这一名称。这项措施不会对集团的业务组合、薪资和保护协议、管理责任或其他法律承诺带来任何实质性变化。实施这项措施需要1到2年的时间。

资料来源：https://www.spb.gov.cn/gjyzj/c200007/202409/36b2157bd33f4f0eb8fff7f209568f09.shtml [2024-09-30].

思考题

（1）DHL 集团的"四大首选"战略是什么？
（2）DHL 集团的第四大战略"绿色物流首选"依靠哪些措施保证该战略目标的实现？
（3）DHL 集团的管理架构由哪些业务单元构成？

2.1 企业物流战略

企业战略（Corporate Strategy）是企业为实现长期目标，适应经营环境变化而制定的一种具有指导性的经营规划。自美国企业史学家、战略管理领域的奠基者之一的艾尔弗雷德·D.钱德勒的《战略与结构：美国工商企业成长的若干篇章》问世以来，企业战略管理成为企业发展的有力工具。

2-1 拓展知识

企业战略的表述及典型的企业战略

未来学家托夫勒指出："没有战略的企业就像是在险恶气候中飞行的飞机，始终在气流中颠簸，在暴风雪中沉浮，最后很可能迷失方向。"

通用电气公司认为：要在其所服务的每个市场争第一或第二，否则就退出该市场，这就是所谓领导者战略。

2-2 拓展视频

物流战略包含在公司整体战略之中，因此制定物流战略不仅要考虑公司整体的组织目标，而且要考虑生产、营销、财务等部门的相关战略。首先，企业战略统观企业经营的全局，为企业的经营发展确定目标，指明方向。而物流战略则是企业为开展好物流活动而制定的更为具体，操作性更强的行动指南，它作为企业战略的组成部分，必须服从企业战略的要求，与之协调一致。其次，有效地实现企业战略需要企业物流战略等职能战略的支持和保证，企业战略需要由具体的职能战略来落实。

根据决策内容的特点，企业战略可以划分为 3 个层次：公司级战略、部门级战略和职能级战略。物流战略属于职能级战略，和企业的营销战略、生产战略、财务战略等同属一个层次，支持企业整体战略的实现。

企业战略规划到职能部门战略规划的流程如图 2-1 所示。

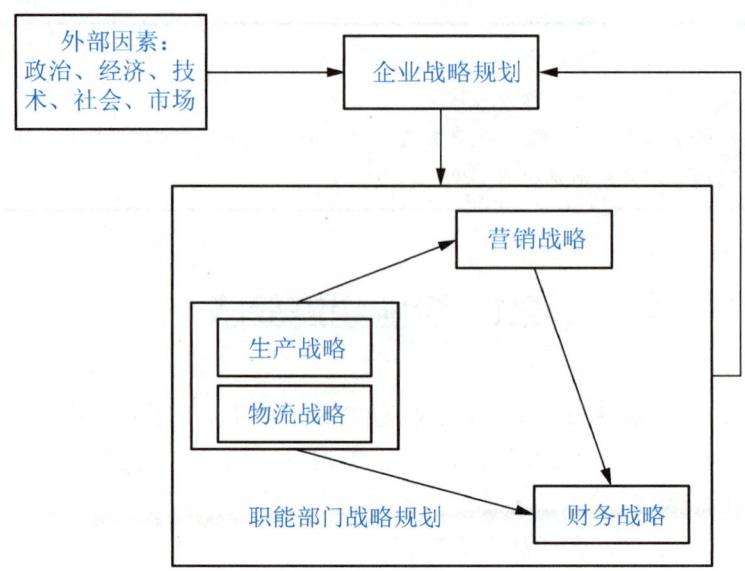

图 2-1　企业战略规划到职能部门战略规划的流程

思考你自己的"发展战略"是什么？打算采取什么方法、手段和措施实现自己的"发展战略"。

2.1.1　企业物流战略概述

1. 企业物流战略的含义

企业物流战略（Corporate Logistics Strategy）是指企业高层管理人员根据企业长期经营和发展目标，结合外部环境和企业内部条件，制定出实现企业总目标需要遵循的物流管理方针和政策，做出现有物流资源优化配置的决策，提出实现企业总目标的物流经营途径和手段。

顺丰控股股份有限公司

顺丰控股股份有限公司围绕物流生态圈，持续完善服务能力与产品体系，业务拓展至时效快递、经济快递、快运、冷运及医药、同城即时配送、国际快递、国际货运及代理、供应链等物流板块，能够为客户提供国内及国际端到端一站式供应链服务。同时，依托领先的科技研发能力，公司致力于构建数字化供应链生态，成为全球智慧供应链的领导者。

公司坚持可持续健康发展和前瞻长远的战略部署，这使得公司在过去 31 年的发展历程中，能够准确抓住机遇，不断扩大规模，持续领跑行业，成为中国及亚洲物流行业中的领军企业，并跻身世界 500 强，排名第 415 位。公司的旗舰产品时效快递占据国内绝对领先的市场份额，并依托时效快递网络的资源与能力，快速高效地拓展至更多物流服务细分领域，从轻小包裹到大型重货，从标准快递到定制化供应链服务，从中国市场拓展到亚洲乃至全球市场。公司在国内的快递、快运、冷运、同城即时配送及供应链业务五个细分领域,以及亚洲的快递、快运、同城即时配送及国际业务四个领域均处于细分市场的领先地位。

展望未来,公司致力于成为连接亚洲与世界的全球领先物流企业。公司将稳固在中国的市场领导地位,并持续扩大在亚洲和全球市场影响力;将国内成功经验快速复制于海外网络,并利用公司备受认可的品牌、领先的成本优势和综合物流服务能力拓展国际市场,推动公司业务的持续健康增长,成为全球企业和个人客户首选的物流合作伙伴,携手客户共同成长,共创价值。

资料来源:2024 年顺丰控股股份有限公司半年度报告.

2. 企业物流战略的要素

企业物流战略要素是规划企业战略的主要因素,影响企业战略分析、选择、实施和控制的全过程,并通过企业物流战略规划指导下的各项经营管理活动表现出来。

(1)经营范围。经营范围是指企业从事生产经营活动的领域,经营范围的变换是有局限性的,不可以随意变动。企业的经营范围能够反映出企业经营活动中主要涉及外部环境的大小,也能反映出企业与外部环境发生相互作用的影响。

(2)资源配置。资源配置是指企业对人员、资金、物资、信息和技术等的安排水平和模式。人员、资金、物资、信息和技术是企业生产经营活动的基本资源,资源配置的组合会影响企业各项活动的效率。

(3)竞争优势。竞争优势是指由企业内部各种因素所决定的,在经营中所形成的,与同行业的竞争对手相比所具有的经营优势。图 2-2 所示为哈佛大学教授迈克尔·波特的竞争优势模型。

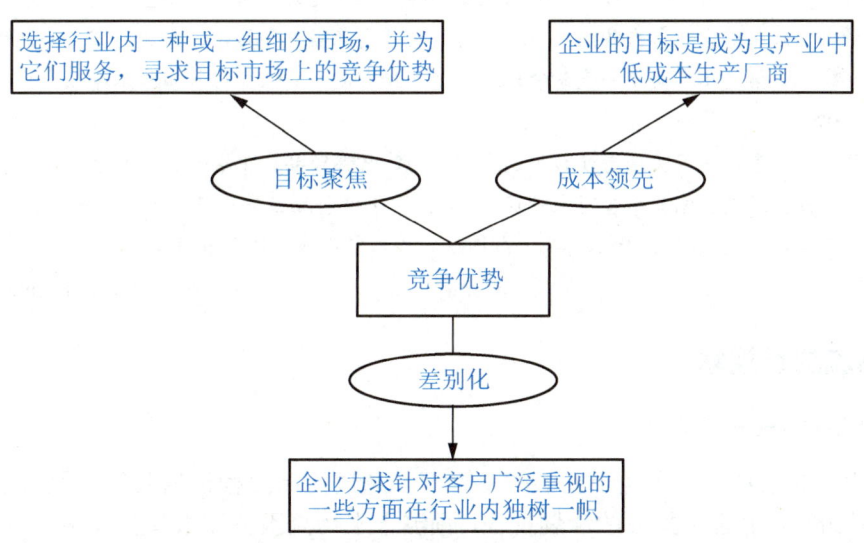

图 2-2 迈克尔·波特的竞争优势模型

(4)协同作业。协同作业是指企业的各种资源之间或者职能部门之间相互协调、相互作用。协同作业可以为企业带来更高的效益。

3. 企业物流战略的目标

企业物流战略的目标和企业物流管理的目标是一致的，即在保证服务水平的前提下，实现物流成本的最低化。具体而言，企业物流战略追求3个目标：降低成本、减少资金投入、改进服务水平。

（1）降低成本（Cost Reduction）。降低成本是将运输和仓储有关的可变成本降到最低，实现利润最大化。

（2）减少资金投入（Capital Reduction）。减少资金投入是使物流系统的投资最小化。该目标的根本出发点是投资回报的最大化。

（3）改进服务水平（Service Improvement）。该目标的制定是基于企业收入的高低，取决于其所提供的物流服务水平的优劣。尽管提高物流服务水平将大幅度提高物流成本，但收益的增加可能会超过成本的上涨。要使该目标有效，应制定与竞争对手差异化的服务战略。

案例 2-2

京东商务仓的仓配一体物流服务

以自营仓配运营网络为基础，为电商平台商家提供高品质仓配一体物流服务。

1. 产品优势

（1）时效快。7地分仓当次日达>90%，入仓平均妥投时长减少22个小时，极速时效闪电交付。

（2）决策智。智能商务仓一地交仓，精准分货补货，优周转、减跨区、提时效、降费用。

（3）体验好。十余年大促运营经验、专业稳定高弹性运营能力，为电商销量冲刺保驾护航。

（4）流量助。京东前台"京东物流"打标加持，提升商品曝光和转化，助力商家交易达成。

（5）一盘货。多渠道库存共享一盘货管理，备货及持有成本更低，进一步降本增效。

2. 产品介绍

（1）覆盖范围。覆盖全国（除港澳台）的仓网能力，常温商品、中小件、正向仓配。

（2）适用行业。适用于电商平台商家形成的 B2C 中小件仓配服务市场，主打客单价在百元以上的细分行业，如家用电器、3C 数码、母婴美妆、白酒红酒、珠宝首饰、钟表眼镜等。

资料来源：https://www.jdl.com/supplyChain/businessWarehouse.

2.1.2 物流战略规划

1. 物流战略规划的流程

物流战略规划是为了实现企业的战略目标，通过提高流程价值和客户服务水平而实现竞争优势的统一、综合和集成的计划过程，预测未来物流服务需求和管理整个供应链资源，提高客户的满意度。物流战略应包括3个主要的项目：①目标的长期性，如客户满意度、竞争优势、供应链管理；②实现目标的方法，包括客户服务方法、增值方法；③实现目标的过程，包括制订计划、组织运行方案等。

物流系统中的每个环节都要进行规划，且要与整体物流战略规划中的其他组成部分相互协调和平衡。物流战略规划的流程如图 2-3 所示。

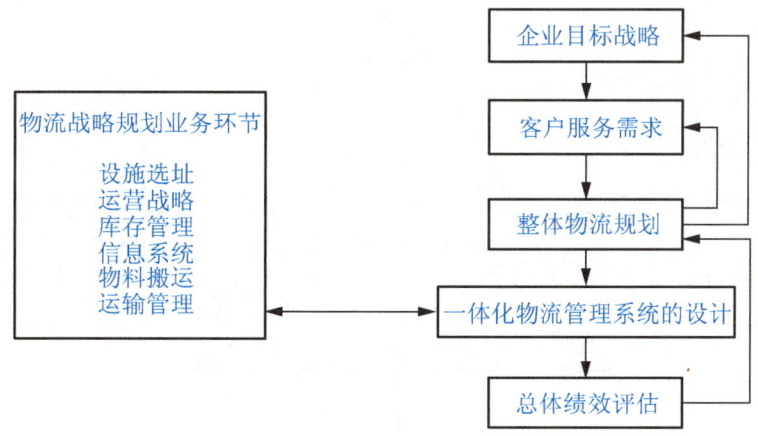

图 2-3 物流战略规划的流程

2. 物流战略规划的层次

物流战略规划是有层次的，主要涉及 3 个层次：战略层次（Strategic Planning）、战术层次（Tactical Planning）和运作层次（Operational Planning）。各层次之间在时间跨度上有明显的区别，战略层次物流战略是长期的、指导性的，时间跨度通常超过 1 年的决策；战术层次物流战略是中期的，一般短于 1 年的决策；运作层次物流战略是短期的，每天或者每小时都要频繁进行的决策。表 2-1 所示为战略、战术和运作层次物流战略举例。

表 2-1 战略、战术和运作层次物流战略举例

决策类型	物流战略规划层次		
	战略层次	战术层次	运作层次
选址决策	仓库、工厂、中转站的数量、规模和位置	—	—
库存决策	库存分布和库存控制方法	安全库存水平	补货数量和时间
运输决策	运输方式选择	临时运输设备租用	运输线路、发货安排
订单处理决策	订单录入、传输和订单处理系统的设计	—	—
客户服务决策	设定服务标准	决定客户订单的处理顺序	加急送货
储存决策	选择搬运设备，设计仓库布局	季节性储存空间选择，充分利用自有的储存空间	入库、盘点、出库和拣货
采购决策	供应商关系管理	洽谈合同，选择供应商，先期购买	订单下达、加急供货

3. 物流战略规划的主要领域

物流战略规划的核心是围绕客户服务目标，主要解决库存决策战略、运输决策战略、设施选址战略三个方面问题。客户服务目标取决于这三个方面的战略计划。物流战略规划可以用物流决策三角形表示，如图 2-4 所示。

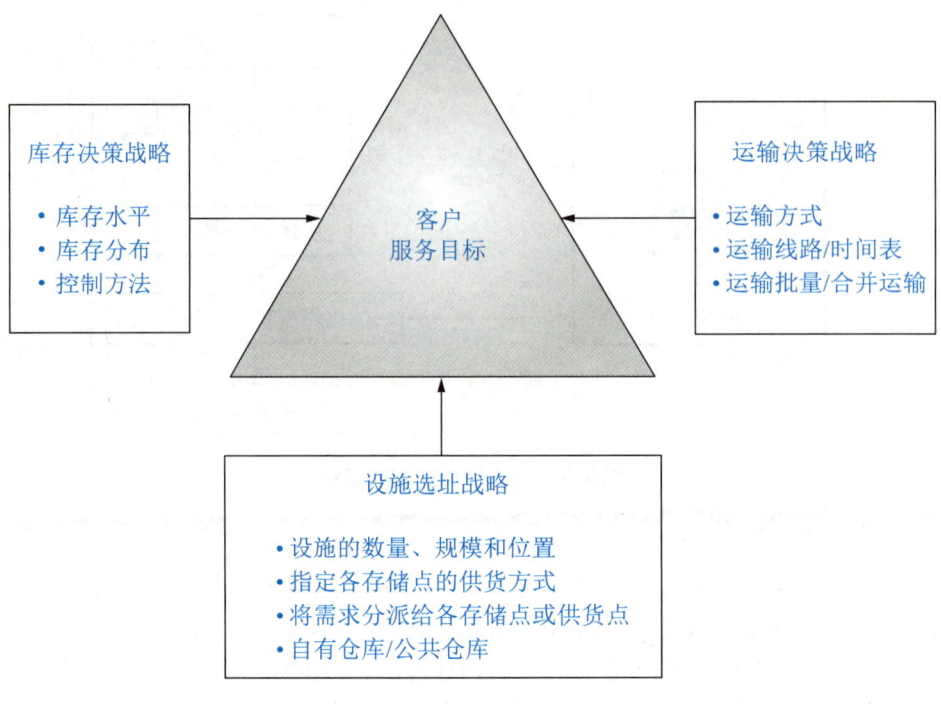

图 2-4 物流决策三角形

京东物流发布 2025 出海新战略

2024 年 12 月 18 日，京东物流 2025 国际一体化供应链战略发布会在深圳举办，会上京东物流宣布了"全球织网计划 2.0"，并明确了全球一体化供应链战略。

全球一体化供应链战略，即全面推进全球仓网、快递网、航空网"三网并起"，为海外客户、中国出海品牌、跨境商家等提供全球一盘货服务，将省心高效的全球供应链物流服务做到极致。

具体而言，京东物流将全面构建海外仓配"2—3 日达"的时效圈，并进一步扩大"快递通全球"的服务范围。此外，京东物流还将进一步搭建国际航空网络，建设全球供应链的空中动脉。随着跨境电商的迅速发展，京东物流在海外构建的一体化供应链正成为海外本土品牌和中国出海品牌的共同需求，为此京东物流已形成"全球电商一盘货"的服务能力，此次发布会还首发了全球极简逆向退货服务、海外仓大件"送装一体"服务。

资料来源：https://baijiahao.baidu.com/s?id=1818876342995007740&wfr=spider&for=pc[2024-12-19]。

4. 企业物流战略管理框架

根据企业物流战略目标、物流战略规划的主要领域和层次，一些专家提出企业物流战略管理框架，包括全局性战略、结构性战略、功能性战略和基础性战略 4 个层次。企业物流战略管理框架如图 2-5 所示。

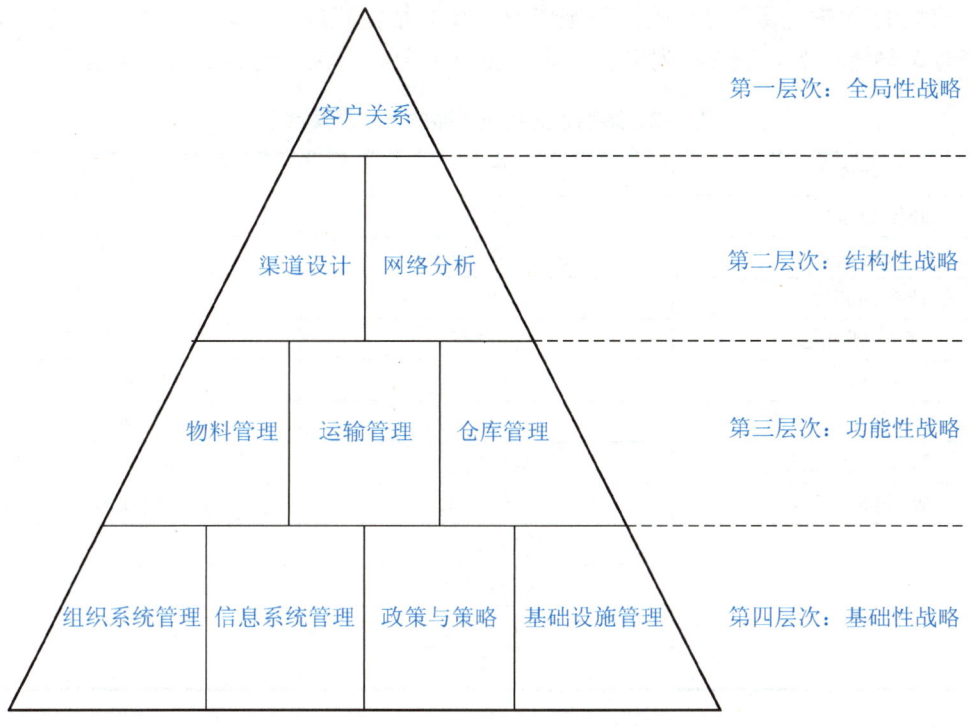

图 2-5　企业物流战略管理框架

5. 企业物流战略的制约因素

企业物流战略的制约因素包括以下几个方面。

（1）需求变动。不仅需求的水平极大地影响了网络的规模，而且需求的地理分布也决定着物流网络的结构、层次。

（2）客户服务。客户服务的内容很多，包括库存可得率、送货速度、订单履行的速度和准确性等。随着客户服务水平的提高，与这些因素相关的成本往往以更快的速度增长。

（3）物品特征。物流成本受物品特征的影响很大，比如物品体积、数量、质量和价值等。在物流运作过程中，物品特征会因包装设计或储运过程中的状态而发生改变。因此，当物品特征发生较大变化时，需要重新规划物流系统。

（4）物流成本。在物品供给、分销过程中产生的成本往往决定着物流系统重新规划的频繁程度。

（5）定价策略。物品采购或销售的定价策略的变化也会影响企业的物流战略，这主要是因为定价策略决定了买方或卖方是否承担某些物流活动的责任。

2.1.3　企业物流环境分析

企业制定物流战略时必须首先立足于其所处的环境。环境既包括宏观环境和行业环境，也包括企业内部环境。

1. 宏观环境分析

宏观环境指的是以国家宏观社会经济要素为基础，结合企业的行业特点而制定的指标，如目标市场的经济发展状况、政治稳定情况、社会结构状况、文化和亚文化、技术水平、法律及政策稳定性等。表 2-2 列出了一些可能影响企业物流战略的宏观环境因素。

表 2-2 影响企业物流战略的宏观环境因素

政治	经济	社会文化
政治稳定情况	经济周期	人口分布
外贸法规	GDP 变化趋势	生活方式
社会福利政策	利率	收入分配
反垄断立法	通货膨胀	社会流动性
劳动法规	失业	人口增长率
医疗和安全法规	产业结构	年龄分布
环境保护立法	市场需求	文化及亚文化
特殊经济政策	科学技术	政府研发投入
	新技术发展	废弃物处理
	科技转化速度	资源消耗
……	科技淘汰速度	……
	……	

2. 行业环境分析

企业在建立物流系统时，除了要分析其所处的宏观环境，还要分析其所属的行业环境。行业环境分析的内容包括市场规模与发展、物流技术、新技术与新产品、竞争因素。

（1）市场规模与发展。

市场规模与发展状况决定了行业的发展空间和潜力。市场规模大，则企业的投资规模和经营规模可以设定在一个比较高的层面。行业的成长性会影响企业的投资方式。企业采取大规模投资还是小规模投资的经营决策，必须考虑行业是否处于快速成长阶段。

（2）物流技术。

物流技术包括信息技术、物料处理技术、包装技术与包装材料技术、运输技术等，它对降低物流成本，提高物流服务水平均起着重要作用。

（3）新技术与新产品。

新技术与新产品有可能会引起整个物流系统的革命，使整个社会的物资供应实现准时化，大大缩短物流周期，减少全社会的库存量，使全球的资源得到充分的利用。

（4）竞争因素。

对大部分企业来说，需要考虑的一个很重要的方面就是行业或部门内的竞争。如图 2-6 所示，行业竞争远不止在原有竞争对手之间进行，而是存在着 5 种基本力量，即潜在的市场进入者的威胁、替代品/服务的威胁、购买者的讨价还价能力、供应商的讨价还价能力和现有企业间的竞争。

行业环境分析是企业物流环境分析的重要组成部分，准确地识别和把握行业机会，是企业利用有利因素进入一个新行业或在原行业中找准定位、建立优势竞争地位并最终盈利的重要前提。上述 5 种基本力量虽然是对行业竞争程度和威胁程度的评价，但也是机会和威胁并存，威胁本身也是一种机会。行业环境分析的目的就是要通过选择削减威胁的战略而使威胁转化为机会。

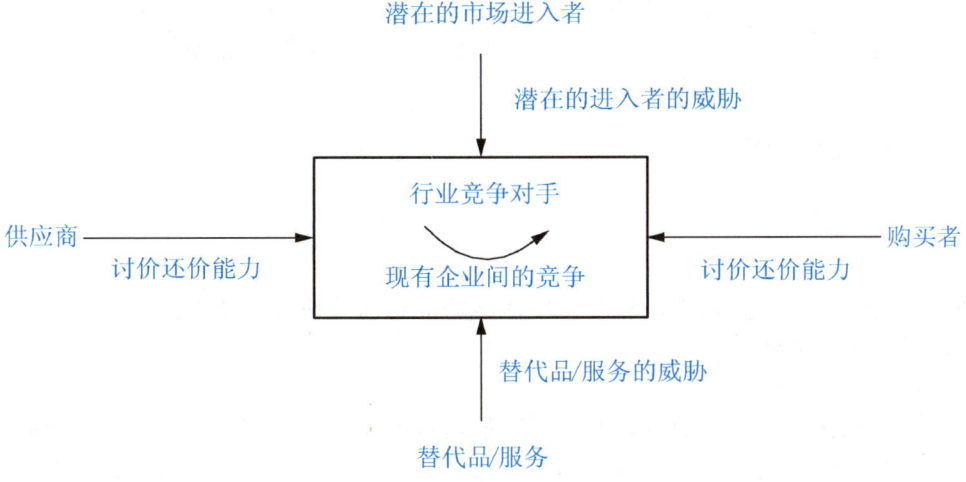

图 2-6 决定行业竞争的 5 种基本力量

3. 企业内部环境分析

理论和实践证明，不同的企业拥有不同的资源和能力，有些资源和能力使企业能够选择并实施可以创造价值的战略，形成竞争优势。企业内部环境分析的目的就是通过对企业资源和能力的分析，找准自身优势，特别是明确作为企业竞争优势根源和基础的特殊能力。

（1）资源的种类。

资源是企业生产过程所需的各种投入。资源可为分为有形资源、无形资源和人力资源 3 类。

（2）内部分析框架。

美国战略管理的资源管理学派代表人物杰恩·巴尼在《企业资源和持续竞争优势》一书中，建立了一个内部分析框架——VRIO。他针对企业所拥有的某种资源或能力，提出 4 个问题：价值（Value）问题、稀有性（Rareness）问题、可模仿性（Imitability）问题和组织（Organization）问题。这 4 个问题的答案决定了该资源或能力是企业的一项优势还是弱势。经过对这 4 个问题的详细分析，可以得出以下结论。

① 如果一种资源或能力是无价值的，则企业利用它将会处于竞争劣势，绩效也会下降，企业在选择和实施战略时，应淡化或避免使用这种资源或能力。

② 如果一种资源或能力有价值但不稀缺，利用这种资源或能力制定和实施战略将会产生竞争均势。拥有这种资源或能力是必要的，因为利用它虽然不会为企业带来比正常水平更高的绩效，但不利用它就会使企业处于竞争劣势。

③ 如果一种资源或能力有价值、稀缺但模仿成本并不昂贵，利用这种资源或能力将会产生暂时竞争优势和高于正常水平的绩效。率先利用这种资源或能力的企业会取得先动优势，一旦竞争对手观察并掌握了这一点，就可能通过与具有先动优势企业相比没有成本劣势的直接复制或替代来获取这种资源或能力。这样，先动企业所取得的竞争优势将会因其他企业的模仿而消失。当然，在此之前，先动企业能够取得竞争优势。

④ 如果一种资源或能力有价值、稀缺且模仿成本昂贵，利用这种资源或能力将会产生持续竞争优势和高于正常水平的绩效。在这种情况下，竞争对手在模仿一个成功企业的资源或能力时将面临严重的成本劣势。

2.1.4 企业物流战略选择

1. 物流战略选择的依据

（1）适宜性。

适宜性也称一致性，用来衡量一种物流战略能否与战略分析所得到的企业内外部条件相适应，适应程度如何。

（2）可行性。

可行性用来评价一种物流战略具体实现的可行程度，主要围绕物流目标能否实现的问题展开。例如，现有资源条件是否满足战略实施的要求。关于物流战略可行性的问题，在选择战略的过程中就应予以考虑。

（3）可接受性。

可接受性用来评价一种物流战略实施的结果是否可被企业接受或令人满意。例如，战略实施所带来的效益或对企业发展速度的推进是否达到了企业高层管理者、持股人员或其他相关人员的期望。另外，可接受性还包括物流战略实施中包含的风险。

2. 几种典型的企业物流战略

在实践中，有以下几种典型的企业物流战略。

（1）商流和物流分离战略。

商流和物流的工作要协调。从所有权转让的角度来看，客户价值的产生在物流承诺完全履行前并没有完成，而是当物流运作在时间、地点以及送货条款等方面均满足要求后才完成。商流和物流不要求一定要用相同的渠道或在同一时间执行，因为商流合理的地方，物流不一定合理。商流和物流分离战略有效实施需要考虑的因素包括：服务供应商、经济规模、可用资源等。

（2）多样化分拨战略。

多样化分拨是指对不同产品提供不同水平的客户服务。依据多样化分拨战略可以对产品绩效进行分类。例如，按销售水平，产品绩效分为高、中、低三组，并分别确定不同的库存水平。但是这一战略否认了不同产品及其成本的内在差异，将导致过高的分拨成本，要对其运作进行优化。

多样化分拨战略不仅适用于物品批量不同的情况，还可以用于其他情况。例如，正常的客户订单和保留的订单采用不同的分拨渠道。正常的分拨渠道是由仓库供货、履行订单组成的。出现缺货时启动备用的分拨系统，由第二个储存点供货，并使用更快捷的运输方式克服运送距离增加带来的不利影响。

（3）延迟战略。

延迟战略是一种基于时间的物流战略，将产品的最后制造和配送时间延迟到收到客户订单后进行，从而减少预测带来的库存风险。

（4）集中运输战略。

将小批量合并成大批量的运输方式的经济效果非常明显，在使用集中运输战略时要考虑规模经济。集中运输战略要求必须在订单处理与拣选前做出有效的计划以避免耽误生产，所以集中运输要求计划的及时性和准确性。

（5）混合战略。

混合战略的成本比单一战略的成本低。虽然单一战略可以获得规模经济效益、简化管理流程，但是当不同品种产品的体积、重量、订单的规模、销售和客户服务要求差异很大时，就会出现规模不经济。混合战略使企业针对不同产品分别确定相应的最优战略，往往比在所有产品类别之间取平均后制定的单一战略的成本要低。

3. 物流战略选择的方法

（1）SWOT 分析法。

SWOT 分析法是一种常用的战略选择方法，又称动态分析法。其中，SW 是指企业内部的优势和劣势（Strengths and Weaknesses），OT 是指企业外部环境的机会和威胁（Opportunities and Threats）。SWOT 分析法就是对企业内部的优势和劣势、外部环境的机会和威胁进行综合分析，以便对备选战略方案做出客观评价，最终达到选出一种合适战略的目的。

SWOT 分析法的具体做法是依据企业的方针列出对企业发展有重大影响的内部、外部环境因素，继而确定分析标准，对因素进行评价，判定其对企业来说是优势还是劣势，是机会还是威胁。SWOT 分析法实例见表 2-3。此外还可逐项打分，然后按因素的重要程度加权求和，以进一步推断优劣势的大小、外部环境的好坏。

表 2-3　SWOT 分析法实例

	企业内部条件		企业外部环境
优势	物流技术先进 客户服务好 职工素质高 管理基础工作好	机会	有合作的可能 油品价格下降 营业税率下调
劣势	资金不足 物流设备老化 企业规模小	威胁	竞争对手增多 信贷紧缩 市场管制增强

企业内部的优劣势是相对于竞争对手而言的，表现在资金、技术、设备、客户服务、职工素质、管理基础、企业规模等方面。

企业外部环境是企业无法控制的，其中有的会对企业发展有利，可能给企业带来某种机会，如宽松的政策、技术的进步，就有可能给企业降低成本、增加销售量创造条件；有的会对企业的发展不利，如信贷紧缩、原材料价格上涨、税率提高等。

在以上分析的基础上，可根据企业的得分来判断企业属于何种类型，如图 2-7 所示：处于第 Ⅰ 象限，外部有很多的机会，又具有强大的内部优势，宜采用发展型战略；处于第 Ⅱ 象限，外部有机会，但内部处于劣势，宜采取措施扭转内部劣势，可采用先稳定后发展战略；处于第 Ⅲ 象限，外部有威胁，且内部处于劣势，应设法避开威胁、消除劣势，可采用紧缩型战略；处于第 Ⅳ 象限，拥有内部优势而外部存在威胁，应设法分散风险、寻求新机会，可采用多元化战略。

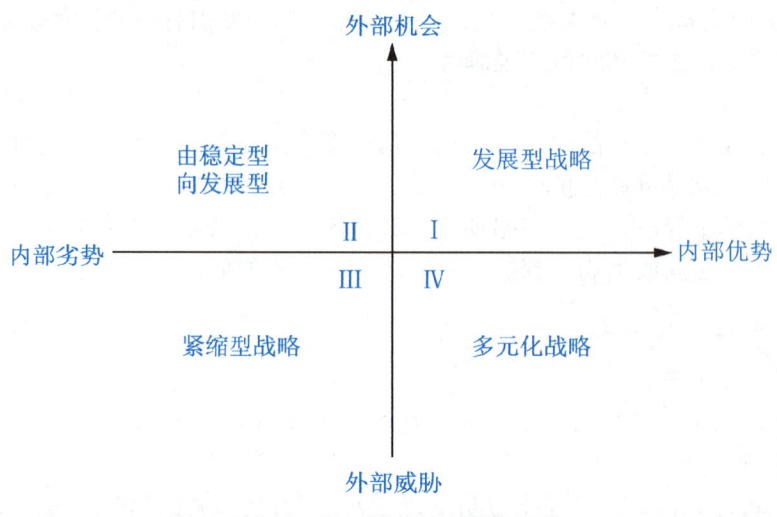

图 2-7 SWOT 分析模型

小知识

公司战略是一个公司的整体战略纲领，是企业最高管理层指导和控制企业的一切行为的最高行动纲领。从战略发展方向上看，公司战略可以划分为发展型战略、稳定型战略和紧缩型战略。

发展型战略又称进攻型战略，是指发展目标高于企业现有水平的战略。采用这种战略的企业，通常不满足于企业现状，寻求一切可能的机会和途径扩大企业的经营规模。采用这种战略要求企业有较雄厚的实力或较繁荣的市场，即企业的市场有不断扩大的趋势和潜力。

稳定型战略是指战略水平与企业原有水平基本持平的战略，即企业遵循与过去相同的战略目标，保持一贯的增长速度，同时不改变基本服务产品或经营范围。它是采取以守为攻，以安全经营为宗旨，不冒较大风险的战略。采用这种战略的企业，一般是产品或服务市场需求达到饱和状态，市场容量不可能再增加，甚至会缩减，企业既没有力量在原领域继续扩张，又没有能力进入新的领域，只能依靠防御性战略来防止其他企业的进攻，以保持企业已有的市场规模。

紧缩型战略是指战略水平低于企业原有水平的战略，即企业从目前的战略经营领域和基础水平收缩与撤退，且是偏离战略起点较大的一种战略。

多元化战略是发展型战略的一种，是由新服务产品和新市场领域组合而成的成长战略，是通过向未曾涉足的新市场提供新产品或新服务，开发新经营领域而使企业获得发展的战略。

案例 2-4

京东物流集团的多元化战略

2-4 拓展视频

京东物流始终重视技术创新在供应链全局优化中的巨大作用。基于 5G、人工智能、大数据、云计算及物联网等底层技术，京东物流不断扩大软件、硬件和系统集成的三位一体的供应链技术优势，包括自动搬运机器人、分拣机器人、智能快递车，以及自主研发的仓储、运输及订单管理系统等众多核心技术产品和解决方案，已经涵盖了包括园区、仓储、分拣、运输和配送等供应链的主要流程和关键环节，自主研发的仓储自动化解决方案处于全行业领先地位。2024 年第二季度，京东物流首次为国内半导体龙头企业提供定制化服务，通过自研自产的天狼货到人系统和全流程无人仓储配送解决方案，满足半导体生产、储存、搬运过程中较高的安全性、稳定性、可靠性要求，这也是京东物流成功渗透至 3C、汽车零部件、医药行业后的又一次突破。该集团制定的战略显然属于多元化战略。

2-5 拓展视频

资料来源：https://baijiahao.baidu.com/s?id=1807512926013008774&wfr=spider&for=pc.

（2）波士顿矩阵法。

波士顿咨询公司（BCG）认为，大多数公司经营的业务都不止一种，企业内部业务的集合被称为"业务包"。该理论认为，对一个企业业务包内的每种业务，都应该建立一个独立的战略。

BCG 提出，决定整个业务包内某一特定业务部门或单位应当采取某种战略的两个基本参数为企业的市场占有率和市场增长率。BCG 把企业内部业务部门或单位划分为 4 种战略类型："现金牛"型、"瘦狗"型、"问题"型和"明星"型。波士顿矩阵示意图如图 2-8 所示。

2-6 拓展视频

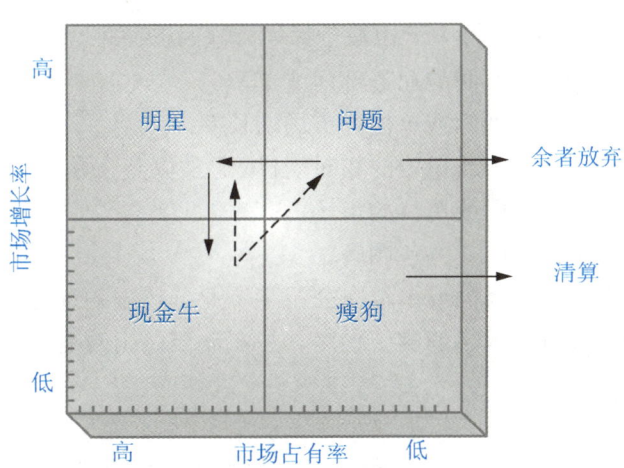

图 2-8 波士顿矩阵示意图

注：——→ 表示转换业务方向；------→ 表示资金流向。

① "现金牛"型。这类业务部门或单位具有高的市场占有率和低的市场增长率。由于市场占有率高，利润和现金产生量相当高，而较低的市场增长率意味着是一个走下坡的市场。因此，这类业务部门或单位回收的资金大于再投入的，其是企业资金的主要来源，也是公司资金运转的主要基础。

② "瘦狗"型。这类业务部门或单位具有低的市场占有率和市场增长率。低的市场占有率通常暗示着较低的利润，由于其市场的增长率也低，若为提高其市场占有率而进行投资通常是不明智的。该类业务部门或单位为维持现有的竞争地位所需要的现金往往超过其所能创造的现金值。因此，"瘦狗"型部门或单位常常成为现金陷阱。

③ "问题"型。这类业务部门或单位具有低的市场占有率和高的市场增长率。由于具有高的市场增长率，对"问题"型业务部门或单位采取的战略之一是进行必要的投资，以获取增长的市场占有率，并促使其成为"明星"型业务部门或单位。当其市场增长率下降

后，该部门或单位就会成为另一头"现金牛"型业务部门或单位。另一种战略是放弃那些管理部门认为不可能发展成为"明星"的"问题"型业务部门或单位。

④"明星"型。这类业务部门或单位具有高的市场占有率和市场增长率。由于具有高市场增长率和市场占有率，"明星"型业务部门或单位运用和创造的现金数量都很大。"明星"型业务部门或单位一般为企业提供最好的利润增长和投资机会。很显然，对于"明星"型业务部门或单位的最好战略就是进行必需的投资以维持其竞争地位。

小知识

放弃战略和清算战略都属于紧缩型战略。

放弃战略是企业采取转向战略无效时采取的紧缩型战略。放弃是指将企业的一个主要部门转让、出卖或者停止经营。

清算战略是指企业在受到全面威胁、濒于破产时，通过将企业的资产转让、出卖或者停止全部经营业务而结束企业的生命。

BCG建议在战略评价中运用波士顿矩阵法时应采取以下7个步骤。
① 将公司划分为不同的业务部门或单位。
② 确定每个业务部门或单位的市场增长率。
③ 确定该业务部门或单位的相对规模（通常以其在整个公司内部占用的资产来衡量）。
④ 确定该业务部门或单位的市场占有率。
⑤ 绘制整个公司的业务包图解。
⑥ 根据每个业务部门或单位在公司整个业务包中的地位选择相应的战略。
⑦ 定期检查每种战略的实施程度，并在需要做出改变时确定行动程序。

案例 2-5

联邦快递的紧缩型战略

联邦快递（FedEx）是一家国际性速递集团，提供隔夜快递、地面快递、重型货物运送、文件复印及物流服务，总部位于美国田纳西州孟菲斯。

巴克莱银行（Barclays Bank）负责FedEx业务的Brandon Oglenski曾预测，缩减部分或全部美国邮政业务的巨额合同将有助于FedEx恢复盈利能力。数十年的利润率表现不佳以及缺乏产生可再投资回报的情况表明，更谨慎的行动是缩减业务规模。而这一预测也得到了验证，为了应对外部和内部环境的挑战，FedEx先后采取了许多措施，如退役货机、剥离货运业务等。FedEx表示，在2024年9月29日与美国邮政服务公司（U.S. Postal Service）签订的航空货运合同到期时，公司计划大幅削减每日的货运航班数量，并削减白天空运服务的美国城市数量。

FedEx负责航班运营和网络规划的高级副总裁Justin Brownlee透露，FedEx将把美国国内白天飞行时间缩短60%，城市目的地数量减少55%。Pat DiMento还提供了有关网络变化的更多细节。2024年10月的路线图将从服务的75个城市减少到28个城市，这与Brownlee提到的55%的减少相比，减少了63%，平均每周的日常飞行行程减少了近2/3。失去白天服务的城市包括亚特兰大、得克萨斯州的奥斯汀和巴尔的摩等。每周飞行小时数将从2045减少到1203。例如，空客A300货机每周白天飞行的航班次数将减少81%，而波音767航班将减少70%，从每周近700次减少到209次。

企业物流战略与企业物流组织　第 2 章

自 2023 年 11 月到 2024 年 4 月，FedEx 停用了 17 架货机，并放弃了购买 7 架波音 767 货机的选择权。截至 2024 年 4 月，FedEx 已经停用了 37 架货机，比上个季度多 17 架。而这些飞机的停用都是 FedEx 对冷淡的航空货运市场和较低的国际包裹数量的即时反应。由于退役的飞机数量超过了机队新增的数量，FedEx 的主线机队规模从 2022 财年的 417 架缩减到 389 架。

目前 FedEx 正在积极实施其三色战略，以简化其全球航空网络，目标是根据不同产品类别和需求对机队进行分类。紫色网络面向愿意为最快速度送达且支付最高费用的国际客户，货物运输使用专门的飞机，这些飞机时间安排得很好，可以在晚上进入 FedEx 的枢纽，以便次日送达。为了最大化飞机上的密度和分拣效率，管理层解释说，将减少混合的大宗货物运输。橙色网络是指定航班在白天运营，专注于优先的国际货运。管理层将这个延迟的航空网络描述为其欧洲和美国零担网络的延伸，旨在吸引高收益货物，如药品、易腐品、电子产品和汽车零部件，这些货物每磅利润比一般货物更高。白色网络将处理电子商务和其他低优先级货物，大部分通过公司的货运代理部门 FedEx Trade Networks 处理。这些货物将利用在主要国际门户之间运营的商业客机的腹舱空间，这些飞机可以整合到 FedEx 在美国的 Ground 网络中。

全球货运市场低迷导致全球包裹需求下降、成本上升，包括 FedEx 等在内的国际物流巨头近两年都在纷纷通过各种手段，包括裁员、上调运费、出售业务、缩减航班等，尽可能地提升营收和利润。这些措施反映了在当前的市场环境下，物流巨头对于成本控制和利润增长的关注，会更倾向于聚焦高利润的核心业务，从而停止或者剥离那些利润较少的业务。

资料来源：https://mp.weixin.qq.com/s/C-5W3Fc4k_Dxj2kGs5t7Wg[2024-08-05]。

2.1.5　企业物流战略的实施

企业物流战略的实施由 3 个方面的内容构成：实施主体、实施对象、实施过程与组织支撑。

1. 实施主体

企业物流战略的实施主体是指负责组织和参与实施物流战略的全体人员。其不仅包括企业的领导者，还包括广大的中低层领导以及全体职工。在战略主体形成以后，一方面要求将战略管理的权限和职责从高层管理者向中低层管理者以及员工转移，另一方面要运用现代人力资源管理的理念对从业人员进行行为目标、价值观念、行为方式等方面的教育和培训，提高从业人员的工作绩效。

2. 实施对象

企业物流战略的实施对象主要是指企业物流战略实施的具体工作内容，主要包括以下几方面。

（1）企业物流战略实施计划。

企业物流战略实施计划是企业物流战略实施的具体问题。根据所考虑时间长短的不同可以分为 3 个层面：战略层计划、战术层计划和运作层计划。

（2）企业物流战略预算。

企业物流战略预算是指企业物流战略执行中所需资金与成本的预算。在进行企业物流战略预算时要注意两点：一是在资源分配上要注意轻重缓急，还要注意长期利益和短期利益的关系；二是要正确看待企业物流战略的不稳定性，在资源分配与预算时，应把效益和风险联系起来考虑。

（3）企业物流战略任务分解。

企业物流战略任务分解是指物流战略实施计划的具体工作任务的安排步骤和技巧，其目的是指导和安排企业物流战略执行中的日常活动。它需要按照企业物流战略的特点和要求，从时间和空间两个方面进行分解，从而形成规范的标准并施行。

3. 实施过程与组织支撑

企业物流战略实施过程体现了企业文化和管理风格，是在长期的实践中形成的一套准则。企业在构建物流系统的过程中，应通过物流战略设计、选择、实施和控制等环节，最终实现物流系统的宗旨和战略目标。

企业物流战略实施中的组织支撑包括企业物流战略的层次系统和结构支持系统两个方面。

（1）物流战略的层次系统是将物流战略目标和任务层层分解、层层落实的组织系统。建立层次系统的有效方法是项目管理法。

（2）物流战略的结构支持系统是指企业内部管理环节上各类人员的构成及其相互的责、权、利关系的总体。

2.1.6 企业物流战略的评价与控制

企业物流战略的评价与控制是指对物流战略规划、物流计划实施的实际成效经过信息反馈与预定的战略目标进行对比，分析产生偏差的原因并纠正偏差，以达到预期的战略目标，实现战略规划。

企业物流战略的评价与控制主要包括物流战略绩效评价标准的确定、物流战略控制过程和对评价结果的反馈。

1. 物流战略绩效评价标准的确定

评价标准是评价物流系统工作绩效的规范，它用来确定战略措施或计划是否达到战略目标。不同层次的物流战略有不同的评价标准，这些评价标准要求是可定量的、易于衡量的。评价标准体系合适与否主要取决于具体的战略目标及其战略内容。定量的评价标准有劳动生产率、利润率、市场占有率、资金周转率、成本、质量等指标。

2. 物流战略控制过程

（1）设定绩效标准。根据企业战略目标，结合企业内部人力、物力、财力及信息等具体条件，确定企业绩效标准，作为战略控制的参照系。

（2）绩效监控与偏差评估。通过一定的测量方式、手段、方法，检测企业的实际绩效，并将企业的实际绩效与绩效标准对比，进行偏差分析与评估。

（3）设计并采取纠正偏差的措施，以顺应变化的条件并保证企业战略的圆满实施。

（4）监控外部环境的关键因素。外部环境的关键因素是企业物流战略赖以存在的基础，这些外部环境的关键因素的变化意味着战略前提条件的变动，必须给予足够的重视。

（5）激励战略控制的执行主体，以调动其自控制与自评价的积极性，来保证企业物流战略实施的切实有效。

3. 对评价结果的反馈

将评价结果反馈到战略制定和实施的不同阶段，并与预定的战略目标进行比较，全面分析、检验评价结果并进行监控。监控是控制系统中的核心，它收集有关执行情况的信息，将其与参与目标积极比对，并负责启动修正措施。监控者获取信息的方式基本上采用定期报告和审计的形式。系统中的监控者是管理者、顾问，计算机程序是其监控职能的技术延伸。通过报告将实施绩效与目标绩效进行比较，判断实施结果是否存在偏差，以便采取适当的措施使实施的效果与目标相符。

2.2 企业物流组织

企业组织结构（Corporate Organization Structure）本身并不能创造优良的业绩，但如果企业的组织结构存在缺失或缺陷，企业其他一切生产、经营、管理活动都会受到影响。因此，企业组织结构的优化和改善是提高管理绩效的重要手段和措施。

2-7 拓展视频

2.2.1 企业物流组织概述

1. 企业物流组织的演变过程

20世纪60年代，艾尔费雷德·D.钱德勒出版了《战略与结构：美国工商企业成长的若干篇章》，提出环境决定战略，组织结构要服从企业战略的思想。根据物流发展的历史和实践，企业物流组织的演进经历了职能分离、职能聚合、过程整合和供应链联盟4个阶段。

（1）职能分离阶段。

在20世纪50年代以前，物流观念还处于萌芽阶段，各个物流活动分散于企业不同的职能部门，物流作为一种辅助性和支持性的工作不被企业所重视。此时企业物流组织结构处于职能分离阶段，如图2-9所示。

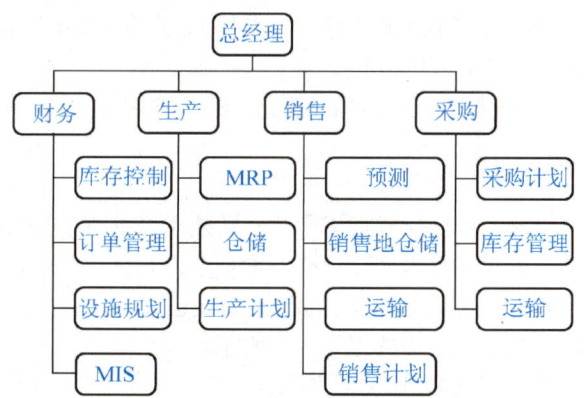

图2-9 职能分离阶段的物流组织结构

在这个阶段，物流的组织职能常常被分割到整个公司，即物流职能分别分布在财务、生产、销售和采购等部门中，这种分割局面意味着在执行物流各方面的工作时缺乏有效的协调，从而导致重复和浪费。并且因为各部门之间的权力和责任界限是模糊的，所以信息经常会失真或者延迟。同时，各部门有限的职责使得管理者往往只追求本部门效率的提升，难以顾及整个组织范围内成本的降低，从而导致企业整体的成本居高不下。

（2）职能聚合阶段。

20世纪60年代以后，物流得到了快速的发展。很多企业为了进行有效的成本集中管理，将物流管理分为物资管理和配送管理两个功能。这个阶段本身又有两个时期。第一个时期的组织表现为物资配送和物料管理单位已完全被分离出去，即企业里有一个或两个物流运作集中点的出现，这是最初的一种功能分离。第二个时期出现在20世纪60年代晚期和20世纪70年代早期，这一时期将"物流"单独挑选出来，并被提升到一个更高的组织层次。企业将"物流"作为一种核心能力，物流管理是"物料管理"还是"物资配送"，则通常取决于企业主要业务的性质。职能聚合阶段的物流组织结构如图2-10所示。

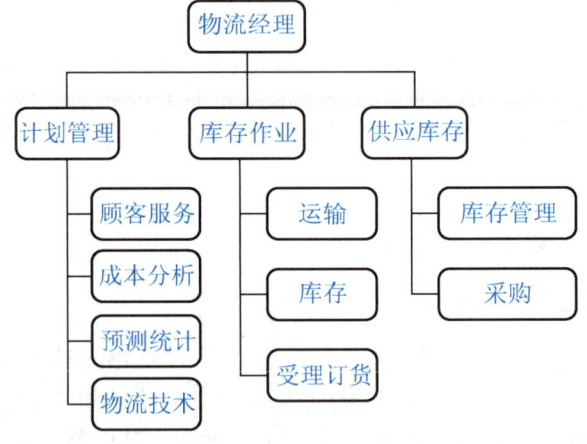

图2-10　职能聚合阶段的物流组织结构

职能聚合的优势主要体现在以下3个方面。

① 将物流定位在一个更高、更可见的组织层次上，增强了其战略影响力和沟通协调能力。

② 物流部门中又有各分部门的职能划分，既保证了整个部门的命令和指挥的统一性，又保证了各分部门的权力和责任的明确性。

③ 由于物流活动可以在整合的基础上进行计划和协调，因此可以开发地区之间小的协同运作。

（3）过程整合阶段。

自20世纪80年代以来，知识经济和现代信息技术特别是网络技术的发展为物流的发展提供了强有力的支撑，促使物流向信息化、网络化、智能化方向发展。这个阶段物流管理的重点开始由职能转换为过程，并关注物流能力在创造客户价值的整个过程中所发挥的作用。过程整合阶段的物流组织结构如图2-11所示。

过程整合的优势主要体现在以下3个方面。

① 可以针对不同的物流绩效目标组成不同的过程整合小组，其组织结构和成员是根据需求变动的，具有灵活性和多样性。

② 基于过程整合的运作贯通了整个物流流程，各部门衔接紧密，加快了物流和信息流的流动速度，减少了信息失真和延误，从而最终降低物流成本。

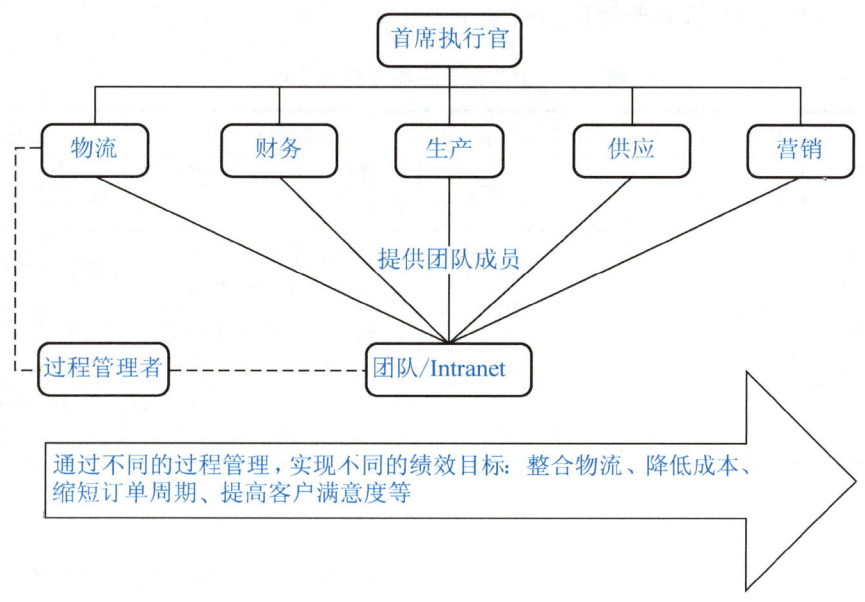

图 2-11 过程整合阶段的物流组织结构

③ 由于职能聚合有建立权力集团的嫌疑而遭到众多企业的反对,因此把物流管理重点转移到过程上来,从而减少了将职能转换到无所不包的组织单位中的压力。

(4) 供应链联盟阶段。

随着供应链思想的逐步发展,企业物流组织结构也正在转变为供应链联盟结构,即企业物流组织开始从公司占支配地位的结构转变为联盟、共享服务以及业务外包等实体的网络结构。其实质是从单个企业内部的物流过程整合扩展到企业外部多个企业之间的物流过程整合。供应链动态联盟结构如图 2-12 所示。

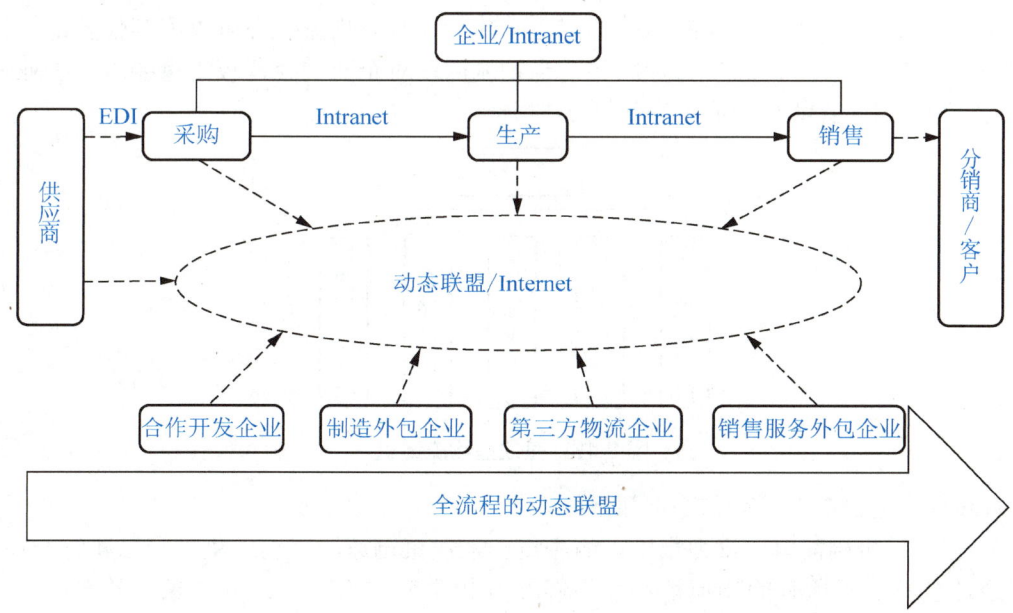

图 2-12 供应链动态联盟结构

对企业物流组织结构演变规律的总结见表 2-4。

表 2-4　企业物流组织结构演变规律

时期	物流组织结构	物流发展	企业管理技术	信息技术
20世纪50年代以前	职能分离	物流观念萌芽	小规模、强调责任和分工的管理	独立大型主机
20世纪50年代至80年代初	职能聚合	物流管理战略化	大规模、垂直一体化、强调命令和控制的管理	集中微型机（PC）
20世纪80年代中至21世纪初	过程整合	物流管理过程化	小规模、分解、强调过程效率和核心竞争力管理	局域网/互联网（Intranet/Internet）
21世纪初之后	供应链联盟	供应链管理	全球化、系统一体化、强调协同和战略的管理	局域网/互联网（Intranet/Internet）

2. 典型的企业物流组织

企业物流组织结构（Corporate Logistics Organization Structure）处在不同的发展阶段时，每个企业都需要根据自身的战略、规模、技术和生产方式来选择切实可行的组织结构形式。结合企业的具体实践，介绍几种比较典型的物流组织结构：直线型物流组织、参谋型物流组织、直线参谋型物流组织、事业部型物流组织、矩阵型物流组织和物流子公司型物流组织等。

（1）直线型物流组织。

直线型物流组织是一种简单的组织形式，它的特点是不存在职能分工，管理的指挥和监督职能完全由行政负责人独自执行。各种物流部门的职位均按直线排列，一个下属只接受一个上级领导的指挥，物流部门是对所有的物流活动具有决策权和指挥权的物流组织结构。在这种结构中，物流管理的各要素不再作为其他的职能部门如财务、市场、制造部门的从属职能而存在，而是处于并列地位。物流经理对所有的物流活动负责，对企业物流总成本的控制负责。在解决企业的职能部门之间的冲突时，物流经理可以和其他各部门经理平等磋商，共同为企业的总体目标服务。当物流活动对企业的经营较为重要时，企业一般会采用这种模式。直线型物流组织如图 2-13 所示。

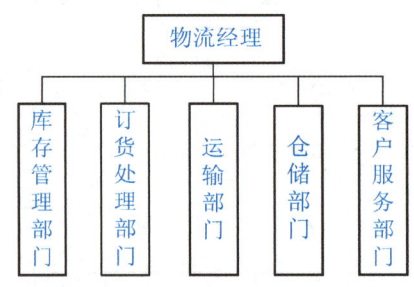

图 2-13　直线型物流组织

直线型物流组织的优点和缺点如下。

① 优点：机构简单、权力集中、命令统一、决策迅速，有利于集中领导和统一指挥；物流经理全权负责所有的物流活动，不存在互相牵连、相互推诿的现象，效率高、职权明晰。

② 缺点：所有管理职能都集中在一个人身上，需要全能型的管理者，决策风险比较大。

（2）参谋型物流组织。

参谋型物流组织是一种按照职能来进行规划的组织形式，这种组织结构只把有关物流活动的参谋组织单独抽取出来，基本的物流活动还在原来的部门进行。物流经理在这种结构中只是起到参谋作用，负责与其他职能部门的协调工作，没有最终决策权。这种组织结构适合刚开始实施综合物流管理的企业。参谋型物流组织如图 2-14 所示。

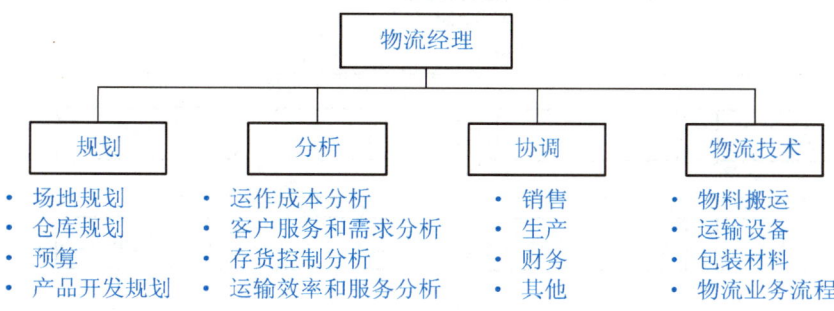

图 2-14　参谋型物流组织

参谋型物流组织的优势在于能够在较短的时间内，让企业经营者顺利地采用最新的物流管理手段，因此往往作为一种过渡型的组织形式。

（3）直线参谋型物流组织。

直线参谋型物流组织是一种物流经理对业务部门和职能部门均实行垂直领导，具有指挥权的组织形式。物流经理全权负责所有的物流活动，对业务运作和整体物流的规划、分析、协调等均实行垂直式领导，具有指挥权和命令权。在直线参谋型物流组织中，处于第一层的子部门是参谋部门，其职责是对现有的物流系统进行分析、规划和设计，并向相关负责人提出改进意见，它们对第二层的业务部门只起到指挥和监督的作用；第二层的子部门负责物流业务的日常运作。直线参谋型物流组织如图 2-15 所示。

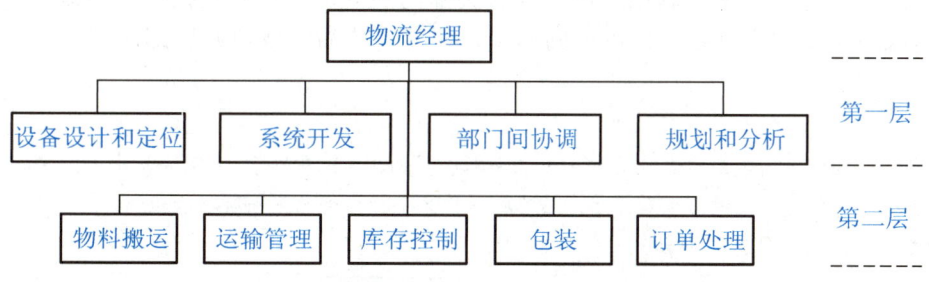

图 2-15　直线参谋型物流组织

直线参谋型物流组织的优点和缺点如下。

① 优点：既保持了直线型物流组织集中统一指挥的优点，又吸收了参谋型物流组织发挥专业管理职能作用的长处，从而能够做到指挥权集中、决策迅速、分工细密、责任明确。在外部环境变化不大的情况下，易于发挥组织的整体效能。

② 缺点：不同的直线部门和参谋部门之间的目标不容易统一，增加了高层管理人员协调工作的强度。

(4) 事业部型物流组织。

事业部型物流组织是对企业内部独立的对象实行分权管理的一种组织形式，物流活动的管理被分配到各个事业部单独进行。在事业部型物流组织中，处于第一层的子部门仍然是参谋部门，起到规划、设计和提出改进意见的作用，而第二层的子部门是根据不同的服务对象或者不同的专业特长划分的事业部，这些事业部实行自治管理、自负盈亏。事业部型物流组织如图2-16所示。

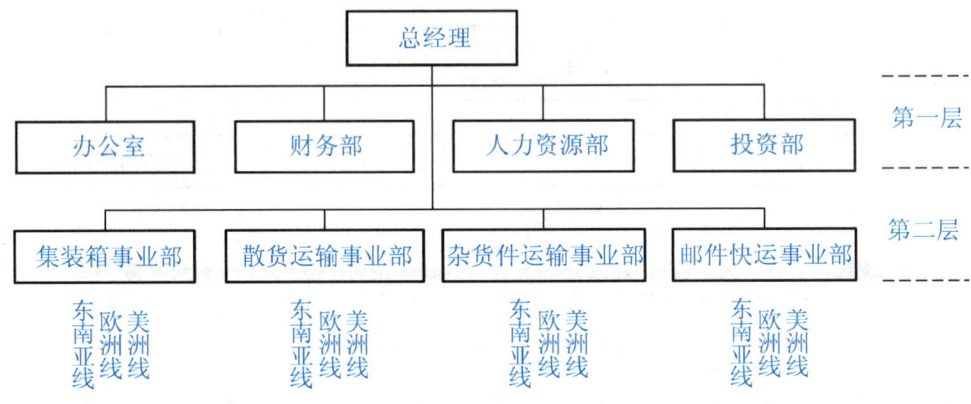

图2-16 事业部型物流组织

事业部型物流组织的优点和缺点如下。

① 优点：既保持了企业管理的灵活性和适应性，同时发挥了各事业部的主动性和积极性，可以有助于不同物流事业部之间进行竞争，克服组织的僵化。

② 缺点：各物流事业部往往只重视眼前的利益，本位主义严重。

(5) 矩阵型物流组织。

矩阵型物流组织是由纵横两套管理系统组成的一种组织形式。企业为了完成某项任务或目标，从直线职能制的纵向职能系统中抽调专业人员，组成临时或较长期的专门的项目小组，由小组进行横向系统联系，协同各有关部门的活动，并有权指挥参与规划的工作人员。小组成员接受双重领导，但以横向为主，任务完成后便各自回原部门。

资料卡

矩阵型物流组织是由美国学者丹尼尔·W.蒂海斯和罗伯特·L.泰勒于1972年提出的。它的设计原理是将物流作为思考问题的一种角度和方法，而不把它作为企业内部的另一种功能组织。

矩阵型物流组织如图2-17所示。

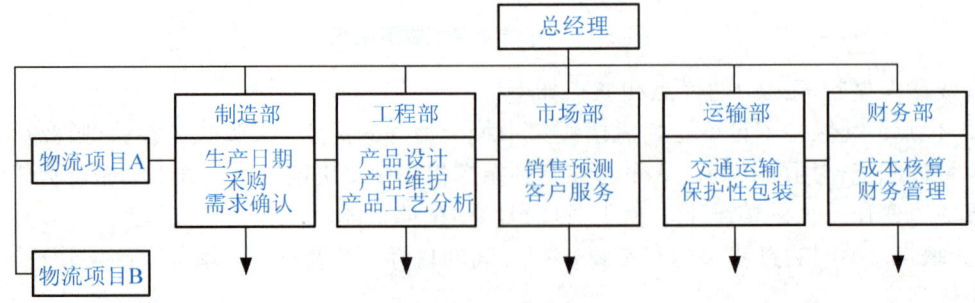

图2-17 矩阵型物流组织

矩阵型物流组织的优点和缺点如下。

① 优点：物流部门作为一个负责中心，允许其基于目标进行管理，从而提高物流的运作效率；这种形式比较灵活，适合企业的各种需求；可以允许物流经理对物流进行一体化的规划和设计，提高物流的整合效应。

② 缺点：采取双轨制管理，职权关系受纵横两个方向的控制，可能会导致某些冲突和不协调。

（6）物流子公司型物流组织。

企业物流管理组织有的设置在企业内部，有的设置在企业外部。企业除了对自身的内部物流功能进行整合，还有另一种选择，即在外部设置物流管理组织——物流子公司。物流子公司是企业物流管理组织的一种新形式，是将物流部门全部或部分从原企业中分离出来，成立一个独立公司，专门负责物流工作。物流子公司处于能够代替母体企业物流部门全部或部分组织的地位，把企业物流管理组织"另外公司化"。

案例 2-6

日日顺供应链科技股份有限公司的发展历程

日日顺供应链科技股份有限公司（以下简称日日顺供应链）于 2000 年在山东青岛成立，先后经历企业物流再造→供应链企业的转型→平台企业的颠覆 3 个发展阶段。日日顺供应链致力于成为"中国领先的供应链管理解决方案及场景物流服务提供商"，如今已从居家大件物流领导品牌成长为引领物联网供应链场景的生态品牌。

1. 第一阶段：企业物流再造——提供家电供应链一体化服务

日日顺供应链成立之初将原先分散在 28 个产品事业部的采购、原材料配送和成品分拨业务进行整合，创新提出了 3 个 JIT（Just In Time）的管理模式，赢得了基于速度与规模的竞争优势。同时，日日顺供应链提出了"一流三网"同步模式，即整合全球供应商资源网、全球配送资源网、计算机网络，三网同步流动，为订单信息流提速，形成贯穿供应链一体化的服务能力。

2. 第二阶段：供应链企业的转型——为客户提供管理中国强制性产品认证一体化解决方案

凭借多年来打造的供应链一体化服务能力、业务流程再造经验和专业化物流团队等资源，日日顺供应链开始从物流企业向社会化供应链企业转型。随着全国三级网络的快速布局，日日顺供应链建立起服务订单/产品的全程透明可视化信息平台，并为客户定制供应链一体化解决方案。

3. 第三阶段：平台企业的颠覆——打造大件物流信息互联生态圈

互联网时代，物流企业单一服务、简单仓配服务、打价格战已经很难满足客户/用户的需求，因此企业开始向平台企业转型。定位于为居家大件提供供应链一体化解决方案服务平台，以用户的全流程最佳体验为核心，用户付薪机制驱动，日日顺供应链建立起开放的互联互通的物流资源生态圈，快速吸引物流地产商、仓储管理合作商、设备商、运输商、区域配送商、加盟车主、"最后一公里"服务商、保险公司等一流的物流资源进入，实现平台与物流资源方的共创共赢。

资料来源：https://www.rrswl.com/front/wmdt/guanyuwomen/ guanyu_women_jieshao?fabLeix=aboutusjj。

物流子公司型物流组织具有以下特点。

① 物流费用明确化。物流单独公司化，物流费用的核算简单而明确，同时，母体企业也容易以交易方式来控制物流成本。更进一步，企业的物流不但可以作为费用控制中心，而且还可以作为利润中心来进行管理。

② 能减少阻碍物流改善的因素。作为独立的子公司，物流的合理化容易通过市场交易的手段得以实现，规避了外界对物流的冲击。

③ 能提高企业物流人员的工作积极性，也有利于企业对物流人员的选拔和培养，还有利于推动物流技术的更新。

④ 能扩大物流活动的领域。物流子公司是从母体企业独立出来的法人，其工作对象与企业内部物流部门相比要广泛得多。例如，与其他企业的物流协同化、开拓多方物流业务等。这符合把物流从支持性职能升级为战略性经营业务的发展要求。

2.2.2 企业物流组织设计

彼得·F.德鲁克说，一个好的组织本身并不能创造好的业绩，就好比一部完善的宪法并不能保证产生伟大的总统、严格的法律或者一个道德的社会。但无论个别的管理者多么优秀，没有好的组织结构也不可能创造出好的业绩。因此，改善组织结构通常能够提高绩效。

A good organization structure does not by itself produce good performance, just as a good constitution does not guarantee great presidents, or good law, or a moral society. But a poor organization structure makes good performance impossible, no matter how good the individual manager may be. To improve organization structure…will therefore always improve performance.

——Peter F. Drucker

1. 企业物流组织设计的影响因素

企业物流组织（Corporate Logistics Organization）的设计是企业一项经常性的工作，在企业物流重组、改造和供应链变化过程中要及时进行调整，以适应市场变化的需要。做好企业物流组织的设计工作应考虑企业类型、企业战略、企业规模、企业技术和企业环境等相关因素。影响物流组织设计的因素如图2-18所示。

（1）企业所属类型因素。

不同类型的企业，物流管理的侧重点不同，企业物流组织的设计也各有特点。

（2）企业的战略因素。

企业的组织是帮助企业管理者实现管理目标的手段。由于企业物流管理的目标源于组织的总战略，因此组织的设计应该与企业战略紧密配合，企业物流组织设计应服从于企业战略。

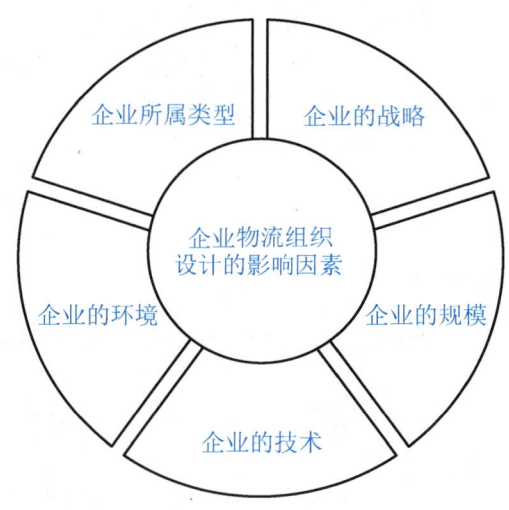

图 2-18 影响物流组织设计的因素

1. 生产战略

生产战略的目标是以最大效率将处于原材料状态的物品通过加工转化为产成品。与之相应的组织设计关注的重点是那些产生成本的经营活动,如采购、生产计划、库存管理、运输、订单处理等活动将被集中起来,进行统一管理。

2. 市场战略

追求市场战略的企业会以客户服务为导向,销售和物流也要与之协调。与之相应的组织设计关注的重点是那些与销售客户服务和物流客户服务直接相关的经营活动。其组织结构可能超越各经营部门的范围,以实现较高的客户服务水平。

3. 信息战略

追求信息战略的企业一般有大规模的下游经销商和分销组织网络。在分销的网络中协调物流活动是首要目标,而信息是企业物流管理的关键环节。为确保得到所需的信息,组织结构的职能将会超越各职能部门、分支机构以及经营部门的职能范围。

(3) 企业的规模因素。

企业规模的大小对企业的组织结构有显著的影响。与小型企业的组织相比,大型企业的组织倾向于具有更高程度的专业化和横向、纵向的分化。小型企业的组织结构简单,通常只需两三个纵向层次,形成"扁平"的模式,员工管理相对灵活。

(4) 企业的技术因素。

在进行组织设计时,企业不可忽视技术对组织结构提出的要求。单件生产和连续生产企业,采用有机式组织(如矩阵型物流组织)最为有效;而大量生产企业若与机械式组织(如直线型物流组织、参谋型物流组织)相匹配,则是最为有效的。越是常规的技术,组织结构就越应标准化,即采用机械式组织;越是非常规的技术,组织结构就越应该是有机式的。

(5) 企业的环境因素。

企业环境是组织设计的一个主要影响因素。在较稳定的企业环境中,采用机械式组织更为有效;在动态和不确定的环境中,采用有机式组织更佳。现在由于企业面临的竞争压力增大,企业环境也大多是动态的、不确定的,因此企业物流组织应该能够对环境的变化做出快速的反应,组织设计要充分体现出组织的"柔性"。

总之,企业物流组织设计一定要从企业的实际出发,综合考虑多种因素,从而建立最适宜的企业物流组织。企业物流组织的调整,要适应企业经营方式的变革和企业内部管理向集约化转换的需要。

2. 企业物流组织设计的原则

要保证一个企业正常有效地运行,企业物流组织设计必须科学合理。因此,在企业物流组织设计中要遵循以下原则。

(1)目的明确原则。企业物流组织设计要为企业的发展服务,各机构的设立应以有效完成企业的战略目标和经营活动为目的。

(2)统一指挥原则。统一指挥原则的实质在于建立企业物流组织的合理纵向分工,设计合理的垂直机构。为了使物流部门内部协调一致,更好地完成物流管理任务,企业物流组织必须遵循统一指挥的原则,实现决策部门与执行部门的一体化、责任与权限的体系化,使其成为有指挥权和命令权的组织。

(3)适度分权原则。企业在进行组织设计时,必须考虑权力的分配模式,要适度分权,将集权和分权控制在合理的基准之上,既不影响组织成员的工作效率,又不影响管理层和基层员工的工作积极性,使企业物流组织具有高度的开放性和协作性。

(4)控制幅度原则。一个上级直接领导与指挥的下属人数应该有一定的限度,并且应该是有效的。法国管理学家格拉丘纳斯的研究表明:当上级的控制幅度超过 6 人时,其与下级之间的关系就会越来越复杂,以至于无法领导下级。

(5)权责对等原则。职责与职权的相适应称为权限,即权力限定在责任范围内,权力的授予要受职务和职责的限制。要贯彻权责对等的原则,就应在分配任务的同时,授予相应的职权,以便有效率、有效益地实现目标。

除此之外,企业物流组织设计还必须遵循一般原则,如系统效益原则、优化原则、标准化原则和服务原则等。

3. 企业物流组织设计的内容与过程

(1)企业物流组织设计的内容。

对任何企业来说,设计一个符合企业目前和未来发展需要的物流组织,需要考虑很多内容,其中物流组织职能分析和职权设计是两个重要的方面。

① 物流组织的职能分析。企业物流活动作为各个职能部门的辅助手段分散在各类其他活动之中,其分散程度比其他活动都要高。如果希望企业运用一个简单的组织部门来实现全部的物流活动管理和运作职能往往是不可行的。所以,进行物流组织设计的一个重要任务就是对物流职能进行分析和整理,从而更好地确定物流组织在整个企业组织中的层次、所需要的部门以及职权。对物流组织职能进行分析需要进行以下工作。

a. 列出组织的职能清单。这是先将企业的全部物流作业归并为由若干个不同的管理岗位承担的工作项目,再将若干个工作项目归并为若干个基本职能。一般来说,物流组织职能可以分为采购职能、运输职能、生产计划职能、库存管理职能、仓储管理职能、订单处理职能等。

b. 关键职能的确定。物流的各项职能是完成企业各项工作所必需的。但对不同的企业来说，不同的物流职能其重要性是不同的，因此可以将所有物流职能分为关键职能和非关键职能。企业一般以关键职能为中心，分配更多的人力、物力和财力，以确保物流活动能有效完成。

c. 职能分解。职能分解就是将所确定的各项职能分解为具体的物流业务活动，从而确定各项业务活动的具体内容和任务，可以为确定各个岗位的职权、人员数量、各个部门之间的关系等提供合理的依据。

d. 落实各种职能的职责。作为规范的职能设计，在列职能清单的过程中，必须对各种职能的具体职责做出详细的规定。

② 物流组织的职权设计。企业的职权一般可以分为决策权、指挥权、监督权和咨询权。在不同的组织结构中其职权是不同的。比如在直线型物流组织中，物流组织部门对物流活动具有指挥权和决策权；但是在矩阵型物流组织中，物流部门对物流活动有决策权，而对各职能部门的具体项目却没有指挥权。因此，在企业组织设计时必须确定物流部门应该拥有的职权。

(2) 企业物流组织设计的过程。

企业物流组织结构设计的过程如图 2-19 所示。

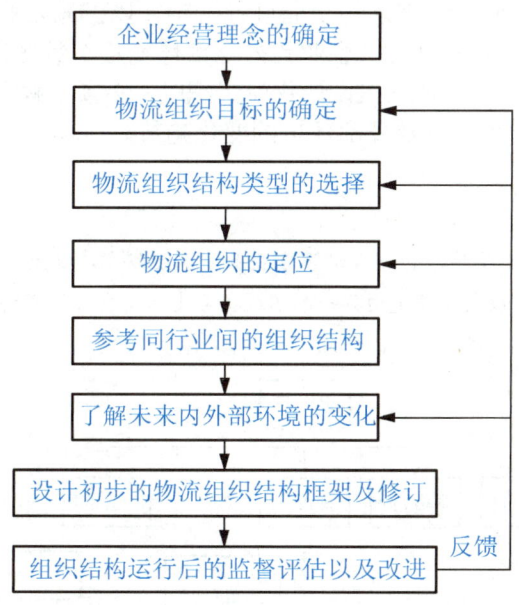

图 2-19　企业物流组织结构设计的过程

① 企业经营理念的确定。企业在构造自身物流组织时，首先必须明确企业的经营理念和目标。所谓经营理念就是管理者追求企业绩效的依据，是顾客、竞争者以及员工的价值观。不同的经营理念在设计企业物流组织时会存在很大的差异。若以追求顾客服务为经营理念，那么企业必定会重视产品送达的准时程度、售后服务的水平及其他一些物流指标，因此企业物流组织会比较集中，以及注意物流活动实行的"柔性"；若以员工价值观为经营理念，则在企业物流组织设计中将会重视人力资源的作用。

② 物流组织目标的确定。物流组织的目标始终是围绕企业的经营理念而定的,并且物流组织目标的确定是为了实现企业的经营目标。在此过程中,还必须考虑物流职能分析和职权设计的内容。

③ 物流组织结构类型的选择。物流组织结构类型的选择主要考虑企业物流组织应该选择正式的组织（Formal Organization）、非正式的组织（Informal Organization）,还是准正式的组织（Semiformal Organization）。企业可以根据组织传统、物流活动在企业中的重要性、企业内部人员的偏好等来确定物流组织结构类型。

资料卡

协调委员会是一种非正式的企业物流组织形式。协调委员会的成员来自企业各个重要的部门。协调委员会通过搭建交流平台,促进各方协调管理。杜邦公司就以其协调委员会的有效管理而闻名,成为这方面的典范。

④ 物流组织的定位。物流组织的定位主要考虑企业物流组织是集中式的还是分散式的,是参谋型的还是直线型的。

⑤ 参考同行业间的组织结构。在企业完成对企业内部的认知后,可以考察同行业中其他企业对于物流组织的规划与设计,从而为企业物流组织的设计奠定基础。不仅如此,还可以对不同行业但具有相同经营理念的企业进行考察,以扩充企业物流组织设计的思路。

⑥ 了解未来内外部环境的变化。企业的内外部环境是不断变化的,企业在进行物流组织设计时必须考虑其"柔性"。企业在设计物流组织时,必须了解在未来几年中企业本身的发展空间,所存在的优劣势,以及外部环境的变化趋势。

资料卡

物流组织的集中式管理是将物流管理活动设在企业一级组织中,以便为所有产品提供物流服务,如图 2-20 所示。物流组织的分散式管理是由各产品组或各分支结构负责管理物流活动,建立各自独立的分散的物流组织为各自部门服务,如图 2-21 所示。

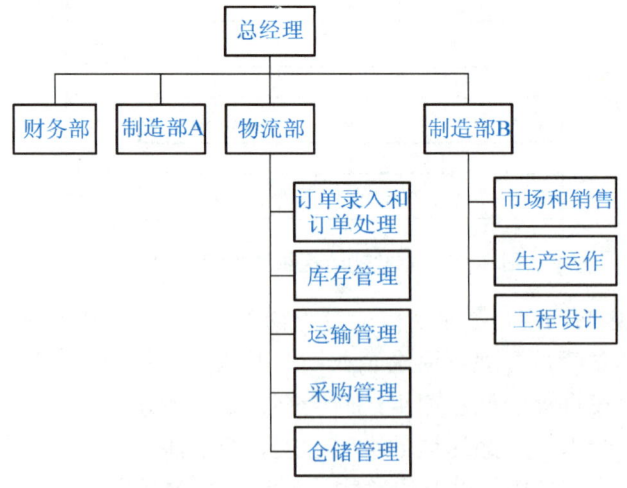

图 2-20　物流组织的集中式管理

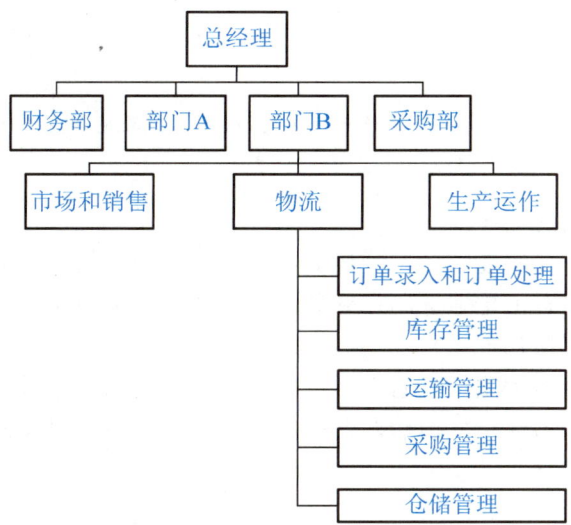

图 2-21 物流组织的分散式管理

⑦ 设计初步的物流组织结构框架及修订。在确定企业经营理念、物流组织目标,以及了解其他企业物流组织和未来企业发展的内外部环境后,企业初步确定物流组织结构框架,并根据其他因素进行合理的修订。

⑧ 组织结构运行后的监督评估以及改进。在企业物流组织投入运行后,必须进行及时的监督和评估,不断改进实际的运作状况与预测之间的差异,使其能够真正适应企业发展的需要。

2.2.3 企业物流组织的创新与发展

现代社会的综合化趋势正在重构管理范式。专业分工虽然显著提升了效率,但过度细化的分工也导致系统协调成本激增。为突破传统层级管理的局限,全球管理领域正经历根本性变革,进而催生出流程型、虚拟型、学习型及供应链导向型等新型组织形态。这些组织创新对物流管理系统产生的深远影响,已在企业实践中日益显现。

1. 流程型物流组织

在以流程为中心的企业里,企业的基本组成单位是不同的流程,每个流程都由专门流程主持人负责控制,由各类专业人员组成的团队负责实施,流程成为一种可以真实观察、控制和调整的过程。流程型物流组织模式围绕着企业的关键业务流程来组织员工进行指标评估和系统评价,将属于同一家企业流程内的物流工作合并为一个整体,使流程按自然的顺序进行。

流程型物流组织强调把物流活动作为增值链来管理,强调物流作为一个综合系统,强调物流效率;而且,物流组织以"流"定位,更容易实现物流重组。

一般来说,流程型物流组织的创建可以从以下几个方面进行。

(1)设置流程经理。

流程经理是管理一个完整物流流程的最高负责人。流程经理要有激励、协调的能力,同时应有实际的安排工作、调动人员、实施奖惩的权利。

知识要点提醒

流程经理与矩阵型物流组织中的项目经理是有区别的。项目经理的职责也是基于流程管理的,是某个项目的召集人、协调者,但没有流程经理的权利。

（2）新型职能部门的存在。

新型职能部门为同一职能、不同流程的人员提供交流的机会。在新的组织结构中,职能部门的重要性不再占有主导地位,它更多地发挥激励、协调、培训等作用。

（3）注重人力资源的开发。

信息技术赋能下,流程型物流组织通过整合岗位职能与下放决策权实现效率跃升。这一组织重构倒逼员工能力升级,推动人力资源开发成为核心管理议题。

 **案例 2-7**

海尔的业务流程再造

海尔经历了业务流程再造的痛苦,但取得了有目共睹的成效。同大多数实行业务流程再造的企业一样,海尔也经历了职能型物流组织、矩阵型物流组织、流程型物流组织 3 个阶段来完成业务流程再造。

业务流程再造后,海尔的供应商从 2200 多家优化到 800 多家,全球采购的比例已占 71.3%；接到客户的订单,在 10 天内即可完成从采购、制造到配送的全过程,而一般企业完成这个过程需要 36 天；近 2 万人的销售队伍,经过短期整合后,减少了 30%,而销售业绩却大幅度攀升；库存大幅下降,各类库存平均下降了 37%,但效率却在不断提高。

海尔进行业务流程再造以来,组织结构打破了 40 次,重建了 40 次,打破一次、阵痛一次、重建一次、新生一次。今后还要重建多少次,没有人会知道。可以预言的是,变化是绝对的。

资料来源：张浩, 2024. 采购管理与库存控制[M]. 3 版. 北京：北京大学出版社.

2. 学习型物流组织

在学习型物流组织中,每个成员都有责任识别和解决问题,使组织能持续不断地改进和增强自身能力。学习型物流组织的目标是解决问题,从而区别于以效率为目标的传统型物流组织。在学习型物流组织中,员工能持续地学习,并能鉴别和解决属于其活动领域内的问题；员工能理解客户的需求,通常以组建团队的方式,联合各个领域的专家,形成自主式、智慧型的团队,以满足客户的需求。

在学习型物流组织中,结构不再是以往的直线型或是矩阵型,而是趋向于一种扁平化的网络组织结构,员工之间信息和命令的传达通过网络下达,非常方便和直接,权力也更有可能分散,甚至形成员工共同决策的新决策方式。

学习型物流组织的内部必须全面实现信息化管理,组织内部人员具有较高的素质,并有独特的组织文化；拥有视野开阔且处于核心层的领导,其拥有紧急决策的能力。

3. 虚拟型物流组织

虚拟型物流组织是指两个以上的独立实体,为迅速向市场提供产品和服务而在一定的时间内结成的动态物流联盟。它不具有法人资格,也没有固定的组织层次和内部命令系统,而是一种开放的组织结构,因此可以从众多的组织中通过竞争招标或自由选择等方式精选出合作伙伴,迅速形成各专业领域中的独特优势,实现对外部资源的整合利用,从而以强大的成本优势和机动性完成单个企业难以承担的市场功能。

虚拟型物流组织是一个以机会为基础的各种核心能力的统一体,通过整合各个成员的资源、技术、市场机会而形成。因此,合作是其生存的基础。虚拟型物流组织突破传统组织框架,在保留成员独立运作特性的同时,倒逼协调合作机制向深度信任演进,使信任成为分享成功经验的必要条件。

4. 面向供应链的物流组织

供应链管理是一种纵横一体化的集成化管理模式,强调核心企业与相关企业的协作关系。它通过信息共享、技术扩散、资源优化配置和有效的价值链激励机制等方法体现经营一体化。

随着供应链管理和物流一体化战略的兴起,企业开始将管理的注意力转向企业之间的关系。企业物流管理需要超越现有组织结构的界限,将供应商和用户纳入管理范围,作为物流管理的一项核心工作,有利于物流自身条件的建立,有利于发展供应商和客户之间的合作关系,从而形成一种联合力量,赢得竞争优势。

根据供应链管理的特点,实施战略联盟是一种很有效的组织形式,也是企业面向供应链的物流组织发展的一个方向。在供应商与客户之间,同行业企业之间,相关行业企业之间,甚至不相关行业的企业之间,都可能在物流领域实现战略联盟。尤其是生产型企业与专业物流企业之间较为容易建立战略联盟。战略联盟的形式难以归类,无论是信息和技术共享、采购与营销协议还是业务外包、合资经营等,联盟各方的最终目标都是为了建立战略性合作伙伴关系,达到共赢。

 小思考

查阅相关资料,思考虚拟型物流组织和面向供应链的物流组织的区别和联系。

本 章 小 结

企业物流战略是指企业高层管理人员根据企业长期经营和发展目标,结合外部环境和企业内部条件,制定出实现企业总目标需要遵循的物流管理方针和政策,做出现有物流资源优化配置的决策,提出实现企业总目标的物流经营途径和手段。企业物流战略追求的目标是降低成本、减少资金投入、改进服务水平。

物流战略规划是有层次的,主要涉及 3 个层次:战略层次、战术层次和运作层次;物流战略规划的核心是围绕客户服务目标,主要解决库存决策战略、运输决策战略、设施选址战略 3 个方面问题。企业物流战略管理框架包括全局性战略、结构性战略、功能性战略和基础性战略 4 个层次。

企业制定物流战略时首先立足于其所处的环境,环境包括宏观环境、行业环境和企业内部环境。几种典型的企业物流战略包括商流和物流分离战略、多样化分拨战略、延迟战略、集中运输战略和混合战略。企业物流战略的选择方法包括 SWOT 分析法、波士顿矩阵法等。

企业物流战略的实施由 3 个方面的内容构成：实施主体、实施对象、实施过程与组织支撑。

艾尔弗雷德·D.钱德勒在《战略与结构：美国工商企业成长的若干篇章》中提出：环境决定战略，组织结构要服从企业战略的思想。

企业物流组织的演进经历了职能分离、职能聚合、过程整合和供应链联盟 4 个阶段。典型的企业物流组织结构形式有直线型物流组织、参谋型物流组织、直线参谋型物流组织、事业部型物流组织、矩阵型物流组织和物流子公司型物流组织等。

做好企业物流组织的设计工作应考虑企业类型、企业战略、企业规模、企业技术和企业环境等相关因素。

要保证一个企业正常有效地运行，企业物流组织设计必须科学合理。因此，在企业物流组织结构设计中要遵循的原则包括目的明确原则、统一指挥原则、适度分权原则、控制幅度原则、责权对等原则、系统效益原则、优化原则、标准化原则和服务原则等。

企业物流组织设计的过程包括企业经营理念的确定、物流组织目标的确定、物流组织结构类型的选择、物流组织的定位、参考同行业间的组织结构、了解未来内外部环境的变化、设计初步的物流组织结构框架及修订和组织结构运行后的监督评估以及改进机制。

当前管理领域正经历着一场世界范围内对传统层级式管理的根本变革，这种变革在组织管理上表现为流程型物流组织、虚拟型物流组织、学习型物流组织和面向供应链的物流组织等新型组织形式的发展，其对物流管理的影响已日益凸显。

 关键术语

企业战略管理（Corporate Strategy Management）
企业物流战略（Corporate Logistics Strategy）
战略规划（Strategic Planning）　　　　战术规划（Tactical Planning）
运作规划（Operational Planning）　　　SWOT 分析法（SWOT Analytical Method）
波士顿矩阵法（BCG Matrix）　　　　　组织结构（Organizational Structure）
企业物流组织（Corporate Logistics Organization）
组织设计（Organizational Design）
企业物流组织结构（Corporate Logistics Organization Structure）
集中式物流组织结构（Centralized Logistics Organizational Structure）
分散式物流组织结构（Decentralized Logistics Organizational Structure）

 **习题**

1. 选择题

（1）（　　）是企业为实现基本的长期目标，适应经营环境变化而制订的一种具有指导性的经营规划。

　　　　A．生产计划　　B．企业战略　　C．企业组织　　D．供应链管理

（2）根据决策内容的特点，企业战略可以划分的层次包括（　　）。

　　　　A．职能级战略　B．部门级战略　C．公司级战略　D．一体化战略

(3) 企业物流战略规划的基本组成要素包括（　　）。
　　A．经营范围　　B．资源配置　　C．竞争优势　　D．协同作用
(4) 物流规划是有层次的，物流战略涉及的层次包括（　　）。
　　A．战略层次　　B．运作层次　　C．职能层次　　D．战术层次
(5) 物流规划主要解决（　　）。
　　A．库存决策战略　　　　　　B．运输战略
　　C．客户服务目标　　　　　　D．设施选址战略
(6) 企业物流战略的管理框架包括（　　）。
　　A．全局性战略　B．结构性战略　C．功能性战略　D．基础性战略
(7) 企业物流环境的分析包括（　　）。
　　A．宏观环境分析　　　　　　B．行业环境分析
　　C．企业内部环境分析　　　　D．其上全不对
(8) 典型的企业物流战略包括（　　）。
　　A．延迟战略　　　　　　　　B．集中运输战略
　　C．多样化分拨战略　　　　　D．混合战略
(9) 企业物流战略的实施由（　　）构成。
　　A．实施主体　　　　　　　　B．实施过程与组织支撑
　　C．实施环境　　　　　　　　D．实施对象
(10) 企业物流战略评价与控制主要包括（　　）。
　　A．物流战略绩效评价标准的确定
　　B．对评价结果的反馈
　　C．物流战略环境因素分析
　　D．物流战略控制过程
(11) 企业物流组织的演进经历了（　　）。
　　A．职能分离阶段　　　　　　B．职能聚合阶段
　　C．过程整合阶段　　　　　　D．供应链联盟阶段
(12) 典型的企业物流组织结构形式包括（　　）。
　　A．直线型　　B．事业部型　　C．参谋型　　D．矩阵型
(13) 做好企业物流组织的设计工作应考虑的因素包括（　　）。
　　A．企业类型　　B．企业规模　　C．企业技术　　D．企业环境
(14) 企业物流组织结构设计要遵循的基本原则包括（　　）。
　　A．职责与职权对等　　　　　B．适度分权原则
　　C．控制幅度原则　　　　　　D．系统效益原则
(15) 企业物流组织的创新与发展模式包括（　　）。
　　A．流程型组织　　　　　　　B．学习型组织
　　C．面向供应链的组织　　　　D．成立物流子公司

2. 简答题

(1) 什么是企业物流战略？其与企业战略的关系是什么？

（2）企业物流战略的目标包括哪些内容？
（3）企业物流战略的管理框架是什么？并详细说明其中一个层次的战略包括的内容。
（4）企业物流战略的制约因素有哪些？
（5）典型的企业物流战略有哪些？并详细说明其中的某个战略。
（6）企业物流组织结构的演化过程是怎么样的？
（7）企业物流组织结构的典型类型包括哪些？试分析其中一种结构的特点。
（8）阐述企业物流组织结构设计的过程。

3. 判断题

（1）物流战略属于公司级战略。（   ）
（2）物流战略包含在公司整体战略之中，因此构建物流战略不仅要考虑公司整体的组织目标，而且要考虑生产、营销、财务等部门的相关战略。（   ）
（3）企业物流战略的目标和企业物流管理的目标是不一致的。（   ）
（4）运作规划是长期的、指导性的、时间跨度通常超过1年。（   ）
（5）定价策略发生变化，也会影响物流战略，主要是因为定价政策决定了买方或卖方是否承担某些物流活动的责任。（   ）
（6）行业环境分析的内容包括市场规模与发展、竞争因素、技术经济支持和新技术新产品的影响等。（   ）
（7）SWOT分析法把企业内部业务单位划分为4种战略类型："现金牛"型、"瘦狗"型、"问题"型和"明星"型。（   ）
（8）艾尔弗雷德·D.钱德勒在《战略与结构：美国工商企业成长的若干篇章》中提出：环境决定战略，组织结构要服从企业战略的思想。（   ）
（9）物流经理在参谋型物流组织结构中既起到参谋作用，负责与其他职能部门的协调合作，又具有决策权和指挥权。（   ）
（10）企业物流组织设计的主要内容包括物流组织职能分析和职权设计两个方面。
（   ）

4. 思考题

（1）运用SWOT分析法对某个物流企业的战略进行分析。
（2）谈谈你如何理解"环境决定战略，组织结构要服从企业战略"的思想。

实际操作训练

课题2-1：某企业物流战略的分析
实训项目：某企业物流战略的分析
实训目的：了解该企业物流战略的相关内容，掌握该企业制定战略的过程。
实训内容：调研某企业的物流战略，对该物流战略定位进行分析，并提出改进的方案或建议。
实训要求：首先，将学生进行分组，每五人一组；各组成员自行联系，并调查当地的一家物流企业或者有物流战略的生产企业，分析目前该企业所处的产业环境以及采取的相应企业物流战略；针对企业发展的相关制约因素，分析该企业物流战略在企业战略中的层次和作用，并分析该物流战略定位的合理和不太合理的地方,并提出本组认为合理的物流战略方案;针对本组的分析和设计结果,与企业管理人员沟通,听取他们对分析结果的意见,之后改进相应的方案,如此反复直至得到管理人员的认可。每个小组将上述调研、分析、改进物流战略的内容形成一个完整的分析报告。

课题 2-2:某企业组织结构的分析

实训项目:某企业组织结构的分析

实训目的:了解该企业组织结构的相关内容和设计组织结构的部门,掌握该部门设计企业组织结构的流程,并分析该企业组织结构调整的过程。

实训内容:调研某企业的组织结构,对该企业的组织结构进行分析,并提出改进的方案或建议。

实训要求:首先,将学生进行分组,每五人一组;各组成员自行联系,并调查当地的一家物流企业或者生产企业的物流部门,了解该企业的组织结构,并分析该组织结构中相关人员的主要职责;分析该企业或物流部门物流组织的合理和不太合理的地方,并提出本组认为合理的组织结构,改进或设计部门人员相应的职责;针对本组的分析和改进结果,与企业组织结构的设计部门的相关人员沟通,听取他们对分析和设计结果的意见,之后改进相应的方案,如此反复直至得到该部门管理人员的认可。每个小组将上述调研、分析、改进企业组织的过程和内容形成一个完整的分析报告。

京东物流在海外:再造一个京东物流?

2024 年 12 月 18 日,京东物流 2025 国际一体化供应链战略发布会在深圳举办,此次发布会上,京东物流进一步明确出海战略路线图,将全面推进全球仓网、快递网、航空网"三网并起",为海外客户、中国出海品牌、跨境商家等提供全球一盘货服务,将省心高效的全球供应链物流服务做到极致。

京东物流相关负责人表示,2025 年将加大力度布局海外市场,以海外仓为核心全面构建联通全球的供应链物流服务网络,致力于成为全球最值得信赖的供应链基础设施服务商。这场发布会无疑是一个风向标。继 2024 年 10 月京东物流宣布"全球织网计划"全面升级后,京东物流最新的出海战略蓝图,或许进一步清晰显现了京东物流发力国际业务的雄心壮志——在海外再造一个京东物流?

当提出"在海外再造一个京东物流"时,还需要结合京东物流从京东电商自建物流、电商物流服务商到一体化供应链物流服务企业的国内发展与演变路径。目前,京东物流既有受到 C 端用户好评的京东快递,也有大量服务各行业 B 端企业的供应链服务,一体化供应链物流服务已成为其最大的标签。

在此背景下,对比其出海蓝图,不难看出其中的战略落地一致性和连贯性。

(1)战略目标同步:在成为提供一体化供应链物流服务的综合物流企业的过程中,京东物流始终以提升物流效率、降低成本、优化用户体验为战略目标。在海外,作为国内较早发力国际业务的物流供应链企业,京东物流的出海过程中是通过持续地加大海外仓布局、加密服务网络,从而掌握更多的客源、拓展更广的服务范围、构建覆盖全球的一体化供应链的物流网络,形成"全球电商一盘货"的服务能力,最终是给跨境卖家、全球消费者带来降本增效以及更好的履约体验。

(2)发展模式创新:从京东物流的海外战略来看,虽然其服务能力是一体化为核心的综合多面体,但不难看出,海外战略延续了京东物流在国内的理念,依然在模式上有所侧重。例如,继续践行"把货放在离消费者最近的地方"理念,即以仓为整个全球一体化供应链网络的核心节点,在海外仓布局基础上,进一步构建国际转运枢纽、海外国家本土的运配网络及跨国运输网络。

（3）服务经验迁移：这次发布会上，京东物流宣布上线的"极简逆退产品"，不限下单地址，支持良品检测再售，提供残品二手处置、销毁等服务，确保72小时即可完成全流程，将省心、高效做到极致；基于在国内大件"送装拆收"一体化服务经验和资源，京东物流还宣布进一步推出海外仓大件送装服务，支持大件派送、送货上门、送装一体等多样化服务，下单与仓内生产几乎同步，履约时效更快。在多渠道卡派资源支持下，京东物流海外仓大件送装服务拥有更多的服务资源，承接货物更为多样，可以针对性地解决行业大件送装分离、破损率高且服务资源少等问题。其实，这两项都是京东物流原本在国内的优势。

（4）数智技术应用：通过不断的技术投入和服务创新，京东物流继续打造数智化供应链，其中前沿技术对其出海战略起到很大的支撑作用。例如：在京东物流海外自营仓中，AGV、CTU、分拣机器人、分拣输送设备等自动化设备高效运转，带动仓储处理效率提升超3倍，其中通过"地狼"AGV和智能分拣机器人的配合，拣货效率相比人工最高提升5倍以上。

京东物流这种一体化供应链服务已成为越来越多出海企业对跨境物流供应链需求的新的表现。归根结底，是因为一体化供应链服务省心、高效，即具有更好的履约体验。在中国企业高涨的出海需求推动下，京东物流为跨境卖家和全球消费者们提供了一种新的选择。

资料来源：https://baijiahao.baidu.com/s?id=1818924489880372185&wfr=spider&for=pc[2024-12-30].

问题：

（1）京东物流国际一体化供应链战略属于哪种类型？

（2）京东物流国际一体化供应链战略的实现途径是什么？

（3）支撑京东物流国际一体化供应链战略的数智技术包括哪些？

第 3 章 采购与供应物流管理

【本章教学要点】

知识要点	掌握程度	相关知识
采购与供应物流管理概述	了解	采购与供应物流的基本概念、供应物流管理及其内容、现代供应物流管理的理念
采购管理	掌握	采购管理概述、企业采购管理的流程、采购决策、采购物品的分类及采购策略的选择、企业采购的新型策略
供应商管理	重点掌握	供应商概述、供应商选择、供应商关系管理、供应商绩效管理

【本章技能要点】

技能要点	掌握程度	应用方向
企业采购管理的流程	掌握	采购管理工作
采购物品的分类及采购策略的选择	掌握	针对不同类型的物品,进行有效的采购决策
供应商选择	重点掌握	选择企业需要的优质供应商
供应商关系管理	重点掌握	维护企业与现有供应商的关系,并能对潜在供应商进行开发
供应商绩效管理	掌握	对正在为企业提供服务的供应商的绩效进行评价

导入案例

"猎人"和"牧人"

在采购活动中,传统的美国思维是"猎人"方式。市场是"狩猎场",采购方是"猎人",通过招投标找到最好的"猎物",谈判获取最大的优惠,然后慢慢享用"猎物"。至于"猎物"是谁养大的,那不关自己的事。"人人为自己,上帝为大家",市场那只看不见的手自然会培养供应商,物竞天择,优胜劣汰,任由其自生自灭。这种思路当美国企业在国际市场上处于绝对优势时看不出什么问题,因为竞争对手都是美国企业。

但是,到20世纪70、80年代,日本制造业异军突起,大举进军美国及全球市场的时候,美国企业就被打得"满地找牙"。家电、汽车、电子等产品节节败退。痛定思痛,美国企业家发现他们被一帮"牧人"打翻在地。原来日本企业采取"牧人"管理方式,领头企业如丰田、松下、东芝等充当"牧人"角色,积极帮助供应商提高生产、制造、管理能力,从而提高整条供应链的竞争能力。集团作战的日本企业打败单兵作战的美国企业,也就不足为奇了。农牧社会比渔猎社会先进,这是规律,放在企业的供应链管理上也适用,从此供应商管理也登入美国供应链管理的大雅之堂。

资料来源:张浩,2024. 采购管理与库存控制[M]. 3版. 北京:北京大学出版社.

思考题

(1)在"牧人"模式中,企业与供应商的关系具有什么特点?
(2)"猎人"模式和"牧人"模式的主要区别是什么?
(3)在"牧人"模式中,供应商管理的目标是什么?

采购是企业经营活动的起点,其成本和效率直接影响着企业的经营效果和响应速度。无论是制造商、零售商还是供应商,供应物流在企业的管理活动中都占有举足轻重的地位。因此,供应物流的高效管理至关重要。

3.1 采购与供应物流管理概述

3.1.1 采购与供应物流的基本概念

企业供应物流系统是企业物流系统中独立性较强的子系统,是连接企业内部物流与社会外部物流的纽带。

1. 采购

采购(Purchasing)是经济主体为满足自身的某种需要,通过支付一定代价的方式和物流手段从资源市场换取商品或劳务的经济行为和过程。

 资料卡

无论是生产型企业还是流通型企业,采购都是关键环节。对于生产型企业来说,如果消耗的物品得不到及时补充,就会导致生产的中断;对于流通型企业来说,如果采购商品的进货价格与成本过高,质量较差,就很难与同行业的企业进行竞争。

2. 从采购到供应物流

（1）供应。

供应是指组织为了追求和实现战略目标而识别、采办、定位、获取与管理它所需求或潜在需求的所有资源的过程。按照该定义，供应工作需要寻找市场中的各种机遇，发掘以及使用各个供应源，进而获取对企业有价值的各种物品和服务。

（2）供应物流。

《物流术语》（GB/T 18354—2021）对供应物流（Supply Logistics）的定义：是指为生产企业提供原材料、零部件或其他物料时所发生的物流活动。结合上述供应的概念，供应物流是包括采购在内，并以采购为主要功能和组成部分，由物品的采购、运输、仓储管理、库存管理、供料共同构成的业务过程。企业供应物流系统功能结构如图 3-1 所示。

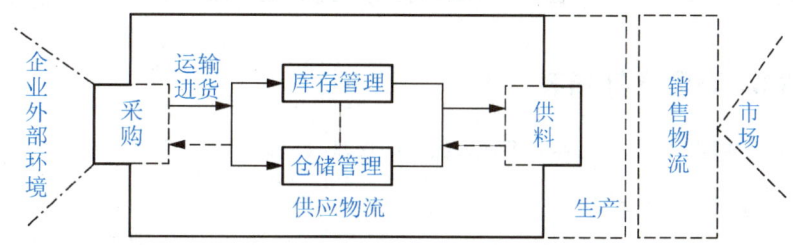

图 3-1 企业供应物流系统功能结构

注：──▶ 表示物流；----▶ 表示信息流。

可以把企业供应物流系统功能细化为 3 个基本阶段。

① 取得资源。取得什么样的资源，是由核心生产过程决定的，同时也要按照供应物流可以承受的技术和成本条件来进行决策。物资的质量、价格、信誉、供应及时性等都是重要的考虑因素。通过购买、交换的方式获得企业生产所需要的物资，是实现供应物流正常运转的前提条件。

② 组织到厂物流。取得的资源必须经过物流才能到达企业，这个物流过程是企业外部物流的过程。要经过装卸、搬运、储存、运输等物流活动才能使取得的资源到达生产企业。这个物流过程可以由物资供应企业或第三方物流企业完成。这时，供应物流的主要作用是实现物资的空间价值。

③ 组织厂内物流。企业所取得的资源到达后，经过企业物流供应人员的确认，在厂区继续移动，最后到达车间、分厂或生产线的物流过程，称为企业内部物流。这时，供应物流的主要作用是实现物资的时间价值。

（3）采购和供应物流的关系。

从上述企业供应物流系统的功能构成看，采购是企业将从市场上取得的物料运送到厂内仓库；供应物流则是指企业从自己的仓库取货搬运到各车间、分厂或生产线等工作地，以满足各生产工艺阶段对原材料、零部件、燃料、辅助材料的需求的物流。随着采购供应一体化、第三方物流分工专业化等的发展，采购直接扩展到企业的车间、分厂或生产线，因此采购与供应物流合二为一，统称为企业供应物流。采购与供应物流的关系可用图 3-2 表示。

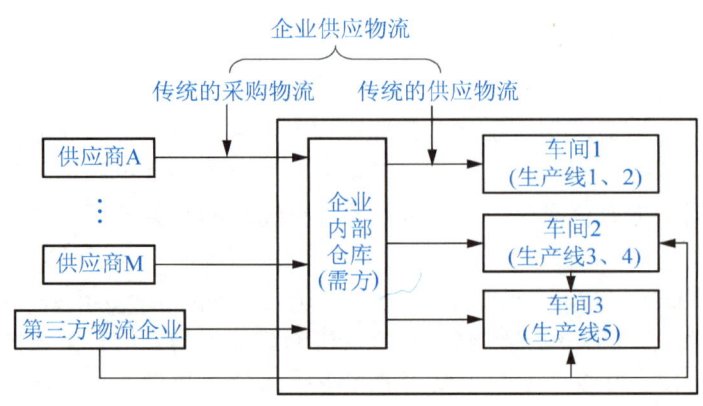

图 3-2　采购与供应物流的关系

3.1.2　供应物流管理及其内容

1. 供应物流管理的含义及其合理化的主要表现

（1）供应物流管理的含义。

供应物流管理（Supply Logistics Management）是为了保质、保量、经济、及时地供应生产经营所需的各种物品（原材料、零部件、燃料、辅助材料等），对采购、存储、供料等一系列供应过程进行计划、组织、协调和控制，以保证企业经营目标的实现。

（2）供应物流合理化的主要表现。

供应物流合理化主要表现在以下几个方面。

① 准确预测需求。以企业生产计划中各类物资的需求为依据确定物资供应量。

② 合理控制库存。一方面，必须保证生产所需（正常库存），还必须能够应对紧急情况（安全库存）；另一方面，合理控制库存、进行库存动态调整以减少资金占压，节约成本。

③ 科学采购决策。采购决策的主要内容包括市场资源调查、市场变化信息的采集与反馈、供应商的选择、进货批量与时间间隔的确定等。

④ 确保供应保障。供应保障包括运输、仓储管理、服务等方面。

⑤ 健全物流组织结构。供应物流涉及方方面面，因此必须健全物流组织结构。物流组织一般应包括：物流供应计划、物流消耗定额管理、物资采购管理、物资运输管理、物资仓库管理、物资供应管理、物资回收与利用管理以及监督检查管理等部门。

2. 供应物流管理的内容

企业类型、工艺、供应环节和供应链不同，都会使企业供应物流的过程有所不同。但总体来说，生产企业供应物流应该包括三个方面的内容：一是供应物流管理的业务性活动，即计划、采购、储存以及供料等；二是供应物流管理的支持性活动，即供应环节中的人员管理、资金管理、信息管理等；三是供应物流管理的扩展性活动，即供应商管理等。生产型企业供应物流管理的内容如图 3-3 所示。

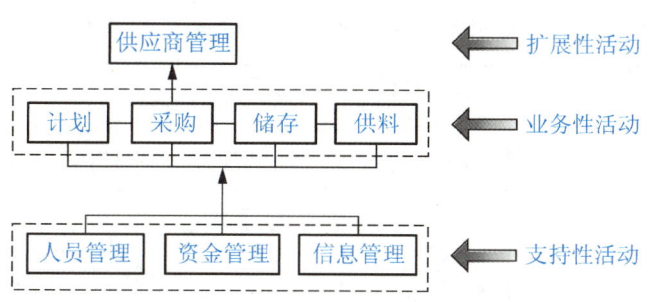

图 3-3 生产型企业供应物流管理的内容

3.1.3 现代供应物流管理的理念

现代供应物流管理需树立以下理念。

1. 市场理念

企业供应物流的业务活动是从市场开始的,它把从市场上取得的各种资源按市场的要求供应到生产中。在这个过程中,企业的供应部门要和众多市场的主体产生联系,不仅有提供企业所需资源的供应商,还有提供运力的运输公司、提供风险补偿的保险公司和提供资金支持的金融机构。因此,现代供应物流管理者必须树立正确的市场观念。

2. 时间理念

供应工作时间的延迟会增加包括储存费用和机会成本在内的费用支出,而且会因为不能及时满足顾客的需要而削弱企业的市场竞争力。因此,现代供应物流管理者必须树立合理的时间观念。

3. 效益理念

取得效益是企业经营的目的。资金是企业的重要资源,因此加快资金周转就成为企业经营管理工作的重点。供应部门是使用资金最多的部门,不需要增加额外支出,只要加强供应物流管理,充分利用市场机制,以较低的价格采购到确保质量的物品,最大限度地降低费用,减少库存资金的占用,就可以获得较高的经济效益。

4. 合作理念

在当今的市场环境下,企业要在竞争中处于不败之地,仅仅依靠某个部门或者企业自身的力量是不够的。供应部门要顺利地完成供应任务,不仅需要与生产部门、设计部门、财务部门、销售部门合作,供应部门内部各工作人员之间也要精诚团结、通力合作,而且是要实现与供应商之间的信息共享和有效沟通,与供应商建立起利益共享、风险共担的合作关系。

在上述观念的指导下,现代供应物流管理思想与传统供应物流管理思想产生了很大的区别,见表 3-1。

表 3-1　现代供应物流管理思想与传统供应物流管理思想的区别

比较项目	现代供应物流管理	传统供应物流管理
供应商/买方角色	合作伙伴	相对独立
合作关系	长期、稳定的	短期、可变的
合同期限	长	短
单次采购数量	小批量	大批量
运输策略	多品种整车发货	单一品种整车发货
检验环节	免检	严格检验
与供应商的信息沟通	随时协调	采购订单
信息沟通频率	高且连续	低且离散
对库存的认识	负债	资产
供应商数目	少，甚至是独家供货	多，越多越好
设计流程	供应商参与产品设计	先设计产品，后询价
产量	少量	大量
交货安排	每周或每天	每月
供应商地理分布	尽可能靠近生产基地	很广的区域
仓库	小、灵活，甚至租用	大、自动化

3.2　采购管理

3.2.1　采购管理概述

1. 采购与采购管理

采购是企业的一种购买行为，即购买生产和生活所需的物资，其过程包括提出采购需求、选择供应商、谈妥价格、确定交货及相关条件、签订合同并按要求收货付款。采购管理是为了保障企业物资供应而对企业采购活动进行计划、组织、协调和控制的管理活动。

一般情况下，由于采购环境及采购数量、品种、规格的不同，采购管理过程的复杂程度也不同。以下重点介绍面向企业的采购管理活动。

2. 采购的地位与作用

（1）采购的地位。

① 采购的价值地位。采购的价值地位体现在采购存在着利润杠杆效应。采购成本是企业成本管理中的主体和核心部分，采购是企业管理中最有价值的部分。

资料卡

在工业企业的产品成本构成中，采购的原材料及零部件成本占企业总成本的比例因行业的不同而不同，一般为30%～90%，平均在60%以上。从世界范围来看，对于一个典型的企业，一般采购成本占企业总成本的60%，工资、福利占企业总成本的20%，管理费用占企业总成本的15%，利润为企业总成本的5%。

应用实例

假设某企业 50%的资金用于采购原材料,其税前利润为 10%,则每收入 10 万元,将获得 1 万元的利润,并且这 10 万元收入中将有 5 万元用于采购。采购部门经过努力降低了 2%的采购成本,则利润将增加 1 000 元,利润增加的比例为 10%;如果换成通过增加销售来获得这 1 000 元利润,那么要增加 10%的销售额才能实现,即多销售 1 万元的产品。

 即学即用

假设某公司采购 5 万元的原材料,加工成本为 5 万元,若销售利润为 1 万元,则需实现的销售额为 11 万元。若将销售利润提高到 1.5 万元,则销售额就需要达到 16.5 万元(假设加工成本不变)。这意味着公司的销售能力必须提高 50%。若采用科学的采购管理方法(假设加工成本不变),采购成本降低到多少时,就能实现该销售利润的目标?此时的采购成本降低的比例是多少?

② 采购的供应地位。从供应的角度来说,采购是整体供应链管理中"上游控制"的主导力量。在产品生产和交换的整体供应链中,每个企业既是客户又是供应商。为了满足最终客户的需求,企业都力求以最低的成本将高质量的产品以最快的速度供应到市场,以获取最大的利润。企业为了获得尽可能多的利润,都会想方设法地加快物流和信息流的流动,这就必须依靠采购的力量。

③ 采购的质量地位。质量是产品的生命。实践表明,一家企业将 25%~33%的质量管理精力花在供应商的质量管理上,则企业自身过程质量及产品质量可以提高 50%。可见,通过采购将质量管理延伸至供应商质量控制,是提高企业自身质量水平的重要保证。

(2)采购管理的作用。

采购管理对企业经营的作用非常重要,一般可分为直接作用和间接作用。

① 直接作用。采购管理最为直接的作用就是降低企业的采购成本,提高企业的利润,除此之外,还有其他作用,具体归纳为以下几点。

a. 通过节约企业的采购成本,采购管理可以显著提高企业的利润。

b. 通过与供应商的有效协作,采购管理可以有效提高资金周转率。

c. 通过科学的采购流程管理,采购管理能够对企业的业务流程、组织结构的优化作出贡献。

d. 通过采购部门与市场接触,采购管理可以为企业内部各部门提供有用的信息。

② 间接作用。除了直接作用,采购管理还可以通过间接方式对企业竞争地位的提升作出贡献。

a. 产品标准化。通过采购标准化产品的方式减少采购品种,降低企业生产成本,并减少对供应商的依赖。

b. 减少库存。通过及时的采购供应,可以降低企业的库存水平,减少资金占用,提高资金利用率。

c. 增强柔性。通过构建多元化供应网络、采用动态合同条款、利用信息共享机制和战略合作,采购管理能够有效增强企业应对市场波动的能力,强化企业在不确定环境中的运营柔性。

d. 对产品设计和革新的贡献。通过采购让供应商参与到企业产品开发中,不仅可以利用供应商的专业技术优势缩短产品的开发时间,降低产品开发费用及产品制造成本,还可以更好地满足产品功能性的需要,提高产品在整个市场上的竞争力。

e. 提高企业部门之间的协作水平。企业的集中采购可以促进部门之间加强协作。

总之,采购管理在企业物流管理中起着至关重要的作用。因此,做好采购管理工作,是企业在激烈的市场竞争中得以发展的基本条件。

3. 采购的原则

要使企业在采购过程中的效益最大化,采购领域的专家提出应用"5R"原则指导企业的采购活动,即在正确的时间以正确的价格从正确的供应商处购买正确质量、正确数量的物品的活动。

(1)正确的价格(Right Price)。价格永远是采购活动的焦点,企业在采购中很关注能节省多少采购资金。因此,采购人员必须把大量的时间和精力都放在寻找一个合适的价格上。一个合适的价格往往要经过多渠道询价→比价→议价→定价才能获得。但是,降低价格一定要在满足物品质量的前提下进行,在质量与价格之间抉择时,必须就成本、效益的关系加以考虑。就长期稳定的供需关系而言,追求公平、合适的价格才是正确的做法。

(2)正确的时间(Right Time)。现代企业竞争非常激烈,时间就是金钱。因此,按采购计划适时进货,既能使生产、销售顺利进行,又可以节约成本,提高市场竞争力。

(3)正确的质量(Right Quality)。采购需确保采购品的质量满足需求,避免质量过剩导致的成本浪费或不足引发的生产风险。通过平衡质量与成本,保障客户满意度,优化资源效率,维护供应链稳定。

(4)正确的数量(Right Quantity)。采购批量越大,获得的价格折扣就越多,但采购量太大会积压采购资金,增加库存成本;采购批量太少又不能满足生产需要。因此,应该根据资金周转率、库存成本、物料需求计划等综合确定最经济的采购数量。

(5)正确的地点(Right Place)。近距离供货既可以使供需双方沟通更方便,处理事务更快捷,也可以节约运输费用,降低采购成本。

以上的"5R"原则贯穿采购的整个过程,根据物流的整体效益原则,采购人员应该纵观全局,准确地把握企业对所购物品各方面的要求,以便在与供应商谈判时提出要求,从而争取更多获得供应商合理报价的机会。

4. 采购的类型

按照采购范围、采购时间、采购主体、采购方法、定价方式和采购对象性质等对采购进行分类(图3-4),这样有助于企业依据各类采购特征,选择合理的采购方式。

(1)按采购范围分类。

按采购范围不同,采购可以分为以下两类。

① 国内采购。国内采购是指企业以本币向国内供应商采购所需物资的行为。国内采购主要是指在国内市场采购,采购物资可以是国内生产的,也可以是国外企业设在国内代理商代理的,必须是以本币交付货款,无须以外汇结算。国内采购又进一步分为本地市场采购和外地市场采购。

② 国外采购。国外采购是指国内采购企业直接向国外厂商采购所需物资的行为。这种采购方式一般通过直接向国外厂商咨询,或者向国外厂商设在本地的代理商咨询采购。其主要采购对象为国内无法生产的产品、无代理商经销的产品及在价值上有相对优势的产品等。

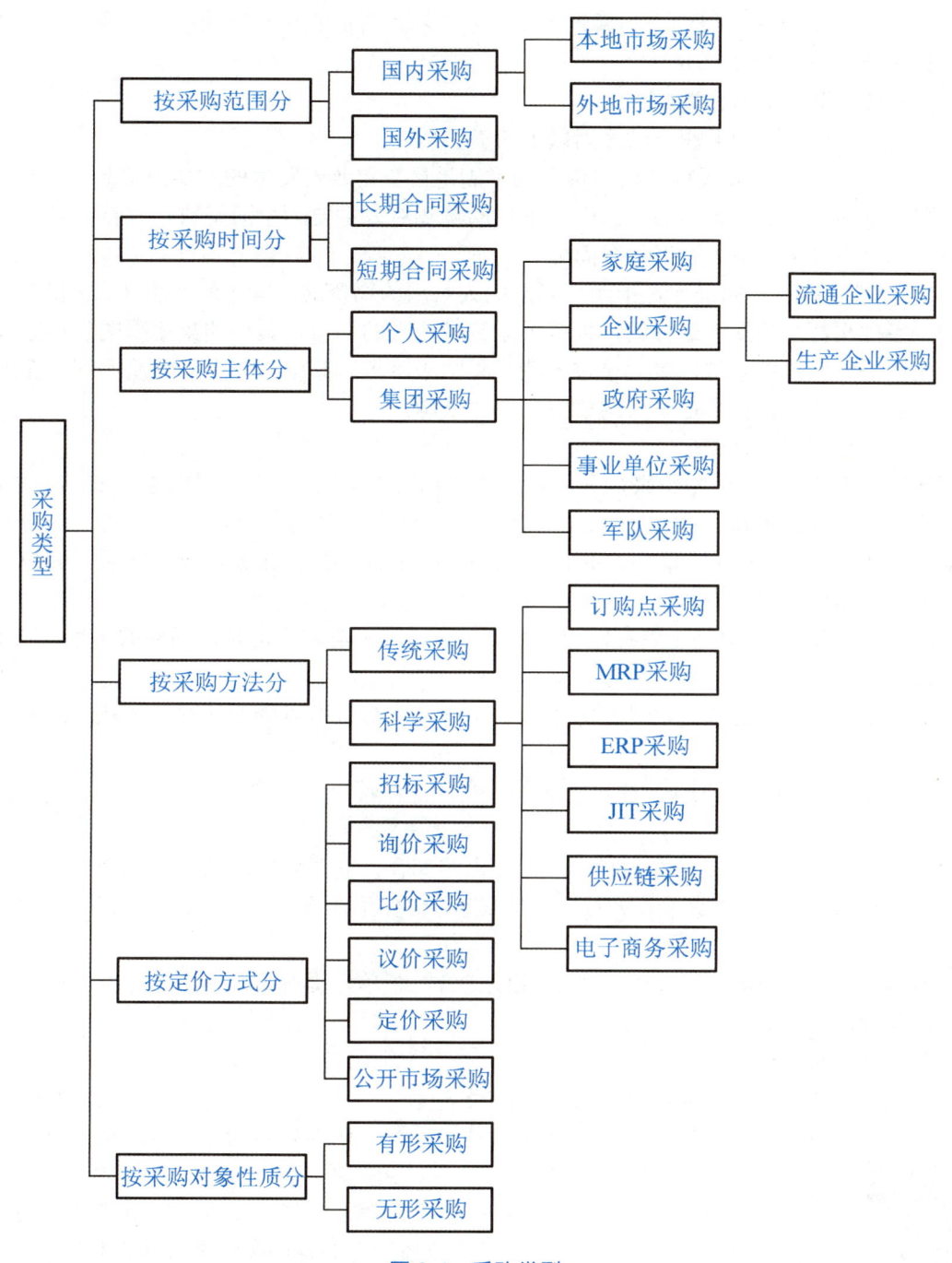

图 3-4 采购类型

（2）按照采购时间分类。

按照采购商与供应商之间交易时间的长短分为以下两类。

① 长期合同采购。长期合同采购是指采购商和供应商利用合同来稳定双方的交易关系，合同期一般在一年以上。在合同期内，采购商承诺在供应商处采购其所需的物资，供应商承诺满足采购商在数量、品种、规格、型号等方面的需求。

② 短期合同采购。短期合同采购是指采购商和供应商利用合同实现一次交易，以满足生产经营活动的需求。

（3）按照采购主体分类。

按采购主体不同，采购可以分为以下两类。

① 个人采购。个人采购是指消费者为了满足自身需要而发生的购买消费品的行为。例如，购买生活必需品、耐用品等。个人采购的购买对象主要为生活资料，其特征是单次、单品种、单一决策，购买过程相对简单。

② 集团采购。集团采购是指两个以上的人共用的物资的采购，是多品种、大批量、大金额、多批次甚至是持续进行的，直接关系到多个人的利益。典型的集团采购包括家庭采购、企业采购、政府采购、事业单位采购、军队采购等。其中，按企业性质不同，企业采购又可进一步细分为流通企业采购和生产企业采购。

（4）按采购方法分类。

按采购方法不同，通常将采购分为传统采购和科学采购。科学采购又包括订购点采购、物料需求计划（Material Requirements Planning，MRP）采购、企业资源计划（Enterprise Resources Planning，ERP）采购、准时制（Just In Time，JIT）采购、供应链采购和电子商务采购等，具体内容如下。

① 订购点采购主要基于库存阈值触发补货，适用于需求稳定且可预测的场景，但灵活性较低。

② MRP 采购是通过生产计划分解物料需求，按需采购以降低库存，依赖精准的物料清单数据。

③ ERP 采购整合了财务、生产等模块，实现全流程协同管理，支持复杂业务的多维度决策。

④ JIT 采购是按生产节奏实时供应，追求零库存，需要供应商的高度配合。

⑤ 供应链采购强调多环节协同与信息共享，优化整体成本与响应速度，建立长期伙伴关系。

⑥ 电子商务采购是依托 B2B 平台在线比价、下单，提升了采购的透明度与效率，适合标准化商品交易。

（5）按定价方式分类。

按定价方式不同，采购可以分为以下六类。

3-1 拓展视频

① 招标采购。招标采购是指采购方详细列明物资采购的所有条件（如物资名称、规格、品质要求、数量、交货期、付款条件、处罚规则、投标押金、投标资格等），刊登公告；投标厂商按公告的条件，在规定的时间内，交纳投标押金，参加投标；采购方按规定的程序和标准择优选择交易对象。招标采购的开标按规定必须有三家以上厂商报价投标方可开标，开标后原则上以报价最低的厂商得标，但得标的标价仍高于标底时，采购人员有权宣布流标，或征得监办人员的同意，以议价方式办理。

② 询价采购。采购人员选取信用可靠的厂商讲明采购条件，并询问价格或寄发询价单，促请对方报价，比较后现价采购。

案例 3-1

某市政府网上询价采购的流程

首先是采购办公室下达采购计划给采购中心信息部,采购中心信息部提交计划任务书请主任审批,审批后分配给各业务部。货物和网络工程类项目属于货物部采购项目,货物部负责人接到任务后,落实给具体项目负责人。项目负责人立刻通知采购人填写落实需求表(可网上下载),采购人填好后将此表传给采购中心,采购中心落实需求无误后,传给招标部,由招标部在网上发布采购公告,所有对该项目感兴趣的供应商都可在网上报价。原来采购中心每周二和周四下午 2:30 开标,现在为了提高工作效率,改为每天下午 2:30 开标(如果有询价项目)。开标时采购人和询价小组在监督人在场的情况下,按照《中华人民共和国政府采购法》的规定确定成交供应商,采购人根据采购需求、质量和服务相等且报价最低的原则确定成交供应商,并将结果告知所有被询价的未成交的供应商。

该采购中心网上询价中标原则是最低价中标,自动生成中标公告。属于预算资金的项目,采购中心通知供应商送货;属于自筹资金的项目,采购人需将资金存入财政局国库处政府采购资金专用账户后,采购中心才通知供应商送货,采购人验收货物并签署验收单,供应商持合同、验收单、发票复印件及中标通知书到采购中心申请支付,货物部工作人员填写支付申请单,与验收单、发票复印件等一起交采购办公室审核,由国库处集中支付。

资料来源:张浩,2024. 采购管理与库存控制[M]. 3 版. 北京:北京大学出版社.

③ 比价采购。采购人员请数家供应商提供价格,经过比价后,选定供应商并进行采购。

④ 议价采购。议价采购是采购方与供应商直接协商价格及合同条款的采购方式,适用于定制化需求、紧急采购或单一供应商场景,依赖双方的谈判能力,需防范合规风险。

⑤ 定价采购。定价采购是采购方按照供应商预设价格直接采购,无须议价,适用于价格透明、标准化产品或紧急采购场景,效率高但需防范价格虚高风险。

⑥ 公开市场采购。采购人员在公开交易或拍卖时随机机动采购,因此大宗物资采购时,价格变动较为频繁。

(6)按采购对象性质分类。

按采购对象性质不同,采购可以分为有形采购和无形采购。有形采购主要是指原材料、辅料、机器设备、事务用品等物资的购买,这些物资都是看得见、摸得着的。无形采购主要是指生产所需的技术和服务等的购买。

除了以上的分类方式,按采购方式不同,采购分为直接采购、委托采购、调拨采购;按采购政策不同,采购分为集中采购和分散采购;按采购性质不同,采购分为一般采购和项目采购等。

3-2 拓展视频

5. 采购管理的层次

一般情况下,采购管理包括以下 3 个层次。

(1)交易管理。

交易管理(Transaction Management)是指简单购买,是较初级的管理,大多为对各个交易的实施和监督。它具有以下特征:

① 围绕着采购订单（Purchase Order）购买。
② 与供应商较容易地讨价还价。
③ 仅重视诸如价格、付款条件、具体交货日期等一般商务条件。
④ 被动地执行计划和技术标准。

（2）采购管理（Procurement Management）。

企业通过计划、采购与供应商管理，规范物资获取流程，从而控制成本，确保质量与及时供应，保障生产运营需求。该阶段具有以下特征。

① 签订长期采购合同，与供应商建立长久的关系。
② 加强对供应商其他条件的重视，如采购周期、送货速度、经济批量、最小订单量和订单完成率。
③ 重视供应商的成本分析。
④ 开始采用投标手段。
⑤ 加强风险防范意识。

（3）供应链管理（Supply Chain Management）。

战略性采购（Strategic Sourcing）是供应链管理阶段的主要采购方式，其以长期业务目标为导向，通过供应商协作、总成本优化及风险管控，系统整合资源获取途径，实现价值最大化与持续竞争优势。该阶段具有以下特征。

① 与供应商建立战略合作伙伴关系。
② 更加重视整个供应链的成本和效率管理。
③ 与供应商共同开发产品、关注其对消费者的影响。
④ 寻求新的技术和材料的替代物，采用定点生产方式的操作。
⑤ 充分利用诸如跨地区、跨国家的公司或集团的力量进行集中采购。
⑥ 更为复杂、广泛地应用投标手段。

3.2.2 企业采购管理的流程

为了实现企业采购管理的基本目标，企业采购需要具备一定的业务内容和业务模式。企业采购管理的流程如图3-5所示。

从企业采购管理的流程中可以看出，一个完整的采购管理过程包含8部分内容。

1. 采购管理组织

采购管理组织是采购管理最基本的组成部分。为了做好企业复杂繁多的采购管理工作，需要有一个合理的管理机制和一个精悍的管理组织机构，还要有一些能干的管理人员和操作人员。

2. 需求分析

需求分析就是要分析企业采购物资的品种、数量、价格、质量、时间等需求。作为企业的物资采购供应部门，应当掌握企业的物资需求情况，为制订物资需求计划、采购计划做准备。

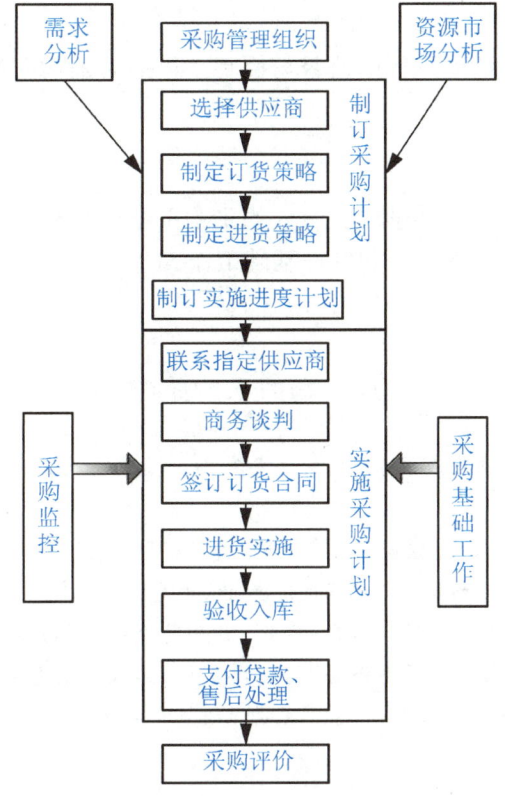

图 3-5　企业采购管理的流程

3. 资源市场分析

资源市场分析就是根据企业所需求的物资品种，分析资源市场的情况，包括资源的分布情况、供应商情况、品种质量情况、价格情况、交通运输情况等。资源市场分析的重点是供应商分析和品种分析。分析的目的也是为企业制订采购计划做准备。

4. 制订采购计划

制订采购计划是根据需求品种情况和供应商情况，制订出切实可行的采购计划，包括选择供应商、制定订货策略、制定进货策略，以及制订实施进度计划等。

5. 实施采购计划

实施采购计划就是把制订的采购计划落实到人，并根据既定的进度实施。其具体包括联系指定供应商、商务谈判、签订订货合同、进货实施、验收入库、支付货款以及售后处理等。

6. 采购评价

采购评价是指在一次采购完成以后对这次采购的总结评估，或是月末、季度末、年末对一定时期内的采购活动的总结评估。其主要目的是评估采购活动的效果，总结经验教训，找出问题，提出改进措施等。通过采购评价，可以肯定成果、发现问题、制定措施、改进工作，促使企业不断提高采购管理水平。

7. 采购监控

采购监控是指对采购活动进行的监督与控制，包括对采购人员、采购资金、采购事务活动的监控。

8. 采购基础工作

采购基础工作是指为建立科学的、有效的采购系统，需要完成的一些基础建设工作，包括管理基础工作、软件基础工作和硬件基础工作。

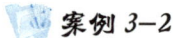

案例 3-2

沃尔玛的采购策略

沃尔玛多年来一直采用供应商成本分析的采购策略，这一策略使沃尔玛的商品采购价格在同类企业中始终保持最低。

沃尔玛的采购员选择供应商时，会与供应商见面，先了解供应商的成本构成和供应商的业务流程，再与供应商进行谈判。在价格谈判方面，沃尔玛被供应商认为是极为苛刻的"价格杀手"，其采购员通过先进的管理信息系统，对供应商的成本了如指掌。因此，沃尔玛的采购员在谈判时总能把价格压得很低。例如，在袜子的采购中，沃尔玛的采购员会根据袜子需要多少纱线及纱线的成本来推算生产商的成本。

资料来源：张浩，2024. 采购管理与库存控制[M]. 3版. 北京：北京大学出版社.

3.2.3 采购决策

在采购管理过程中，会有若干个基本决策，它们对采购和整体绩效有重要影响。

1. 自制与外购决策

自制与外购决策是一项可以影响企业竞争地位的战略决策。传统上，成本是影响采购决策的主要因素，而如今企业更多地从战略角度考虑采购对竞争优势的影响。一般而言，企业外购非核心产品的部件，而自制核心产品的部件。自制或外购取决于产品的性质、技术含量、批量、价格等因素，表 3-2 列出了支持企业自制或外购决策的原因。

表 3-2 支持企业自制或外购决策的原因

支持企业自制的原因	支持企业外购的原因
降低成本	成本优势
没有合格的供应商	产能不足
使用闲置的产能	缺乏专门技术
保护专利技术	一些高标准、高质量要求的订单在现有技术条件下难以满足
质量控制	转嫁风险
控制提前期、运输和仓储成本	加快新产品的开发速度

企业综合考虑上述支持自制或外购的原因后，决策的关键是先确定企业的核心竞争力所在。图 3-6 所示为自制与外购决策的策略。如果需要决定自制或外购的业务很重要，与企业的核心竞争力相匹配，那么考虑自制；否则考虑外购。

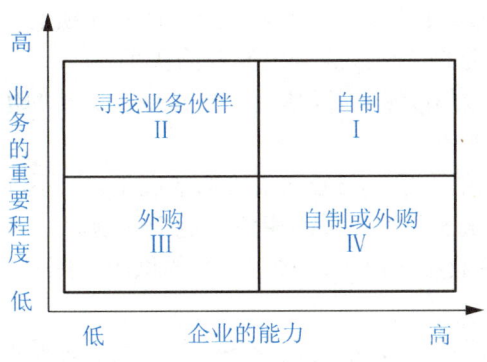

图 3-6 自制与外购决策的策略

核算自制与外购费用时,可利用采购费用转折点的方法,现举例说明如下。

【例 3-1】 某工厂生产一种产品,由于该厂现有设备产能不足,可考虑两种解决办法:外购、自制。若该零件外购,单价为 20 元。若该零件自制,则需要增加设备,假设其固定费用为 3 万元,可变费用为 10 元/个。该厂全年该零件需求量为 3 500 个,试问该零件应选择外购还是自制?

解:首先计算外购费用与自制费用相等时即平衡点的产量,该产量用未知数 x 表示。
因为外购费用 $C_1 = 20x$
自制费用 $C_2 = 30\ 000 + 10x$
$$C_1 = C_2$$
所以 $20x = 30\ 000 + 10x$
$x = 3\ 000$
因为需求量 $D = 3\ 500 > 3\ 000$,即 $C_1 > C_2$,所以该零件应选择自制。

即学即用

某企业生产部件 H,用于装配某种产品。由于该企业现有设备产能不足,可考虑两种解决办法:外购、自制。若部件 H 外购,单价为 3 000 元。若部件 H 自制,则需要增加设备,假设其固定费用为 300 万元,可变费用为 2 000 元/个。若该厂全年部件 H 需求量为 2 000 个,试问部件 H 选择外购还是自制?若全年部件 H 需求量增加为 3 100 个时,你的建议又如何?

2. 集中采购与分散采购决策

集中采购是企业统一管理的采购活动。集中采购整合需求与资源,通过集中决策达成规模效应,降低成本并强化管控,但其灵活性较低。分散采购就是各部门或各业务单元分别制定各自的采购决策。

(1)集中采购的优点。

① 数量集中。集中采购可以为采购部门提供更多的议价能力,供应商因为购买量而愿意协商、提供更好的价格条件。

② 避免重复。通过采购人员集中办公,可以汇总各业务部门的需求,实施统一采购,减少许多重复性工作。

③ 专业化。集中采购人员可以专注于某种产品而不是所有的产品，可以投入更多的时间和精力去研究他们所负责的产品，成为更专业的买手。

④ 较低的运输成本。集中采购可以享受大批量整车运输的优惠，小批量运输也可以安排直接从供应商送到使用地。

⑤ 避免业务单元之间的竞争。在分散采购的情况下，当不同部门采购相同产品且这种产品很少时，会出现内部竞争，集中采购避免了这个问题。

⑥ 供应资源共享。各业务部门可以共享公共的供应资源，使管理和协商都更容易。

（2）分散采购的优点。

① 更加了解需求。基层采购人员扎根业务一线，能实时捕捉部门动态需求（如车间设备损耗周期、项目突发物料缺口），结合现场场景精准匹配物品规格参数，避免集中采购因信息传递层级产生的需求失真或响应滞后。

② 当地采购。当地采购人员更加了解当地的供应资源情况，更容易实现当地采购。当地采购也可以带来更快和更加频繁的运输业务和由此产生的更加紧密的供应商关系。

③ 较少的官僚主义。分散采购带来更快的响应速度、较少的官僚主义、购买者与使用者之间更加紧密的联系。

虽然集中采购会带来更低的采购成本和更强的谈判能力，但这种模式对于那些业务相关性低的企业而言，可能无法实行。因此，多数企业采用集中与分散相结合的混合采购模式，即公司层面的分散采购和业务部门层面的集中采购。另外，由于集中采购增加了沟通环节，因此需要良好的信息系统和沟通机制做保障。

3.2.4 采购物品的分类及采购策略的选择

为实现采购的目标，不同的物品应采取不同的采购策略。对采购物品进行分类是采购管理工作的基础。在此介绍卡拉杰克矩阵模型中各类物品采购策略的选择。

资料卡

1983 年，彼得·卡拉杰克在《哈佛商业评论》发表了一篇《采购必须纳入供应管理》的文章，将哈里·马科维茨于20世纪50年代提出的投资组合模型引入采购领域，提出了卡拉杰克矩阵模型。该矩阵模型被用来作为公司进行采购组合的分析工具。

根据卡拉杰克矩阵模型将采购项目分为 4 个类别，如图 3-7 所示。

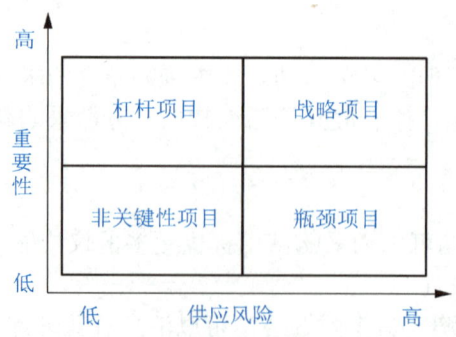

图 3-7 采购项目分类的卡拉杰克矩阵模型

1. 战略项目

战略项目（Strategic Items）是指对企业的产品或生产流程至关重要的采购项目，表现为物品的价值比例高、产品要求高、重要程度高、保证供应率要求高。战略项目往往由于供给稀缺或运输困难而具有较高的供应风险，如汽车制造企业需要采购的发动机和变速器。

由于在战略项目的采购中双方力量均衡，相互依赖性较高，进行该类项目的采购时首要的策略是要找到可靠的供应商并与其发展合作伙伴关系，通过双方的共同努力去改进质量、降低成本、提高交货可靠性，并组织供应商参与本企业产品的早期开发。

2. 瓶颈项目

瓶颈项目（Bottleneck Items）是指价值比例和对财务影响不高，但只能由某些特定供应商提供的采购项目。在瓶颈项目的采购中卖方居主动或强势地位，但双方的相互依赖性一般，如油漆厂用的色粉、食品行业需要的维生素等。

瓶颈项目是以供应保障为核心，可采取适当价格弹性或成本补偿换取供应稳定性。配套措施需围绕风险分析构建应急机制，同步深化供应商协同（优先推动战略供应商关系升级），形成端到端的供应保障闭环。

3. 杠杆项目

杠杆项目（Leverage Items）是指那些价值比例高，能够为买家带来较高利润的采购项目。这类项目具有标准化的产品质量标准，很容易从不同的供应商处购买，如化工、钢铁、包装等原材料。

由于杠杆项目的市场供应充足，产品的通用性强，因此，企业在采购中处于主动地位。企业采购杠杆项目的着眼点是降低采购成本，追求最低价格。通常可采取两种做法：①将不同时期或不同单位的产品集中起来统一与供应商谈判；②采用招标方式，组织不同的供应商参与竞争。但需要注意的是，企业在追求价格最低化的同时要保证产品的质量和供应的可靠性；一般情况下，企业不宜与这类产品的供应商签订长期合同，以方便后期结合供应市场的价格走向与趋势适时调整采购决策。

4. 非关键性项目

非关键性项目（Non-critical Items）是指供给丰富、采购容易、对财务影响较低的采购项目。在非关键性项目的采购中，买卖双方力量均衡，相互依赖性较低，如办公用品、维修备件、标准件，以及其他价值低、具有标准化的产品，并有大量供应商的产品。

在采购非关键性项目时，企业应以提高工作效率为目的，采用程序化、规范化、系统化的采购作业方式。其主要措施有：提高产品的标准化、通用化程度以减少产品种类；采用计算机系统、程序化作业以减少采购投入；减少供应商数量以提高工作的准确性与效率等。

3.2.5 企业采购的新型策略

1. 准时制采购

（1）准时制采购与传统采购的比较。

准时制（Just In Time，JIT）采购的基本思想是制造商与供应商签订"在需要的时候，向需要的地点，提供能保证质量的所需要数量的物料"的协议。采购方根据自己生产线的需求，向供应商发出看板指令，要求供应商根据看板指令的需求品种与数量，在指定的时间送到指定的需求地点。针对这种连续的多频次、小批量的送货，采购方可以不设库存，实现零库存生产；供应商也可以不设库存，按照采购方生产线的需求进行同步生产，生产出来的产品直接送到采购方指定的需求地点。

JIT采购与传统采购相比，在采购驱动因素、供应商选择方式、供应商选择标准、交货及时性要求、采购批量策略和信息交流需求等方面都有很大的不同。JIT采购与传统采购的比较见表3-3。

表3-3 JIT采购与传统采购的比较

比较项目	JIT采购	传统采购
采购驱动因素	订单拉动，同步化、及时化	生产推动，补充库存
供应商选择方式	较少的供应商，甚至是独家供货，长期合作，降低成本、提高质量	多方采购，供应商数量较多，价格竞争，短期合作
供应商选择标准	产品质量、交货期、价格、技术能力、应变能力、批量柔性等	以价格为主
交货及时性要求	要求按时交货	没有明确要求
采购批量策略	小批量采购，减少生产批量，缩短生产周期	强调经济批量、数量折扣以降低采购成本
信息交流需求	相关信息高度共享，保证信息的准确性和实时性	把信息共享视为"泄密"而加以控制和保密

案例 3-3

海尔的 JIT 采购

海尔物流的特色是借助专业物流公司的力量，在自建物流的基础上将部分物流外包，总体实现采购JIT、原材料配送JIT和成品配送JIT的同步模式。同步模式的实现得益于海尔现代化集成信息平台。海尔用客户关系管理（Customer Relationship Management，CRM）和电子商务采购平台架起了与全球用户资源网、全球供应链资源网沟通的桥梁，从而实现了与用户之间的"零距离"，提高了海尔对订单的响应速度。

海尔的电子商务采购平台由订单管理平台、支付平台、招标竞价平台和信息交流平台有机组成。订单管理平台使海尔的全部采购订单从网上直接下达，同步的采购计划和订单，提高了订单的准确性和可执行性，使海尔的采购周期由原来的10天缩短到3天，同时供应商可以在网上查询库存，根据订单和库存情况及时补货。支付平台则有效提高了销售环节的工作效率，支付准确率和及时率达到了100%，为海尔节省了近1 000万元的差旅费，同时降低了供应链管理成本。目前，海尔网上支付金额已经达到总支付额的20%。招标竞价平台通过网上招标，不仅使得竞价、价格信息管理准确化，而且防止了暗箱操作，降低了供应商管理成本，实现了以时间消灭空间的目标。信息交流平台使海尔与供应商在网上就可以进行信息互动交流，实现信息共享，强化合作伙伴关系。

在采购JIT环节上，海尔实现了信息同步、采购与备料同步及与供应商、分销商的距离同步，大大降低了采购环节的费用。信息同步保障了信息的准确性，实现了准时采购；采购与备料同步使供应链上原材料的库存周期大大缩短；与供应商、分销商的距离同步有力地保障了海尔JIT采购与配送。

资料来源：王海鹰，王洋，2010. 企业物流管理[M]. 北京：电子工业出版社.

(2) JIT 采购策略的实施。

成功实施 JIT 采购策略，既需要具备一定的实施条件，同时又要注重方法，有步骤地进行。

JIT 采购的实施条件主要有：企业领导对 JIT 采购战略意义的认知，相应的企业组织保证，完善的教育和培训机制，良好的交通运输和通信条件；制造商和供应商之间的长期互利合作的新型关系，供应商的积极参与，制造商向供应商提供综合的、稳定的生产计划和作业信息，以及有效的信息共享等。

企业实施 JIT 采购包括以下几个方面的内容。

① 建立 JIT 采购团队。为了对原材料和外购件的来源以及采购事宜做出正确的决策，需要得到企业内部许多职能部门的支持。因此，应该成立 JIT 采购团队，由采购人员和计划制订者组成，或由采购专家领导，成员包括产品技术人员、生产人员、质量人员、物资处理人员、成本会计人员等。而且，应对这些人员进行有关 JIT 采购策略的教育和培训，以使他们熟知 JIT 采购的要求，对采购职能有清晰的认知。

② 制订采购实施计划，以确保 JIT 采购策略有计划、有步骤地成功实施。采购团队制订的采购实施计划中，要明确规定未来的采购策略和具体的实施步骤。采购策略除了包括改进当前采购方式的措施，还包括减少供应商的数量、制定供应商的评估标准、向供应商核发证件、对原材料和外购件的库存管理、对生产线的持续性支持等内容。

③ 与少数几家供应商建立伙伴关系。供应商和制造商之间是互利的伙伴关系，双方紧密合作、主动交流、相互信赖，共同承担长期协作的义务。在这种关系的基础上，双方发展共同的目标，分享共同的利益。当然，这种互利伙伴关系的建立需要经过长期的努力。一家企业只能选择少数几个最佳供应商作为合作对象。

④ 选择试点。为了顺利开展 JIT 采购工作，必须进行试点，逐步摸索经验。可以围绕某条生产线来选择作为试点的供应商或零部件，并将采购试点与生产试点相结合，以起到相互支持的作用。

⑤ 做好供应商的培训，明确共同努力的目标。对已选定作为试点的供应商进行 JIT 管理的培训，以使他们理解制造商的改革措施以及将来可能对他们提出的要求。为了满足这些要求，供应商也需要在自己的企业中实施 JIT 管理。对供应商的教育培训，要与公司内的同类培训保持一致，注重同样的观念和原则。

⑥ 为供应商颁发产品免检证书。在实施 JIT 采购策略时，为供应商核发免检证书是非常关键的一步。颁发免检证书的前提是供应商的产品百分百合格。为此，核发免检证书时，要求供应商提供最新的、正确的、完整的产品质量文件，包括设计蓝图、规格、检验程序以及其他必要的关键内容。

⑦ 实现配合鼓点进度的交货方式。向供应商采购物资，能够实现：当正好需要某种物资时，该物资就运抵卸货站台，并随之直接运至生产线，生产线在制造产品时使用该物资。

⑧ 继续改进，扩大成果。实施 JIT 采购是一个持续改进的过程，不同的供应商处于不同的实施阶段，即使所有的基本要求都达到了，也应持续不断地予以改进。而且，应该尽快地推广 JIT 采购，以保证整个公司成功实施 JIT 采购。

2. 电子采购

（1）电子采购的含义。

电子采购（E-Procurement）是利用计算机系统和网络支持来完成采购工作的一种业务处理方式，其基本特点是在网上寻找供应商和商品、网上洽谈贸易、网上订货、网上支付货款，最终实现送货或进货作业。

（2）电子采购的优点。

① 节省采购时间，提高采购效益。

② 降低采购成本。

③ 优化采购及供应链管理。

④ 加强对供应商的评价管理。

⑤ 增强服务意识，提高服务质量。

⑥ 增加交易的透明度，减少"暗箱操作"。

（3）电子采购的模式。

① 卖方电子采购模式如图3-8所示。

对买方而言，该模式的优点：容易访问，不需要投资。

对买方而言，该模式的缺点：难以跟踪和控制采购开支，需要登录的网站太多。

② 买方电子采购模式如图3-9所示。

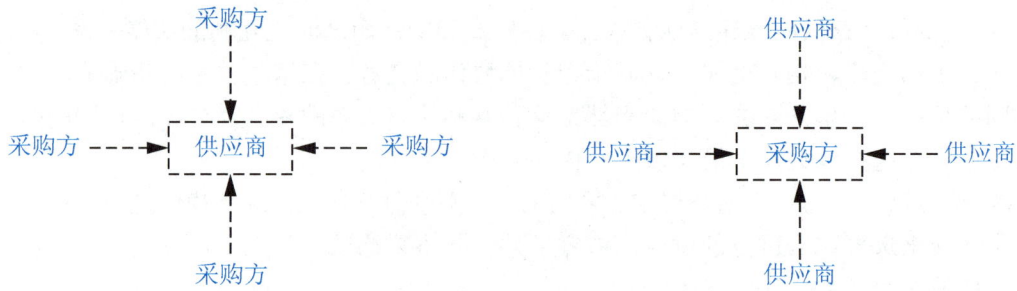

图3-8　卖方电子采购模式　　　图3-9　买方电子采购模式

对买方而言，该模式的优点：更好地控制采购流程。

对买方而言，该模式的缺点：需要投入大量的资金和系统维护成本。

③ 第三方模式，如图3-10所示，其分为垂直门户和水平门户。

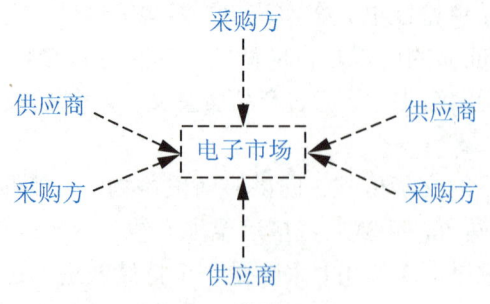

图3-10　第三方模式

a. 垂直门户。经营专门产品的市场，如钢铁、化工、能源等。

b. 水平门户。经营繁多种类产品的市场，如维修与生产用的零配件、办公用品等。

（4）电子采购方案的实施。

① 实施电子采购的技术支持。其主要的支持技术包括数据库、电子数据交换（Electronic Data Interchange，EDI）、金融电子化、网络安全、计算机及网络等。

② 实施电子采购的步骤为：提供培训；建立数据源；成立正式的项目小组；广泛调研，收集意见；建立企业电子采购网站；应用之前测试所有功能模块；培训使用者；网站发布。

海尔的电子商务采购平台

由于物流技术和计算机信息管理的支持，目前通过海尔的电子商务采购平台，所有的供应商均在网上接受订单，使下达订单的周期从原来的 7 天以上缩短为 1 小时内，而且准确率达 100%。除下达订单外，供应商还能通过网络查询库存、计划等信息，及时补货，实现 JIT 采购。

资料来源：赵小柠，2024. 仓储管理[M]. 2 版. 北京：北京大学出版社.

3.3 供应商管理

供应物流企业的一个重要管理工作就是做好供应商管理。供应商管理（Supplier Management）是对供应商的调查、选择、开发、使用和控制等综合性管理工作的总称。供应商管理的主要内容包括供应商选择、供应商关系管理与供应商绩效管理。

3.3.1 供应商概述

供应商管理的核心是把供应商纳入企业资源管理的范畴，而供应商管理的基础是供应商的分类。

1. 供应商的分类

下面从两个角度对供应商进行分类。

（1）按"80/20 规则"分类。

按该分类方式，可以将供应商分为重点供应商和普通供应商。

① 重点供应商。重点供应商是指占 80%采购金额的 20%的供应商。这类供应商提供的物品是企业的战略物品或需集中采购的物品。因为少数几家供应商提供了占企业采购金额 80%的物品，所以对重点供应商应投入 80%的时间和精力进行管理和改进。

② 普通供应商。普通供应商是指那些占 20%采购金额的 80%的供应商。对这类供应商只需要投入 20%的时间和精力维持合作关系。因为这类供应商所提供的物品对企业的成本、质量和生产的影响较小，例如办公用品、维修备件、标准件等。

（2）按照企业与供应商之间的依存关系分类。

按该分类方式，可以将供应商分为伙伴型供应商、优先型供应商、重点商业型供应商和普通商业型供应商。基于合作双方重要程度的供应商分类如图 3-11 所示。

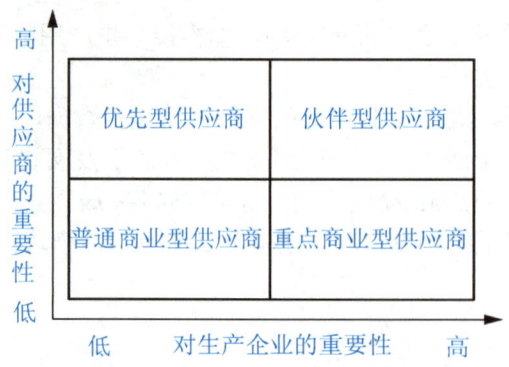

图 3-11　基于合作双方重要程度的供应商分类

① 伙伴型供应商。此类供应商认为生产企业的采购业务对他们来说非常重要，其自身又有很强的产品开发能力，同时该采购业务对生产企业也特别重要。

② 优先型供应商。此类供应商认为生产企业的采购业务对他们来说非常重要，但该采购业务对生产企业来说不是十分重要。这样的供应商无疑对生产企业有利，是生产企业的优先型供应商。

③ 重点商业型供应商。此类供应商认为生产企业的采购业务对他们来说无关紧要，但该采购业务对生产企业来说非常重要。这样的供应商是生产企业需要注意改进和提高的重点商业型供应商。

④ 普通商业型供应商。对供应商及生产企业来说均不是很重要的采购业务，相应的供应商就会很容易被更换。

不同类型供应商的比较结果见表 3-4。

表 3-4　不同类型供应商的比较结果

供应商类型	商业型供应商	优先型供应商	伙伴型供应商	
			供应关系	设计关系
关系特征	运作联系	运作联系	战术考虑	战略考虑
时间跨度	1 年以下	1 年左右	1～3 年	1～5 年
质量	按生产企业要求选择；与供应商建立合作伙伴关系很困难	生产企业要求；生产企业与供应商共同控制质量	供应商保证；生产企业审核	供应商保证；供应商早期介入制定生产企业的产品质量标准
供应	订单订货	年度协议+交货订单	生产企业定期向供应商提供物料需求计划	电子数据交换系统
合约	按订单变化	年度协议	年度协议（大于 1 年）；质量协议	设计合同；质量协议
成本/价格	市场价格	价格+折扣	价格+降价目标	公开价格和成本构成；不断改进，降低成本

2. 供应商管理的目标

在现代市场条件下，供应商管理在战略方面要考虑的问题是：设计一种能够最大限度地降低风险且合理的供应结构；与供应商建立一种能够促使供应商不断降低成本、提高质量的长期合作关系；采用能使采购总成本最低的采购方法。根据这三点要求，供应商管理包括以下目标。

（1）获得符合企业质量和数量要求的产品或服务。
（2）以最低的成本获得产品或服务。
（3）确保供应商能够提供最优质的服务和及时送货。
（4）发展和维持与供应商的良好关系。
（5）开发潜在供应商。
（6）在供应链环境下，达到整体供应链的优化与整合的目的。

3. 供应商的科学管理

采取以下管理方法有助于对供应商进行科学的管理。
（1）完善合同。

合同中的各个要素（如质量、价格、数量、交货期、其他浮动）要考虑齐全；若有必要，可以设定一些惩罚性条款，作为双方出现极端情况的时候的处理依据。

（2）分类管理。

可根据物品采购金额的大小，对供应商进行 ABC 分类，然后针对不同类型的供应商采用不同的管理方法。

（3）高效沟通。

高效沟通的目的是确保供应商准确无误地理解采购内容，包括物品的型号、数量、质量要求、供货进度等。在与供应商沟通的过程中，切忌将生产企业的主观意识强加给供应商，要善于引导供应商积极配合。

（4）供应商绩效评价。

科学的供应商绩效评价将大大提高供应商的合作积极性和稳定性。供应商绩效评价要抓住主要指标或问题，如交货质量是否改善、提前期是否缩短、交货准时率是否提高等。把供应商绩效评价结果反馈给供应商，与供应商共同探讨问题产生的根源和改进的措施。对于成长型的供应商，可以考虑成立供应商管理小组，协助供应商改善绩效。

（5）与供应商共同成长。

与供应商共同成长已成为企业提升竞争力的关键方式。与供应商共同成长的方法很多，比如可以让供应商参与企业早期的研发工作。供应商参与企业早期的研发工作，则产品的开发周期可缩短 30%～50%；供应商早期介入企业的研发工作能进一步提高企业的研发能力，从而保持领先或独特的供应地位。

3.3.2 供应商选择

1. 供应商选择的含义

供应商选择是供应商管理的前提，是依据供应商及其产品的市场与使用信息、一定的标准与指标，运用定性和定量分析的方法，对供应商做出综合评价并进行选择的决策活动。供应商选择在供应商管理过程中是多次和反复进行的，可以对潜在供应商进行挖掘，使其变为供应商，现有供应商的更替也是供应商不断选择的结果。

2. 供应商选择前需要考虑的问题

（1）供应商的数量。

选择一个还是多个供应商作为供应源是企业经常面临的问题。单源供应是指集中向一家供应商订购某种物品；多源供应是指将一个集中需求分配给多家供应商。这两种供应各有利弊，单源供应与多源供应的比较见表3-5。

表3-5 单源供应与多源供应的比较

比较项目	单源供应	多源供应
风险性	大	小
供货的可靠性	低	高
议价余地	小	大
供应商的责任心	强	弱
物资技术规范的选择余地	小	大
制造商与供应商的关系	紧密	松散

日本某品牌汽车企业独家供货的后患

1997年2月1日，日本著名品牌汽车的刹车片供应商的工厂突然发生火灾，使得汽车厂被迫停工，等到恢复正常生产时，汽车公司累计减产7.2万辆。根据日本经济计划局估算，该厂因大火停产一天，日本经济总值下降0.1个百分点。事后调查发现，该汽车把刹车片这一关键部件的生产权只授予了一家工厂，企业没有其他紧急供应渠道可以在发生诸如地震、火灾等突发事件时保证及时供应零部件，这才导致了这一严重后果。此后，许多汽车生产商吸取教训，取消了集中一家零部件厂订货的模式，改为由2～3家供应相同的零部件。

资料来源：甘卫华，尹春建，2005. 现代物流基础[M]. 北京：电子工业出版社.

（2）供应商的规模。

需求的规模和性质会影响供应商规模。通常，规模小的供应商主要用来满足本地小型企业关于物品的少量需求，规模大的供应商更适合满足大型企业关于物品的大量需求；中等规模的供应商所提供的物品量趋于中等，满足中型企业的需求。企业应该选择大型、中型还是小型的供应商要根据需求来确定。

（3）供应商的地理位置。

多数企业愿意选择当地供应商，原因在于两个方面：一方面，本地供应商能够提供更可靠的服务，沟通方便，交货及时，有更低的运输成本，出现问题或紧急需要某种产品时，双方更容易进行沟通和协调；另一方面，可以支持本地的区域经济发展。

由于种种原因，企业有时不得不选择外地供应商供货。若外地供应商在企业附近选址，则会给双方带来利益。因此，外地供应商在生产企业附近建立附属工厂或者仓库已经成为一种普遍的做法。

（4）使用现有供应商还是开发潜在供应商。

使用现有供应商还是开发潜在供应商也是企业需要重点考虑的问题。现有供应商和潜在供应商各有利弊，需要酌情对待。企业可以在供应商调查和资源市场调查的基础上发现更好的供应商；但是，进一步对现有供应商加以开发利用，也可以得到一个基本符合企业需要的供应商。

（5）直接购买还是间接购买。

有时企业会面临直接向制造商购买还是通过间接的专业渠道（如批发商、分销商或零售商）购买的问题，直接购买可能会获得较低的价格，但有时间接购买更加合适。

3. 供应商选择的程序

供应商选择的程序可以归纳为图 3-12 所示的 7 个阶段。

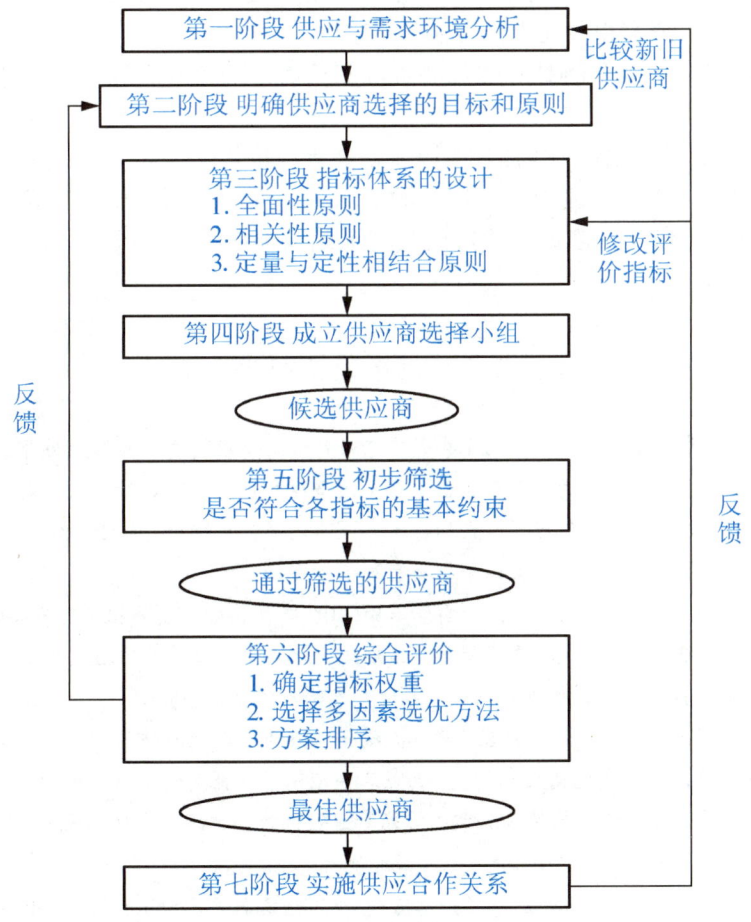

图 3-12 供应商选择的程序

（1）供应与需求环境分析。

供应与需求环境分析是供应商选择的重要阶段。

① 需求环境分析。市场需求是一切企业活动的驱动力。企业必须首先确定现在的市场需求，然后根据市场需求选择供应商。企业一般在两种情况下需要开发新的供应商，一是企业生产经营的规模扩大，需要生产或销售新的产品，从而需要组成新的供应链；二是企

业与原来的供应商终止合作关系,从而需要开发新的供应商以满足生产或销售的需求。

② 供应环境分析。供应商选择必须在对供应市场进行详细调研的基础上进行,主要分析供应商的市场分布、物品质量与价格、生产规模等信息。

(2) 明确供应商选择的目标和原则。

① 目标。企业在选择供应商之前必须明确目标,并且此目标与企业战略相适应,要为企业提高核心能力和市场竞争力服务。不同企业对供应商的要求是不同的,所以企业应该根据自身情况来选择并最终确定适合自己的供应商。

② 原则。选择供应商常遵循以下原则。

a. 核心能力原则。要求供应商具有并能够贡献自己的资源优势或核心能力。

b. 兼容性原则。兼容是企业之间能够长期合作的基础。兼容性主要包括企业在规模上的兼容性、以往合作记录的结果兼容性、公司间发展战略的交叉兼容性、公司文化上相似的兼容性、公司市场销售和分配上的兼容性等。

c. 互补原则。合作企业所具有的优势资源和核心能力应具有互补性,避免重复投资和资源浪费。

d. 敏捷性原则。这是指能够灵活、快速、高效地把握市场机会和适应环境变化。

e. 信用原则。合作企业应当具有良好的信用和信誉,否则,供应链管理将难以协调,合作伙伴关系也很难稳定,多数供应链成员将因此承担更大的风险。

案例 3-4

京东招采供应商协同平台

京东招采供应商协同平台是京东对外进行供应商资源招募的公开渠道,旨在为供应商提供一个便捷的注册和报价平台。该平台支持供应商进行线上注册和报价,即供应商需完成京东招采供应商平台的注册,并通过平台系统进行线上报价。

京东招采供应商协同平台具有如下特点。

3-3 拓展视频

(1) "0"距离接触。与自营采销"0"距离接触,货源报价可直接触达采销端。

(2) 高效沟通。沟通简单,搭建线上化沟通平台,让沟通更高效。

(3) 一体化服务。提供招标、投标、中标、入驻、采购一体化服务。

京东坚持"客户为先"和"诚信"的经营理念,携手供应商及其他合作伙伴建立紧密的合作关系,共同打造一个健康和共赢的互联网电商生态环境。为鼓励供应商及其他合作伙伴、京东员工参与到京东集团诚信经营的监督体系中,并积极举报腐败和职务犯罪等违规行为,加强企业对举报人的保护,京东集团特发布《京东集团举报人保护和奖励制度》。

资料来源:https://proc-bidding.jd.com/home。

(3) 指标体系的设计。

指标体系设计要遵循全面性、相关性、定性与定量相结合等原则。

(4) 成立供应商选择小组。

企业必须成立一个专门的小组来控制和管理供应商。小组成员可以来自采购、质量、生产、工程等与供应链合作关系密切的部门。这些成员必须有团队合作精神,而且还应具有一定的专业技能。另外,这个小组必须同时得到采购企业和供应商企业最高层领导的支持。

(5) 初步筛选。

根据企业战略应达到的基本要求及应满足的基本约束（如必须具备某种生产设备，或者必须位于某地域范围内等），剔除一些不合格的供应商，初步确定备选供应商。

(6) 综合评价。

在通过第一轮筛选的供应商中选择最佳的供应商。利用多因素优选方法，将备选供应商进行综合比较，按评价值大小排序，确定最佳的合作伙伴。

(7) 实施供应合作关系。

在实施供应合作关系的过程中，市场需求将不断变化。企业可以根据实际情况的需要及时修改供应商评选标准或重新开始供应商选择。在重新选择供应商时，应给予新旧供应商足够的时间来适应变化。

4. 供应商选择的方法

供应商选择的方法很多，一般要根据供应商的数量、对供应商的了解程度及对物资需求的紧迫程度等要求来确定。

(1) 直观判断法。

直观判断法主要根据征询和调查所得的资料并结合个人的分析判断，对供应商进行分析和评价。其主要是倾听和采纳有经验的采购人员的意见，或者直接由采购人员凭经验做出判断。这种方法简单易行，但主观性较强，容易受人为因素的影响，可靠性差。直观判断法常用于选择企业非主要原料的供应商。

(2) 招标法。

由企业提供招标条件，各投标供应商进行竞标，然后由企业决标，与符合标准的供应商签订合同。招标法竞争性强，企业能在更广泛的范围内选择合适的供应商，以获得供应条件有利、便宜而适用的物资。但招标法手续较烦琐，持续时间长，不能适应紧急订购的需要；订购机动性差，有时订购者对投标者了解不够，双方未能充分协商，导致货品不对或不能按时供货。当采购量大、供应商多，并且竞争激烈时，可采用招标法来选择适当的供应商。

(3) 协商选择法。

由企业先选择供应条件较为有利的几个供应商，与其分别进行协商，再确定适合的供应商。与招标法相比，协商选择法由于供需双方能充分沟通，在物资质量、交货日期和售后服务等方面较有保障。但选择范围有限，不一定能找到价格最合理、供应条件最合适的供应商，而且该方法也容易受到人为因素的影响，可靠性差。当采购时间紧迫、投标单位少、竞争程度低、订货物资规格和技术条件复杂时，协商选择法比招标法更合适。如果供应商较多、企业难以抉择时，也可以根据实际情况采用协商选择法。

(4) 采购成本比较法。

采购成本比较法是通过计算和分析各不同供应商的采购成本，选择采购成本较低的供应商的一种方法。对质量和交货期都能够满足要求的供应商，则需要通过计算采购成本来进行分析比较，选择采购成本较低的供应商。采购成本一般包括售价、采购费用、运输费用等各项支出。

应用实例

某企业计划期内需要采购某种物资 500 吨，甲、乙两家供应商供应物资的质量均符合企业的要求且信誉良好，交货时间也能满足企业生产的需要。距企业比较近的甲供应商的报价为 1 000 元/吨，运费为 10 元/吨，订购费用支出为 1 000 元；距企业比较远的乙供应商的报价为 900 元/吨，运费为 50 元/吨，订购费用支出为 2 000 元。使用采购成本比较法确定选择哪家供应商。

甲供应商：500×1 000+500×10+1 000=506 000（元）

乙供应商：500×900+500×50+2 000=477 000（元）

经过比较，乙供应商的采购成本低，选择乙供应商更合适。

（5）评分法。

评分法是依据供应商的评价指标，分别对供应商进行评分，选择得分高者为最佳供应商。评分法的基本思路是先确定各个评价指标权重，然后对每个评价指标打分，再用所得分数乘以该指标的权重，进行综合处理后得到一个总分，最后根据每个供应商的总分进行排序、比较和选择。

【例 3-2】 现已知某物料有 3 个供应商，试根据表 3-6 的资料选择合适的供应商。

表 3-6 供应商各评价指标权重及评分表

评价指标	权重	评分值		
		甲供应商	乙供应商	丙供应商
技术水平	7	6	7	8
产品质量	8	8	8	9
供应能力	9	9	7	8
产品价格	8	7	8	9
地理位置	4	6	7	6
可靠程度	5	5	6	8
售后服务	4	7	7	6

解：分别计算甲、乙和丙 3 个供应商的总分，计算结果如下。

甲供应商的总分=7×6+8×8+9×9+8×7+4×6+5×5+4×7=320

乙供应商的总分=7×7+8×8+9×7+8×8+4×7+5×6+4×7=326

丙供应商的总分=7×8+8×9+9×8+8×9+4×6+5×8+4×6=360

因为丙供应商的总分＞乙供应商的总分＞甲供应商的总分，所以选择丙供应商作为该物料的供应商。

（6）优劣解距离法。

优劣解距离法（Technique for Order Preference by Similarity to Ideal Solution, TOPSIS）是多目标决策分析中一种常用的有效方法。TOPSIS 的基本思想是同时考虑备选方案与最理想方案和最不理想方案之间的距离，最优方案应该离最理想方案尽可能地近，离最不理想方案尽可能地远。TOPSIS 求解的具体步骤如下。

① 设有 m 个供应商，n 个评价指标，以 x_{ij} 表示第 i 个供应商在第 j 个指标上的评价值，

则供应商的指标评价值矩阵见式（3-1）。

$$X = \begin{bmatrix} x_{11} & x_{12} & \cdots & x_{1n} \\ x_{21} & x_{22} & \cdots & x_{2n} \\ \vdots & \vdots & \ddots & \vdots \\ x_{m1} & x_{m2} & \cdots & x_{mn} \end{bmatrix} \tag{3-1}$$

② 各个指标评价值的量纲不同，为了便于比较，利用式（3-2）的向量归一化方法对 X 进行归一化处理，得到归一化矩阵 R，见式（3-3）。

$$r_{ij} = \frac{x_{ij}}{\sqrt{\sum_{i=1}^{m} x_{ij}^2}} \tag{3-2}$$

$$R = \begin{bmatrix} r_{11} & r_{12} & \cdots & r_{1n} \\ r_{21} & r_{22} & \cdots & r_{2n} \\ \vdots & \vdots & \ddots & \vdots \\ r_{m1} & r_{m2} & \cdots & r_{mn} \end{bmatrix} \tag{3-3}$$

③ 在进行供应商选择时，各个企业会对评价指标的重要程度有不同的考量。因此，可采用层次分析法确定各指标的权重 w_j。利用指标的权重向量将归一化矩阵 R 转化为供应商的指标加权评价值矩阵 V，见式（3-4）。

$$V = \begin{bmatrix} w_1 r_{11} & w_2 r_{12} & \cdots & w_n r_{1n} \\ w_1 r_{21} & w_2 r_{22} & \cdots & w_n r_{2n} \\ \vdots & \vdots & \ddots & \vdots \\ w_1 r_{m1} & w_2 r_{m2} & \cdots & w_n r_{mn} \end{bmatrix} = \begin{bmatrix} v_{11} & v_{12} & \cdots & v_{1n} \\ v_{21} & v_{22} & \cdots & v_{2n} \\ \vdots & \vdots & \ddots & \vdots \\ v_{m1} & v_{m2} & \cdots & v_{mn} \end{bmatrix} \tag{3-4}$$

④ 选出最理想方案和最不理想方案的加权评价值，其确定依据见式（3-5）和式（3-6）。

$$A^+ = \{v_1^+, v_2^+, \cdots, v_n^+\} = \{(\max_i v_{ij} | j \in J_1), (\min_i v_{ij} | j \in J_2) | i = 1, 2 \cdots, m\} \tag{3-5}$$

$$A^- = \{v_1^-, v_2^-, \cdots, v_n^-\} = \{(\min_i v_{ij} | j \in J_1), (\max_i v_{ij} | j \in J_2) | i = 1, 2 \cdots, m\} \tag{3-6}$$

式中　J_1——效益指标的集合；

J_2——费用指标的集合。

⑤ 供应商的加权评价值与最理想方案的加权评价值和最不理想方案的加权评价值之间的距离可利用 n 维欧几里得公式进行计算，其计算公式分别见式（3-7）和式（3-8）。

$$L_i^+ = \sqrt{\sum_{j=1}^{n} (v_{ij} - v_j^+)^2} \tag{3-7}$$

$$L_i^- = \sqrt{\sum_{j=1}^{n} (v_{ij} - v_j^-)^2} \tag{3-8}$$

⑥ 各供应商的 TOPSIS 评价值计算见式（3-9），根据 TOPSIS 评价值大小可以对供应商进行选择。

$$Y_i = \frac{L_i^-}{L_i^+ + L_i^-} \tag{3-9}$$

【例 3-3】 某生产企业为提高供应链的竞争力，准备减少现有供应商的数目，为各类零部件选择一个最佳的战略合作供应商。某种零部件有 S_1、S_2、S_3、S_4、S_5、S_6 和 S_7 7 个供应商通过了初步筛选，现在该生产企业要从中选择一个战略合作伙伴。该企业考虑供应商的交货提前期、产品质量、交货可靠性和产品成本 4 个指标，各供应商的指标值见表 3-7。

表 3-7 各供应商在 4 个指标下的指标值

供应商	交货提前期/天		产品质量		交货可靠性		产品成本/元	
	评价值	排名	评价值	排名	评价值	排名	评价值	排名
S_1	19	1	0.92	4	0.94	3	225	6
S_2	20	2	0.98	2	0.96	2	208	3
S_3	22	4	0.9	5	0.8	7	200	1
S_4	24	6	0.99	1	0.88	5	235	7
S_5	23	5	0.87	6	0.98	1	215	5
S_6	21	3	0.86	7	0.85	6	212	4
S_7	24	6	0.94	3	0.9	4	205	2

解：（1）利用式（3-2）计算归一化矩阵 R，其计算结果如下。

$$R = \begin{bmatrix} 0.327\,4 & 0.376\,3 & 0.393\,3 & 0.396\,3 \\ 0.344\,7 & 0.400\,9 & 0.401\,7 & 0.366\,4 \\ 0.379\,1 & 0.368\,1 & 0.334\,7 & 0.352\,3 \\ 0.413\,6 & 0.404\,9 & 0.368\,2 & 0.413\,9 \\ 0.396\,4 & 0.355\,9 & 0.410\,0 & 0.378\,7 \\ 0.361\,9 & 0.351\,8 & 0.355\,6 & 0.373\,4 \\ 0.413\,6 & 0.384\,5 & 0.376\,6 & 0.361\,1 \end{bmatrix}$$

（2）利用相应的权重确定方法，得出企业在交货提前期、产品质量、交货可靠性和产品成本 4 个指标的权重向量为：$W = (w_1, w_2, w_3, w_4) = (0.42, 0.16, 0.26, 0.16)$。

（3）利用式（3-4）计算指标加权评价值矩阵 V，其计算结果如下。

$$V = \begin{bmatrix} 0.137\,5 & 0.060\,2 & 0.102\,3 & 0.063\,4 \\ 0.144\,8 & 0.064\,1 & 0.104\,4 & 0.058\,6 \\ 0.159\,2 & 0.058\,9 & 0.087\,0 & 0.056\,4 \\ 0.173\,7 & 0.064\,8 & 0.095\,7 & 0.066\,2 \\ 0.166\,5 & 0.056\,9 & 0.106\,6 & 0.060\,6 \\ 0.152\,0 & 0.056\,3 & 0.092\,5 & 0.059\,7 \\ 0.173\,7 & 0.061\,5 & 0.097\,9 & 0.057\,8 \end{bmatrix}$$

（4）分别利用式（3-5）和式（3-6）选出最理想方案和最不理想方案的加权评价值，其结果如下。

$$A^+ = \{v_1^+, v_2^+, v_3^+, v_4^+\} = \{0.137\,5, \ 0.064\,8, \ 0.106\,6, \ 0.056\,4\}$$

$$A^- = \{v_1^-, v_2^-, v_3^-, v_4^-\} = \{0.173\,7, \ 0.056\,3, \ 0.087\,0, \ 0.063\,4\}$$

（5）分别利用式（3-7）和式（3-8）计算供应商的评价值与最理想方案的加权评价值和最不理想方案的加权评价值之间的距离，其计算结果如下。

$$L^+ = \{0.009\ 5,\ 0.007\ 9,\ 0.029\ 8,\ 0.039\ 1,\ 0.030\ 3,\ 0.022\ 2,\ 0.037\ 4\}$$

$$L^- = \{0.039\ 5,\ 0.034\ 7,\ 0.014\ 7,\ 0.012\ 2,\ 0.020\ 9,\ 0.022\ 4,\ 0.012\ 1\}$$

（6）利用式（3-9）计算各供应商的 TOPSIS 评价值，其结果如下。

$$Y = \{0.806\ 6,\ 0.814\ 2,\ 0.330\ 3,\ 0.237\ 6,\ 0.408\ 1,\ 0.501\ 9,\ 0.224\ 1\}$$

（7）因为 $Y_2 = 0.814\ 2$ 为最大值，所以 S_2 为该企业此零部件的战略合作伙伴。

小思考

最理想方案和最不理想方案的加权评价值是如何确定的？比如交货提前期、产品质量的最理想方案的加权评价值确定的依据是什么？

3.3.3 供应商关系管理

1. 供应商关系的分类

（1）按采购量和物资对企业的重要程度分类。

采购量的大小与物资对企业生产的重要程度的高低是决定供应商与企业关系的重要因素。根据采购量的大小和物资对企业的重要程度，可将企业的采购物资分为 4 类，如图 3-13 所示。

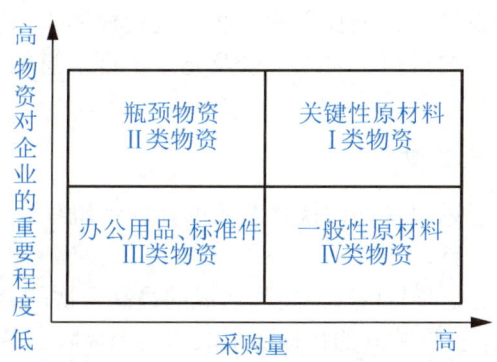

图 3-13　企业的采购物资分类

Ⅰ类物资：关键性原材料。Ⅰ类物资的需求量大、资金占用多，并且其质量对企业的最终产品的影响很大。

Ⅱ类物资：瓶颈物资。Ⅱ类物资（如专用件、进口件等）的需求量不大，但是其质量对企业的生产有重大影响，并且企业在采购中没有太大讨价还价的余地。

Ⅲ类物资：办公用品、标准件等。Ⅲ类物资的品种多、需求频繁，但是每次需求量不大、单项产品占用的资金额不大。

Ⅳ类物资：一般性原材料。Ⅳ类物资（如辅助原材料、燃料等）的需求量大，资金占用比较多，但是该类物资对企业的重要程度较低，其质量对企业的最终产品的影响不大。

针对这 4 类物资的特性，企业可与相应的供应商建立不同的关系，见表 3-8。

表 3-8　企业与供应商关系的分类表

供应商提供物资的种类	企业与供应商的关系
Ⅰ类物资：关键性原材料	建立关键性的伙伴关系
Ⅱ类物资：瓶颈物资	寻找替代商
Ⅲ类物资：办公用品、标准件等	寻找集成供应商
Ⅳ类物资：一般性原材料	建立一般的伙伴关系

(2) 按企业与供应商的合作程度分类。

按照双方的合作程度，企业与供应商的关系可以大致分为5种：短期目标型、长期目标型、渗透型、联盟型和纵向集成型。

① 短期目标型。这种类型的主要特征是双方的关系是交易关系，即买卖关系。

② 长期目标型。与供应商保持长期的关系会促使双方为了共同利益改进各自的工作，并在此基础上建立起超越买卖关系的合作关系。

③ 渗透型。这种关系是在长期目标型的基础上发展起来的。其核心思想是把对方公司看作自己公司的延伸，常见的渗透方式有投资参股等。

④ 联盟型。联盟型是从供应链的角度提出的，其特点是从更长的纵向链条上管理成员之间的关系，难度提高了，要求也提高了。由于成员数量的增加，需要一个处于供应链核心地位的企业（主导者）出面协调成员之间的关系。

⑤ 纵向集成型。纵向集成型被认为是最复杂的关系类型，即把供应链上的成员整合起来，如同一个企业，但各成员是完全独立的企业，决策权属于自己。在这种关系中，要求每个企业在充分了解供应链的目标、要求，以及充分掌握信息的条件下，能自觉做出有利于供应链整体利益的决策。

2. 供应商合作伙伴关系管理

供应商关系管理的核心思想是合作伙伴关系的建立和维护。

(1) 供应商合作伙伴关系。

供应商合作伙伴关系是企业与供应商之间达成的最高层次的合作关系，它是指在相互信任的基础上，供需双方为了实现共同的目标而采取的共担风险、共享利益的长期合作关系。

供应商合作伙伴关系是一种紧密的合作关系，达成一致观念、建立相互间的信任，确定共同的目标和行动计划，强调资源共享，共同制定决策，共同面对市场、研发新产品、持续地改进产品质量，共同努力解决问题。供应商合作伙伴关系与传统供应商关系的比较见表 3-9。

表 3-9　供应商合作伙伴关系与传统供应商关系的比较

比较项目	供应商合作伙伴关系	传统供应商关系
稳定性	稳定合作	不稳定，变换频繁
合作关系	长期	短期
产品交货	基于JIT的小批量交货	不稳定
供应商的选择基准	长期的历史绩效	基于价格的竞价

续表

比较项目	供应商合作伙伴关系	传统供应商关系
交易处理	基于共赢的合作	秘密博弈
问题处理	共担风险、共同处理	供应商自行解决
质量控制	供应商负责产品质量	每次交易都进行
信息交流	信息共享	少
供货保障	风险低,有保障	风险高
研发	供应商介入,共同参与研发	供应商按规定生产
供应商的范围	全球范围	当地或国内

 资料卡

对于全球供应商来说,沃尔玛一直是以强硬、令人生畏的形象出现的。天天低价策略是沃尔玛一以贯之的经营方针。其在对待供应商问题上态度坚决,对他们毫不相让。因此,在沃尔玛进行价格决策时,总是有供应商抱怨其价格过低。虽然沃尔玛是从顾客的角度出发,目的在于为顾客争取每一分的利益。但从长远的发展角度来看,是存在着潜在风险的。这种风险就是供应商的联合反抗。曾经有供应商因为不满沃尔玛的做法而在新闻界开展了一场谴责运动,虽然因为技术的进步提供了更多可督促制造商降低成本、削减价格的手段,沃尔玛最终才没有引起公众的公开反抗,但并不能保证类似事情不会再发生。这是一种潜在的风险。所以,沃尔玛在保证其价格低廉的前提下,要进一步改善同供应商的关系。

3-4 拓展视频

(2) 建立供应商合作伙伴关系的意义。
① 可以缩短供应商的供货周期,提高供应的灵活性。
② 可以降低企业的原材料、零部件的库存水平,降低管理费用,加快资金周转。
③ 可以提高原材料、零部件的质量。
④ 可以加强与供应商沟通,改善订单的处理过程,提高物资需求的准确度。
⑤ 可以共享供应商的技术与革新成果,加快产品开发速度,缩短产品开发周期。
⑥ 可以与供应商共享管理经验,推动供应链整体管理水平的提升。
(3) 供应商合作伙伴关系管理的程序。

供应商合作伙伴关系的管理程序包括界定物资、识别供应商、合作伙伴关系设计、合作伙伴关系建立和合作伙伴关系维护等内容。

① 界定物资。企业采购部门要在对供应市场进行调研的基础上,对相关部门采购的物资进行分类。可以参照物资对企业的重要程度和物资采购量等维度对物资进行分类,如图3-13所示。利用物资类型来确定具体合作伙伴关系的类型。

② 识别供应商。按照供应商的选择标准,筛选出有可能建立合作伙伴关系的供应商。

③ 合作伙伴关系设计。分析本企业采购量对各供应商的影响力和建立合作伙伴关系的可能性,制定明确的具体的关系定位、合作目标及绩效衡量指标,制订建立合作伙伴关系的实施计划和达到合作目标的行动计划。

④ 合作伙伴关系建立。与拟议中的合作伙伴供应商协商合作伙伴关系建立的可能性、计划实施、组织安排、关系维护、绩效考核等,签订战略合作伙伴关系文件,正式建立合作伙伴关系。

⑤ 合作伙伴关系维护。一方面要建立企业内部各部门之间对合作伙伴关系的维护—沟通—协调机制，通过供应商会议、供应商访问等形式对计划实施进行组织和进度跟进，内容包括对质量、交货、成本、新产品、新技术等方面的改进进行跟踪考核，定期检查进度，及时调整行动。另一方面要组成跨组织的工作小组，行之有效地识别与解决合作过程中的问题，进行过程协调与评估来持续改进。在公司内部还要通过供应商月度考核、体系审核等机制跟踪供应商的综合表现，及时反馈并提出改进要求。

（4）供应商合作伙伴关系的激励。

要保持长期的供需双赢的合作伙伴关系，对供应商的激励是非常重要的。在激励机制的设计上，要体现公平、一致的原则。要给予供应商价格折扣和柔性政策。一般来说，有以下几种主要的激励模式可供参考。

① 价格激励。供应商管理的思想虽然要求供需企业在战略上是相互合作的，但是各企业的利益是不能被忽视的。而供应链的各个企业之间的利益分配主要体现在交易价格上，因此，价格对供应商的激励作用是明显的。

但是，价格激励本身也隐含着一定的风险，这就是逆向选择问题，即采购企业在挑选供应商时，由于过分强调低价策略，往往选中报价较低的企业，而将一些整体水平良好的企业排除在外。其结果影响了产品的质量、交货期等。因此，使用价格激励机制时要谨慎，不可一味强调低价策略。

② 订单激励。面对同一个制造商，获得订单数量的多少无疑是供应商竞争力高低的最重要的表现。更多的订单对供应商来说就是最大的激励。

③ 信息激励。在信息时代，企业获得更多的信息意味着企业拥有更多的机会、更多的资源，从而获得激励。如果能够快捷地获得合作企业的需求信息，供应商就能主动地采取措施来提供优质服务，使合作方满意。信息激励机制的提出，也在某种程度上克服了由于信息不对称而使供需双方企业相互猜忌的弊端，消除了由此带来的风险。因此，企业要关注合作双方的运行状况等信息，不断探求解决新问题的方法，这样就能达到对供应链企业激励的目的。

④ 新产品/新技术的共同开发激励。让供应商全面掌握企业新产品的开发信息，有利于在供应链企业中推广新技术和开拓供应商的市场。供应商作为合作企业，其成败不仅影响制造企业，也会影响其本身的经济效益。在这种合作共赢的生态下，制造企业通过邀请供应商参与新产品/新技术的共同开发，有效激发了其对产品开发工作的投入热情，因此共同开发成为供应链激励的重要抓手。

⑤ 组织激励。供需企业之间长期愉快的合作将会给双方带来长久的效益。因此，减少供应商的数量，并与主要的供应商保持长期稳定的合作关系是制造企业采取组织激励的主要措施。

⑥ 淘汰激励。淘汰激励是在供应链系统内形成的一种危机激励机制，也是一种负激励。供应商要维系其在供应链系统中的竞争优势且实现自身发展，就必须接受淘汰激励，承担一定的责任。供应商要对供货任务从成本、质量、交货期等方面负有全方位的责任，这有利于双方合作关系的发展。

3.3.4 供应商绩效管理

供应商绩效管理是对已选供应商的日常表现进行定期监控和考评,是一种事中和事后考核。通过供应商绩效管理,制造企业可以实现的目标有:获得持续的绩效改进,包括成本、质量、交货、服务及技术合作等方面的改善;鼓励供应商检查内部运作机制,不断改善自身流程;不断与供应商进行信息交流,建立共享机制,实现双赢的供应关系。

1. 供应商绩效管理的目的

(1)获得满足企业总体质量和数量要求的产品和服务。每个企业都会有一整套的战略规划和方针,必须充分考虑已选供应商所提供产品和服务能否满足本企业及整体供应链的质量及数量要求。

(2)淘汰不合格的供应商,开发有潜质的供应商。企业与供应商之间并非从一而终的既定关系,双方都会不断地审视和衡量自身利益,在是否和对方合作中进行选择。对于好的供应商,企业会采取持续发展的合作策略,并针对采购中出现的问题与供应商一起协商,寻找解决问题的最佳方案,而在评估中表现糟糕的供应商会被淘汰。

(3)帮助供应商改善绩效。绩效管理能了解供应商的不足之处,可以促进供应商提高绩效,更好地完成供应任务。

2. 供应商绩效管理的原则

(1)整体性原则。

要从供应商和企业各自的整体运作方面来进行评估以确定绩效管理的目标。

(2)持续性原则。

供应商绩效管理是持续进行的,要定期检查目标的达成情况,使供应商不断提高自身绩效,提高供应的质量。

(3)综合考虑外部因素原则。

供应商的绩效总会受到来自外在因素(如宏观经济环境波动、行业竞争态势演变、政策法规调整等)的影响,因此供应商绩效管理要考虑外在因素带来的影响,不能仅仅衡量绩效。

3. 供应商绩效管理的程序和内容

供应商绩效管理的程序和内容如图 3-14 所示。

(1)确定绩效考核策略,划分考核层次。根据不同类型的供应商,供应商考核通常分为月度考核、季度考核和年度考核。月度考核一般针对核心供应商及重要供应商,考核的要素以质量和交货期为主。季度考核针对大部分供应商,考核的要素主要是质量、交货期和成本。年度考核一般针对所有的供应商,考核的要素包括质量、交货期、成本、服务和技术合作等。

(2)供应商分类,建立评估准则。这个阶段的重点工作:对供应商供应的产品分类;对不同类型的供应商建立不同的评估细则,包括不同的评估指标和每个指标所对应的权重。

例如,某家电子制造企业在月度评估时,对 IC 类供应商和结构件供应商进行考核。对于 IC 类供应商,供货周期和交货的准确性是关键的评估指标;对于结构件的供应商,供货弹性、交货准确性和质量是其关键的评估指标。

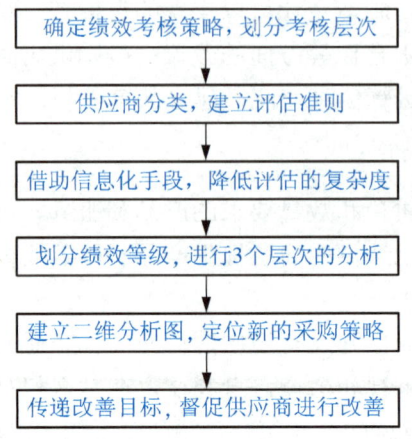

图 3-14　供应商绩效管理的程序和内容

(3) 借助信息化手段,降低评估的复杂度。供应商绩效评估是一个非常复杂的过程,涉及产品数据、交货数据和成本数据等各种数据的采集和计算,还涉及主观评估指标的评分,需要跨部门的不同人员共同打分。借助信息化手段可以处理中间最为烦琐的数据采集和计算工作。一般来说,先将具体评估指标分成两类:一类是可以从公司已有的系统(如 ERP、SCM、MES 和 QM)中抽取进行计算的客观评估指标;另一类是需要协调不同部门打分操作的主观评估指标。对于客观评估指标,可以通过计算机从其他系统中自动抽取数据,按照事先设定的规则进行计算,获得最后的评估结果。对于主观评估指标,可以通过供应商绩效评估系统,事先设计好问卷和确定评分人员。供应商绩效考核开始后,由计算机自动发送这些问卷,让相关人员根据问卷打分,半自动地完成这项工作。通过系统进行问卷的发送、回收、考核,公司可以快速完成供应商绩效考核的等级评定和绩效分析。对于公司决策层来说,要做的是根据分析结果决定如何同供应商进一步改善关系,提高供应商绩效,打造高效持久的合作伙伴关系。

(4) 划分绩效等级,进行 3 个层次的分析。基于考核结果对供应商的绩效表现划分等级。可以从 3 个层级进行供应商的绩效分析:①根据本次考核期的评分和总体排名进行分析;②与类似供应商在本次考核期的表现进行对比分析;③根据该供应商的历史绩效进行分析。通过这些不同角度的分析,可以看出每个供应商在单次考核期的绩效状况、该供应商在同类供应商中所处的水平、该供应商的稳定性和绩效改善状况等,从而对供应商的表现有一个清晰、全面的了解。

(5) 建立二维分析图,定位新的采购策略。根据供应商的绩效表现,对供应商进行重新分类,有针对性地调整采购策略。以供应商绩效和考核期所采购的金额为坐标轴,可以绘制二维分析图(图 3-15)。图中的每一个球都代表一个供应商,球的大小代表公司同供应商的采购量。

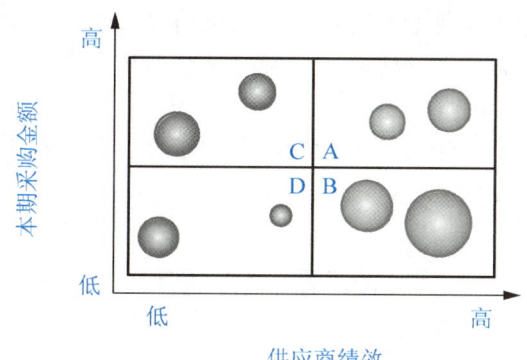

图 3-15 二维分析图

把这个图分成 A、B、C、D 共 4 个象限。在 A、B 两个象限中，供应商绩效表现相对良好，因此，无论向该供应商购买多少金额，都可以暂时不用给予太多关注。处于 C 象限表示向该供应商购买的金额很大，而该供应商的绩效表现并不好，这是最需要关注的。此时，要根据实际情况尽快决定是寻找替代供应商还是采取措施要求供应商进行改善。处于 D 象限的供应商，绩效表现不好，而且采购金额不大；通常处于这部分的供应商都是一些非关键供应商或可替代的供应商；此时，完全可以采用更换供应商的策略来做调整。

（6）传递改善目标，督促供应商进行改善。首先将评估结果反馈给供应商，让供应商了解它哪些地方做得好，哪些地方表现不足。改善的目标一定要明确，要让供应商将精力聚焦在需要改善的主要方面。比如，绩效考核之后，可能该供应商有 5 个指标做得不好，但企业希望供应商在其中的 2 个指标上能尽快改善，那么就将这两个指标及企业希望达到的水平反馈给供应商，让其在下个周期里重点改善这两个指标，而不是其他 3 个指标，从而让供应商的努力同企业的期望达成一致。

4. 供应商绩效管理的指标

由于企业的类型不同、战略不同、面对的市场环境不同，因此其设计的绩效考核指标存在差异。对于制造企业而言，其供应商绩效考核通常包括质量指标、供应指标、经济指标和支持指标四大类。

（1）质量指标。

质量指标包括现有质量和未来质量。现有质量是选择供应商的首要条件，主要包括产品合格率、返修率和退货率。未来质量主要是供应商开发新产品的能力。供应商在新产品上的开发能力是供应链创新的原动力，决定了供应商的生存发展状况、未来在市场中的竞争力，是企业经营发展能力的重要体现，主要可以从 4 个方面衡量：研究开发费用比率、新产品开发成功率、新产品开发的提前期和技术支持响应。

（2）供应指标。

供应指标主要是交货和柔性两个大类指标。交货指标主要包括准时交货率和订单满足率。柔性指标主要包括批量柔性、品种柔性和时间柔性。

（3）经济指标。

供应商考核的经济指标主要包括成本或价格，以及公司的财务状况。成本指标要体现总成本的观念,最简单的方法是通过提供产品的价格以及供应成本两个方面来考察。公司财务状况的考核可以考虑总资产周转率、总资产收益率和资产负债率等。

(4) 支持指标。

支持指标主要包括管理水平、沟通能力、合作态度、服务水平、可靠性、安全性、经营环境和环境保护能力等方面。

本 章 小 结

本章主要介绍了采购与供应物流概述、采购管理和供应商管理等基本内容。

采购是经济主体为满足自身的某种需要,通过支付一定代价的方式和物流手段从资源市场换取商品或劳务的经济行为和过程。采购管理是为了保障企业物资供应而对企业采购活动进行计划、组织、协调和控制的管理活动。

供应物流是指为生产企业提供原材料、零部件或其他物料时所发生的物流活动。结合上述供应的概念,供应物流是包括采购在内,并以采购为主要功能和组成部分,由物品的采购、运输、仓储管理、库存管理、供料共同构成的业务过程。供应物流管理是为了保质、保量、经济、及时地供应生产经营所需的各种物品(原材料、零部件、燃料、辅助材料等),对采购、存储、供料等一系列供应过程进行计划、组织、协调和控制,以保证企业经营目标的实现。

供应商管理的核心是把供应商纳入企业资源管理的范畴,而供应商管理的基础是供应商的分类。按照企业与供应商之间的依存关系进行分类,可以将供应商分为伙伴型供应商、优先型供应商、重点商业型供应商和普通商业型供应商。

供应商管理是对供应商的调查、选择、开发、使用和控制等综合性管理工作的总称。供应商管理的主要内容包括供应商选择、供应商关系管理与供应商绩效管理。供应商选择是供应商管理的前提,是依据供应商及其产品的市场与使用信息、一定的标准与指标,运用定性和定量分析的方法,对供应商做出综合评价并进行选择的决策活动。供应商关系管理的核心思想是合作伙伴关系的建立和维护。供应商绩效管理是对已选供应商的日常表现进行定期监控和考评,是一种事中和事后考核。

关键术语

采购(Purchasing)　　　　　　　　　　采购管理(Purchasing Management)
供应物流(Supply Logistics)
供应物流管理(Supply Logistics Management)
供应链管理(Supply Chain Management)　准时制(Just In Time)
电子采购(E-Procurement)　　　　　　　供应商管理(Supplier Management)
供应商关系管理(Supplier Relationship Management)
采购订单(Purchase Order)
优劣解距离法(Technique for Order Preference by Similarity to Ideal Solution,TOPSIS)

习题

1. 选择题

(1)（　　）是经济主体为满足自身的某种需要，通过支付一定代价的方式和物流手段从资源市场换取商品或劳务的经济行为和过程。

A．采购管理　　　　　　　　B．采购
C．供应物流管理　　　　　　D．供应链管理

(2) 供应物流过程可以细化为（　　）基本阶段。

A．取得资源　　　　　　　　B．组织到厂物流
C．商务谈判　　　　　　　　D．组织厂内物流

(3) 供应物流管理的内容包括（　　）。

A．支持性活动　B．业务性活动　C．扩展性活动　D．供应商管理

(4) 现代供应物流管理的理念包括（　　）。

A．市场观念　　B．时间观念　　C．效益观念　　D．合作观念

(5) 企业供应物流的活动包括的内容有（　　）。

A．流通加工　　B．采购活动　　C．装卸搬运　　D．运输

(6) 下列采购方式属于集团采购的是（　　）。

A．家庭采购　　B．企业采购　　C．政府采购　　D．军队采购

(7) 一个完整的采购管理过程包含的内容主要有（　　）。

A．资源市场分析　　　　　　B．制订采购计划
C．实施采购计划　　　　　　D．采购评价

(8) 集中采购的优点包括（　　）。

A．较低的运输成本　　　　　B．供应资源共享
C．减少重复性工作　　　　　D．数量上的价格折扣

(9) 在新型采购策略中，JIT 采购是指（　　）。

A．订购点采购　　　　　　　B．供应链采购
C．准时制采购　　　　　　　D．电子采购

(10) 企业实施 JIT 采购包括的内容主要有（　　）。

A．建立 JIT 采购团队

B．与少数几家供应商建立伙伴关系

C．给供应商颁发产品免检证书

D．做好供应商的培训，明确共同努力的目标

(11) 电子采购的优点包括（　　）。

A．节省采购时间　　　　　　B．采购成本显著降低
C．优化采购及供应链管理　　D．提高服务质量

(12) 如果供应商认为生产企业的采购业务对其非常重要，其自身又有很强的产品开发能力，同时该采购业务对生产企业也很重要，那么该供应商是（　　）。

A．伙伴型供应商　　　　　　B．优先型供应商
C．重点商业型供应商　　　　D．普通商业型供应商

(13)（　　）是指对供应商的调查、选择、开发、使用和控制等综合性管理工作的总称。

  A．供应商管理　　　　　　　　B．供应商评价

  C．供应商选择　　　　　　　　D．供应商关系维护

(14)独家供货适合以下（　　）情况。

  A．某个供应商能提供很有价值且非常出色的产品

  B．企业对供应商有决定作用

  C．供应商是某一关键部件的唯一提供者

  D．JIT生产方式，要求有单一供应源

(15)选择供应商遵循的原则包括（　　）。

  A．核心能力原则　　　　　　　B．信用原则

  C．兼容性原则　　　　　　　　D．互补原则

(16)（　　）通过计算和分析各不同的供应商的采购成本，选择采购成本较低的供应商的一种方法。

  A．评分法　　　　　　　　　　B．主观判断法

  C．采购成本比较法　　　　　　D．招标法

(17)供应商合作伙伴关系的激励方法包括（　　）。

  A．价格激励　　B．订单激励　　C．信息激励　　D．淘汰激励

(18)根据实施主体不同，企业的电子采购模式可分为（　　）。

  A．卖方电子采购模式　　　　　B．买方电子采购模式

  C．买卖双方共建模式　　　　　D．第三方模式

2．简答题

(1)采购与采购管理的含义是什么？

(2)传统供应物流管理与现代供应物流管理思想的区别是什么？

(3)供应物流管理的含义是什么？

(4)采购的原则是什么？

(5)科学采购包括哪些形式？

(6)简述企业采购管理流程。

(7)简述集中采购的优势。

(8)简述JIT采购的基本原理。

(9)比较JIT采购与传统采购的差别。

(10)简述企业实施JIT采购包括的内容。

(11)简述电子采购的优点。

(12)按照企业与供应商之间的依存关系进行分类，供应商可以分为哪几类？

(13)简述供应商选择的程序。

(14)简述供应商选择的基本方法。

(15)简述供应商合作伙伴关系管理的程序。

(16)简述供应商绩效管理的程序和内容。

3. 判断题

（1）采购既是一个商流过程，也是一个物流过程。（　）

（2）随着采购供应一体化，第三方物流分工专业化等的发展，采购物流直接扩展到企业的车间、工段，从而采购物流与供应物流合二为一，统称为供应物流。（　）

（3）与传统供应物流管理相比，现代供应物流管理中供应商的数目变得更多了，主要目的是方便企业选择到最适合的资源。（　）

（4）采购与采购管理是既有联系又有区别的两个概念。（　）

（5）采购的"5R"原则是指 Right time, Right price, Right quantity, Right quality, and Right people。（　）

（6）国内采购是指企业以本币向国内供应商采购所需物资的一种行为，采购的必须是国内生产的物资。（　）

（7）无形采购包括生产所需的技术和服务等的采购，主要是指可以指导企业人员进行正确操作或正确使用机械、设备、原料等的专业知识。（　）

（8）采购监控是指对采购活动进行的监督控制活动，包括对采购有关人员、采购资金、采购事务活动的监控。（　）

（9）JIT 采购的基本思想是制造商与供应商签订"在需要的时候，向需要的地点，提供能保证质量的所需要数量的物料"的协议。（　）

（10）电子采购的基本特点是在网上寻找供应商、寻找商品、网上洽谈贸易、网上订货、网上支付货款，实现送货或进货作业，最终完成全部采购活动。（　）

（11）企业进行采购时，采购的数量越少越好。（　）

（12）按采购方法分类可分为短期合同采购与长期合同采购。（　）

（13）瓶颈物资需要企业与供应商建立伙伴关系。（　）

（14）供应商合作伙伴关系是企业与供应商之间达成的最高层次的合作关系，它是指在相互信任的基础上，供需双方为了实现共同的目标而采取的共担风险、共享利益的长期合作关系。（　）

（15）供应商绩效管理是对已选供应商的日常表现进行定期监控和考评，是一种事中和事后考核。（　）

4. 计算题

（1）若有如下的供应商的指标加权评价值矩阵 V，则求出最理想解和最不理想解，并选出最优供应商。其中，指标 1 和指标 3 为费用因素指标，指标 2 和指标 4 为效益因素指标。

$$V = \begin{bmatrix} 0.1875 & 0.0708 & 0.2021 & 0.0694 \\ 0.2448 & 0.0751 & 0.2045 & 0.0686 \\ 0.1992 & 0.0684 & 0.1874 & 0.0578 \\ 0.1637 & 0.0768 & 0.1953 & 0.0663 \\ 0.1695 & 0.0689 & 0.2068 & 0.0642 \\ 0.1545 & 0.0667 & 0.1924 & 0.0556 \\ 0.1837 & 0.0714 & 0.1978 & 0.0545 \end{bmatrix}$$

（2）某企业生产零件 M，用于装配某种部件。由于该企业设备生产能力不足，可考虑两种解决办法：外购、自制。若外购零件 M，该部件单价为 800 元/个。若自制零件 M，需要增加设备，其固定费用为 60 万元，估计该部件可变费用为 600 元/个。若预测该企业全年对该部件的需求量为 4 000 个，试问自制还是外购？若预测不准确，实际需求量只有预测量的 60%，问上述决策是否合适？若不合适，为此多付出的成本是多少？

（3）某企业计划期内需要采购某种物资 800 吨，甲、乙两家供应商供应物资的质量均符合企业的要求，信誉也比较好，交货时间也能满足企业生产的需要。距离企业比较近的甲供应商的报价为 800 元/吨，运费为 15 元/吨，订购费用支出为 800 元；距离企业比较远的乙供应商的报价为 700 元/吨，运费为 40 元/吨，订购费用支出为 1 200 元。使用采购成本比较法确定选择哪家供应商。

（4）现已知某物料有 3 个供应商，试根据表 3-10 中的资料选择合适的供应商。

表 3-10　备选供应商相关信息表

评估指标	权重	评分值		
		甲供应商	乙供应商	丙供应商
技术水平	0.1	6	7	8
产品质量	0.2	8	8	9
供应能力	0.2	8	9	8
产品价格	0.25	9	8	9
地理位置	0.05	6	10	6
可靠程度	0.1	5	6	8
售后服务	0.1	9	7	6

5. 思考题

（1）思考供应商合作伙伴关系与传统供应商的关系有哪些区别。

（2）假如你是一名中型超市的采购经理，你会何如对供应商进行分类，并采取什么方式进行管理？

（3）考察当地一家生产企业，分析其需要的主要原材料和零部件有哪些？其中哪些可以自制、哪些需要采购？所需采购的物资的供应商分布在什么地方？选择其作为供应商的主要依据是什么？

实际操作训练

课题 3-1：个人消费品和家庭消费品的采购

实训项目： 个人消费品和家庭消费品的采购

实训目的： 掌握个人采购与家庭采购在决策过程中的区别，不同采购方式在消费品采购时的区别。

实训内容： 确定生活中个人需要某类消费品、家庭需要的另一类消费品，然后以到"实体店"的方式购买家庭所需要的消费品，以"网购"的方式购买个人需要的消费品。

实训要求： 请首先列出确定购买个人消费品的决策因素，然后与家庭成员一起分析购买家庭消费品的决策因素，对比两类不同采购类型的决策因素的异同，并说明原因；确定购买这两类消费品后，仔细分析两种采购的具体流程，并绘制采购流程图，分析异同，并说明原因；分析以到"实体店"的方式购买和以"网购"的方式购买消费品的特点，并详细分析这两种购买方式适合什么类型消费品的采购。将上述分析、比较和设计的内容形成一个完整的报告。

课题 3-2：本学期任课教师的教学效果评价

实训项目：本学期任课教师的教学效果评价

实训目的：掌握供应商评价指标体系设计的原则和程序以及供应商评价的流程。

实训内容：若以教师的授课内容作为学生采购的资源，则教师就可称为提供服务类产品的供应商，那对教师的评价就可以称为对供应商的评价。确定被评价对象、评价指标，设计评价流程，实施评价，并给出提高绩效的建议。

实训要求：首先，将学生进行分组，每五人一组；然后由小组成员共同确定 3 位任课教师作为被评价对象，其中包括 2 位本专业教师和 1 位其他专业教师。对这两类教师分别设计评价指标体系（指标体系中的指标要求定量与定性相结合），并选择合适的评价方法对每位教师的教学效果进行评价，给出评价结果；对好的方面给出说明，差的方面提出实质性的建议。同时，比较两类教师评价指标上有何异同，并思考指标体系设计需考虑的因素。同时，各小组完成指标体系设计的流程图和教师评价的流程图。每个小组将上述分析、设计和比较的内容形成一个完整的报告。

课题 3-3：供应商选择方法的应用与比较

实训项目：供应商选择方法的应用与比较

实训目的：掌握供应商选择方法的实际应用，对于多因素的综合评价方法能利用 Excel 软件进行求解计算，并能对应用不同供应商选择方法得到的优质供应商做出评价，分析不同供应商选择方法应用的特点和场合。

实训内容：选择不同的供应商选择方法，完成最优供应商的选择，并分析不同供应商选择方法选择的供应商的差别，比较不同供应商选择方法应用的特点和场合。

实训要求：首先，将学生进行分组，每五人一组；各组成员查阅相关材料，选择一个综合多种因素供应商选择的案例。案例中生产企业选择供应商时考虑的基本指标至少要包括产品质量、产品价格、交货提前期 3 个基本因素，其他指标可能会涉及交货可靠性、技术水平、售后服务、地理位置等。同时，案例中要有每个供应商对应指标的相关数据（或者在本地选择一家生产企业，调研该生产企业在外购某种零件或部件时，选择供应商的评价指标，并获取各对应指标的实际数据）。然后选择不同的供应商选择方法（其中至少要用采购成本比较法和 TOPSIS 方法，考虑实际情况可以再利用 AHP 和 ANN 方法），完成最优供应商的选择（在使用多因素综合评价方法时，可利用 Excel 软件完成求解）。最后，分析不同供应商选择方法选择的供应商的差别，比较不同方法应用的特点和场合。每个小组将上述分析、设计和对比的内容形成一个完整的报告。

课题 3-4：采购流程的分析与改进

实训项目：采购流程的分析与改进

实训目的：了解生产企业某类物品的具体采购流程，并能分析流程是否合理。若采购流程不合理，能应用所学知识分析原因，并设计改进方案。

实训内容：调研某生产企业采购某类物品的具体流程，并对流程的情况进行分析，提出改进方案。

实训要求：首先，将学生进行分组，每五人一组；各组成员自行联系当地一家生产企业，并深入了解该生产企业某类物资的具体采购流程。然后针对企业采购该类物品的特点和要求，分析该流程哪些环节比较合理，哪些环节存在问题，对有问题的环节进行原因分析，并设计出本组认为合理的解决方案；针对本组的分析设计结果,与生产企业采购部门的相关人员沟通,听取他们对分析结果的建议,改进设计方案,如此反复直至得到采购部门的认可。最后,每个小组将上述调研、分析、设计的内容形成一个完整的报告。

 案例分析

本田公司"维护供应商关系"之道

本田公司在全球的供应商有上千家。为了降低成本,本田公司尽可能选用当地的供应商。与其他的汽车制造商一样,本田公司有对供应商进行奖励和激励的计划。但是,本田公司投入到建立和维护与供应商关系上的金钱和时间要远多于其他企业。可以说,能否实现与供应商的长期合作,很大程度上取决于对供应商所付出的金钱和时间。

本田公司在维护与供应商的关系方面,甚至可以做到帮助供应商重新设计合作零件的工艺过程。例如,本田公司利用自身的优势技术资源,建议某提供一种前后门之间连接车顶和底盘的金属部件供应商在生产过程中使用固定位置的焊接台。供应商采用这项新工艺进行生产后,产量得以翻番,从每小时生产63个部件增加到每小时生产125个。同时,由于该工艺使焊枪固定,使得焊枪的使用寿命大大提高,从5万个焊点上升到25万个。

改善与供应商的关系是一个不断完善和发展的过程,需要投入金钱和精力,但在投入时,本田公司想到的不是回报。例如,某资信好的供应商意外出现质量和交付问题,本田公司就会派遣内部的专家去了解情况,研究问题所在。某次,本田公司曾安排4名员工到供应商公司工作10个月,来协助重新组建和改进供应商的能力,使之达到本田公司的要求。本田公司对供应商的服务不收取任何费用。本田公司认为,对供应商的服务是一种自我服务,是为了保持长期与供应商的关系,这对双方都有好处。对供应商的这种服务增加了供应商投资本田的意愿,使双方的合作具有长期性。

本田公司建立和维护与供应商关系的方法,远远不止提高供应商的生产率和解决实际问题这样简单。合作关系需要双方清晰表达且相互了解期望、绩效测量及细节的关注,并及时进行沟通。与供应商的沟通也不只是一年只写一次备忘录,必须带着生产、交货、质量等方面明确的目标进行经常的沟通,并要站在供应商的立场去思考问题,才能达到共赢的结果。

资料来源:李慧兰,2009. 企业物流管理[M]. 上海:立信会计出版社.

问题:

(1)本田公司建立和维护与供应商关系的理念是什么?具体措施包括哪些?

(2)本田公司以如此方式建立和维护与供应商关系的意义是什么?

(3)通过对本田公司案例分析,你认为对供应商进行科学管理的方法有哪些?

(4)与供应商及时沟通的好处有哪些?需要沟通什么内容?

第 4 章 企业生产物流管理

【本章教学要点】

知识要点	掌握程度	相关知识
企业生产物流管理概述	了解	生产物流的含义和影响因素、生产物流系统设计的原则、生产物流管理
生产物流的类型与特征	了解	生产物流的类型、生产类型的划分方法、不同类型企业生产物流的特征
生产物流的组织	重点掌握	生产物流的空间组织、时间组织、人员组织、合理组织生产物流的基本要求
生产物流的计划与控制	掌握	生产物流计划的原理和方法、生产物流控制的原理和方法
现代生产物流管理的新模式	了解	MRP/MRPⅡ/ERP 模式、JIT 模式、TOC 模式，MRPⅡ、JIT、TOC 模式的比较

【本章技能要点】

技能要点	掌握程度	应用方向
生产物流的组织	重点掌握	在空间布局、时间组织和人员组织方面做出合理的决策
生产物流的计划	重点掌握	针对不同生产物流类型选择合适的期量标准，进行有效的计划
合理组织生产物流的原则	了解	作为设计和评价生产物流是否合理的主要依据
现代生产物流管理的新模式	了解	现代生产物流的新模式为企业计划和控制提供新的思路

导入案例

一汽-大众生产物流的数智化转型

4-1 拓展视频

在一汽-大众，生产管理部是从订单到交付全流程（Order to Delivery，OTD）的负责单位，是统筹产供销全链条的枢纽。一汽-大众生产管理总监杨海说，生产物流的核心就是"交付"，数万种零部件从全国 800 多个供应商送到公司的五地六厂，整车下线之后还要高水平地配送到全国 1 700 多家经销商，再交付给用户，过程中产销协同、物流管控、信息把控等，需要各环节之间的高效协同，业务复杂度之高是不言而喻的。正因如此，生产物流体系是一汽-大众数智化转型关键的主战场之一。

几年前，一汽-大众生产物流体系在吸取了大众康采恩体系平顺化生产和丰田 P 链生产模式精髓的基础上成功开发了"E-lane"体系，它依靠管理精细化、物流数字化，从根本上提升了企业生产和运转效率，从而大幅度实现降本增效。2019 年率先在成都工厂捷达生产线上应用此体系，最大限度地消除了冗余的环节，物流面积减少将近 80%，物流费用降低了 67%，降本增效非常明显。在此基础之上，结合密集存储的自动化技术和智能调度算法技术，一汽-大众又成功地开发出 E-lane^3 体系的升级版 "E-lane^3"，并于 2024 年年初正式启动。E-lane^3 利用密集存储技术和库房的高度空间大幅减少了物料存储面积，取代了传统的劳动密集型物流模式，不仅大幅降低了资源需求，而且还优化了供应链成本结构，实现了零件需求按"链"生成，供应商按"链"供货，立体库按"链"存储，存储零件按"链"配送到生产线上。与 E-lane 相比，E-lane^3 对复杂多品种生产线具有更好的兼容性和适应性。

更为直观的是，E-lane^3 实现了仅用 3 300 平方米的面积，就满足了过去 17 000 平方米的存储需求，实现了面积优化约 80%；仅需要 8 个人，就能完成原来 131 人的工作量；不到 5 000 万元的投入，每年节省 2 800 万元的物流成本，大大优化了供应链成本结构。可以说，E-lane^3 智能立体仓储中心打造了一汽-大众供应链物流运营的新范式。

一汽-大众生产管理总监杨海深有感触地说，公司数智化转型整体思路是点（重点项目）—线（流程）—面（数据）同步推进。经过流程梳理、数据治理，让所有的人在同一个平台上，目标就是要实现所有的业务都能在线化的呈现。在转型变革中，生产管理部正全方位地从传统的生产物流向领域全价值流真正领导者转变。

目前，一汽-大众一年销售整车 180 万辆左右，个性化订单为 23 万到 25 万辆。通过一系列的流程优化，交付一台客户个性化选装订单的交付周期，已经从 2021 年的 53 天缩短到 2024 年的 23 天。对生产管理部来说，数智化转型工作不是一蹴而就的，需要经过持续不断的螺旋式迭代的发展，才能够实现业务能力和人员能力的比翼齐飞，通过持续深化数智化转型形成快速响应的物流体系，真正实现一汽-大众面向客户的交付能力提升，面向用户满意，将 OTD 打造成行业标杆。

资料来源：https://baijiahao.baidu.com/s?id=1807240878274870102&wfr=spider&for=pc. [2024-08-13].

思考题

（1）一汽-大众属于哪种生产类型？该生产类型的物流具有哪些特征？

（2）一汽-大众生产管理部在生产物流环节需要完成哪些工作？

（3）一汽-大众 E-lane^3 的应用取得了哪些显著成效？

（4）未来，一汽-大众生产物流数智化转型还有哪些可以改进的方向？

生产物流是物流系统的核心组成部分,其是否合理对整个物流系统有着重要的影响。了解生产物流的构成、运行规律、组织原理,实现生产物流合理化,对整个物流系统起着重要的作用。

4.1 企业生产物流管理概述

4.1.1 生产物流的含义和影响因素

1. 生产物流的概念

《物流术语》(GB/T 18354—2021)中对生产物流的定义是:"生产企业内部进行的涉及原材料、在制品、半成品、产成品等的物流活动。"生产物流也经常被称为厂区物流、车间物流等。

2. 生产物流与生产

生产物流是企业生产的重要组成部分,是企业生产得以顺利进行的保障。首先,生产物流是企业物流系统的重要组成部分,企业物流系统的水平结构如图 4-1 所示。只有合理组织生产物流,才有可能使生产过程始终处于最佳状态。其次,生产物流研究的核心问题是如何对生产过程中的物料流和信息流进行科学的规划、管理与控制。最后,生产物流过程需要物流信息提供支持。通过信息收集、传递、储存、加工和使用,控制各项物流活动的实施,使其协调一致,从而实现生产成本最小化和效益最大化。

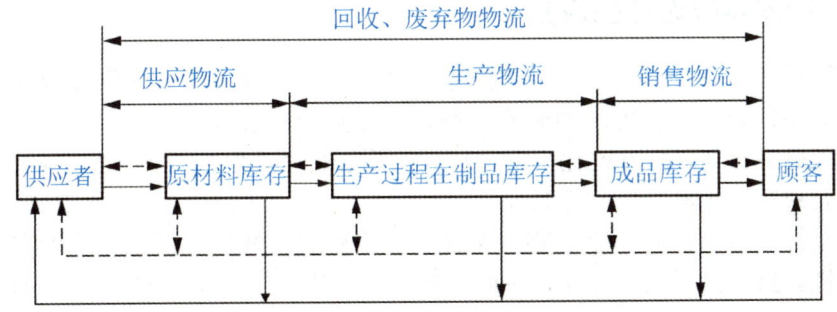

图 4-1 企业物流系统的水平结构

注:——→表示物流;←----→表示信息流。

3. 生产物流的特点

(1)主要功能要素的特点。

一般物流的主要功能要素有运输和储存,加工等是作为辅助或强化性功能要素出现的。生产物流的主要功能要素则是搬运。

(2)物流过程的特点。

生产物流是一种工艺过程型物流。一旦企业生产工艺、设备及流程确定,生产物流因而也形成了一种稳定的物流。

（3）物流运行的特点。

生产物流的运行具有很强的伴生性，其是生产过程的重要组成部分，这决定了生产物流很难与生产过程分开而形成独立的系统。

4. 影响生产物流的主要因素

生产物流的主要影响因素包括以下几个。

（1）生产类型。

企业的生产类型是生产的产品品种、产量和专业化程度在企业技术、组织和经济上的综合反映和表现。它在很大程度上决定了企业的生产结构、工艺流程和工艺装备的特点，生产过程的组织形式及生产管理方法，同时也决定了与之匹配的生产物流的类型。

（2）生产规模。

生产规模是指单位时间内的产品产量，通常以年产量来表示。生产规模越大，则生产过程的结构越复杂，物流量越大；生产规模越小，则生产过程的结构越简单，物流量就越小。

（3）专业化与协作化水平。

若企业的专业化与协作化水平低，由自身生产产品的零部件种类就越多，所需的原材料的品种也会随之增加，则企业的物流流程更复杂且会延长；若企业的专业化与协作化水平高，生产中需要的一些半成品可以由供应商供给，则企业的物流流程更简单且会缩短。

（4）技术管理水平。

企业的技术水平先进，组织管理能力强，就可采用先进的生产设备和工艺，保证各生产阶段的活动有序开展，提高产品质量，降低物资消耗，其生产物流系统就易于操控。

4.1.2 生产物流系统设计的原则

生产物流系统的设计融合在企业生产系统中，但强调物流环节的整体效益，如仓储系统设计和搬运系统设计等。生产物流系统设计要遵循以下原则。

（1）功耗最小原则。物流过程不增加任何的附加价值，但需要消耗大量的人力、物力、财力，因此要求物流距离短、搬运量小。

（2）流动性原则。良好的企业物流系统应使物料流动顺畅，消除无谓停滞，力求生产流程的连续性。当物料向成品方向前进时，要尽量避免工序或作业间的"逆向运作"、交错流动或发生与其他物料混杂的情况。

（3）高活性指数原则。采用物料活性指数高的搬运系统，尽量减少二次搬运和重复搬运量。

4.1.3 生产物流管理

生产物流管理（Production Logistics Management）是指对企业生产经营活动所需要的各种物料的采购、验收、供应、保管、发放、合理使用、节约和综合利用等一系列计划、组织、控制、协调等管理活动。

生产物流管理的重要性主要体现在以下几个方面。

（1）降低生产费用，创造成本竞争优势。

（2）节约生产时间，建立基于时间的竞争优势。

（3）提高企业经营管理的水平，提高顾客忠诚度。

4.2 生产物流的类型与特征

生产物流类型与生产类型的产品品种、产量、专业化程度有着紧密的内在联系。因此，经常把划分生产物流类型与划分生产类型看作一个问题的两种说法。

4.2.1 生产物流的类型

可以按照生产性质、生产工艺特性、企业组织生产的特点、生产专业化程度等对生产物流进行分类（图 4-2），这样有助于企业根据不同的物流特征，进行生产物流的管理。

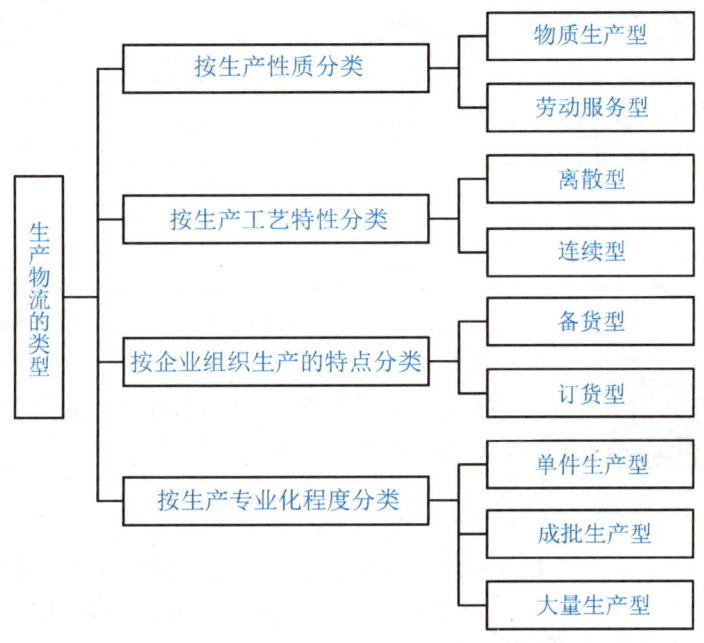

图 4-2 生产物流的类型

（1）按生产性质分类，生产物流可分为物质生产型和劳动服务型。

物质生产型的生产过程是通过生产要素的输入，经过物理、化学变化，转化为有形产品的输出。劳动服务型的生产过程与物质生产型的生产过程的共性是"投入—转换—产出"的过程，其主要区别是劳动服务型的生产过程的产出不是物质产品，而是无形的服务产品。

（2）按照生产工艺性质分类，生产物流可分为离散型和连续型。

① 离散型生产。产品由离散的零部件装配而成，由于零部件以各自的工艺过程通过各个生产环节，其物料运动处于离散状态，因此将其称为离散型生产。因为这类生产方式都是先加工零部件，再将零部件装配成产品，所以又将其称为加工—装配式生产，如汽车制造。

② 连续型生产。在连续型生产过程中，物料均匀、连续地按一定工艺顺序运动，生产流程具有连续性的特点和要求，故又称流程式生产，如化工、炼油、冶金等的生产过程。

离散型生产和连续型生产的特征对比见表 4-1。

表 4-1　离散型生产和连续型生产的特征对比

比较项目	离散型生产	连续型生产
用户数量	较多	较少
产品品种数	较多	较少
产品差别	有较多用户要求的产品	有较多标准化的产品
制造自动化	较难实现	较易实现
设备布置的性质	批量或流水式生产	流水式生产
设备布置的柔性	较高	较低
生产能力	模糊	可明确规定
扩充能力的周期	较短	较长
对设备可靠性要求	较低	较高
维修的性质	多数为局部修理	局部检修多，停产大修少
原材料品种数	较多	较少
能源消耗	较低	较高
在制品库存	较高	较低
副产品	较少	较多

4-2 拓展视频

4-3 拓展视频

（3）按企业组织生产的特点分类，生产物流可分为备货型和订货型。

按照企业组织生产的特点，可以把制造型生产分为备货型（Make-To-Stock，MTS）和订货型（Make-To-Order，MTO）两种。连续型生产一般为备货型生产，离散型生产既有备货型生产又有订货型生产。

① 备货型生产。备货型生产是指企业根据市场需求（现实需求和潜在需求），有计划地进行产品开发和生产，生产的产品不断补充成品库存，通过库存随时满足用户的需求，如轴承、坚固件、小型电机等的生产。

② 订货型生产。订货型生产是指企业根据用户订单组织产品的设计和生产。企业根据用户在产品结构及性能等方面的要求以合同的方式确定产品的品种、性能、数量及交货期，如船舶的生产。

备货型生产与订货型生产的特征对比见表 4-2。

表 4-2　备货型生产与订货型生产的特征对比

比较项目	备货型生产	订货型生产
产品	标准产品	按照用户要求生产，无标准产品，大量的变型产品或新产品
对产品的需求	可以预测	难以预测
订货期	事先确定	订货时确定
价格	由成品库的供给决定	订货时确定
设备	多采用专用高效设备	多采用通用设备
人员	专业化人员	多种操作技能人员

（4）按生产专业化程度分类，生产物流可分为单件生产型、成批生产型和大量生产型。

① 单件生产型。单件生产型的特点是产品基本上都是一次性需求的专用产品，一般不重复生产。

② 成批生产型。成批生产型介于大量生产型和单件生产型之间，即品种不单一，每种都有一定的批量，生产有一定的重复度。由于成批生产的范围很广，通常将它划分为"大批生产""中批生产"和"小批生产"3 种。

按生产专业化程度划分的生产类型如图 4-3 所示。

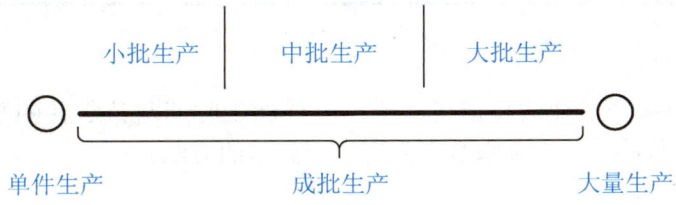

图 4-3　按生产专业化程度划分的生产类型

③ 大量生产型。大量生产型的特点是产品品种单一，每一种产品的批量大，生产重复度高，产品专业化程度高。这类产品在一定时期内具有相对稳定的需求。

大量生产型、成批生产型、单件生产型的特征对比见表 4-3。

4-4 拓展视频　　4-5 拓展视频

表 4-3　大量生产型、成批生产型、单件生产型的特征对比

比较项目	大量生产型	成批生产型	单件生产型
产品品种	单一或很少	较多	很多
产品产量	很多	较多	单一或很少
采用设备与工装	专用	专用与通用并存	通用
设备布局	对象专业化	对象、工艺专业化	工艺专业化
劳动分工	细	有一定分工	粗
工人技术水平	低	一般	高
生产周期	短	较长	长
劳动生产率	高	较高	低
单件成本	低	较高	高
计划管理工作	较简单	较复杂	复杂
控制管理	简单	较简单	复杂
监测技术与手段	强	较强	较强
适应性	差	较差	强

4.2.2　生产类型的划分方法

1. 工序数目法

工序数目法是按工作地所承担的工序数目来确定生产类型的方法。工序数目参考值见表 4-4。

表 4-4 工序数目参考值

生产类型		工作地所承担的工序数
大量生产型		1～2
成批生产型	大批	2～10
	中批	10～20
	小批	20～40
单件生产型		>40

2. 大量系数法

大量系数是指每个零件的每道工序所需单件加工时间与该零件的平均节拍之比，见式（4-1）。大量系数法是用大量系数来判定生产类型的方法。

$$K = \frac{T}{R} \quad (4\text{-}1)$$

式中 K——工序大量系数；
T——工序单件工时，min/件；
R——零件的平均节拍，min/件。

关于零件的平均节拍 R 的计算见式（4-2）。

$$R = \frac{F}{N} \quad (4\text{-}2)$$

式中 F——年度有效工作时间，min；
N——年度零件生产数量，件。

大量系数参考值见表 4-5。

表 4-5 大量系数参考值

生产类型		工序大量系数
大量生产型		>0.5
成批生产型	大批	0.1～0.5
	中批	0.05～0.1
	小批	0.025～0.05
单件生产型		<0.025

3. 产量法

产量法是依据产量的不同来判定生产类型的方法，在机械制造业被普遍采用。表 4-6 所示为机械制造业按零件大小和产量划分生产类型。

表 4-6 机械制造业按零件大小和产量划分生产类型

生产类型	年产量/件		
	重型产品（>15 000 kg）	中型产品（>2 000 kg）	轻型产品（>100 kg）
大量生产型	>1 000	>5 000	>50 000

续表

生产类型		年产量/件		
		重型产品（>15 000 kg）	中型产品（>2 000 kg）	轻型产品（>100 kg）
成批生产型	大批	300～1 000	500～5 000	5 000～50 000
	中批	100～300	200～500	500～5 000
	小批	5～100	10～200	100～500
单件生产型		5	10	<100

4.2.3　不同类型企业生产物流的特征

在生产物流过程中，可以根据物流连续性和品种、产量，将生产物流划分成单件生产、单件小批量生产、多品种小批量生产、单品种大批量生产、多品种大批量生产等类型。其中，生产物流类型关系矩阵图如图4-4所示。

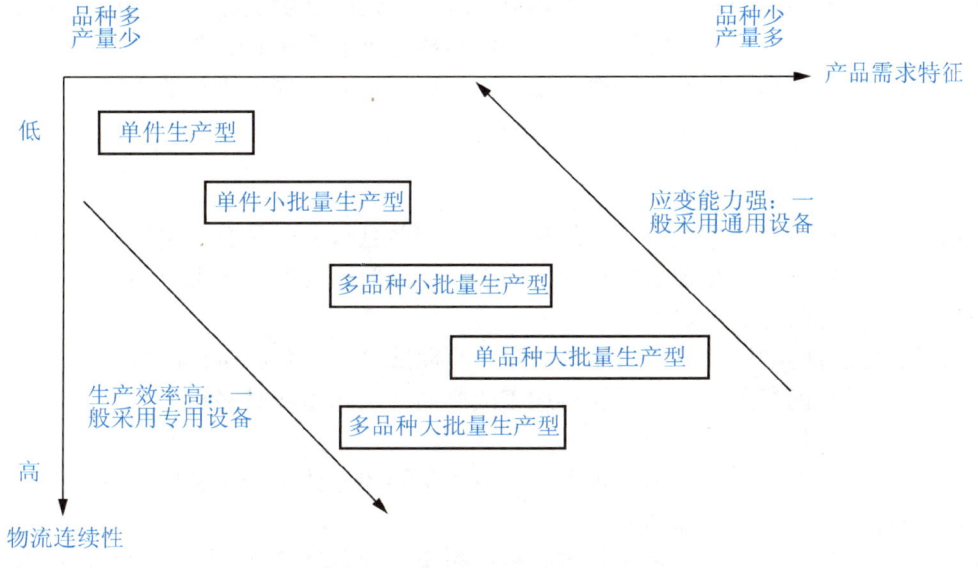

图 4-4　生产物流类型关系矩阵图

1. 单件生产型

单件生产（项目型生产）是指具有项目特征的一次性生产，如建筑工程项目，大型水电设备、冶金设备、轮船、飞机制造等。这种生产具有以下共同点。

（1）物料流动性弱。当生产系统需要的物料进入生产场地后凝固在场地中，与生产场地一起形成最终产品，整个生产过程中物料流动性不强。

（2）物料投入大。这类生产系统的产品种类多、吨位大，生产过程的库存控制、质量控制、成本控制较难，生产效率低，产品成本高，生产效益由客户拉动。

（3）产品生产周期长。从设计、施工准备到物料采购、储运、规划或生产，直接交付客户使用，一般要经过数月甚至数年。

（4）一次性生产。对于任何一件产品来说，由于造价高并且用户要求具体，一般是在接到用户订货后，组织一次性生产。

（5）生产的适应性强。单件生产能够较好地适应用户的个性化需求，应用通用设备和工艺进行生产。

单件生产型物流具有以下特征。

（1）物料采购类型多，供应商多变，外部物流较难控制。

（2）生产过程中原材料、在制品占用大，几乎无产成品占用。

（3）物流在加工场地的方向不确定、加工路线变化大，工序之间的物流联系不规律。

（4）物料需求与具体产品存在一一对应的关系。

2. 单件小批量生产型

单件小批量生产是指需要生产的产品品种多，每个品种生产的数量很少，生产重复度低的生产。其特点是：工人以师傅带徒弟的方式培养，个人具有高超技术；生产组织分散；产品设计和零件制造分散；使用通用设备进行生产。

单件小批量生产型物流具有以下特征。

（1）重复度低。生产的重复度低，物料需求与具体产品制造存在一一对应的关系；产品设计和工艺设计重复度低，物料的消耗定额不容易或不适宜准确定制。

（2）由于生产产品品种的多样性，使得生产过程中采购物料所需的供应商多变，外部物流较难控制。

3. 多品种小批量生产型

多品种小批量生产是指生产的产品品种繁多，并且每种产品有一定的生产数量，生产的重复度中等的生产。多品种小批量生产的组织工作要比其他生产类型的组织工作复杂得多，这是由其本身的特征决定的。

（1）生产品种的多样性。产品品种繁多，而批量生产与交货期又各不相同。

（2）生产过程的复杂性。从原材料加工成产品的工艺路线是多种的，物流过程因各工序的工艺不同而变化，交错复杂。

（3）生产能力的适应性。由品种不一，需求量不等导致生产设备能力过剩或不足，只能通过加班或多班运转来加以调节。

（4）环境条件的多变性。由于订货规格、数量、交货期等变化大，因此往往需要更改设计，还会出现特急任务或发生外购件交货不准时等意外情况。

（5）生产计划的变动性。因为订货规格不一，造成产品设计和生产过程多变，物流过程复杂，所以要实现工艺计划和进度计划的最优化并非易事。

（6）生产管理的动态性。由于具体车间生产过程的情况多变，容易引起设备故障、人员缺勤、熟练程度不够、次品较多等问题。因此，企业往往靠经验、凭直觉办事，陷入放任管理之中，难以实行规范化管理。

多品种小批量生产型物流特征表现在以下几个方面。

（1）物料生产的重复介于单件生产和大量生产之间，一般需要制定生产频率，采用混流生产。

（2）以物料需求计划（MRP）实现物料外部的独立需求与内部的相关需求之间的平衡。以准时制（JIT）生产实现客户个性化特征对生产过程中物料、零部件、成品的拉动需求。

（3）由于产品设计和工艺设计采用并行工程处理，可以准确制定物料的消耗定额，从而降低产品成本。

（4）由于生产品种的多样性，对生产过程中物料的供应商有较强的响应要求，从而与外部物流的协调较难。

4. 单一品种大批量生产型

单一品种大批量生产是指生产的产品品种数相对单一，而产量却相当大，生产的重复度非常高且大批量配送的生产。其主要特点是：品种数量单一但产量相当大；产品设计和零件制造标准化、通用化、集中化；很强的零件互换性和装配的简单化使生产效率极大地提高，生产成本低，产品质量稳定。

单一品种大批量生产型物流特征表现在以下几个方面。

（1）由于物料被加工的重复度高，因此易于计划和控制物料需求的外部独立性和内部相关性。

（2）由于产品设计和工艺设计相对标准和稳定，因此容易准确制定物料的消耗定额。

（3）由于生产产品品种的单一性，因此使得生产过程中物料采购的供应商固定，外部物流较容易控制。

（4）为达到物流自动化和效率化，强调在采购、生产、销售物流各功能的系统化方面，从运输、储存、配送、装卸搬运、包装等物流作业中引入各种先进技术，并进行有机配合。

 应用实例

"泰勒福特制"流水线作业体系的应用和危机

20世纪10—20年代，福特首先把泰勒科学管理原则应用于生产的组织过程并创立了流水线作业体系，从而奠定了现代大工业管理组织方式的基础。因此，也被称为"泰勒福特制"。其基本特点为大规模批量生产，以实现规模效益。这种最早应用于汽车工业的组织方式很快扩散到其他产业。20世纪50、60年代创造了现代工业的"黄金时代"。进入20世纪70年代之后，"泰勒福特制"出现了严重的危机，欧美企业陷入困境，其原因并非简单的生产成本问题，最重要的是它们无法对市场的多样化需求做出更快、更适宜的反应，它所反映的正是"泰勒福特制"的危机。

资料来源：程灏，石永奎，2008. 企业物流管理[M]. 北京：中国铁道出版社.

5. 多品种大批量生产型

多品种大批量生产，也称大规模定制（Mass Customization，MC）生产，是一种以大批量生产的成本和时间，提供满足客户需求的产品和服务的新型生产。大规模定制生产的基本思想是用大批量生产的效益、成本和质量来生产个性化的产品，使产品生产的成本和质量与批量无关。大规模定制生产的基本思想如图4-5所示。

4-6 拓展视频

大规模定制生产的核心是在系统思想的指导下，通过对企业的产品结构和生产过程重组，充分合理地利用企业内外部资源，以大批量生产的效率快速向客户提供多种定制产品。既能满足客户个性化需求，又不牺牲企业效益。该系统的生产过程具有以下特点。

（1）在生产方面，增加订单生产中库存生产的比例，可以将客户订单分离点（企业生产过程中由基于预测库存生产转向响应客户需求的定制生产的转换点）尽可能向生产过程

的下游移动，减少或消除因订单中的特殊需求而导致在设计、制造及装配等环节中增加的各种费用。

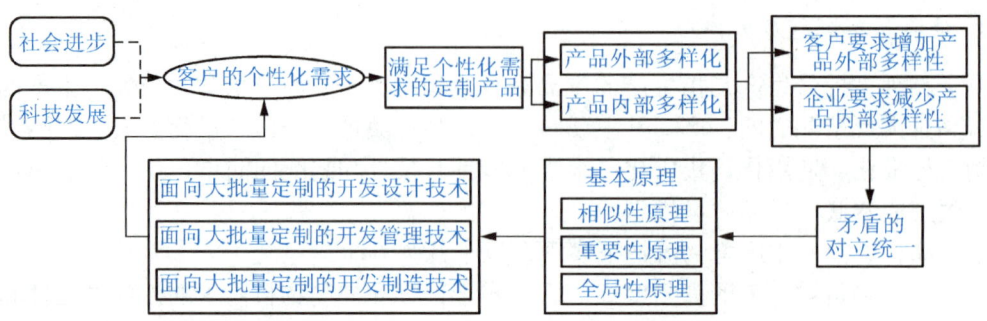

图 4-5　大规模定制生产的基本思想

（2）在时间优化方面，关键是有效地推迟客户订单分离点。企业不是采用零碎的方法，而是对其产品设计、制造，传递产品的过程和整个供应链的配置进行重新思考。通过采用大规模定制生产，企业能够以最高的效率运转并以最小的库存满足客户的订单要求。

（3）在空间优化方面，关键是有效地扩大相似零件、部件和产品的优化范围，并充分识别、整理和利用这些零件、部件和产品存在的相似性。

按照客户不同层次的需求，可以将大规模定制生产分成 3 种模式：面向订单设计（Engineering-To-Order，ETO）、面向订单制造（Making-To-Order，MTO）和面向订单装配（Assemble-To-Order，ATO）。3 种模式都是以订单为前提，其生产物流特征表现在以下几个方面。

（1）由于要按照大批量生产模式生产出标准化的产品，并在此基础上按客户订单的实际要求对基型产品进行重新配置和变型，因此物料被加工成基型产品的重复度高。而对装配流水线则有更高的柔性要求，从而实现大批量生产和传统定制生产的有机结合。

（2）物料的采购、设计、加工、装配、销售等流程要满足个性化定制要求，这就促使物流必须有坚实的基础——订单信息化、工艺过程管理计算化与物流配送网络化。而实现这个基础需要一些关键技术，如现代产品设计技术（CAD、CAM）、产品数据管理技术、产品制模技术、编码技术、产品与过程的标准化技术、面向 MC 的供应链管理技术、柔性制造技术等。

（3）产品设计的"可定制性"与零部件制造过程中由于"标准化、通用化、集中化"而带来的"可操作性"之间的矛盾，往往与物料的性质、生产技术手段的柔性与敏捷性有很大关联。因此，创建可定制的产品非常关键。

（4）库存不再是生产物流的终结点，以快速响应客户需求为目标的物流配送与合理化库存将真正体现基于时间竞争的物流速度效益。单个企业物流将发展成为供应链系统物流、全球供应链系统物流。

（5）生产产品品种的多样性和规模化制造，要求供应商、制造商及销售商之间的选择将趋向全球化、电子化、网络化。这促使生产与服务紧密结合，使得基于标准服务的定制化产品和基于定制任务的产品标准化，从交货点开始提升整个企业供应链的价值。

应用实例

全球首个物联网大规模定制"标杆工厂"在松江投产

党的二十大报告强调,要"加快发展物联网,建设高效顺畅的流通体系,降低物流成本。" 2022 年 12 月 29 日,上海市先进制造业重大项目海尔洗衣机互联工厂在松江区石湖荡镇正式投产。该工厂是以数字孪生技术建设的全球首个物联网大规模定制标杆工厂,将打造时尚消费品产业国产高端品牌。海尔洗衣机互联工厂项目位于上海松江区石湖荡镇二期工业园区,占地 165 亩,总投资超 10 亿元,将打造成集工业互联网、智能制造、研发中心为一体的综合基地,建成洗衣机、干衣机等高端智能硬件和服务的大规模定制智能制造示范基地。

走进海尔洗衣机互联工厂,迎面而来的是一块数字孪生大屏,真实还原智能工厂中生产线的生产节拍,将生产制造、订单跟做、流程管理等多个系统无缝连接起来,实现场景赋能高质量发展。

智能工厂通过实时数字孪生、物联网等技术,打造了一个与工厂生产流程同步运行的"透明工厂",实现产品从电器到 100%网器,从提供产品到提供美好生活服务方案,从产品周期到用户全生命周期的全面转型。

资料来源:https://export.shobserver.com/baijiahao/html/566713.html. [2024-12-01].

4.3 生产物流的组织

企业生产从物料投入到产成品出产的生产物流过程,通常包括工艺过程、检验过程、运输过程、等待停歇过程、自然过程。为了提高生产效率,一般从空间、时间、人员 3 个角度组织生产物流。

4.3.1 生产物流的空间组织

1. 按工艺专业化形式组织生产物流

工艺专业化又称工艺原则或功能性生产物流体系,它是把同类型的设备和同工种的工人集中在一起,建立一个生产单位(车间、工段),对企业生产的各种产品进行相同工艺的加工。图 4-6 所示为工艺专业化生产物流示意图。

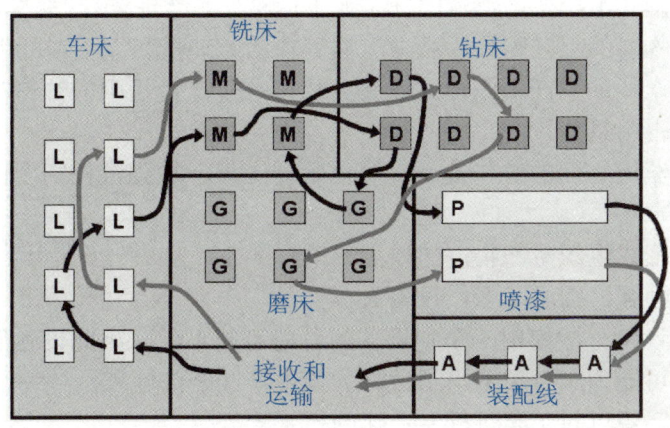

图 4-6 工艺专业化生产物流示意图

按工艺专业化形式组织生产物流的优点如下。

（1）有利于充分利用生产面积及生产设备，即使个别设备出了故障也不会对整个生产过程产生较大的影响。

（2）设备的投资费用较少，大多采用通用设备。

（3）便于对工艺进行专业化的技术管理和开展同工种工人之间的学习与竞赛。

（4）灵活性好、适应性强，增强了企业适应市场需求变化的能力。

按工艺专业化形式组织生产物流的缺点如下。

（1）物料在生产过程中的运输路线长，交叉迂回多，运送物料的劳动消耗量大。

（2）增加了物料的数量和物料在生产过程中的停放时间，延长了生产周期，占用的流动资金多。

（3）增加了各生产单位之间的协作关系，难以掌握零部件的成套件的制造工艺，并使得各项管理工作复杂化。

按工艺专业化形式组织生产物流适用于品种复杂多变、工艺不稳定的单件小批生产类型。

2. 按对象专业化形式组织生产物流

对象专业化又称产品专业化、对象原则，它是把不同类型的设备和不同工种的工人集中一起，建立一个生产单位（车间、工段），对相同的产品进行不同工艺的加工。这种组织形式的加工对象是一定的，设备、工艺方法是多种多样的，工艺过程是封闭的，能独立地生产产品。图 4-7 所示为对象专业化生产物流示意图。

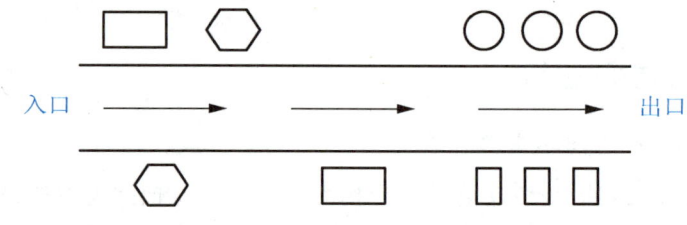

图 4-7 对象专业化生产物流示意图

按对象专业化形式组织生产物流的优点如下。

（1）可以缩短物料的工艺路线，减少运输等辅助劳动量和缩小辅助生产面积。

（2）便于用流水线的生产组织形式，减少物料在生产过程中的等待时间，缩短生产周期，降低流动资金占用量。

（3）可以减少车间之间的协作关系，简化管理工作，加强责任制度，还可以使用技术等级较低的工人。

按对象专业化形式组织生产物流的缺点如下。

（1）设备专用性强，需求量多，投资大。

（2）由于同类设备分散使用，个别设备的负荷可能不足，因此设备的生产能力得不到充分利用，甚至有可能因一台设备出了故障，使生产线全部停工。

（3）工艺复杂，难以对工艺进行专业化的技术管理。

（4）对于产品品种变化的适应能力差，一旦品种改变，很难作出相应的调整。

按对象专业化形式组织生产物流适用于企业专业方向已经确定,产品的品种比较稳定的大批量生产类型。

3. 按成组工艺布置形式组织生产物流

成组工艺布置也称综合原则布局,它是综合了工艺专业化和对象专业化的优点而构成的介于它们之间的一种布局方式。按照成组技术原理,把具有相似性的零件分成一个成组生产单元,并根据其加工路线组织设备。成组工艺布置示意图如图 4-8 所示。

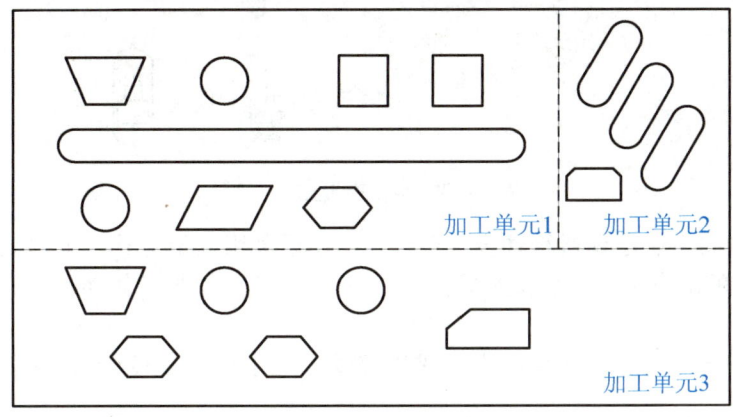

图 4-8　成组工艺布置示意图

按成组工艺布置形式组织的生产物流的优点是:可以大大简化零件的加工流程,减少物流迂回,在满足品种变化的基础上形成一定的生产批量,具有柔性和适应性。

上面 3 种组织生产物流形式各有特色,而如何选择哪种生产物流形式主要取决于生产系统中产品品种多少和产量大小。一般可用产品品种数—产量(P-Q)分析图进行决策,如图 4-9 所示。

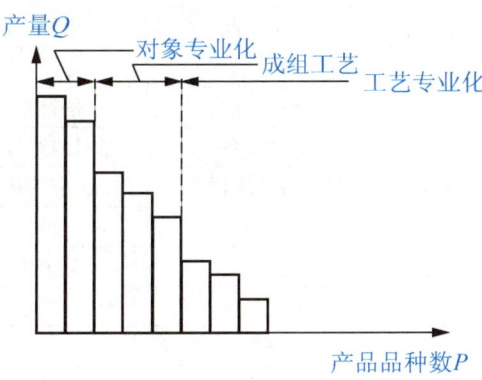

图 4-9　P-Q 分析图

4. 按定位布置法组织生产物流

定位布置法又称固定式布置,它是将待加工或装配产品的核心物料与组件固定放置在圆心,而将设备和使用的材料以加工顺序环绕其做同心圆的布置。在整个加工过程中,产品不动,生产工人和设备按作业顺序移动。图 4-10 所示为定位布置法示意图。

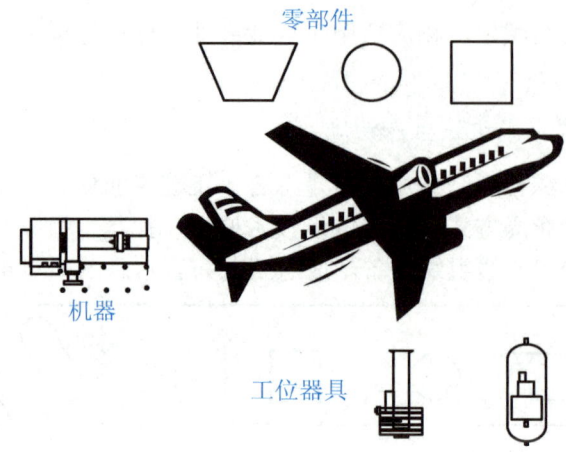

图 4-10　定位布置法示意图

定位布置法的优点是物料移动少、柔性高，如果采用班组方式，可提高作业的连续性。

定位布置法的缺点是由于增加人员和设备的移动，需要增加工作面积，而且需要重复配置设备。

定位布置法通常适用于体积庞大、难以移动、加工件少、设备简单的情况，如飞机和轮船的加工。

生产物流空间组织形式的特征对比表见表 4-7。

表 4-7　生产物流空间组织形式的特征对比表

比较项目	工艺专业化	对象专业化	成组工艺布置	定位布置法
生产方式	零工式生产	连续或大量生产	批量生产	专项式生产
产品产量	少量	大量	普通	通常只有一个
生产控制难度	困难	容易	普通	困难
产品类型	多样化产品	少数产品	相似产品	单一产品
产品生产流程	跳动次序	与设备布局相同	有次序	无次序
产品质量	变化大	一致，稳定	稍有变化	变化大
生产设备	通用设备	专用设备	专用或通用设备	通用设备
物料搬运设备	变动路径搬运车	固定路径输送带	输送带或搬运车	变动路径搬运车
固定成本	低	很高	稍高	最低
产品单位成本	高	很低	稍低	最高
流程弹性	大	最小	很小	很大
变更成本	稍低	最大	稍大	最低
在制品库存	高	最低	稍低	通常只有一个
规划工作	复杂	很复杂，一劳永逸	群组划分较复杂	很复杂
监督困难程度	困难	容易	普通	非常困难
员工需求	专业化	技术要求低	一般化	专业化要求高
工作性质	多样不一	枯燥乏味	一成不变	内容丰富
工作指导书	多而详细	少	较少	多且很详细
典型企业	医院、金融机构	钢铁、汽车企业	成衣制造企业	造船、造火箭企业

资料卡

1913年10月7日，亨利·福特在海兰园创立了第一条汽车总装配流水线。该流水线使装配速度提高了8倍，第一次实现每十秒诞生一辆汽车的神话。

4-7 拓展知识

4.3.2 生产物流的时间组织

生产物流的时间组织是指一批物料在生产过程中各生产单位、各道工序之间在时间上的衔接和结合方式。要合理组织生产物流，不但要缩短物料搬运的距离，而且还要加快物料装运的频率，减少物料的闲置等待，实现物流的节奏性、连续性。

1. 生产周期的含义与构成

生产周期是指从原材料投入生产开始，经过各道工序加工直至成品，所经过的全部日历时间。在实际生产过程中，有些工业产品的生产周期比较长，其中大部分的时间属于等待、闲置等无效时间。产品生产周期时间示意图如图4-11所示。

产品的生产周期				
作业时间	多余时间		无效时间	
A	B	C	D	E
包括各工艺工序、检验工序、运输工序和必要的停留等待时间，如自然过程时间等	原因1	原因2	由管理不善所造成的无效时间，如停工待料、设备事故、人员窝工	由人为因素造成的无效时间，如缺勤、出废品等

图4-11 产品生产周期时间示意图

注：原因1——由于产品设计、技术规模、质量标准等不当所增加的多余作业时间；
　　原因2——由于采用低效率的生产工艺、操作方法所增加的多余作业时间。

从生产周期的构成上研究缩短生产周期的途径，主要从技术上和管理上采取措施。而物流过程的时间组织，主要是从管理上研究一批物料在加工过程中，采取何种移动方式会使工艺过程时间对经济效益最为有利。

2. 生产物流的时间组织形式

通常，一批物料有3种典型的移动组织形式：顺序移动、平行移动和平行顺序移动。

（1）顺序移动。

顺序移动方式是指一批物料在上道工序全部加工完毕后才整批地转移到下道工序继续加工。顺序移动方式的示意图如图4-12所示。

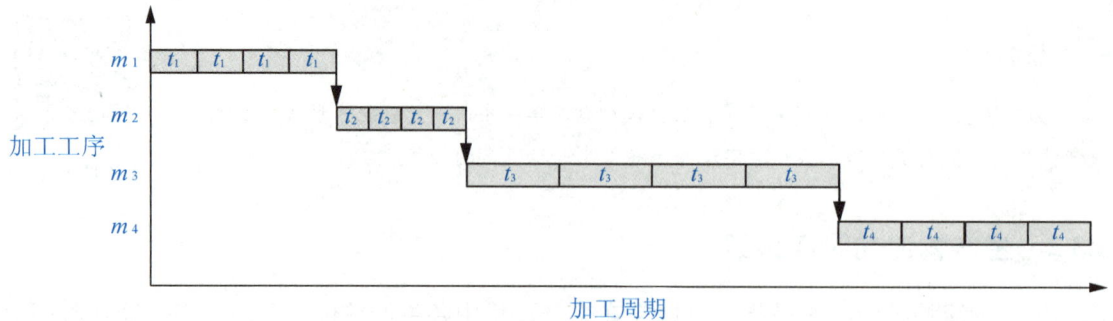

图 4-12 顺序移动方式的示意图

采用顺序移动方式时，一批物料的加工周期如下。

$$T_{顺} = n \sum_{i=1}^{m} t_i \qquad (4\text{-}3)$$

式中 $T_{顺}$——顺序移动方式下一批物料的加工周期；
n——物料批量；
m——物料加工的工序总数；
t_i——第 i 道工序的单件物料加工时间（$i = 1, 2, \cdots, m$）。

顺序移动方式的优点如下。

① 管理工作简单，物料成批顺序移动，便于组织。

② 物料集中加工、运输，缩短了设备调整时间，减少了运输工作量，设备连续加工不停顿，提高了工作效率。

顺序移动方式的缺点主要是不同的物料之间有等待加工的时间，加工周期较长，资金周转慢，经济效益差。

（2）平行移动。

平行移动方式是指一批物料在上道工序加工一个物料之后，立即送到下道工序继续加工，形成前后交叉作业。平行移动方式的示意图如图 4-13 所示。

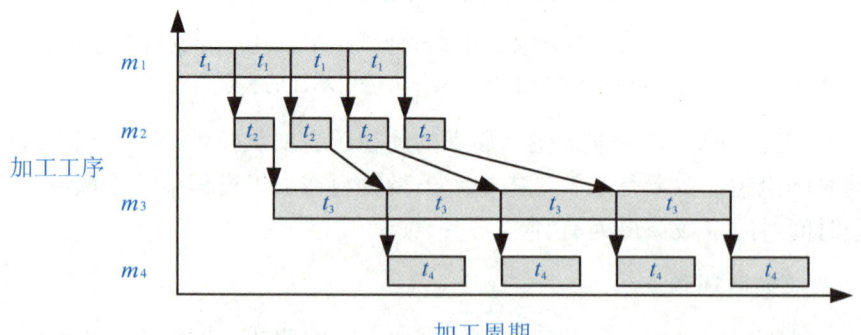

图 4-13 平行移动方式的示意图

采用平行移动方式时，一批物料的加工周期如下。

$$T_{平} = \sum_{i=1}^{m} t_i + (n-1) t_{\max} \qquad (4\text{-}4)$$

式中　　$T_{平}$——平行移动方式下一批物料的加工周期；

　　　　n——物料批量；

　　　　m——物料加工的工序总数；

　　　　t_i——第 i 道工序的单件物料加工时间（$i=1, 2, \cdots, m$）；

　　　　t_{max}——单件加工时间最长的那道工序的单件加工时间（$t_{max}=\max\{t_1, t_2, \cdots, t_m\}$）。

平行移动方式的优点是不会出现物料成批等待现象，因此整批物料的加工周期最短。

平行移动方式的缺点如下。

① 物料运输频繁，工作量大，会增加运输成本。

② 不能充分利用工人和设备的工作时间，存在物料等待设备和设备等待物料的情况，即当上道工序的单件加工时间小于下道工序的单件加工时间时，会出现物料等待设备的现象；当上道工序的单件加工时间大于下道工序的单件加工时间时，就会出现设备等待物料的现象。由于这些时间是分散的且不能利用，因此企业不能充分利用工人和设备的工作时间。

（3）平行顺序移动。

平行顺序移动方式是指每批物料在每道工序上连续加工没有停顿，并且物料在各道工序的加工尽可能做到平行。它既考虑了相邻工序上加工时间尽量重合，又保持了该批物料在工序上的连续加工。平行顺序移动方式的示意图如图 4-14 所示。

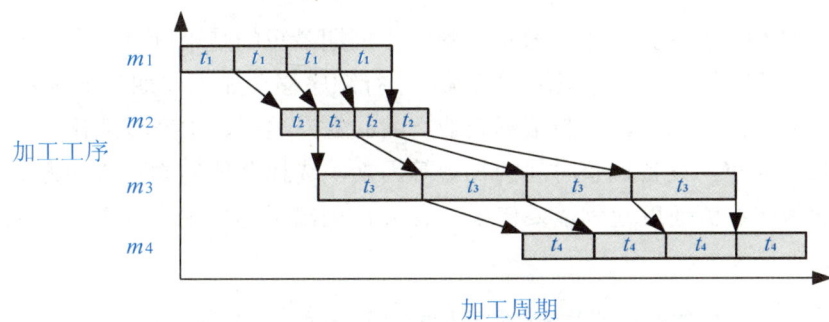

图 4-14　平行顺序移动方式的示意图

采用平行顺序移动方式时，一批物料的加工周期如下。

$$T_{平顺} = n\sum_{i=1}^{m} t_i - (n-1)\sum_{i=1}^{m-1} \min(t_i, t_{i+1}) \tag{4-5}$$

式中　　$T_{平顺}$——平行顺序移动方式下一批物料的加工周期；

　　　　n——物料批量；

　　　　m——物料加工的工序总数；

　　　　t_i——第 i 道工序的单件物料加工时间（$i=1, 2, \cdots, m$）；

　　　　$\min(t_i, t_{i+1})$——顺次相邻的两道工序相比，选择其中较短的工序时间。

虽然平行顺序移动方式的加工周期要比平行移动方式的长，但可以保证设备满负荷运行。其具有以下特点。

① 当 $t_i \leqslant t_{i+1}$ 时，物料按平行方式移动，即当上道工序的加工时间小于或等于下道工序的加工时间，上道工序加工完一件物料后，应立即转到下道工序去加工。

② 当 $t_i > t_{i+1}$ 时，以 i 工序最后一件物料的完工时间为准，往前推移 $(n-1)$ 个 t_{i+1} 作为物料在 $(i+1)$ 工序的开始加工时间，即当上道工序的加工时间大于下道工序的加工时间，要使上道工序加工完最后一件物料的时间恰好等于下道工序开始加工该批物料的最后一件物料的时间。

该方式吸取了前两种移动方式的优点，消除了间歇停顿现象，使工作满负荷，加工周期较短，但安排进度时比较复杂。

【例 4-1】 某生产企业生产零件 H，批量 $n=5$ 件，零件 H 的加工过程需要经过 4 道工序，每道工序的单件加工时间分别为 20min、10min、50min、35min，请在顺序移动、平行移动和平行顺序移动 3 种时间组织方式下，分别计算这批零件 H 的加工周期。

解： 分别利用式（4-3）、式（4-4）和式（4-5）计算顺序移动、平行移动和平行顺序移动 3 种时间组织方式的加工周期，其计算结果为

$$T_{顺} = n\sum_{i=1}^{m} t_i = 5 \times (20+10+50+35) = 575(\text{min})$$

$$T_{平} = \sum_{i=1}^{m} t_i + (n-1)t_{max} = (20+10+50+35) + (5-1) \times 50 = 315(\text{min})$$

$$T_{平顺} = n\sum_{i=1}^{m} t_i - (n-1)\sum_{i=1}^{m-1} \min(t_i, t_{i+1}) = 575 - (5-1) \times (10+10+35) = 355(\text{min})$$

在上述 3 种物料移动方式中，整批物料加工周期最短的是平行移动方式，但它不利于设备充分利用；顺序移动方式加工周期较长；平行顺序移动加工周期介于两者之间。所以，在生产过程中的时间组织中，应当根据企业产品的生产类型、生产专业化形式、物料重量和工序工作量的大小，设备调整时间的长短等因素，选择合理的物料移动方式，这对于缩短加工周期、加快物流速度起到重要作用，表 4-8 列出了选择生产物流时间组织方式所应考虑的因素。

表 4-8　选择生产物流时间组织方式所应考虑的因素

物料移动方式	因素及特征			
	物料尺寸	物料加工时间	物料批量	生产物流的空间组织形式
顺序移动	小	短	小	工艺专业化
平行移动	大	长	大	对象专业化
平行顺序移动	小	长	大	对象专业化

即学即用

某工厂按照客户的要求，准备加工一种零件，该零件的批量为 40 件，要顺序经过车孔、铣平面、磨光、热处理 4 道工序方可完工，各道工序的单件加工时间分别为 5min、3min、6min、4min。客户希望在 6h 内完工交货。如果不能按期完成这批零件，势必影响工厂的信誉，也影响客户生产过程的正常进行。

思考题：在上述情况下，如果只考虑按期交货，则该工厂共有几种物料移动方式可供选择？如果既要考虑按期交货，又要提高加工设备的利用率，那么该工厂应采用哪种物料移动方式？

设某企业生产零件 A，批量为 $n=4$。零件 A 的加工过程需要经过 4 道工序，每道工序加工单个零件所需时间分别为 13 min、13 min、25 min、18 min。其中，从第 1 道工序向第 2 道工序的运输时间为 5min，第 2 道工序向第 3 道工序的运输时间为 8min，第 3 道工序向第 4 道工序的运输时间为 5min。若以 3 种移动方式来生产这批零件，需要的时间分别是多少？（假设有足够多的搬运设备来完成各道工序之间半成品的搬运。）

4.3.3 生产物流的人员组织

生产物流的人员组织主要体现在人员岗位设计方面。要实现生产物流在空间、时间两方面的合理组织，必须对工作岗位进行合理设计，以保证生产物流优化且畅通。人力资源管理理论提倡岗位设计应该把技术因素与人的行为、心理因素结合起来考虑。

1. 生产物流人员组织的原则

根据生产物流的特征，岗位设计的基本原则是"因物料流向设岗"，而不是"因人、因设备、因组织设岗"，因此主要考虑以下几个问题。

（1）岗位设置的数目是否符合最短物流路径原则（目标是以尽可能少的岗位设置完成尽可能多的工作任务）。

（2）所有岗位是否实现了各工艺之间的有效配合（目标是保证生产总目标、总任务的实现）。

（3）每个岗位是否在物流过程中发挥了积极的作用（目标是岗位之间的关系协调）。

（4）物流过程中的所有岗位是否体现了经济、科学、合理的系统原则（目标是物流优化）。

2. 生产物流人员组织的内容

根据人的行为、心理特征，岗位设计还要符合工作者的个人工作动机的需求。因此，要从以下 3 个方面入手。

（1）扩大工作范围，丰富工作内容，合理安排工作任务。其目的是增加岗位工作范围及责任，消除员工对工作的单调感和乏味感，使员工获得身心成熟发展，从而有利于提高生产效率，促进岗位工作任务的完成。可以从横向和纵向两条途径扩大工作范围。

横向途径：将分工很细的工序合并，且由原来一名员工直接负责一道工序改为几名员工共同负责多道工序，尽量使员工完成不同工序的多台设备操作，即多项操作代替单项操作；采取包干负责制，由一名员工或一个小组负责一项完整的工作，使其看到工作的意义。

纵向途径：生产人员承担一部分管理人员的职能，如参与生产计划的制订，自行决定生产目标、作业程序、操作方法，检验衡量工作的质量和数量，并进行工作核算；生产人员不仅承担一部分生产任务，而且还可以参与产品试验、设计、工艺管理等技术工作。

（2）工作满负荷。其目的是制定合理的生产定额，确定岗位数目和人员需求。

（3）优化生产环境。其目的是改善生产环境中产生的各种不利于生产效率的因素，建立"人—机—环境"的最优系统。

4-8 拓展视频

3. 生产物流人员组织的要求

岗位设计体现在生产物流的3种空间组织形式上，对人员组织有不同的要求。

（1）针对按工艺专业化形式组织的物流，要求员工不仅专业水平高，而且有较多的技能，即一专多能，一人多岗。

（2）针对按对象专业化形式组织的物流，要求员工在工作中具有较强的"工作流"协调能力，能自主平衡各道工序之间的"瓶颈"，保证物流的均衡性、比例性、适应性。

（3）针对按成组工艺布置形式组织的物流，要求向员工授权，即从管理和技术两条途径，保证给每名员工都配备技术资料、工具、工作职责和权利，改变不利于物流合理性的工作习惯，加强新技术的学习和使用。

4.3.4 合理组织生产物流的基本要求

为了保证生产稳定、协调的进行，缩短生产周期，提高产品质量，降低产品消耗。在企业生产物流组织过程中，要注意以下几项基本要求。

1. 物流过程的连续性

企业生产是一道工序接一道工序顺序进行的，因此，要求物料能顺畅地、最快地走完各道工序，直至成为产成品。每道工序的不正常停工都会造成不同程度的物流阻塞，影响整个企业生产的进行。

2. 物流过程的平行性

一个企业通常生产多种产品，每种产品又包含着多种零部件。在组织生产时，将各个零部件生产分配在各道工序上，因此，要求各道工序平行流动，如果一道工序出现问题，整个物流都会受到影响。

3. 物流过程的节奏性

物流过程的节奏性是指产品在生产过程的各个阶段，从投料到最后完成入库，都要保证按计划有节奏或均衡的进行，即要求在相同的时间间隔内生产数量大致相同，能够均衡地完成生产任务。

4. 物流过程的比例性

产品的零部件组成是相对固定的，考虑到各道工序的质量合格率，以及装卸搬运过程中可能造成的损失，零部件数量必须在各道工序间有一定的比例关系，从而形成了物流过程的比例性。这种比例关系随着生产工艺、设备水平和操作水平等因素的提高而变化。

5. 物流过程的适应性

当企业产品换代或品种发生变化时，生产过程应具有较强的应变能力，也就是生产过程应具备在较短的时间内可以由一种产品生产迅速转化为另一种产品生产的能力。物流过程也应具备相应的应变能力，与生产过程相适应。

4.4 生产物流的计划与控制

生产物流具有多样性和复杂性的特征，同时企业的生产工艺和设备也处在不断的更新状态，所以如何更好地组织生产物流成为物流管理人员和研究人员关心的主要问题。

4.4.1 生产物流计划的原理和方法

1. 生产物流计划概述

（1）生产物流计划的内容。

生产物流计划的核心工作是编制生产作业计划。具体来讲，就是根据计划期内确定的产品品种、数量和期限，具体安排产品及其零部件在各个生产工艺阶段的生产进度、生产任务。

（2）期量标准。

期量标准又称作业计划标准，是根据加工对象在生产过程中的运动状态，经过科学分析和计算，所确定的时间和数量标准。合理的期量标准为编制生产作业计划提供了科学依据，从而提高了计划编制质量，使其真正起到指导生产的作用。同时，按照期量标准组织生产，有利于建立正常的生产秩序，实现均衡生产。

不同类型生产物流有不同的期量标准。其中，大批量流水线生产物流的期量标准包括在制品定额、节拍、流水线作业指示图表等；单件小批量生产物流的期量标准包括生产周期、生产提前期等；成批生产物流的期量标准包括批量、生产间隔期、生产周期、在制品定额等。

2. 生产物流的期量标准

（1）大批量流水线生产物流的期量标准。

① 在制品定额。在制品定额是指在一定的技术组织条件下，各个生产环节为了保证生产连续所必需的、最低限度的在制品储备量。在大批量流水线生产物流中，在制品定额分为流水线内部的在制品定额和流水线之间的在制品定额两种。

流水线内部的在制品定额按照其作用分为工艺占用量、周转占用量、运输占用量和保险储备占用量4种。

- 工艺占用量是指正在加工或检验的在制品量。
- 周转占用量是指间断流水线内，工序生产率不等造成的在制品量。
- 运输占用量是指放置在运输工具上等待运输的在制品量。
- 保险储备占用量是指为了避免故障、废品等的在制品量。

流水线之间的在制品定额按照其作用分为周转占用量、运输占用量和保险储备占用量3种。

- 周转占用量是指流水线之间，工序生产率不等造成的在制品量。
- 运输占用量是指流水线之间的运输批量决定的在制品量。
- 保险储备占用量是指为了避免流水线之间出现故障、废品等的在制品量。

② 节拍。节拍表示流水线速度的快慢，见公式（4-6）。

$$r = \frac{t_e}{N} = \frac{t_0\eta}{N} \tag{4-6}$$

式中　　r——流水线节拍，min/件；
　　　　t_e——计划期的有效工作时间，min；
　　　　N——计划期在制品产量，件；
　　　　t_0——计划期的日历时间，min；
　　　　η——时间有效利用系数，一般取 0.90～0.96。

若计算出来的节拍数值很小，同时在制品体积小、重量也很轻，不宜按件运输，则实行按批运输。此时，顺序产出的两批同样在制品之间的时间间隔称为节奏，见公式（4-7）。

$$r_n = nr \tag{4-7}$$

式中　　r_n——节奏，min/批；
　　　　n——运输批量，件/批。

流水线采取成批运输在制品方式时，科学地确定运输批量 n，对于合理使用运输工具，减少运输时间，充分利用生产面积和减少在制品数量都有重要意义。

【例 4-2】　某企业生产线在计划期内用于生产产品 M 的日历时间 t_0 为 2 000min，时间有效利用系数 η 为 0.95，计划期在制品的产量 N 为 1 900 件，则该生产线的节拍 r 是多少？若每个批次的运输量 n 为 30 件，试问该生产线的节奏 r_n 是多少？

解：分别利用式（4-6）和式（4-7）计算节拍和节奏，其结果为

$$r = \frac{t_0\eta}{N} = \frac{2000 \times 0.95}{1900} = 1 \text{（min/件）}$$

$$r_n = nr = 30 \times 1 = 30 \text{（min/批）}$$

小思考

某流水线上计划生产甲、乙、丙、丁 4 种产品。其计划产量分别为 4 000 件、3 000 件、2 500 件、2 200 件。每种产品在流水线上各道工序单件作业时间之和分别为 60min、30min、25min、40min。流水线按两班制生产，每月有效工作时间为 24 000min。试计算每种产品的节拍。

③ 流水线作业指示图表。流水线作业指示图表又称标准工作指示图表，表明流水线内各工作地在正常情况下的具体工作制度，其对合理利用设备、减少在制品的数量有重要意义。由于各道工序同期化程度不同，流水线的连续程度也不同，因此流水线有连续流水线和间断流水线之分。工序同期化是指采用技术组织措施使流水线上各道工序的单位加工时间等于节拍或节拍的整数倍，以提高工作的负荷或将其超负荷。表 4-9 给出了一条流水线作业指示图表的样式。

（2）单件小批量生产物流的期量标准。

① 生产周期。单项工程的生产周期是指从工程开工到工程完工的全部日历时间，一般采用"网络技术"方法表示和计算。成套设备的生产周期是指从原材料投入到设备装配完成的全部日历时间，其生产周期由各零部件的生产周期组成，零部件的生产周期由该零部件的各个工艺阶段或各道工序的生产周期组成。一般以零部件在各个加工车间的生产周期为基础，根据零部件组装的衔接关系，绘制生产周期表，以此来确定成套设备的生产周期，见式（4-8）。

$$T_c = \sum_{i=1}^{n} T_{(i)} + \sum_{i=1}^{n} T_{B(i)} \qquad (4-8)$$

式中　T_c——成套设备的生产周期；

$T_{(i)}$——零部件在加工车间 i 的生产周期；

$T_{B(i)}$——加工车间 i 的保险期；

n——加工车间的总数。

表 4-9　一条流水线作业指示图表

流水线特点	小时 1	2	3	4		5	6	7	8	间断次数	间断时间	工作时间
装配简单产品			■		中间休息			■		2	20	460
装配复杂产品	■				中间休息			■		2	30	450
机加工（用长耐用期工具）			■	■	中间休息			■	■	4	40	440
机加工（用短耐用期工具）		■	■	■	中间休息		■	■	■	6	60	420
热处理	■	■			中间休息	■	■	■		6	60	420

【例 4-3】　T 企业生产某类成套设备，该成套设备要经过 5 个加工车间，每个车间的生产周期分别为 20 天、30 天、25 天、18 天、42 天，保险期分别为 2 天、3 天、2 天、2 天和 4 天，试问该成套设备的生产周期是多少天？

解：利用式（4-8）可直接计算该类成套设备的生产周期，其结果为

$$T_c = \sum_{i=1}^{n} T_{(i)} + \sum_{i=1}^{n} T_{B(i)} = (20+30+25+18+42)+(2+3+2+2+4) = 148 \text{（天）}$$

确定生产周期一般包括两个主要步骤。

第一步，根据生产流程确定产品（或零部件）在各个工艺阶段的生产周期。

第二步，在第一步的基础上，进一步确定产品的生产周期。

确定产品生产周期应注意以下几个问题。

a. 找出从最初的零件加工到部件组装，然后到总装的时间最长的加工路线，它决定了产品生产周期的最长时间。

b. 其余零部件的工艺加工阶段，是与关键路线的零部件加工平行进行的，安排方法是从最后工序开始，逆向反推零部件的加工顺序。这样安排，可使总等待时间最短。

c. 考虑各种设备的最大负荷限制，错开某些零部件的加工时间，使设备负荷尽量均衡。

d. 为了防止生产脱节，在前后衔接的工艺阶段应留有必要的保险期。

② 生产提前期。生产提前期是指产品在各个生产环节的出产（投入）的时间同产品出产的时间相比所提前的时间。产品在每个环节上都有投入和出产之分，因而提前期也分为投入提前期和出产提前期。

生产提前期同生产周期有密切的联系，它是在确定了各个生产环节上的生产周期的基础上确定的。同生产周期一样，正确地确定生产提前期，对于组织各个生产环节的紧密衔接，减少在制品占用量，缩短交货期限等有着重要作用。

生产提前期中包含着大量的闲置时间，按照占生产提前期比重的次序，可以将生产提前期的构成要素排列如下：①排队等待加工时间；②加工时间；③更换作业的准备时间；④等待运输的时间；⑤运输时间；⑥检验时间；⑦其他时间。

在一般的多任务车间环境下，排队等待加工时间在正常情况下要占到生产提前期的大约90%的比重；真正的用于加工时间的比重平均不到5%。造成排队等待加工时间如此之长的原因主要有两个：批量的大小和次序的先后。因此，减少批量可以大大缩短生产提前期；合理地安排零部件加工的优先次序，可以缩短零部件的平均等待加工时间。

提前期的计算是按工艺过程相反的顺序进行的。以机械加工企业为例，由于装配车间出产的时间就是成品出产的时间，因此装配车间的出产提前期为零；根据装配车间的生产周期计算装配车间的投入提前期；根据装配车间的投入提前期和一定的保险期计算机械加工车间的出产提前期；依次反工艺类推，一直算到毛坯车间的投入提前期。

投入提前期的计算公式为

$$T_{I(i)} = T_{O(i)} + T_{C(i)} \tag{4-9}$$

式中　$T_{I(i)}$——车间 i 的投入提前期；

　　　$T_{O(i)}$——车间 i 的出产提前期；

　　　$T_{C(i)}$——车间 i 的生产周期。

即车间的投入提前期=本车间的出产提前期+本车间的生产周期。

出产提前期的计算公式为

$$T_{O(i)} = T_{I(i+1)} + T_{B(i)} \tag{4-10}$$

式中　$T_{I(i+1)}$——车间 i 的后一车间（$i+1$）的投入提前期；

　　　$T_{B(i)}$——加工车间 i 的保险期。

即车间的出产提前期=紧邻的后一车间的投入提前期+本车间的保险期。

【例 4-4】　某企业生产一个部件，该部件要顺次经过铸造车间、机加工车间和装配车间，其在各车间的生产周期分别为 5 天、4 天和 2 天，且各车间之间的保险期为 1 天。试求各车间的出产提前期和投入提前期。

解：首先，根据题意先绘制出各车间出产和投入日期的示意图，如图 4-15 所示。

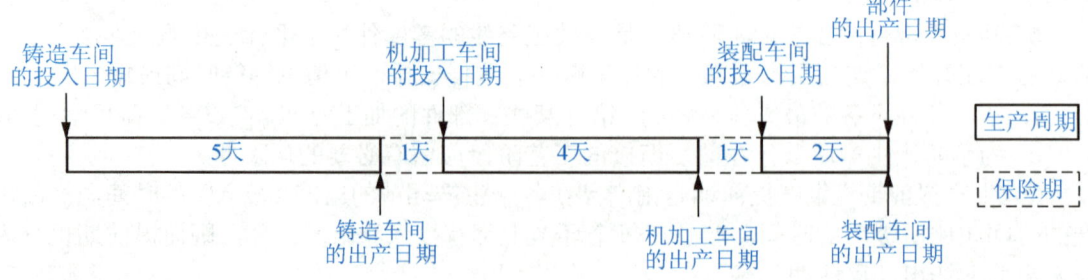

图 4-15　各车间出产和投入日期的示意图

然后，利用式（4-9）和式（4-10），结合图 4-15，分别计算出各车间的出产提前期和投入提前期。

装配车间：

　　装配车间的出产提前期=装配车间的出产日期-部件的出产日期=0（天）

装配车间的投入提前期=装配车间的出产提前期+装配车间的生产周期=0+2=2（天）

机加工车间：

　　机加工车间的出产提前期=装配车间的投入提前期+保险期=2+1=3（天）

机加工车间的投入提前期=机加工车间的出产提前期+机加工车间的生产周期=3+4=7（天）

铸造车间：

　　铸造车间的出产提前期=机加工车间的投入提前期+保险期=7+1=8（天）

铸造车间的投入提前期=铸造车间的出产提前期+铸造车间的生产周期=8+5=13（天）

 小思考

设某企业生产零件，批量 $n=3$，零件 G 的加工过程需要经过 3 道工序，每道工序加工零件 G 所需时间分别为 3 天、2 天、4 天，且各道工序之间的保险期为 0.5 天。试求：若以顺序移动、平行移动和平行顺序移动方式来生产这批零件，零件在各道工序上的出产提前期和投入提前期各是多少？

（3）成批生产物流的期量标准。

成批生产物流的期量标准包括批量、生产间隔期、生产周期、在制品定额等。

① 批量和生产间隔期。批量是指相同产品或工件一次投入和出产的数量。生产间隔期是指前后两批产品或工件投入或出产的时间间隔。

批量和生产间隔期有密切的关系。在产品生产任务确定以后，如果批量大，生产间隔期就会延长；反之，批量小，生产间隔期就会缩短。两者的关系为

$$R = \frac{n}{q} \tag{4-11}$$

式中　n——批量；

　　　q——计划期平均日产量；

　　　R——生产间隔期。

【例 4-5】　某企业计划生产零件 A，A 的批量 n 为 500 个，且其平均日产量 q 为 100 个。零件 A 的生产间隔期为多少？

解：利用式（4-11）计算，其结果为

$$R = \frac{n}{q} = \frac{500}{100} = 5 \;（天）$$

 小思考

某企业计划生产零件 B。根据生产计划，零件 B 的生产间隔期为 3 天，且零件 B 的批量为 600 个。思考：计划期零件 B 的平均日产量为多少？

从式（4-11）可以看出，在生产任务已确定的情况下，批量和生产间隔期只要有一个确定下来后，另一个就相应地确定了。批量大小、生产周期长短，对生产的经济效益有很大影响。

加大批量的优点如下。

a. 可以减少设备调整次数，相应减少设备调整费用，提高设备利用率。

b. 有利于提高员工的劳动熟练程度，稳定产品质量和提高劳动生产率。

c. 有利于简化生产的组织管理工作和生产技术准备工作。

加大批量的缺点如下。

a. 产品生产周期延长，交货期推迟。

b. 在制品库存量增大，占用流动资金和生产面积增大。

由于加大批量既有优点，又有缺点，因此应用系统分析的方法来权衡利弊，确定合理的生产批量和生产间隔期。一般采用如下两种方法。

a. 以量定期法。该方法是先确定批量初始值，利用此初始值，选择标准生产间隔期；再根据相应的标准生产间隔期，确定相应的生产批量。在确定批量的初始值时，需要考虑以下几点：批量不小于主要加工工序的半个轮班的产量；批量与月产量成倍数关系；前后工艺阶段的批量相等或成倍数关系。

b. 以期定量法。该方法是根据生产间隔期推算生产批量。为了便于成批组织生产，往往以产量的经济批量为参考，首先确定生产间隔期基数，同时确定产品零部件在各个生产单位的生产间隔，并使零部件的生产间隔期与产品的生产间隔期成倍数关系；然后根据生产间隔期推算出生产批量。这种方法实际上是考虑产品的复杂程度、工艺特点、价值大小等因素，先确定各个产品的生产间隔期，再根据月产量确定相应的生产批量。当任务发生变化时，生产间隔期不变，主要调整批量就可以了。

② 生产周期。关于生产周期，在单件小批量生产物流中已讨论过。在成批生产物流中，主要需要关注生产周期与生产间隔期、生产批量等因素的关系。

③ 在制品定额。在成批生产物流中，在制品按所在地点不同，分成车间在制品定额和库存在制品定额。

a. 车间在制品定额。车间在制品包括正在加工、等待加工以及处于运输和检验过程中的在制品。车间在制品定额按工艺阶段分别计算，计算公式为

$$Z = N \times n \tag{4-12}$$

式中　Z——车间在制品定额；

　　　n——批量。

其中，N 为在制品批数，计算公式为

$$N = \frac{T}{R} \tag{4-13}$$

式中　T——生产周期；

　　　R——生产间隔期。

【例 4-6】 某企业计划生产工件 A，A 的批量 n 为 240 个，且其平均日产量 q 为 80 个。经过工艺流程分析知工件 A 的单件生产周期 T 为 30min。生产工件 A 时的在制品定额应该设定为多少？假设该企业每天安排一个班次，该班次的有效工作时间为 8h。

解：首先利用式（4-11）计算出工件 A 的生产间隔期，其结果为

$$R = \frac{n}{q} = \frac{240}{80} = 3(\text{天}) = 3 \times 8 \times 60 = 1\,440(\text{min})$$

然后，利用式（4-12）和式（4-13）计算出 A 的在制品定额，其结果为

$$Z = N \times n = \frac{T}{R} \times n = \frac{Tn}{R} = \frac{30 \times 240}{1\,440} = 5\,（\text{个}）$$

所以生产工件 A 时在制品定额应设定为 5 个。

b. 库存在制品定额。库存在制品定额包括周转在制品定额和保险在制品定额。周转在制品定额是由生产间隔期不等、入库日期与出库日期不同而引起的；保险在制品定额主要根据前面加工车间可能产生延期和生产中的废品率波动等因素确定。

3. 生产物流计划原理和方法

（1）大批量流水线生产物流计划原理和方法。

根据大批量流水线生产物流的特点，生产作业计划的安排和产品在各工艺阶段的平衡与衔接，主要是数量上的平衡。从企业物流管理的角度看，生产作业计划的安排应尽量避免原材料、在制品和成品的库存过量，同时又要满足生产和用户的需求。大批量流水线生产物流的计划原理和方法有平衡线法和在制品定额法。

① 平衡线法。平衡线法借助平衡线规定各个生产环节的任务，并进行任务计划与实际完成量的对比分析，及早发现影响计划完成的原因，尽量避免物流的中断。平衡线法既可用来规定任务，又可用来控制进度，其主要步骤和内容如图 4-16 所示。

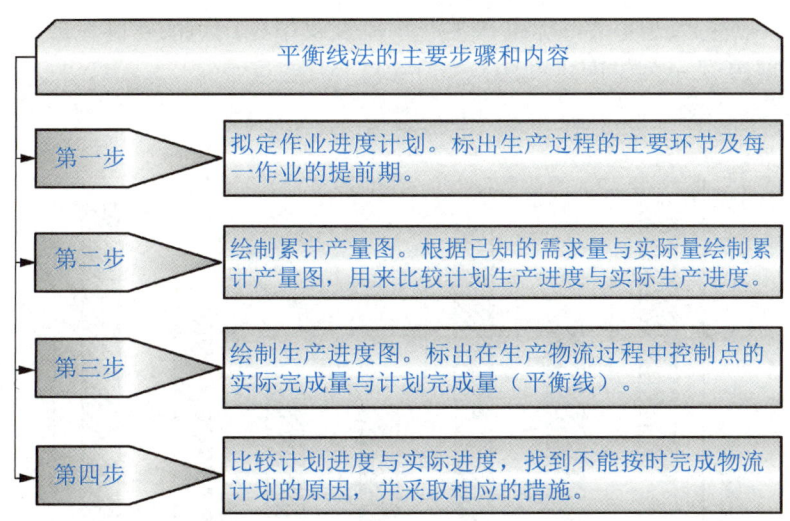

图 4-16　平衡线法的主要步骤和内容

第一步，拟定作业进度计划。标出生产过程的主要环节及每一作业的提前期。图 4-17 所示为一种作业进度计划。

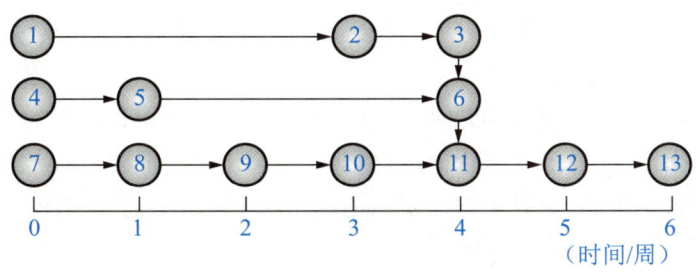

图 4-17　一种作业进度计划

第二步，绘制累计产量图。根据已知的需求量与实际量绘制累计产量图，用来比较计划生产进度与实际生产进度。图 4-18 所示为累计计划与实际的生产量图。

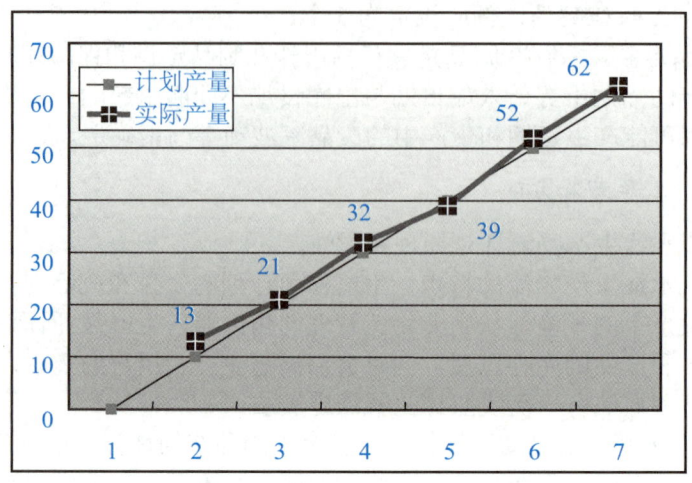

图 4-18　累计计划与实际的生产量图

第三步，绘制生产进度图。标出在生产物流过程中控制点的实际完成量与计划完成量（平衡线）。图 4-19 所示为生产进度图。

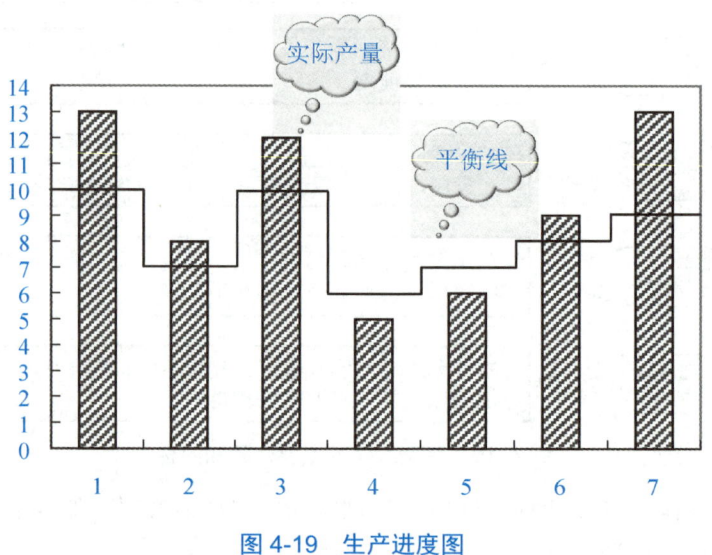

图 4-19　生产进度图

第四步，比较计划进度与实际进度，找到不能按时完成物流计划的原因，并采取相应的措施。

② 在制品定额法。大批量流水线生产企业的工艺和分工协作关系比较稳定，因而各个生产环节所占的在制品数量基本保持稳定，把这个稳定合理的数量制定为标准，就是在制品定额。采用在制品定额法编制计划，要从成品生产的最后一个子系统开始，按工序逆顺序逐个计算各个子系统的投入、出产任务。

按照在制品数量经常保持在定额水平的要求，计算各个生产环节的投入和出产任务，就可以保持生产过程连续协调进行。具体做法是：每个月的月末（也可以根据需要，确定合适的时间）检查一次在制品结存量，并同标准的在制品定额相比较，根据得出的差值制定出下个月的生产数量。例如，按照在制品定额法，车间当月的实际计划生产数可以由式（4-14）计算。

本月实际计划生产数=本月计划生产数-（期初在制品预计结存量-在制品定额） （4-14）

【例 4-7】 自行车的部分产品结构如图 4-20 所示，表 4-10 所示为某自行车企业某月月初使用在制品定额法编制的车间作业计划，采用在制品定额法计算该车间月度生产任务。

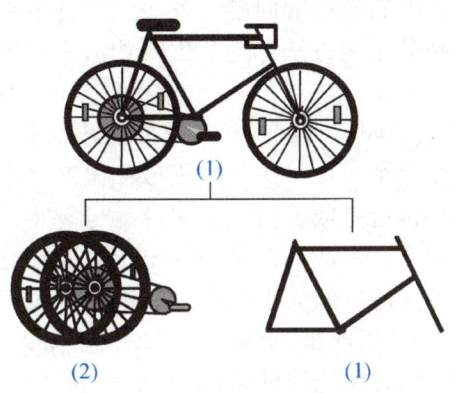

图 4-20 自行车的部分产品结构

表 4-10 某自行车企业某月月初使用在制品定额法编制的车间作业计划

			产品名称	××牌自行车		
			产品产量	2 000 台		
			零件名称	车架	车轮	……
			每辆件数	1	2	……
装配车间		a	出产量	2 000	4 000	……
		b	废品及损耗	10	5	……
		c	在制品定额	100	400	……
		d	期初预计在制品结存量	100	300	……
		e	投入量	（1）	（3）	……
零件库		f	半成品外销量	400	200	……
		g	库存半成品定额	100	200	……
		h	期初预计结存量	100	300	……
加工车间		i	出产量	（2）	（4）	……

解：根据对式（4-14）的详细分析，可知表 4-10 中

a+b+c=d+e，e+f+g=h+i。

则车架的计算结果为

由 a+b+c=d+e，得 2 000+10+100=100+（1），

因此，（1）=2 010。

由 e+f+g=h+i，得 2 010+400+100=100+（2），

因此，（2）=2 410。

则车轮的计算结果为

由 a+b+c=d+e，得 4 000+5+400=300+（3），
因此，（3）=4 105。
由 e+f+g=h+i，得 4 105+200+200=300+（4），
因此，（4）=4 205。

（2）成批生产物流计划原理和方法。

成批生产作业涉及产品不断轮换的问题，各个生产环节结存的在制品的品种和数量经常不同，因而不能采用在制品定额方法。这类生产物流常用的计划原理和方法是提前期法和耗尽时间法。

① 提前期法。提前期法又叫累计编号法，是指从开始生产这种产品起，依成品生产的先后顺序，为每一件产品编一个累计号码。由于成品出产号是按工艺反顺序排列编码的，因此在同一时间上，产品越接近完成阶段，其累计编号越小；越是处于生产开始阶段，其累计编号越大。在同一时间上，半成品在某一环节上的累计号数，同成品出产累计号数相比，相差的号数叫提前量。提前量的大小同产品的提前期成正比，它们之间的关系为

$$提前量=提前期×平均日产量 \tag{4-15}$$

提前期法是将提前期定额转化为提前量，计算同一时期产品在各个生产环节的提前量，来保证各车间在生产数量上的衔接。而提前期定额是根据产品生产周期标准和各个生产环节的生产周期标准来制定的。

采用提前期法制定车间任务具体包括以下步骤。

第一，计算产品在各车间计划期末应达到的累计出产和投入的号数。其计算公式分别为

$$某车间出产累计号数=成品出产累计号数+该车间出产提前期×成品的平均日产量 \tag{4-16}$$
$$某车间投入累计号数=成品出产累计号数+该车间投入提前期×成品的平均日产量 \tag{4-17}$$

第二，计算各车间在计划期内应完成的出产量和投入量。其计算公式分别为

$$计划期出产量=计划期末出产累计号数-计划期初已出产的累计号数 \tag{4-18}$$
$$计划期投入量=计划期末投入累计号数-计划期初已投入的累计号数 \tag{4-19}$$

第三，批量修正。如果严格按照批量进行生产，则车间出产量和投入量应该按各种零部件的批量进行修正。

【例 4-8】 根据某企业的生产计划，到 2024 年 7 月底，某产品的出产累计号数应达到 180 号，平均日产量为 2 台。构成这一产品的某一成套零件组在机械加工车间的出产提前期是 13 天，这一零件组在机械加工车间的加工批量是 10 套。在 7 月初，通过盘点，确认机械加工车间已经完成生产任务所达到的累计号数为 140 号。试求机械加工车间 7 月的出产量。

解：①利用式（4-16）计算出机械加工车间 7 月底的出产累计号数，计算结果为

机械加工车间出产累计号数=成品出产累计号数+机械加工车间出产提前期×
成品的平均日产量=180+13×2=206（号）

②利用式（4-18）计算出机械加工车间 7 月的出产量，计算结果为

机械加工车间计划期出产量=该车间计划期末出产累计号数-
该车间计划期初已出产的累计号数=206-140=66（套）

③批量修正，由于该车间的每次的生产量是 10 套，故机械加工车间 7 月的出产量的修正结果为 60 套，即机械加工车间计划期内应出产 6 批该成套零件组。

小思考

某企业采用累计编号法编制 A 产品 2024 年 8 月在有关车间的投入出产计划。已知 7 月该产品装配车间的投入累计号数为 1 510、出产累计号数为 1 480；机械加工车间的投入累计号数为 1 580、出产累计号数为 1 555；铸造车间的投入累计号数为 1 640、出产累计号数为 1 610。若该产品铸造生产周期为 7 天，机械加工生产周期为 18 天，装配生产周期为 5 天，各车间之间的保险期为 1 天。已知 8 月的生产任务为 440 台，有效工作日为 22 天。试计算 8 月各车间的投入量和出产量。

② 耗尽时间法。耗尽时间法是指在生产作业计划中已安排的产品生产时间，加上库存中已有产品，足以满足客户对一组产品在时间和数量方面的要求。耗尽时间法安排生产作业计划的主要目标是达到能力平衡。

（3）单件小批生产物流的计划原理和方法。

单件小批生产企业在编制生产作业计划时，各种产品的数量任务完全取决于订货的数量，不需要再进行计算。企业关注生产物流的唯一焦点问题是如何使这一种产品在各车间的出产和投入时间能够相互衔接，并保证成品的交货期。这类生产物流常见的计划原理和方法有生产周期法和启发式最优化方法。

① 生产周期法。运用生产周期法规定车间生产任务，首先要为每项订单编制一份产品生产周期进度表，这是单件小批生产企业主要的期量标准。在此基础上，根据合同规定的交货期限，为每项订货编制一份订货生产说明书，其中规定该产品及产品的各成套部件在各车间的投入和产出的时间。订货生产说明书的格式见表 4-11。根据订货生产说明书，编制月度物流计划，将计划月份应该投入和出产的部分摘出来按车间归类，并将各批订货的任务汇总，这就是计划月份各车间的投入、出产任务。对于摘出汇总的生产任务，还需进行设备能力的负荷核算，经过平衡后下达到车间。

表 4-11　订货生产说明书的格式

订货编号	交货期限	成套部件编号	工艺路线	投入期	出产期
241026	2024-11-30	A102	机械加工车间	2024-11-4	2024-11-8
			精磨车间	2024-11-10	2024-11-24
			装配车间	2024-11-27	—
		B826	机械加工车间	2024-11-3	2024-11-8
			精磨车间	2024-11-10	2024-11-24
			装配车间	2024-11-25	

② 启发式最优化方法。单件小批量生产的生产作业计划主要是安排生产任务在各车间的合理处理顺序，这方面的最优化问题计算难度较大，常常采用启发式方法求得近似最优解。

4.4.2　生产物流控制的原理和方法

1. 生产物流控制概述

（1）生产物流控制系统的组成要素。

① 控制对象。控制对象是由人、设备组成的一个系统单元，通过施加某种控制指令，从而完成某种任务。在生产物流系统中，物流过程是主要控制对象。

② 控制目标。控制目标是系统预先确定、力争达到的目的，控制的职能就是随时或定期对控制对象进行检查、发现偏差、进行调整，以利于目标的实现。

③ 控制主体。在一个控制系统里，目标已定，收集控制信息的渠道也已畅通，就需要控制主体来比较当前系统的状态与目标值的差距，如果差距超过允许的范围，就制定纠正措施，下达控制指令。

（2）生产物流控制的基本方式。

生产物流有两种基本的控制方式：反馈控制和前馈控制。

① 反馈控制。反馈控制是控制主体根据设立的目标，发布控制指令，物流过程（控制对象）根据控制指令执行规定的动作，并将系统状态信息传递到控制主体，经过与目标比较确定调整量，通过控制对象来实施调整。反馈控制过程示意图如图4-21所示。

反馈控制的特点是根据当前状态决定下一步行动，由于从收集信息到调整实施有一定的时间滞后，因此在某种情况下就可能影响目标的实现。反馈控制的另一个特点是稳定性好，其总趋势是保持系统的平衡状态。

② 前馈控制。前馈控制是根据对系统未来的预测，事先采取措施应对即将发生的情况。这种控制方法带有主动性。前馈控制过程示意图如图4-22所示。

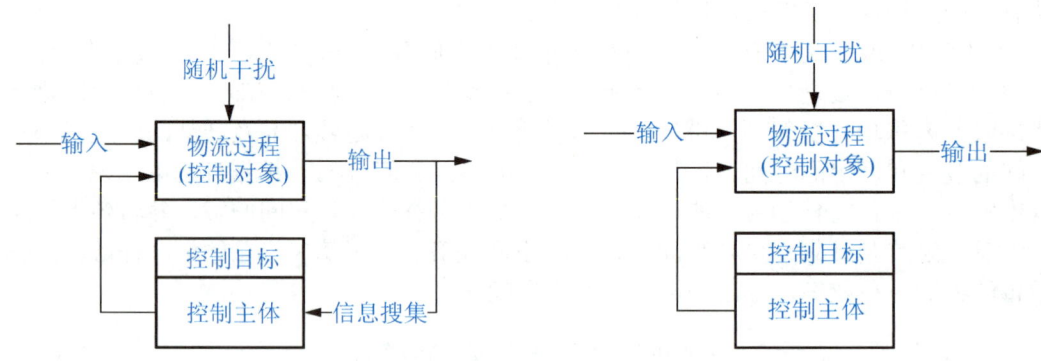

图 4-21　反馈控制过程示意图　　　　图 4-22　前馈控制过程示意图

由图4-22中可以看出：除了缺少信息搜集，前馈控制过程几乎与反馈控制过程相同。但前馈控制主体要有预测功能，它是靠系统长期运行以后加以总结得到的。实际上，对于一个复杂的物流系统，预测不可能完全准确，还可能有无法预料的随机干扰。所以，在实际的生产物流过程中很少采用单独的前馈控制方式，通常采用由前馈控制与反馈控制结合的复合控制系统。

（3）生产物流控制系统的复杂性。

生产物流系统和工程技术系统相比，其内容和结构要复杂得多，系统各部分之间的联系极为密切，且相互制约。生产物流系统的目标也往往不是单一的，如既要保证满足生产要求，又要减少在制品库存，两者目标常常是互相矛盾的。所以，对生产物流系统的控制是比较复杂的。

2. 生产物流控制的内容和程序

（1）控制内容。

生产物流控制具体包括以下内容。

① 进度控制。生产物流控制的核心是进度控制，即物流在生产过程中的流入、流出控制以及物流量的管理。

② 在制品控制。在生产过程中对在制品进行静态、动态以及占有量控制。在制品控制包括实物控制、信息控制。有效控制在制品对及时完成生产作业计划和减少在制品积压有重要意义。

③ 偏差的测定和处理。偏差的测定和处理是指在生产过程中按规定时间及顺序检查计划执行的结果，掌握计划量与实际量的差距，根据发生的原因、差距的内容及严重程度，采取不同的处理方法。首先，要预测差距的发生，事先制定消除差距的措施，如动用库存、组织外协等；其次，为了及时调整产生差距后的生产计划，要及时将差距向生产计划部门反馈；最后，为了不调整或少调整本期计划，也需要将差距向计划部门反馈，作为下一计划期计划调整的依据。

（2）控制程序。

与控制的内容相适应，物流控制的程序一般包括以下几个步骤。

① 制定期量标准。期量标准要合理，并随着生产条件的变化不断修正。
② 制订计划。依据生产作业计划制订相应的物流作业计划。
③ 物流信息的搜集、传递、处理。
④ 短期调整。短期调整是为了保持生产正常进行，及时校准偏差，保证计划顺利完成。
⑤ 长期调整。长期调整是为了保证生产及其有效性的评估。

3. 生产物流控制原理和方法

（1）生产物流控制原理。

在生产物流系统中，物流协调和减小各个环节生产及库存水平的变化幅度是很重要的。在这样的系统中，系统的稳定性与所采用的控制原理有关。

① 生产物流的推动型控制原理。根据最终产品的需求结构，计算出各生产工序的物流需求量，在考虑生产工序生产提前期的基础上，向各道工序发出物流指令。图 4-23 所示为简化的企业生产物流推动型控制原理图。

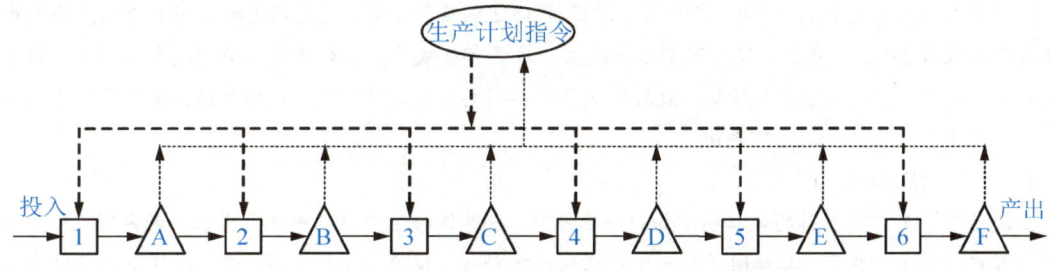

图 4-23　简化的企业生产物流推动型控制原理图

注：□ 表示工序； △ 表示工序控制点；──→ 表示物流；-- -→ 表示控制指令；······→ 表示信息流。

推动型控制的特点是集中控制，每个阶段的物流活动都要服从集中控制指令。但各个阶段没有考虑影响本阶段的局部库存因素，因此这种控制原理不能使各个阶段的库存水平保持在期望的水平上。MRP 实质上就是生产物流的推动型控制系统。

② 生产物流的拉动型控制原理。根据最终产品的需求结构，计算出各道生产工序的物流需求量，根据最后工序的物流需求量，向上道工序提出物流供应要求。图 4-24 所示为简化的企业生产物流拉动型控制原理图。

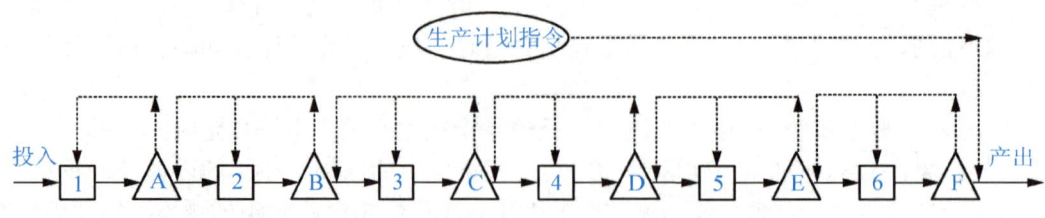

图 4-24　简化的企业生产物流拉动型控制原理图

注：▢ 表示工序；△ 表示工序控制点；⟶ 表示物流；┄┄▶ 表示信息流。

4-9 拓展视频

拉动型控制的特点是分散控制，每个阶段的物流控制目标都满足局部要求。各个阶段的物流控制目标难以考虑系统的总控制目标，因此，这种控制原理不能使总费用水平和库存水平都保持在期望水平上。看板管理系统实质上就是生产物流的拉动型控制系统。

看板管理系统是丰田精益生产的核心工具，通过可视化卡片（看板）实现拉动型生产控制。其核心逻辑为"按需补货"，下游工序凭看板向上游申领精确数量的物料，形成需求驱动的闭环系统。该系统能实时暴露流程"瓶颈"，限制在制品数量，有效降低库存，同时提升生产效率与异常响应速度。

案例 4-1

上海通用汽车公司的物流管理方式

上海通用汽车公司始建于 1997 年 6 月，总投资 15.2 亿美元（由美国通用汽车公司和中国上海汽车工业总公司各投资 50%）。在上海通用汽车生产线上，每天都有成千上万种不同类型的汽车零部件，沿着生产线依次被加工、移动、组合和装配，最后形成各种不同的车型，整个流程秩序井然。这都得益于上海通用汽车公司完善的企业物流运作系统。

1. 物料的 JIT 供应

上海通用汽车公司实行的是拉动型物料供应系统，也是保持生产过程中库存量最小的系统。公司根据收到的客户订单安排生产，与此同时将与生产相应的物料计划发给各个供应商，这样既保证生产时有充足的供货，又不会产生库存而占用资金和仓库。公司借助先进的企业管理系统中的物料管理子系统，根据订单订货。物料需求计划为供应商提供物料预测信息。宏观上，上海通用汽车公司对供应商都提供年度需求计划、20 周左右的需求计划、3 周的供货订单，对国内供应商还提供 1 周的要货订单等。供货订单有要货数量、批次、送货年批次、送货地点、送货窗口、送货时间等信息，使供应商能提前知晓供货信息，按时并保量及时配送。

2. 具体生产中物料的供应

生产线的物料供应采用的是看板拉动体系，当生产工人发出物料需求指令时，该指令由处于物料箱内带有条形码的看板传递。工人开始使用一箱零部件时，就把看板放在工位旁固定的地点，物料人员定时收取看板，使用条形码、扫描仪和光缆通信等工具，排出下一次供料时间。司机根据看板卡从临时仓库取出新的物料，并在每一箱中放入一张看板，然后将新的物料送至操作处。此外，生产线上的工人还可以通过物料索取系统，使用按钮、物料索取灯传递对消耗物料进行补充的信息。当生产线货架或货盘中用到仅剩最后若干零部件时，操作工按下按钮，物料索取灯启动，司机立即将索取卡送到物料存储区，取出物料送到工位，并将物料索取灯关闭，确认物料发送。这套电子拉动系统，确保了信息的准确性，基本上消灭了由于数据传递错误而引起的物料短缺现象。

3. 及时发货

由于是按客户订单生产，因此汽车一下线，就有等候在旁的买主将这些汽车开走。

资料来源：乔志强，程宪春，2010. 现代企业物流管理实用教程[M]. 北京：北京大学出版社.

（2）生产物流控制方法。

① 生产数量控制法。生产数量控制法包括加权控制法和流动数曲线控制法。

a. 加权控制法。加权控制法需要记录每期的实际库存量与计划库存量的差异，然后修正、调整各期生产量。生产物流量的控制模型为

$$(t+1)\text{期实际产量} = (t+1)\text{期计划产量} + \text{修正值} \tag{4-20}$$

式（4-20）中的修正值由式（4-21）求得

$$\text{修正值} = \alpha\left[\left(\begin{array}{c}t\text{期期末}\\\text{实际库存量}\end{array} - \begin{array}{c}t\text{期期末}\\\text{计划库存量}\end{array}\right) + \sum_i\left(\begin{array}{c}t\text{期}\\\text{实际产量}\end{array} - \begin{array}{c}t\text{期}\\\text{计划产量}\end{array}\right)\right] \tag{4-21}$$

式中，α 为加权系数，$0 \leq \alpha \leq 1$；其意义是：修正部分是由 t 期期末实际和计划库存量的差异及前置期间各期中实际和计划产量的差异相加后，再乘以加权系数 α 而得到。

生产系统的加权系数 α 增加，修正生产量的变化幅度较大，但库存量变化不大；生产系统的加权系数 α 减小，库存量变化较大，出产量变化较小。因此，调整期是在某一时期还是平均分摊在以后各期中，要依据加权系数 α 的影响情况而定，使调整所需的费用最低。

b. 流动数曲线控制法。在生产过程中，每个阶段都有物的流入和流出。记录其积累的流入量（Q_I）和流出量（Q_O），并以时间（t）作为横坐标、累计量（Q）作为纵坐标的曲线称为流动数曲线，如图 4-25 所示。

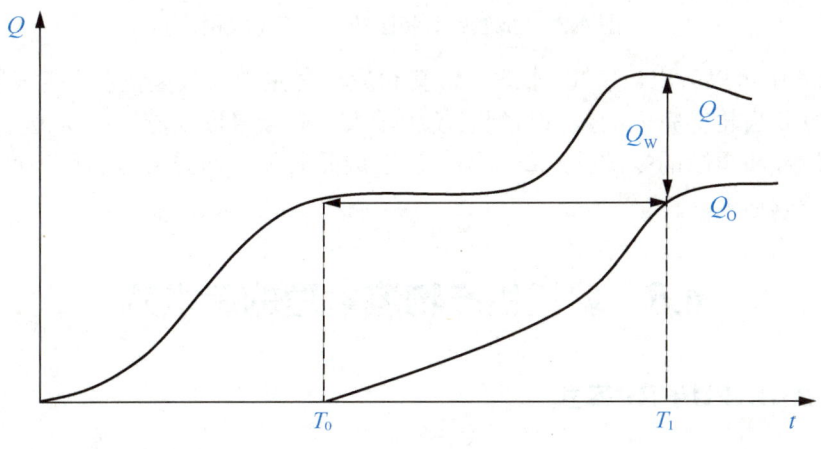

图 4-25 流动数曲线

从图 4-25 可知，在制品数量 Q_W 可以对物流的速度 V 和滞留时间 T 进行动态控制，其中三者之间的关系为

$$V = \frac{Q_W}{T} \tag{4-22}$$

因此，通过流动数曲线，可以判定物流状态，分析物流滞留原因，以便采取相应的对策。

② 生产进度控制法。对于加工装配型企业来说，生产进度控制就是要保证零部件成套性出产。利用成套性甘特图掌握在制品成套性出产情况是成套性控制的一种有效工具。成套性甘特图实际上就是一种零部件生产进度图，它可以清楚地表示各种零部件的生产数和可组装成整机的产品数，通过对成套性甘特图所呈现出的结果进行分析，可以尽早采取预防措施，优化出产成套性。图 4-26 所示为成套性甘特图的一个应用实例。

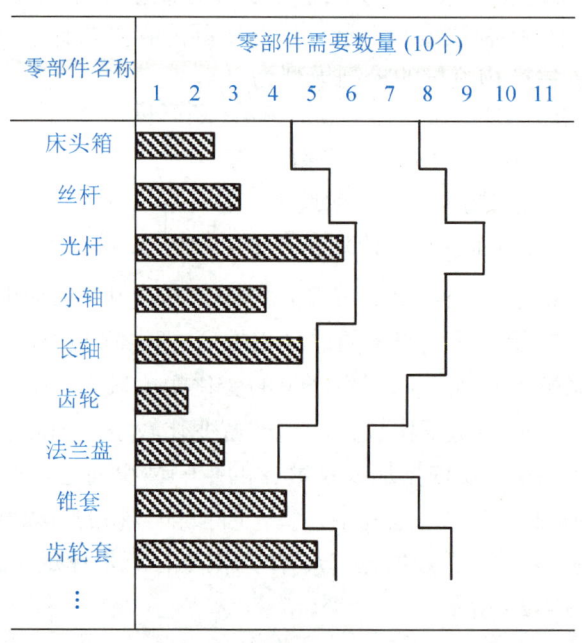

图 4-26　成套性甘特图的一个应用实例

从图 4-26 中可以看出，光杆、长轴、锥套和齿轮套完成的数量较多，能满足配套需要；而丝杆、小轴和齿轮等完成的数量与配套差距较大，必须采取措施，以保证零部件成套生产。如果不能提高短缺的零部件产量，不仅影响成品装配，而且会延长已出产的零部件停放的时间，造成损失。

4.5　现代生产物流管理的新模式

4.5.1　MRP/MRPII/ERP模式

物料需求计划（Material Requirement Planning，MRP）于 20 世纪 60 年代起源于美国，它是企业利用计算机技术，根据产品的结构、产品的需求和现有库存情况，精确地制订产

品及其零部件的生产投入产出日程，使企业能明确地了解何时需要哪些零部件及其数量，并能及时、快速地调整计划使其符合新的市场需求。

MRP 的发展经历了开环 MRP、闭环 MRP 及制造资源计划（Manufacturing Resources Planning，MRPⅡ）阶段，进入了企业资源计划（Enterprise Resources Planning，ERP）阶段。

开环 MRP 的逻辑原理如图 4-27 所示。

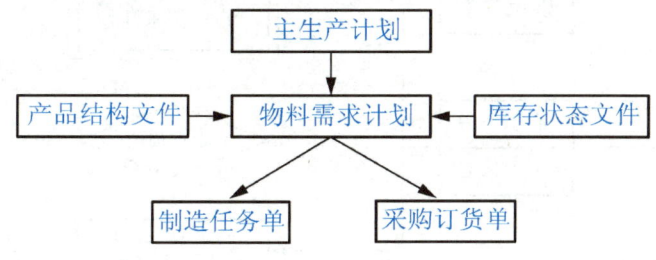

图 4-27　开环 MRP 的逻辑原理

闭环 MRP 的逻辑原理如图 4-28 所示。

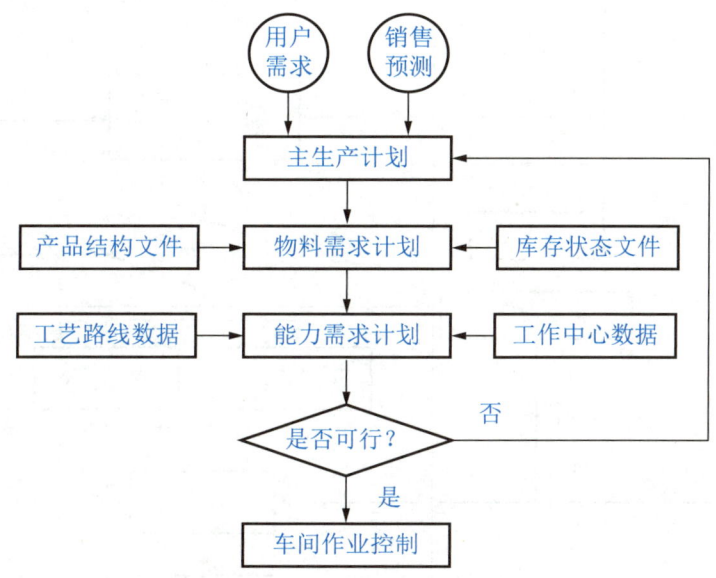

图 4-28　闭环 MRP 的逻辑原理

MRPⅡ将管理的范围扩大到人力、机器、设备以及资金的管理，实现了企业内部资源的一体化管理。它是围绕企业的基本经营目标，以生产计划为主线，对企业制造的各种资源进行统一的计划和控制，使企业的物流、信息流、资金流流动畅通的动态反馈系统，是集成了财务管理功能的闭环 MRP。MRPⅡ的逻辑原理如图 4-29 所示。

ERP 是在 MRP、MRPⅡ的基础上发展起来的。ERP 系统是对企业的物流、资金流和信息流进行全面集成管理的管理信息系统。它利用企业内部和外部的资源，为企业提供决策、计划、控制和经营业绩的评估。ERP 系统不仅仅是一种信息系统，更是一种管理理论和管理思想。

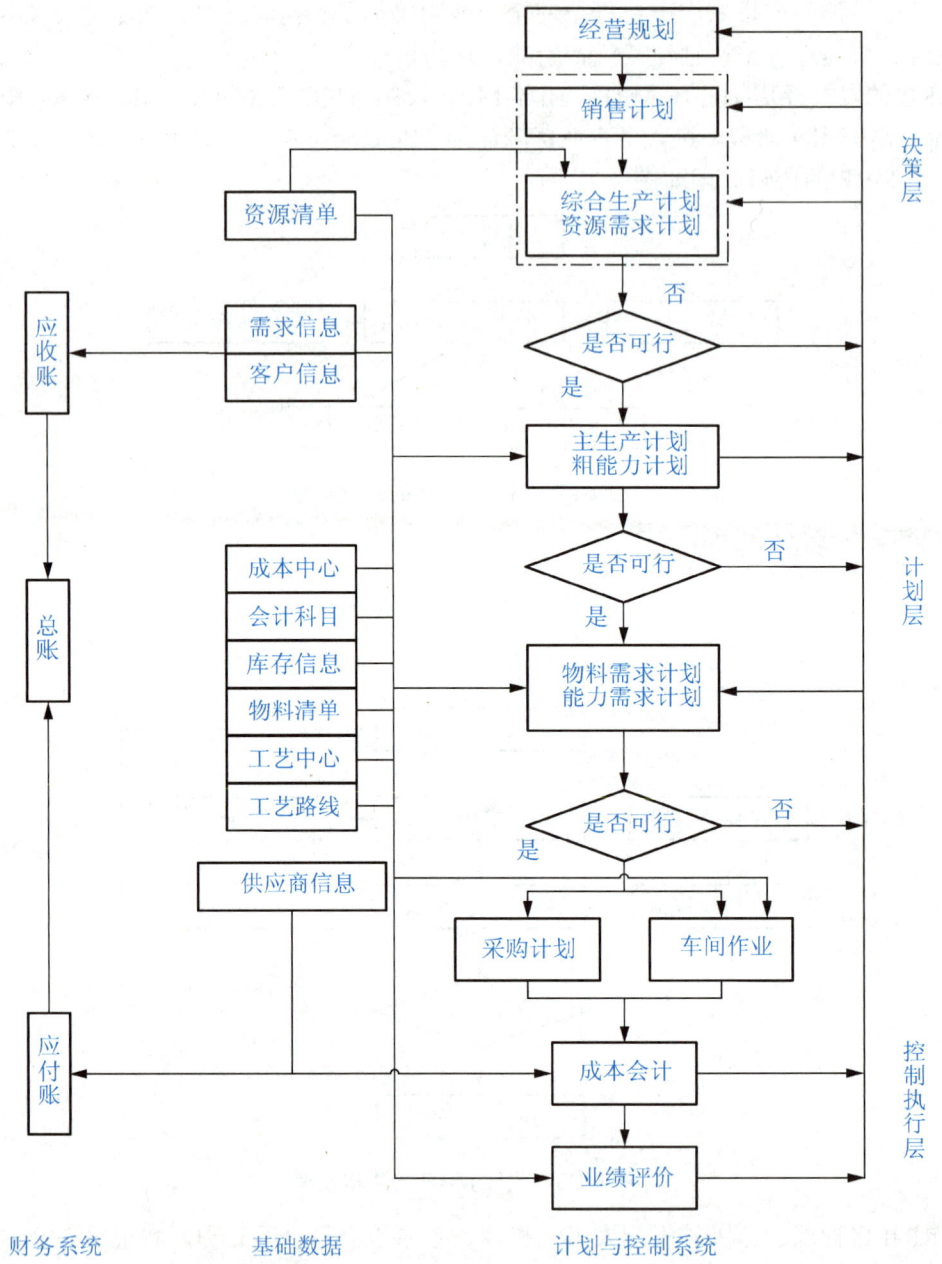

图 4-29 MRP Ⅱ 的逻辑原理

虽然 ERP 是从 MRP Ⅱ 发展起来的，但绝没有某项技术落后过时或 ERP 将取代 MRP Ⅱ 的意思，而应该将它们看作不同层次企业在不同层次应用的不同解决方案，是对企业新需求的补充。MRP 至今仍是 MRP Ⅱ、ERP 的核心算法。MRP、MRP Ⅱ、ERP 的演变过程见表 4-12。

表 4-12　MRP、MRPⅡ、ERP 的演变过程

	MRP	MRPⅡ	ERP
基本原理	明确了 4 个问题，也被人们称为"制造业的方程式"。 ● 需要生产什么？生产多少？何时需要？ ● 需要用到什么？ ● 已经有了什么？ ● 还缺少什么？什么时间生产或订购？生产或订购多少？ 前 3 个问题是运行 MRP 之前必须明确的，第 4 个问题是运行 MRP 以后得到的结果		
基本输入	● 主生产计划（Master Production Schedule, MPS） ● 产品结构文件（Bill of Material, BOM） ● 库存状态文件		
基本输出	● 零部件投入产出计划 ● 原材料需求计划 ● 互转件计划 ● 库存状态记录 ● 工装机器设备需求计划 ● 零部件完工情况统计 ● 对生产和库存费用的预算报告 ● 交货期模拟报告		
特点	体现了为客户服务、按需定产的宗旨，计划统一且可行，并且借助计算机系统实施了对生产的闭环控制，比较经济和集约化。但是，假设环境是固定的，只考虑了企业内部资源的利用问题；只注重自身和下游零售商的关系，对上游供应商的关注不足	企业各种管理业务数据经过统一设计，或存放在一个统一的数据库中，或采用分布式数据库，但同一数据是单一数据源。增加了生产能力管理、车间管理、仓库管理、成本管理的功能，实现了物流、资金流、信息流的集成，形成了一个完整的企业经营管理体系	除物流、信息流、资金流的集成，还有全供应链，即采购、制造、分销各个环节资源无间断的集成和办公自动化、业务事务处理、决策支持的集成

MRP 能够应用在哪里？

MRP 应用在各种加工车间环境（加工车间环境是指使用相应的设备生产成批大量的产品）的行业中，MRP 的工业应用及预期效益见表 4-13。MRP 也用于流程工业，但是应注意，这里所指的流程只限于改变成品的作业类型而不包括连续的流程，如石油加工和炼钢。

表 4-13　MRP 的工业应用及预期效益

工业类型	应用实例	预期效益
面向库存装配	由许多零部件构成一个最终产品，然后成品被存放到仓库中以满足客户需求，如手表、工具、家电等	高
面向库存加工	物料项目是由机器制造的而不是由零部件装配的，这些是标准的库存项目，在接到客户订单之前已完工，如活塞环、电开关等	低

续表

工业类型	应用实例	预期效益
面向订单装配	最终装配是按顾客订单进行组织装配的，如家用轿车、发电机、发动机等	高
面向订单加工	物料项目是由机器根据客户的订单来制造的，这些是一般的工业订单，如轴承、齿轮、扣钉等	低
面向订单制造	物料项目装配或加工完全取决于客户的定制，如水轮发电机、重机械工具等	高

根据表 4-13 所给出的工业类型、应用具体实例和所能达到的预期效益，考虑这样的问题：为什么对于以装配操作为核心的公司，MRP 具有很高的使用价值，但在以加工为主的公司中，MRP 的使用价值最低？

还有一点要考虑的是：在每年只生产少量产品的公司中，MRP 能否得到很好的应用？对于那些生产复杂、昂贵、技术含量很高、生产提前期又很长且具有不确定性产品的公司，MRP 是否能够得到很好的应用，为什么？

资料来源：乔志强，程宪春，2010. 现代企业物流管理实用教程[M]. 北京：北京大学出版社.

资料卡

ERP 核心模块包括以下几个方面。

（1）生产管理模块。

① 生产计划与排程：依据销售订单和市场预测，结合库存及产能状况，制订科学合理的生产计划与日程，确保生产资源的高效利用和生产任务的按时完成。

② 生产执行与监控：对生产订单的执行过程进行全面管理，涵盖生产进度跟踪、物料配送监控、设备运行状态监测等，保障生产活动的顺利推进。

③ 质量管理：建立严格的质量检验标准和流程，对原材料、零部件及整车进行质量检验和控制，实现质量问题的快速追溯与处理，确保产品质量符合标准。

（2）供应链管理模块。

① 采购管理：负责供应商的选择与评估、采购订单的生成与跟踪、采购合同的管理等，确保原材料和零部件的及时供应与质量可靠。

② 库存管理：实时监控原材料、在制品和成品的库存水平，通过制定科学的库存控制策略，可以实现库存的合理配置，从而降低库存成本，同时避免缺货现象的发生。

③ 物流管理：对物料的运输、仓储和配送等环节进行有效的管理，优化物流路径和运输方式，提高物流效率，降低物流成本，确保物料的及时交付。

（3）销售管理模块。

① 客户关系管理：记录客户信息、购买历史、偏好等，为客户提供个性化的服务和营销，提高客户满意度和忠诚度。

② 销售订单管理：处理销售订单的生成、审核、跟踪与交付等流程，确保订单的准确无误和及时完成。

③ 销售数据分析：对销售数据进行深入分析，为销售策略的制定和调整提供依据，助力企业开拓市场、提高销售业绩。

(4) 财务管理模块。

① 财务核算：进行总账管理、应收账款与应付账款管理、固定资产管理等财务核算工作，准确记录企业的财务收支和资产负债状况。

② 成本控制：核算产品成本，分析成本构成，通过成本控制措施降低生产成本，提高企业的盈利能力。

③ 预算管理：制订企业的财务预算计划，并对预算执行情况进行监控和分析，为企业的决策提供财务支持。

(5) 人力资源管理模块。

① 人事管理：涵盖员工信息管理、组织架构管理、人员招聘与录用等，确保企业人力资源的合理配置。

② 绩效管理：建立科学的绩效考核体系，对员工的工作表现进行评估和反馈，激励员工提高工作效率和工作质量。

③ 薪酬管理：负责员工薪酬的核算、发放与管理，以及福利制度的设计与实施，保障员工的合法权益，提高员工的满意度。

4.5.2 JIT模式

准时制（Just In Time，JIT）系统是日本丰田公司创立的一种独具特色的生产管理方式。作为一种拉动型生产系统，JIT系统是以市场需求为核心，通过看板管理，实现"在必要的时刻生产必要数量的必要产品（或零部件）"，彻底消除因在制品过量造成的直接浪费或间接浪费的生产系统。作为无浪费的管理方式，JIT系统可以概括为"在需要的时间，按需要的数量，供给用户需要的产品"。

1. JIT系统的结构体系

经过几十年的探索和完善，JIT系统已经逐步发展成为包括经营理念、生产组织、物流控制、质量管理、成本控制、库存管理、现场管理和现场改善等在内的较为完整的生产管理技术和方法体系。其结构体系如图4-30所示。

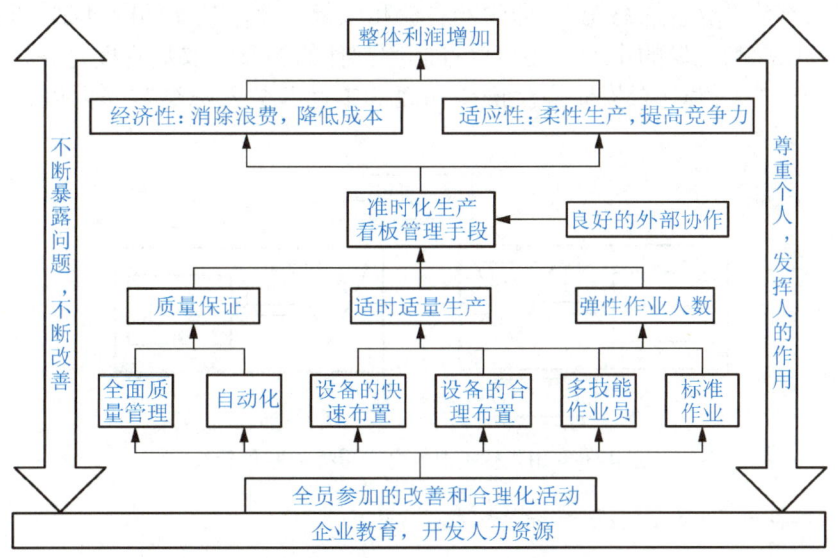

图4-30 JIT系统的结构体系

2. JIT系统生产物流控制的基本原理和目标

（1）JIT系统生产物流控制的基本原理。

运用JIT思想对企业物流活动进行管理，其基本原理如下。

① 从客户的角度而不是从企业或职能部门的角度来研究什么可以产生价值。
② 按整个价值流确定供应、生产和配送产品中所有必需的步骤和活动。
③ 创造无中断、无绕道、无等待、无回流的增值活动流。
④ 及时创造仅由客户拉动的价值。
⑤ 不断消除浪费，追求完美。

（2）JIT系统生产物流控制的目标。

JIT系统的中心思想是消除一切无效的劳动和浪费。该系统生产物流控制的目标体现在以下几个方面。

① 最大限度地降低库存，最终实现零库存。JIT系统认为：库存常常掩盖企业经营管理中的某些缺陷，如供应问题、质量问题、组织问题等，在需求的拉动下，库存慢慢减少，问题或薄弱环节也逐步暴露出来。随着问题的不断解决，企业的库存会下降到一个合适的水平，同时库存的各种费用也随之减少，直至消除。

② 最大限度地消除废品，追求零废品。JIT系统认为：多余生产的物资或产品不但不是财富，反而是一种浪费。因为它不仅要消耗材料和劳务，而且要花费装卸搬运和库存等物流费用。

3. JIT系统生产物流控制的方法

（1）看板的含义及其分类。

作为JIT系统的核心调控工具，看板通过可视化信号实现生产物流的精准控制。常见的看板有以下几种形式。

① 卡片。卡片用于产品零件的使用者和生产者之间，标识需要生产的零件。卡片上注明零件编号、生产批量、使用者和生产者的位置、标准容器内所装零件的数量等。在JIT系统中，常见的是"双卡片系统"，即生产看板和取货看板，具体如图4-31所示。这种看板系统不仅可以控制过量的生产，还可以控制零部件的领取。取货看板允许将容器从某一工序运往另一工序，生产看板允许生产所需要的零件并装入标准容器内以补充已被领取的量。

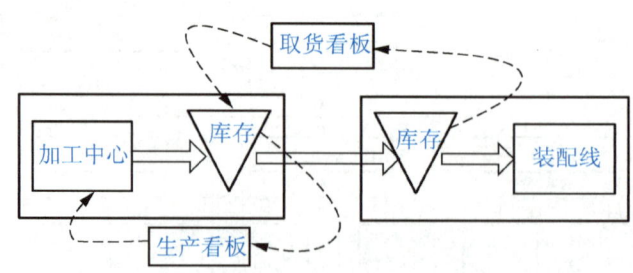

图4-31 JIT系统中的生产看板和取货看板

注：⇒表示生产物流；----▶表示信息流。

取货看板的形式见表 4-14。

表 4-14 取货看板的形式

取货看板		一次取货的数量 150	
材料编号：50-18 材料名称：TTTT	发行箱数 3/15		装载单位：箱 单位容积：10
前道作业：001 后道作业：002	供应时间： 8:00—9:00		放置场所：4H-17

② 零件箱看板。它是一种用空标准容器传送生产指令的方式，即使用者将空容器送回给生产者表明需要更多的零件。采用这种方式，容器上必须清楚地标明有关零件的编号和数量，或涂有显著的颜色以示区别。在有些系统中，供应商定期补充看板，如每周三次，周一收集空容器，周三用空容器替换，同时在周五为补充送货收集空容器。

③ 指示灯或小圆球看板。指示灯或小圆球看板是指采用指示灯或小圆球作为启动生产的指令。小圆球可通过滑道送到上道工序，以指示生产某种零件。可以用不同颜色的指示灯或小圆球来表示所需生产零件的不同型号。

看板的样式和内容也多种多样，但最基本的内容应包括需求物资的品种规格、需求数量、需求时间和送达地点等。看板的功能表现在：提供提料、物料搬运和生产指令方面的信息，防止过量生产和搬运；作为目标管理的工具，防止不良品的发生；揭示存在的问题和进行库存管理。

（2）看板的使用规则。

实施看板系统必须遵守以下使用规则。

① 后道工序必须准时到前道工序领取适量的零件。
② 前道工序必须及时适量地生产后道工序所需的零件。
③ 绝不允许将废次品送到后道工序。
④ 看板的数量必须减少并控制到最少。
⑤ 看板应具有微调作用。

案例 4-2

美国福特公司的 JIT 生产

20 世纪 80 年代以来，美国开始学习和应用日本首创的 JIT 管理方法。作为美国三大汽车制造公司之一的福特汽车公司（以下简称福特公司），其工厂遍及北美，生产重点是汽车组装，需依赖北美许多供应商来供应零部件，于 1987 年开始实施 JIT 生产。福特公司的 JIT 生产是以最低库存、直接针对市场需求的小批量生产，其生产设计具有迅速转产或转型的灵活性。厂房布局使得机械加工过程密切配合，从而减少了物料的搬运次数。另外，由于与零售商达成协议，因此生产计划很稳定。

福特公司的 JIT 生产需要 JIT 系统的支持。福特公司的 JIT 系统特点如下。

1. 厂内系统

福特公司的生产线进料储存量设计为保持全天所需的原材料另外加上半天的保险存货，除非需要安全库存的关键物料，消除大多数非生产线进料库存。大部分原材料直接运输到生产线进料地点，消除大宗库存，取消库存用地。通过将物料直接运输到生产线进料地点，而取消了额外的进料管理，同时使用可退换窗口来改进搬运效率。

2. 包装系统

福特公司使用的包装是专门设计的，是可折叠式包装。这种包装不仅便于回收，而且能减少可消耗包装的成本及其处理成本，提高包装的保护性，便于搬运。同时，这种包装的标签及文字记录的位置标准化，使得搬运快捷、准确。优化模型设计，方便搬运工具及铲车作业，从而提高搬运效率，尤其是提高生产线进料处的搬运效率。

3. 运输系统

福特公司尽量减少承运人的数量，随时检查运输系统的可靠性，必要时用公路运输取代铁路运输。在可能的情况下，用即时性的铁路运输取代常规的铁路运输。

4. 内向运输系统

公路和铁路运输定时到达福特公司的工厂，采用时间窗口进行递送。使用转动式拖车卸货，使接货的人力安排更有效，从而减少了卸货车辆的等待时间。采用循环取货的办法，方便一辆车能从若干个供应者那里收取物料，这样，可减少路线重复，从而提高效率。运输公司与福特公司每天通过信息系统来联系。另外，福特公司还利用铁路运输来发展即时性业务。

5. 供应者

供应者以年合同方式向福特公司供货。供应者掌握20天的关于福特公司每日生产需求的连续报表，以便使供货计划由每天物资需求系统（DMRS）来连接。每天晚上，DMRS 将次日物资需求信息传递给运输公司。供应者必须随时将物资准备好。供应者采用特定的集装箱，使用指定的托盘在特定的时间、窗口进行运输。承运人要在特定的时间和窗口提取物资，物资通常在当日或连夜运送。

从福特公司的成功经验来看，JIT 管理协调员是确保系统正常运行的关键。当供应者或承运人或福特公司未能按计划运作时，JIT 管理协调员会对系统进行调整；当供应者或承运人有一方违约时，JIT 管理协调员要追究其责任。另外，福特公司和供应者及承运人三方按计划运作，建立伙伴关系，履行各自的承诺。福特公司对可靠的服务商支付费用，并协助培训。

资料来源：程灏，石永奎，2008. 企业物流管理[M]. 北京：中国铁道出版社.

看板数量的计算

不同的企业因运作方式的差异，具体的看板管理系统也会不尽相同，但计算看板数量的方法本质上是相同的。可以按照以下的公式来计算看板的数量

$$N = \frac{DT(1+\alpha)}{c} \tag{4-23}$$

式中　N——看板数量；

　　　D——某零件单位时间的需求量；

　　　T——对于取货看板，为等待时间（也包括物料搬运时间）；对于生产看板，为加工时间；

　　　α——计算的偏差，如安全库存、等待时间的误差或者加工时间的误差等；

　　　c——标准容器中放置某零件的数量。

【例4-9】 某汽车装配企业对车用玻璃的日需求量 D=12 000 块/天，标准容器的容量 c=100 块/箱，平均滞留在生产系统中的时间 T=2.5 小时，其中等待加工的时间为 1.5 小时，加工时间为 1 小时，每天实行 8 小时工作制，根据以往经验得知 α =0.2，求所需看板为多少？

解：由式（4-23）可计算出结果为

$$N = \frac{DT(1+\alpha)}{c} = \frac{\frac{12\,000}{8} \times 2.5 \times (1+0.2)}{100} = 45 \text{（个）}$$

4.5.3 TOC模式

1. 约束理论基本思想

约束理论（Theory of Constraints，TOC）将企业看作一个完整的系统，认为任何一种系统至少会有一个约束因素。由于各种各样的制约（瓶颈）因素限制了企业生产产品的数量和利润的增长。因此，企业在实现其目标的过程中，通过逐个识别和消除现存的或潜伏的制约因素，使得企业的改进方向和改进策略明确化，从而更有效地实现"有效产出"的目标。

资料卡

TOC 是由以色列物理学家及企业管理大师艾利·高德拉特于 20 世纪 80 年代提出的，继 MRP 和 JIT 后的又一项组织生产的新方式。最初被称作最优生产时间表（Optimized Production Timetable），后改称为最优生产技术（Optimized Production Technology），最后发展成为约束理论。该理论在美国企业界得到了应用，在 20 世纪 90 年代逐步形成完善的管理体系。美国生产与库存管理协会非常关注 TOC，称其为约束管理（Constraints Management）。由于 TOC 是一种持续改善、解决"瓶颈"约束资源的管理哲学，因此该理论目前不仅已应用到航天工业、汽车制造、半导体、钢铁、纺织、电子、机械五金等营利行业，还应用于学校、医院、财团法人、政府等非营利的机构。

4-10 拓展知识

2. TOC的核心内容

（1）重新建立企业目标和作业指标体系。

TOC 认为，一个企业的最终目标是在现在和将来实现价值最大化。衡量生产系统的作业指标应该有 3 种。

① 有效产出是指企业在某个规定时期通过销售获得的资金。

② 库存是指企业为了销售有效产出，在所有外购物料上投资的资金。

③ 运行费用是指企业在某个规定时期为了将库存转换为有效产出所花费的资金。

（2）寻找系统资源的"瓶颈"。

TOC 认为，生产系统有效产出最低的环节决定着整个系统的产出水平。任何一个环节只要它阻碍企业更大程度地增加有效产出，或限制了库存和运行费用的节约，它就是一个"瓶颈"（也称约束）。所以，找出系统"瓶颈"，充分利用"瓶颈"，由"非瓶颈"配合"瓶颈"，打破"瓶颈"，再找下一个"瓶颈"，坚持持续不断地改善系统性能。

通过对企业自身的生产运行情况及资源配置进行分析,企业可以确定"瓶颈"资源。在这个过程中要用到的数据主要有以下几个。

① 客户服务目标。
② 生产线上所有零部件的清单。
③ 各道工序的相对位置及其供应点的位置。
④ 处于不同位置工序的生产加工能力。
⑤ 不同零部件的加工批量。
⑥ 不同工序、不同零部件的库存水平,控制库存的方法。
⑦ 现有设备的生产能力。

(3) TOC 的生产排序。

在确定了企业"瓶颈"后,TOC 便开始进行生产排序,其工作程序如下。

① 确定"瓶颈"机器的最大生产能力并使其满负荷工作,在安排"瓶颈"机器工作前,生产时间总和小于"瓶颈"机器生产时间的机器首先开始生产。
② 向前推理为"瓶颈"机器排序。
③ 向后推理为其他"非瓶颈"机器排序,以不断保障"瓶颈"机器的需求。
④ 传送的批量不一定与生产批量一致,是可变的。

(4) 进行系统化管理的 9 条管理准则。

有关生产系统"瓶颈"资源的 6 项原则如下。

① "瓶颈"控制了库存和有效产出。
② "非瓶颈"资源的利用程度不由其本身决定,而是由系统的"瓶颈"决定。
③ "瓶颈"上一个小时的损失就是整个系统上一个小时的损失。
④ "非瓶颈"资源节约的一个小时无益于增加系统的有效产出。
⑤ 资源的"利用"和"活力"不是同义词。资源的"利用"是指资源应该利用的程度,资源的"活力"是指资源能够利用的程度。例如,一个"非瓶颈"资源能够达到 100%的利用率,但其后续资源如果只能承受其 60%的产出,则其另外 40%的产出将变成在制品库存;此时,从"非瓶颈"资源角度来看,其利用率较好,但从整个系统的角度来看,它只有 60%的有效性。所以,"利用"注重的是有效性,而"活力"注重的是可行性,从平衡物流的角度出发,应允许在"非瓶颈"资源上安排适当的闲置时间。
⑥ 编排生产作业计划时要考虑资源约束,提前期是生产作业计划的结果,而不是预定值。

有关生产系统物流的 3 项原则如下。

① 平衡物流,而不是平衡生产能力。追求生产能力的平衡是为了使企业的生产能力得到充分利用。因此在设计一个新厂时,自然会追求生产过程各个环节的生产能力平衡。但是对于一个已投产的企业,特别是多品种生产的企业,如果一定要追求生产能力的平衡,那么即使企业的生产能力得到了充分利用,产品也并非都能符合当时市场的需求,必然有一部分要积压。TOC 主张在企业内部追求物流平衡。所谓物流平衡就是使各道工序与"瓶颈"工序同步,以求生产周期短、在制品最少。它认为生产能力的平衡实际是做不到的,

因为波动是绝对的,市场每时每刻都在变化,生产能力的稳定只是相对的。所以,企业要在市场波动的前提下追求物流平衡。

② 运输批量可以不等于(在许多时候应该不等于)加工批量。车间的计划与控制的一个重要方面就是批量的确定,它影响企业的库存和产销率。TOC 所采用的是一种独特的动态批量系统,它把在制品库存分为两种不同的批量形式,即:a. 运输批量,是指工序之间运送一批零部件的数量;b. 加工批量,是指经过一次调整准备所加工的同种零部件的数量,可以是一个或几个运输批量之和。在自动装配线上,运输批量为 1,加工批量会很大。确定加工批量的大小应考虑资源的合理应用(减少设备的调整次数)与合理的在制品库存(减少资金积压和降低在制品库存费用);确定运输批量的大小应该考虑提高生产的连续性、平行性,减少工序间的等待时间和减少运输工作量与运输费用。两者考虑的出发点不同,所以运输批量不一定要与加工批量相等。根据 TOC 的观点,一方面为了使销售率达到最高,"瓶颈"资源上的加工批量必须大;另一方面,在制品库存不应该增加,所以运输批量应该小,即意味着"非瓶颈"资源上的加工批量要小,这样可以降低库存和加工费用。

③ 批量的大小是可变的,而不是固定的。

3. 基于TOC的生产物流计划与控制

(1) 按物料流向分类的三种物流类型。

TOC 根据物料流向来对企业进行分类,从而为企业准确识别出各自的薄弱点或"瓶颈"并提供帮助,对其实施有针对性的计划与控制。一般将从原材料到成品这一生产物流分为三种类型,三种物流类型的企业对比如图 4-32 所示。

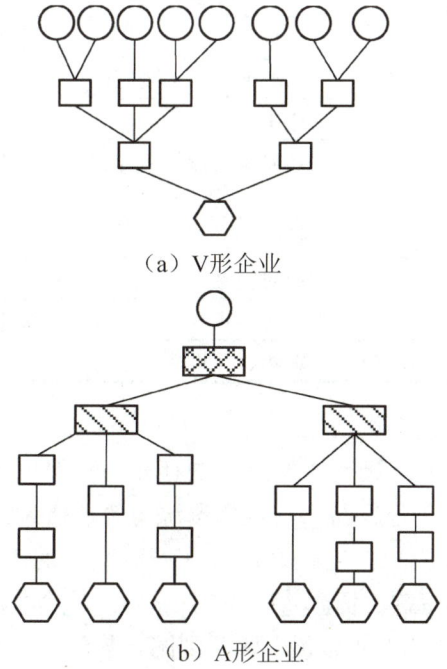

(a) V形企业

(b) A形企业

图 4-32 三种物流类型的企业对比

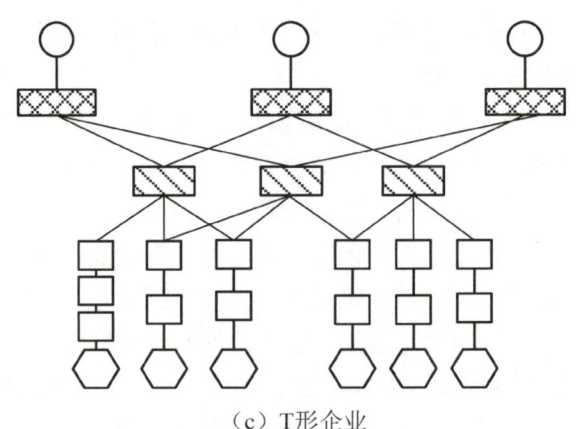

(c) T形企业

图 4-32 三种物流类型的企业对比（续）

注：⬡表示原材料；——表示加工路线；☐表示一般工序；◯表示产成品；▨表示局部装配；▧表示总装配。

实际上，一个企业的生产物流往往不止一种类型，可以根据占主要地位的生产物流来相应地划分企业。如果一个企业主要是 V 形物流，就可以称这个企业为 V 形企业，其余的类推。三种类型企业的特点对比见表 4-15。

表 4-15 三种类型企业的特点对比

特点	V 形企业	A 形企业	T 形企业
产品种类	多	单一或较少	较多
产品加工过程	基本相同	不相同	不相同
物料特点	物料流程分解型	物流流程加工装配型	标准基件物料加工装配型
设备	高度专业化	通用型	介于专业化和通用型之间
工艺流程	比较清楚、设计简单	物料清单较复杂、在制品库存较高	物料清单较复杂、在制品库存较高
生产提前期	较短	较长	较长
企业"瓶颈"识别	相对容易	相对困难	相对困难
生产控制与协调	相对容易	相对困难	相对困难
典型企业	炼油企业、钢铁企业	造船、飞机企业	制锁企业、汽车企业

（2）生产物流中的"瓶颈"类别。

从企业的制造资源来看，考虑到"瓶颈"的存在，物料所经过的制造资源将存在"瓶颈"资源与"非瓶颈"资源之分。而"瓶颈"资源与"非瓶颈"资源的关系，通过考察以上三种类型企业的物流可以看出，它们之间存在四种基本的关系，如图 4-33 所示。分别是：从"瓶颈"资源到"非瓶颈"资源 [图 4-33（a）]；从"非瓶颈"资源到"瓶颈"资源 [图 4-33（b）]；"瓶颈"资源和"非瓶颈"资源到同一装配中心 [图 4-33（c）]；"瓶颈"资源和"非瓶颈"资源相对独立 [图 4-33（d）]。

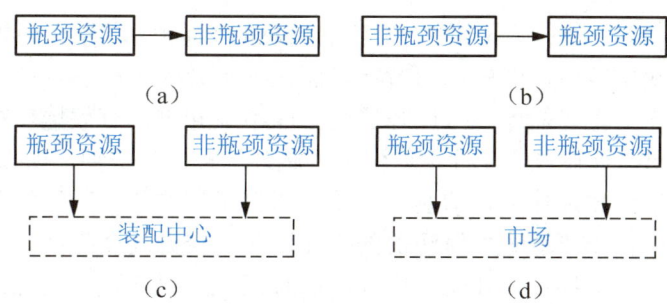

图 4-33 "瓶颈"资源与"非瓶颈"资源的关系

(3) TOC 的生产物流计划与控制模式。

TOC 认为,一个企业的计划和控制目标就是寻求客户需求与企业能力的最佳配合,对约束环节进行有效的控制。一旦一道被控制的工序(瓶颈)建立一个动态的平衡,其余的工序应相继地与这一被控制的工序同步,而实现方法是根据"鼓—缓冲器—绳"(Drum-Buffer-Rope,DBR)系统设计的,DBR 系统如图 4-34 所示。

① TOC 把主生产计划比喻为"鼓",根据"瓶颈"资源的可用能力确定物流量,作为约束全局的"鼓点",控制在制品库存量。从计划和控制的角度来看,"鼓"反映系统对"瓶颈"资源的利用。所以,对"瓶颈"资源应建立详细的生产作业计划,以保证对"瓶颈"资源充分合理的利用。

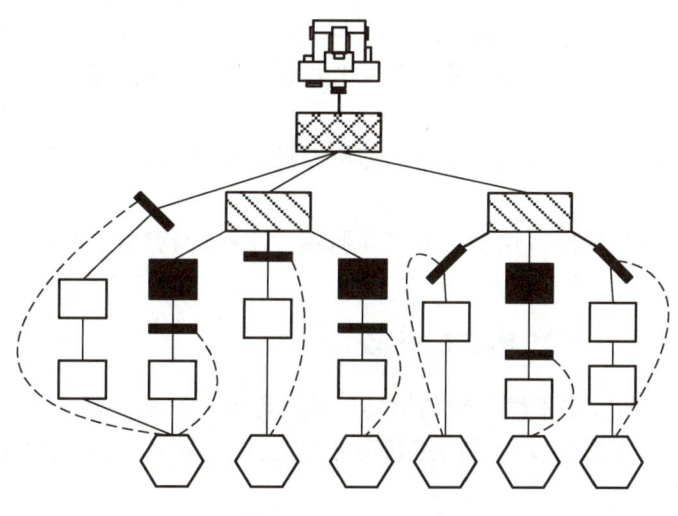

图 4-34 DBR 系统

注:⬡表示原材料;——表示加工路线;□表示一般工序;■表示瓶颈工序;▬表示缓冲环节;-----表示绳子;▨表示局部装配;▩表示总装配;⛴表示产品。

② 所有"瓶颈"和总装工序前要有"缓冲器",保证起约束作用的"瓶颈"资源得到充分利用,以实现企业的最大产出。一般来说,缓冲分为时间缓冲和库存缓冲。时间缓冲是将所有的物料比计划提前一段时间提交,以防随机波动、设备故障,且以"瓶颈"资源上的加工时间长度作为计量单位。其长度可凭观察与试验,经过必要的调整确定。库存缓冲是保证在制品位置、数量的,确定原则同时间缓冲类似。

③ 所有需要控制的工作中心如被一根传递信息的"绳子"牵住，按同一节拍进行生产。由于"瓶颈"工序决定着生产线的产出节奏，而在其上游的工序实行拉动式生产，等于用一根看不见的"绳子"把"瓶颈"工序与这些工序串联起来，有效地使物料按照产品生产作业计划快速地通过"非瓶颈"工序，以保证"瓶颈"资源的需要。所以，"绳子"控制着企业物料的进入，起到传递作用，即驱动系统的所有工序按照"鼓"的节奏进行生产。通过"绳子"的控制，使得"瓶颈"资源前的"非瓶颈"资源均衡生产，不仅减少了加工批量、运输批量、生产提前期以及在制品库存，而且避免了"瓶颈"资源停工待料的问题。在 DBR 系统的实施过程中，"绳子"是由一个涉及原材料到各车间的详细生产作业计划来实现的。

④ 识别企业的真正"瓶颈"是控制物流的关键。在 DBR 系统中，"鼓"的目标是使产出率最大；"缓冲器"的目标是对"瓶颈"进行保护，使其生产能力得到充分利用；"绳"的目标是使库存最少。一般来说，当需求超过能力时，排队最长的机器就是"瓶颈"。如果管理人员知道一定时间内生产的产品及其组合，就可以安排物料清单计算生产需要的零部件。然后，按零部件的加工路线及工时定额，算出设备的任务工时，将任务工时与生产能力比较，负荷最高、最不能满足需要的设备就是"瓶颈"。找到"瓶颈"后，把企业里所有加工设备划分为关键资源和非关键资源。

⑤ 基于"瓶颈"，建立产品生产作业计划。建立产品生产作业计划的前提是使受约束的物流达到最优，因为"瓶颈"约束 DBR 系统中的"鼓"的节拍，即控制着企业的生产节拍和销售率。为此，需要按有限能力计划法为"瓶颈"工序安排生产作业计划，并在"瓶颈"工序上扩大生产批量，设置"缓冲器"。"非瓶颈"工序的生产作业计划是按无限能力计划法确定。

a. 设置"缓冲器"进行监控，以防止随机波动，使"瓶颈"资源不会出现等待任务的情况。

b. 对企业物流进行平衡，使得进入"非瓶颈"工序的物料被"瓶颈"工序的产出率所控制，即"绳子"。

4.5.4　MRPⅡ、JIT、TOC模式的比较

通过对生产计划与控制不同层次的横向比较，可以清楚地分辨出 ERP、JIT、TOC 三种模式适合的层次，进而为三种模式的定位分析奠定理论基础。ERP、JIT、TOC 三种模式的比较分析见表 4-16。

表 4-16　ERP、JIT、TOC 三种模式的比较分析

比较项目	ERP	JIT	TOC
管理方式	以信息管理为基础、集权式管理	以经营环境为基础、分权式自主管理	以系统思考程序为基础、"瓶颈"处集权管理、"非瓶颈"处分权管理
系统类型	推式系统，接受制造的变量为被动式	拉式系统，寻求改善变量为主动式	"瓶颈"之前为拉式系统、"瓶颈"之后为推式系统，确认核心问题

续表

比较项目	ERP	JIT	TOC
追求目标	追求预测的准确，整合系统带动改善，有效合理地利用资源、改善计划、压缩库存	杜绝浪费，追求零库存及持续改善与尽善尽美	提升系统限制，仅需对"瓶颈"进行处理，提高产销率，降低库存和运营费
系统假设	固定的提前期；计划足以应对变化，生产运作顺畅与否与规划好坏关系很大；完全可以通过能力平衡的循环调整达到需求与实际的吻合	通过人、企业之间的协作等措施可以保证生产的稳定；交货点是系统的关键点，一切计划从最后一道工序开始；追求零库存、降低成本	生产波动的绝对性；"瓶颈"存在的绝对性；追求物流的平衡；减少库存、降低成本对获利作用有限，增加产销率却有无限可能；批量的动态制定
提前期	事先设定。推式计划编排的产物，计划编制的前提。人为控制一定的提前期，保证安全生产	不利因素，必须压缩至最短。拉式计划编排无提前期要求	是批量、优先权、生产能力等因素的函数，随生产动态变化。是计划编制产生的结果
计划控制重点	重视企业资源的合理运用及企业生产的主导作用。全盘重视，生成所有零部件的所有计划	重视交货点，控制交货服务水平。按需准时适量生产，保证生产的同步化和均衡化	以"瓶颈"为核心，抓重中之重，保证"瓶颈"产出的最大化及物料平衡和生产的节奏的同步
工序计划对象	每道工序。计算负担重，仅实现了生产过程开始时的控制，无法实现对生产过程中的监控	最后一道工序。"非瓶颈"工序抢占系统有限资源，未把有限资源用在最需要改善的环节上	"瓶颈"工序。计划的依赖点是随着实际"瓶颈"的变化而动态变化，把有限资源用在最需要改善的环节上
工序计划开展方式	按照预先设定的提前期，采用无限能力计划法，集中开展对各级生产单元和供应单元的计划与供应指令	采用看板管理方式，按照无限能力计划法，逐道工序倒序传递生产中的取货指令和生产指令	以"瓶颈"环节为基准，把"瓶颈"环节之前、之间、之后的工序分别按拉动、工艺排序、推动的方式排定，并保证投料节奏和"瓶颈"生产节奏同步
能力平衡方式	提供粗能力和细能力两级能力的平衡方式，经过"先排计划，再依据经验进行调整，直至满意"的过程，实现生产能力的相对平衡	企业以密切协作的方式保持需求的适当稳定，并以高柔性的生产设备来保证生产线上能力的相对平衡。总体能力平衡可作为长期规划来处理	承认能力不平衡的绝对性，直接利用"瓶颈"的能力限制，依据订单优先级修正负荷。系统整体能力的提升是通过持续改善企业链条上最薄弱的环节来实现的
剩余能力处理	尽量物尽其用，追求资源合理利用和经济效益，采用一定经济批量和规模，注重设备的高利用率	在消除浪费、降低成本的思想指导下，通常会削减剩余能力，削弱企业在市场上的竞争力	"非瓶颈"资源利用应小于其活力，利用率不应达到100%，允许其资源闲置
生产波动对策	通过保守的提前期、大量的库存、尽可能周密的计划集中安排各个环节的人、物等资源，以及生产加工，来应对生产波动	通过人员、企业等相互协作，结合看板管理和全面质量管理等，维持零库存下生产能力的相对平衡	承认波动存在的绝对性，并采用DBR系统来应对生产的波动。通过对"瓶颈"环节的持续改善提高整体系统的能力
工序间出现问题的后果	工序之间缺乏动态协调机制，每道工序都严格按照既定计划进行生产，某工序出现问题时会导致工序之间产量不平衡、在制品库存增加、生产混乱等情况	缺乏中长期计划的指导，某工序出现问题时，前置所有工序处于松弛状态；问题解决后，前置所有工序都将处于"瓶颈"的尴尬境地	一旦某道工序成为影响系统产出的限制，此道工序立刻会成为系统新的"瓶颈"，随后整个生产节奏将会随之发生改变，重新建立一个新的生产物流平衡系统

续表

比较项目	ERP	JIT	TOC
管理人员现场控制	生产出现问题反应不敏感，往往是物料阻塞已相当严重的时候发现。注重事前规划，易使管理人员产生惰性，不利于持续改进	生产出现问题反应敏感，易及时处理。重视现场控制是强调能力平衡的结果。消除一切浪费促使管理人员持续改进	生产出现问题反应敏感，能及时被管理人员发现。"瓶颈"的漂移和TOC自身机制保证了管理的持续改进
系统改进策略	通过问题的被动暴露，经过"加工—问题堆积—解决问题—加工"的循环过程完成系统的持续改进	通过库存的降低来试探问题的根源，经过"降低库存—暴露问题—解决问题—降低库存"的循环过程完成系统的持续改进	直接找出系统的制约因素，经过"识别'瓶颈'—'瓶颈'产出率最大化—打破'瓶颈'"的循环过程完成系统的持续改进
订单处理能力	系统产出数量和实际需求数量往往不一致，无法提供准确的订单交货服务信息；不能很好地处理订单选择和执行客户订单驱动	系统产出数量和实际需求数量一致，可以严格保证交货服务水平	可承诺量（Available To Promise，ATP）分析提供交货期、订单优先级、可供销售量等信息；可承诺能力（Capacity To Promise，CTP）分析提供订单能否按时完成等信息
计划控制	重视计划，重视计划与控制分离。编排计划不考虑能力平衡，如果能力不满足再调整计划，计划被动适应现场实际，计划频繁变动时权威性不高；生产控制滞后于生产实际，进行控制时可忽略计划的要求。生产计划是一下全下，计划调整是一改全改	重视现场控制，缺乏中长期计划指导。前道工序一味地盲目跟进和被动顺应后道工序的要求，使整个环节加工情况时好时坏；生产监控始终贯穿整个生产过程，但生产控制只是被动跟随	计划与控制并重，计划与控制集成一体化。编制计划时考虑了生产中的实际约束，对预控制问题（瓶颈）提前进行了计划；生产统计信息自动反馈到系统中，系统重新判定新的"瓶颈"，制订新的生产计划，形成管理控制的闭环
物料需求与采购	采购与供应系统主要根据由计划系统下达的物料需求指令进行采购决策，并负责完成与供应商之间的联系与交易。主要考虑如何在保证供应的同时降低费用	将采购与物料供应视为生产链的延伸部分，即为看板管理向企业外传递需求的部分。根据需求组织生产，保证生产链紧密衔接	物料采购提前期事先不固定，由批量、能力等共同决定，物料的供应按照一个详细作业计划来实现，即通过"绳子"来同步
物料投放控制	采用计划详细安排各级各个零部件的物料投放计划。因为提前期的不准造成在制品库存积压严重、物料投放更早的恶性循环	采用"看板"控制各道工序具体的物料投放时间、地点、数量等。在需要的时间、地点投放需要数量的物料	采用"绳子"协调各道工序之间的物料投放计划，保证整个生产系统物流的平衡，使生产既不出现短缺也不出现超储
库存控制方式	一般设有各级库存，强调对库存管理的明细化、准确化。库存执行的依据是计划和业务系统产生的加工领料单、加工入库单等	生产过程一般不设在制品，前道工序按被取走零部件的数量组织生产进行物料补充，所以库存量较少	合理设置"时间缓冲"和"库存缓冲"，以防止随机波动；通过设定不同的加工批量和运输批量来限制库存的积压
库存	一种资产，用来预防预测的误差、设备的故障、供应商拖期交货等，控制适量的库存。因工序之间产量的不平衡、提前期有富裕、订单过早进入车间导致库存量大	一种负债，按需准时适量生产，追求零库存。消除库存时未考虑库存对产销率、生产波动、物流平衡等方面的正面影响	"瓶颈"工序上的库存对生产波动、产销率、物流平衡起积极作用，缓冲区的库存受人为因素控制；"非瓶颈"工序上的库存是一种可能的限制因素，应尽量降低

本 章 小 结

生产物流是物流系统的核心组成部分，其是否合理对整个物流系统有着重要的影响。本章主要介绍生产物流管理概述、生产物流类型与特征、生产物流组织、生产物流计划与控制和现代生产物流管理的新模式五部分内容。

生产物流也称厂区物流、车间物流，是指生产企业内部进行的涉及原材料、在制品、半成品、产成品等的物流活动。

企业的生产类型是生产的产品品种、产量和专业化程度在企业技术、组织和经济上的综合反映和表现。它在很大程度上决定了企业的生产结构、工艺流程和工艺装备的特点，生产过程的组织形式及生产管理方法，同时也决定了与之匹配的生产物流的类型。

生产物流管理是指对企业生产经营活动所需要的各种物料的采购、验收、供应、保管、发放、合理使用、节约和综合利用等一系列计划、组织、控制、协调等管理活动。

企业生产从物料投入到产成品出产的生产物流过程，通常包括工艺过程、检验过程、运输过程、等待停歇过程、自然过程。为了提高生产效率，一般从空间、时间、人员3个角度组织生产物流。生产物流的空间组织一般有几种组织形式，即工艺专业化、对象专业化、成组工艺布置和定位布置法。生产物流的时间组织是指一批物料在生产过程中各生产单位、各道工序之间在时间上的衔接和结合方式。一批物料有3种典型的移动组织形式：顺序移动、平行移动和平行顺序移动。合理组织生产物流的基本要求是连续性、平行性、节奏性、比例性和适应性。

生产物流计划的核心工作是编制生产作业计划。具体来讲，就是根据计划期内确定的产品品种、数量和期限，具体安排产品及其部件在各个生产工艺阶段的生产进度、生产任务。

期量标准又称作业计划标准，是根据加工对象在生产过程中的运动状态，经过科学分析和计算，所确定的时间和数量标准。合理的期量标准为编制生产作业计划提供了科学依据，从而提高了计划编制质量，使其真正起到指导生产的作用。同时，按照期量标准组织生产，有利于建立正常的生产秩序，实现均衡生产。

不同类型生产物流有不同的期量标准。其中，大批量流水线生产物流的期量标准包括在制品定额、节拍、流水线作业指示图表等；单件小批量生产物流的期量标准包括生产周期、生产提前期等；成批生产物流的期量标准包括批量、生产间隔期、生产周期、在制品定额等。

生产物流控制系统的组成要素包括控制对象、控制目标和控制主体。生产物流有两种基本的控制方式：反馈控制和前馈控制。生产物流控制的内容包括进度控制、在制品控制、偏差的测定和处理。

物料需求计划是20世纪60年代起从美国开始发展起来的，它是企业利用计算机技术，根据产品的结构、产品的需求和现有库存情况，精确地制订产品及其零配件的生产投入产出日程，使企业能明确地了解何时需要哪些零配件及其数量，并能及时、快速地调整计划使其符合新的市场需求。MRP 的发展经历了开环 MRP、闭环 MRP 及 MRPⅡ阶段，进入了 ERP 阶段。

JIT 系统是日本丰田公司创立的一种独具特色的生产管理方式。作为一种拉动型生产系统，JIT 系统以市场需求为核心，通过看板管理，实现"在必要的时刻生产必要数量的必要产品（或零部件）"，彻底消除因在制品过量造成的浪费及间接浪费的生产系统。作为无浪费的管理方式，JIT 系统可以概括为"在需要的时间，按需要的数量，供给用户需要的产品"。

TOC 将企业看作一个完整的系统，认为任何一种系统至少会有一个约束因素。由于各种各样的制约（瓶颈）因素限制了企业生产产品的数量和利润的增长。因此，企业在实现其目标的过程中，通过逐个识别和消除现存的或潜伏的制约因素，使得企业的改进方向和改进策略明确化，从而更有效地实现"有效产出"的目标。

  关键术语

生产物流（Production Logistics）
生产物流管理（Production Logistics Management）
备货型（Make-To-Stock，MTS）
订货型（Make-To-Order，MTO）
大规模定制（Mass Customization，MC）
面向订单设计（Engineering-To-Order，ETO）
面向订单装配（Assembly-To-Order，ATO）
物料需求计划（Material Requirements Planning，MRP）
产品结构文件（Bill of Material，BOM）
主生产计划（Master Production Schedule，MPS）
制造资源计划（Manufacturing Resources Planning，MRPⅡ）
企业资源计划（Enterprise Resources Planning，ERP）
"鼓—缓冲器—绳"（Drum-Buffer-Rope，DBR）

 习题

1. 选择题

（1）生产物流系统设计要遵循的原则包括（　　）。
　　A．流动性原则　　　　　　　　B．高活性指数原则
　　C．规模最大原则　　　　　　　D．功耗最小原则

（2）生产物流具体研究的技术包括（　　）。
　　A．物流系统建模技术　　　　　B．物流设备技术
　　C．物流系统管理技术　　　　　D．物流仿真技术

（3）生产物流管理的重要性主要体现在（　　）。
　　A．节约生产费用，创造成本竞争优势
　　B．提高企业经营管理的水平，提高顾客忠诚度
　　C．节约制造时间，建立基于时间的竞争优势
　　D．以上不全对

（4）（　　）是指企业根据市场需求，有计划地进行产品开发和生产，生产出的产品不断补充成品库存，通过库存随时满足用户的需求。

  A．订货型生产　　　　　　　　B．成批生产型
  C．连续型生产　　　　　　　　D．备货型生产

（5）生产物流可以从（　　）进行有效的组织。

  A．人员组织　　B．时间组织　　C．物料组织　　D．空间组织

（6）（　　）是把不同类型的设备和不同工种的工人集中一起，建立一个生产单位（车间和工段），对相同的制品进行不同工艺的加工。

  A．对象专业化　　　　　　　　B．工艺专业化
  C．成组工艺布置　　　　　　　D．定位布置法

（7）（　　）是指从原材料投入生产开始，经过各道工序加工直至成品出产，所经过的全部日历时间。

  A．生产提前期　　　　　　　　B．生产间隔期
  C．生产周期　　　　　　　　　D．加工时间

（8）平行移动方式的特点包括（　　）。

  A．不会出现物料成批等待现象，因此整批物料的生产周期最短
  B．运输频繁、工作量大，会加大运输成本
  C．管理工作简单，便于组织
  D．工人和设备的工作时间不能充分利用，存在物料等待设备和设备等待物料的情况

（9）合理组织生产物流的基本要求包括（　　）。

  A．连续性　　B．节奏性　　C．比例性　　D．平行性

（10）大批量流水线生产物流的期量标准包括（　　）。

  A．流水线作业指示图表　　　　B．节拍
  C．生产提前期　　　　　　　　D．在制品定额

（11）流水线内部在制品占用量按照其作用分类可分为（　　）。

  A．工艺占用量　　　　　　　　B．保险储备占用量
  C．周转占用量　　　　　　　　D．运输占用量

（12）（　　）是控制主体根据设立的目标，发布控制指令，控制对象（物流过程）根据下达命令执行规定的动作，并将系统状态信息传递到控制主体，经过与目标比较确定调整量，通过控制对象来实施。

  A．反馈控制　　B．前馈控制　　C．事前控制　　D．现场控制

（13）物流控制的程序一般包括（　　）。

  A．制定期量标准　　　　　　　B．长期调整
  C．制订计划　　　　　　　　　D．短期调整

（14）MRPⅡ是指（　　）。

  A．企业资源计划　　　　　　　B．物料需求计划
  C．最优生产计划　　　　　　　D．制造资源计划

（15）MRP 的主要输入是指（　　）。
　　　A．主生产计划　　　　　　　B．库存状态文件
　　　C．提前期　　　　　　　　　D．产品结构文件
（16）TOC 是指（　　）。
　　　A．约束理论　　　　　　　　B．准时制生产
　　　C．物料清单　　　　　　　　D．最优生产计划
（17）核心思想在于"消除一切浪费"并在生产物流管理的实践中尽力消除不增值活动和不必要环节的管理方法是（　　）。
　　　A．MRP　　　　B．JIT　　　　C．TOC　　　　D．BRP

2. 简答题

（1）生产物流和生产物流管理的含义是什么？
（2）影响生产物流的主要因素有哪些？
（3）企业生产物流类型可以从哪些角度分类？
（4）生产物流空间组织和时间组织的形式各包括哪几类？
（5）合理组织生产物流的基本要求是什么？解释其中的一个基本要求的含义。
（6）什么是期量标准？大批量流水线生产物流、单件小批生产物流和成批生产物流的期量标准各包括什么？
（7）什么是生产提前期？生产提前期分哪两类？
（8）平衡线法的主要步骤和内容是什么？
（9）生产物流控制系统的组成要素是什么？生产物流控制的基本方式是什么？生产物流控制的内容包括哪些？
（10）MRP 的发展经历了哪几个阶段？MRP 与 MRP Ⅱ 之间最主要的区别是什么？
（11）MRP 系统有哪些输入和输出？
（12）JIT 的基本原理和目标是什么？
（13）看板使用的原则是什么？
（14）约束理论中，衡量生产系统的作业指标包括哪些？分别是什么含义？
（15）约束理论中，按物料流向把企业分成了哪几种类型？

3. 判断题

（1）生产物流也称厂区物流或车间物流，是指企业生产过程中发生的涉及原材料、在制品、半成品、产成品等进行的物流活动。（　　）
（2）企业物流的主要功能要素是搬运活动。（　　）
（3）专业化与协作化水平越高，所需物料的品种就越多，物料流程更复杂且会延长。（　　）
（4）生产物流管理是实现"在恰当的时间，将恰当的产品以恰当的价格送到恰当的顾客手中"的企业物流目标的基本保障。（　　）
（5）按照生产工艺性可将企业划分为单件生产型、成批生产型和大量生产型。（　　）
（6）ATO 是指大规模定制生产模式中的面向订单制造。（　　）

（7）工艺专业化是把同类型的设备和同工种的工人集中在一起，建立一个生产单位（车间、工段），对企业生产的各种产品进行相同工艺的加工。（ ）

（8）平行顺序移动方式是指一批物料在前道工序加工一个物料之后，立即送到后道工序继续加工，形成前后交叉作业。（ ）

（9）根据生产物流的特征，岗位设计的基本原则应是"因物料流向设岗"，而不是"因人、因设备、因组织设岗"。（ ）

（10）针对按对象专业化形式组织的物流，要求员工不仅要有较高的专业水平，而且要有较多的技能和技艺，即一专多能，一人多岗。（ ）

（11）生产物流计划的核心工作是编制生产作业计划。（ ）

（12）均衡生产是指企业及企业内的车间、工段、工作地等，在相等的阶段内，完成等量或均等数量的在制品或产品。（ ）

（13）工艺占用量是指间断流水线内，工序生产率不等造成的在制品量。（ ）

（14）节拍是大批量流水线生产最重要的工作参数，它表明流水线速度的快慢。（ ）

（15）现场控制是根据对系统未来的预测，事先采取措施应对即将发生的情况。（ ）

（16）MRP 至今仍是 MRP Ⅱ、ERP 的核心算法。（ ）

（17）ERP 是对企业的物流、资金流和信息流进行全面集成管理的管理信息系统，它利用企业内部和外部的资源，为企业提供决策、计划、控制和经营业绩的评估。（ ）

（18）在 JIT 这种生产方式中对浪费进行了重新定义，它认为在生产过程中凡是没有价值增值的环节都是浪费。（ ）

（19）TOC 强调，平衡物流，而不是平衡生产能力。（ ）

（20）DBR 系统是指"鼓—缓冲器—绳"系统。（ ）

（21）TOC 中，A 形企业的生产物流结构表现为由许多种原材料加工或转变成一种最终产品，如造船厂、飞机厂等企业。（ ）

4. 计算题

（1）一批机械加工产品的零件 A，批量 $n=4$，零件 A 的加工过程需要经过 4 道工序，每道工序的单件加工时间分别为 20min、20min、30min、20min。请在顺序移动、平行顺序移动和平行移动 3 种时间组织方式下，分别计算这批零件 A 的加工周期。

（2）某流水线上计划生产甲、乙、丙、丁 4 种产品。其计划产量分别为 3 000 个、2 000 个、2 500 个、1 500 个。每种产品在流水线上各道工序单件作业时间之和分别为 50min、45min、45min、40min。流水线按三班制生产，每月有效工作时间为 36 000min。试计算每种产品的节拍。

（3）根据某企业的生产计划，到 2024 年 12 月底，某产品的出产累计号数应达到 200 号，日平均产量为 3 台。构成该产品的某一部件在机械加工车间的出产提前期是 18 天，这一零件组在机械加工车间的加工批量是 5 套。在 12 月初，通过盘点，知道机械加工车间已经完成生产任务所达到的累计号数为 190 号。试求机械加工车间 12 月的出产量。

（4）表 4-17 所示为某汽车制造企业某月月初的相关信息，使用在制品定额法计算车间月度生产任务。

表 4-17　某汽车制造企业某月月初的相关信息

		产品名称	×× 型号汽车		
		产品产量	1 500 台		
		零件名称	发动机	轮胎（含备用胎）	……
		每辆件数	1	5	……
装配车间	1	出产量	1 500	7 500	……
	2	废品及损耗	—	—	……
	3	在制品定额	10	50	……
	4	期初预计在制品结存量	30	200	……
	5	投入量	（1）	（3）	……
零件库	6	半成品外销量	150	300	……
	7	库存半成品定额	20	60	……
	8	期初预计结存量	20	150	……
加工车间	9	出产量	（2）	（4）	……

5. 思考题

（1）生产物流时间组织的不同形式各自的特点是什么？分析选择生产物流时间组织方式所应考虑的因素有哪些，对不同组织形式有何影响？

（2）试从系统类型、追求目标、计划控制、系统改进策略等方面对 ERP、JIT、TOC 三个模式进行比较。

（3）如何理解资源的"利用"和"活力"不是同义词。

（4）分析生产物流控制的两个基本原理。

（5）观察你生活中的某个服务系统，分析其在提供服务的过程中有哪些不足，可采取哪些措施加以改进。

实际操作训练

课题 4-1：服务型企业空间布局分析与改进

实训项目：服务型企业空间布局分析与改进

实训目的：了解服务型企业空间布局形式，掌握服务型企业布局考虑的因素、具体流程，并分析空间布局的优劣，设计新的改进方案。

实训内容：实地调研某一服务型企业（如餐厅、咖啡屋、超市），对其布局形式进行详细分析，评价该布局的优劣；应用所学的知识对布局不合理之处提出有效的改进方案。

实训要求：首先，确定需要调研的服务型企业的类别，了解其具体的运作流程，所需的功能区域；之后联系企业，并实地考察，重点分析功能区域的布局形式，评价该布局的优劣；与企业负责人沟通，就该布局需要改进的方面和内容达成共识；应用所需的专业知识，对需要改进的布局进行优化设计，形成分析与改进设计报告；针对自己的分析设计结果，再与企业负责人沟通，听取他们对改进设计方案的建议，再次修改设计方案，如此反复直至得到企业负责人的认可。将以上分析、改进和设计的内容形成一个完整的报告。

课题 4-2：生产型企业生产物流计划原理与方法、生产物流组织形式调研

实训项目： 生产型企业生产物流计划原理与方法、生产物流组织形式调研

实训目的： 了解生产型企业生产物流计划采用的原理与方法、生产物流组织形式

实训内容： 联系一家中型的生产企业，调研该企业在制订生产作业计划时所采用的方法；实地考察该企业生产物流的组织形式。

实训要求： 首先，将学生进行分组，每五人一组，每个小组自行联系当地一家中型生产制造企业；调研该企业在制订生产作业计划时所采用的方法，分析企业所应用方法的优劣；将企业所用的方法与课程所学的方法做比较，以确定更为合理的生产作业计划的制订方法；实地考察该企业生产物流的组织形式，选定某个小批量的零件或部件的物流过程，分析生产周期的计算方法。每个小组将上述分析、比较和设计的内容形成一个较为完整的报告，与企业的生产作业计划部门、制造部门沟通，以帮助小组分析设计方案在企业的可行性。就双方都认可的内容，每个小组形成一个改进的报告。

课题 4-3：生产物流时间组织辅助系统的开发

实训项目： 生产物流时间组织辅助系统的开发

实训目的： 掌握生产物流时间组织的三种形式：顺序移动、平行移动和平行顺序移动的基本原理和加工周期的计算公式；提高系统分析、设计和开发的能力。

实训内容： 设计一个辅助系统，以完成物料在不同搬运方式下加工周期的计算以及详细图形的演示。

实训要求： 首先，将学生进行分组，每五人一组；每个小组在详细分析生产物流时间组织的三种形式特点、原理的基础上，分析该辅助系统所应该包括的功能模型，并进行详细的功能分析，形成需求分析报告；选定合适的开发工具，并将小组成员合理分工，完成该辅助系统的设计工作，并制作一个系统使用说明书。

案例分析

长风国际公司的 TOC 之路

长风国际公司成立于 1979 年，员工 2 500 人，主营的是 OEM 业务，多年以来凭借相对廉价的人力成本，以量取胜。在面对来自人力成本骤增和其他方面的压力时，该企业利用 TOC 解决了这些问题。

长风国际公司面临的主要问题包括：①大客户要求工厂对待员工要符合生产标准，明确限制加班时间，导致不能在现有人员配置条件下完成订单的加工任务；增加人手，导致人力成本开支增大，压缩了企业的利润；②无法有效控制订单的实施进程，导致物料无法准备齐全，订单的排程存在冲突，无法获知订单的进展情况等；③无法有效应付紧急插单。因此，"如何与其他同类企业竞争，如何生存下去"的疑问搭起了长风国际公司与 TOC 牵手的桥梁。

1. 寻找工厂的制约因素

找出制约因素是利用 TOC 解决问题的重中之重，也是决定能否成功实施 TOC 的关键。通过对原料、能力、市场和政策等方面的详细分析，长风国际公司分析出制约因素来自"市场"。

现在长风国际公司受制于市场，即目前的订单不够多。同时，由于现在的管理比较混乱，例如物料的发放、搬运没有秩序，发放也不按照订单的优先次序；每个岗位都摆满了物料，取物料都要排队……这些造成了假象：人手不够，订单等待时间长，效率低下。而实际上，如果把这一切都理顺了以后，会发现产能增加，人手够用，自然能接收更多的订单。

找到了市场资源是企业的约束环节，首先要改变的是采取一系列措施来保证这个环节始终高效率生产。

2. "鼓—缓冲器—绳"系统——从21天到11天的华丽转身

咨询公司按TOC的方法设计了一套"鼓—缓冲器—绳"系统，长风国际公司编制了一个Excel生产排程表，以订单的承诺交货期定出各订单的启动次序、何时发料等事项，并严格控制发料时间。

这个生产排程表就是"鼓"，生产线根据"鼓"的节奏进行运作，生产排程表让管理者清楚地知道各订单的现状：是否到发料期？各部门应该做什么？不应该做什么？而且，根据生产排程表的"缓冲器"状况，长风国际公司可以有的放矢地进行订单跟踪，保证责任到位。生产排程表给了各部门一个统一的指令，各部门都按照着指令办，使公司团队运作节奏更加紧凑。生产排程表也增加了各部门运作的透明度，无论是工作成绩还是失误，都是公开的，一目了然。

此外，长风国际公司还利用TOC关键链软件，画出了项目网络图，各个任务是不同的颜色，例如红色代表关键链，白色是非关键链，蓝色是缓冲。另外，长风国际公司还建立一个网站，将各部门所有任务都放进去。例如，一进入广东东莞的样板部的网站，就可以知道：未来有什么样板任务？来自哪里的订单？先后次序怎么样？这样部门就可以早做准备，工作流程有条有理。

这一系列的调整为理清长风国际公司的生产环节起到了很大作用，生产线顺畅了。例如，绣花裁片隔天就可以完成并送到车间，比以前快了1~2天。查货部门的待查品积压很少，很快就送到车间，比以前快了近半天。实施TOC之后，发料到出货的周期从平均需要21天缩短到11天。

资料来源：李承霖，2008. 企业物流管理实务[M]. 北京：北京理工大学出版社.

问题：

（1）该企业按TOC中关于企业类型的划分，应该属于什么企业类型？

（2）如何理解长风国际公司的"鼓—缓冲器—绳"系统？

（3）长风国际公司存在的问题是什么？应用TOC之后，有哪些调整措施？

（4）结合案例，说明TOC给企业带来了哪些好处？

第 5 章 企业仓储与库存管理

【本章教学要点】

知识要点	掌握程度	相关知识
仓储与仓储管理概述	了解	仓储的概念、仓库的类型、仓储的功能、仓储管理的概念、仓储管理的内容
仓储作业的基本流程	了解	收货、储存、发货
仓储管理决策	重点掌握	仓储活动主体的决策、集中仓储或分散仓储的决策、仓库选址决策
仓储合理化	了解	仓储合理化的因素、仓储合理化的途径
库存概述	掌握	库存的概念、对库存的评价、库存的分类、库存成本
库存管理与绩效评价指标	了解	库存管理的概念与控制目标、库存控制的影响因素、衡量库存管理效果的指标分析、需求模式对库存管理的影响
库存管理与控制方法	重点掌握	ABC 分类管理法、经济订货批量模型、定量订货法、定期订货法、定量订货法与定期订货法的比较、安全库存的确定
现代企业库存管理模式	熟悉	零库存管理、供应商管理库存、联合库存管理、多级库存优化与控制

【本章技能要点】

技能要点	掌握程度	应用方向
仓储管理决策	重点掌握	在面对仓储活动主体的选择、集中或分散仓储的决策、仓库选址等问题时可以借助该技能进行详细分析,做出正确的决策
库存分类和库存成本分类	掌握	对企业的库存和库存成本做出清晰的界定,为有效实施库存管理与控制方法提供支撑
库存管理与控制方法	重点掌握	进行库存物资的分类管理,有效确定各类物资的订货量、订货时间,使企业总库存成本最小化,对在库物资进行有效管理,有效确定合理的安全库存量

导入案例

你能帮助徐先生吗？

大阳摩托车自行车专营商店是一家批发和零售各种型号摩托车、自行车及其零配件的商店，每年销售各种类型摩托车约7 000辆，自行车30 000辆，年销售额近5 000万元。过去几年产品畅销，商店效益好，但是管理比较粗放，主要靠经验管理。由于商店所在地离制造商距离较远，前几年铁路运输资源比较紧张，为避免缺货，该商店经常保持较高的库存量。

近年来，经营同类业务的商店数量增加，市场竞争十分激烈，该商店摩托车经销部新聘徐先生担任主管。徐先生具有大学本科管理专业学历，又有在百货商店实际工作的经验。徐先生上任以后，就着手了解商店当前的情况，寻求提高经济效益的途径。

摩托车、自行车采购的具体方式是：参加制造商每年一次的订货会议，签订下年度的订货合同，然后按期到制造商处办理提货手续，组织进货。

徐先生认为摩托车经营部应按照库存控制理论，在保证市场供应的前提下，尽量降低库存，这是提高经济效益的主要途径。

该商店销售不同型号的摩托车，徐先生首先以XH公司生产的产品为例，计算其经济订货批量。徐先生为计算XH公司摩托车的经济订货批量，收集了以下数据。

（1）每年对XH公司生产的摩托车需求量为3 000辆，平均每辆价格为4 000元。

（2）采购成本。主要包括采购人员处理一笔采购业务的费用。以往有2名采购人员到XH公司进行采购，他们乘飞机、住宾馆、坐出租车，一次采购时间为16~24天，每名采购员的支出为6 700元。

（3）每辆摩托车的年库存持有费用主要包括以下几个方面。

① 所占用资金的机会成本。每辆摩托车平均价格为4 000元，银行贷款利率年息为6%。

② 房屋成本（仓库房租、维修、保险费用等平摊每辆摩托车分担的成本）。商店租用一个仓库，年租金52 000元。仓库最高库存量为700辆，最低时不足100辆，平均为400辆，因此每辆车年房屋成本为130元。

③ 仓库设施折旧费和操作费。吊车、卡车折旧和操作费平均每年10元/辆。

④ 存货的损坏、丢失、保险费等平均每年20元/辆。

你能帮助徐先生想想问题的解决方法吗？

思考题

（1）库存成本的构成包括哪些？每类成本各包括哪些费用？

（2）采用什么方法可以确定最佳的经济订货批量？经济订货批量是多少？年总库存成本最低是多少？

（3）如何确定再订购点？还需要哪些数据？

（4）在上述成本中，预估的房屋成本可能会和实际值有一定的差距，会对年总库存成本产生什么影响？

（5）可以在哪些方面采取措施，以进一步降低年总库存成本？

从影响企业物流合理化的角度来分析，仓储与库存管理在企业物流管理中占非常重要的地位。仓储在物流活动中起着不可替代的作用，库存也是企业进行正常经营和维护客户服务水平不可或缺的。企业的经营离不开仓储与库存，但是过高的库存水平又会给企业带来不利影响。因此，如何科学地对仓储与库存进行管理和控制是企业物流管理领域需要解决的一个主要问题。

5.1 企业仓储管理

企业的生产和销售，都离不开仓储活动。仓储在时间上协调原材料、产成品供需，起着缓冲和平衡的作用。因此，仓储管理是企业物流管理的一项重要内容。

5.1.1 仓储与仓储管理概述

1. 仓储的概念

《物流术语》（GB/T 18354—2021）对仓储的定义为："仓储是利用仓库及相关设施设备进行物品的入库、储存、出库的活动。"

看图学物流

某两个企业仓库的内部结构图对比如图5-1（a）和图5-1（b）所示，请分析两个企业仓库的差异。

（a）某企业仓库内部结构图　　（b）另一企业仓库的内部结构图

图5-1　两个企业仓库的内部结构图对比

仓储是物流系统的重要支柱，是商品流程的重要环节之一。在社会化分工与专业化生产的条件下，为保持社会再生产的顺利进行，必须储存一定量的物资，以满足一定时间内社会生产和消费的需要。

2. 仓库的类型

仓储活动的主体设施是仓库。仓库可以按保管条件、使用范围、保管物品种类多少、货物在库内的储存位置、建筑结构等进行分类。仓库的分类标准、类型名称及说明见表5-1。

表 5-1 仓库的分类标准、类型名称及说明

分类标准	类型名称	说明
保管条件	普通仓库	是指在常温条件下，用于存放无特殊要求物品的仓库
	冷藏仓库	主要有冷藏库、冷冻库。冷藏库的温度为-5℃～10℃，冷冻库的温度在-5℃以下。冷藏库多用于储备食品、果蔬、粮食，要求有较好的封闭性，同时要有换气功能，有的果蔬、粮食还需要药物熏蒸，以消灭病虫害；冷冻库用于存储肉类、海鲜、速冻食品等，保持低温抑制细菌，延长保质期并保鲜
	恒温仓库	是指能够调节温度的仓库（一般为10℃～20℃）
	特种仓库	是指用于存放易燃、易爆、有毒、有腐蚀性或辐射性物品的仓库
	气调仓库	是指用于存放要求控制库内氧气和二氧化碳浓度物品的仓库
使用范围	自有仓库	是生产企业或流通企业为了本企业经营的需要而修建的附属仓库，完全用于储存本企业的原材料、燃料和产成品等
	公共仓库	是由国家、主管部门或第三方企业修建的为社会提供服务的仓库，如机场、港口、铁路货场、营业仓库等
	出口监管仓库	是经海关批准，在海关监管下，存放已按规定领取了出口货物许可证或批件，已对外买断结汇并向海关办完全部出口海关手续物品的专用仓库
	保税仓库	经海关批准设立的专门存放保税货物及其他未办结海关手续货物的仓库
保管物品种类多少	专业型仓库	是指用于存放一种或某一大类物品的仓库
	综合型仓库	是指用于存放多种不同属性物品的仓库
货物在库内的储存位置	地面型仓库	是指单层地面库，库内多使用非货架型的保管设备
	货架型仓库	是指采用多层货架保管的仓库。在货架上放着物品和托盘，货架分为固定式货架和移动式货架
	自动化立体仓库 5-1 拓展视频	是指由立体货架、有轨巷道堆垛机、出入库托盘输送机系统、条码阅读系统、通信系统、自动控制系统、计算机监控系统、计算机管理系统，以及辅助设备组成的复杂的自动化仓库。其运用集成化物流理念，采用先进的控制、总线、通信和信息技术，通过以上设备的协调动作，按照用户的需要完成指定物品自动有序、快速准确、高效的入库、出库作业
建筑结构	平房仓库	是指建筑为单层的平面布局仓库。一般为钢筋混凝土结构、钢架金属屋面结构等。大多用于土地成本低的地区
	楼房仓库	是指立体布局的仓库，是多层式库房，大多用于土地紧缺的地区
	高层货架仓库	是指主要使用电子计算机控制，能实现机械化、自动化或智能化操作的仓库
	罐式仓库	是指结构特殊，成球形或柱形的仓库，主要用于储存石油、天然气和液体化工品等

3. 仓储的功能

仓储的功能除了具有储存物品和保管物品的基本功能，还有供需调节功能、运输能力调节功能、配送和流通加工功能、市场信息反馈功能、提供信用担保功能及经济功能等。

4. 仓储管理的概念

《物流术语》（GB/T 18354—2021）中给仓储管理的定义是："对仓储及相关作业进行计划、组织、协调与控制。"

5. 仓储管理的内容

仓储管理的对象是仓库与库存物品，管理的内容与企业类型有关。仓储管理的手段既有经济的，也有技术的。具体来说，其包括以下内容。

（1）仓库的选址与建筑问题。例如，仓库选择的原则、仓库选位与定址、仓库的建筑布局及面积的确定、仓库内通道与作业流程的设计等。

（2）仓库设备的选择与配置。例如，如何根据仓库作业的特征和所储存物品的种类及其合理化来选择仓库设备的类型及应配置的数量，如何对这些设备进行管理。

（3）仓库的作业管理。例如，如何组织物品入库前的验收，如何储存入库的物品，如何对在库物品进行保管保养、执行出库作业等。

（4）仓库的库存管理。例如，如何根据企业生产的需求状况，储存合理数量的物品，既不会因为储存过少引起生产中断而造成损失，又不会因为储存过多而占用过多的流动资金等。

（5）仓储作业活动的主体决策。例如，对于非物流企业，决策仓储作业活动是企业自营还是外包等。

此外，仓储业务的评价问题，新技术、新方法在仓库管理中的应用问题，仓库安全和消防问题等，都是仓储管理涉及的内容。

仓储管理在不同的行业中有不同的管理方法，无论是从管理目标、管理核心，还是从管理范围、控制要求等角度来看，制造业和物流业的仓储管理都存在较大的差别，见表5-2。

表5-2 制造业和物流业的仓储管理的区别

行业	管理目标	管理核心	管理范围	控制要求
制造业	在保证不影响生产的前提下，维持最低的库存量，通过减少库存量来降低产品的生产成本	降低产品的生产成本	从原材料采购到产品进入市场的整个过程的控制和管理	强调对库存量的控制，库存量越小越符合制造业仓储管理的控制要求
物流业	提高物品周转率，将物品尽快转化为可以利用的流动资金	提高物品的周转率	管理范围一般不包括采购这个环节	强调对物品周转的控制，物品周转速度越快，越能满足物品的需求

5.1.2 仓储作业的基本流程

仓储作业是指从接收物品开始，到按需把物品完好地出库的全过程，主要由收货、储存、发货3个阶段组成。仓储作业由供应货车到卸货站台开始，经进货作业确认进货物品后，便依次将物品验收入库，上货架储存，而后为确保在库物品得到良好的保管，再进行物品的实时控制与管理。当接收客户订单后，先根据订单性质做订单处理，再根据处理后的订单信息执行将客户订购物品从仓库中取出的拣货作业。拣货完成后,如果拣货区剩余的库存量过低,则必须补货。如果储存区的库存量低于设定的标准,便向上游企业采购。从仓库拣选的物品经过整理后准备出货,运输员便将出货物品装上配送车辆,根据配送路线将物品配送到各个客户点交货,具体内容如图5-2所示。

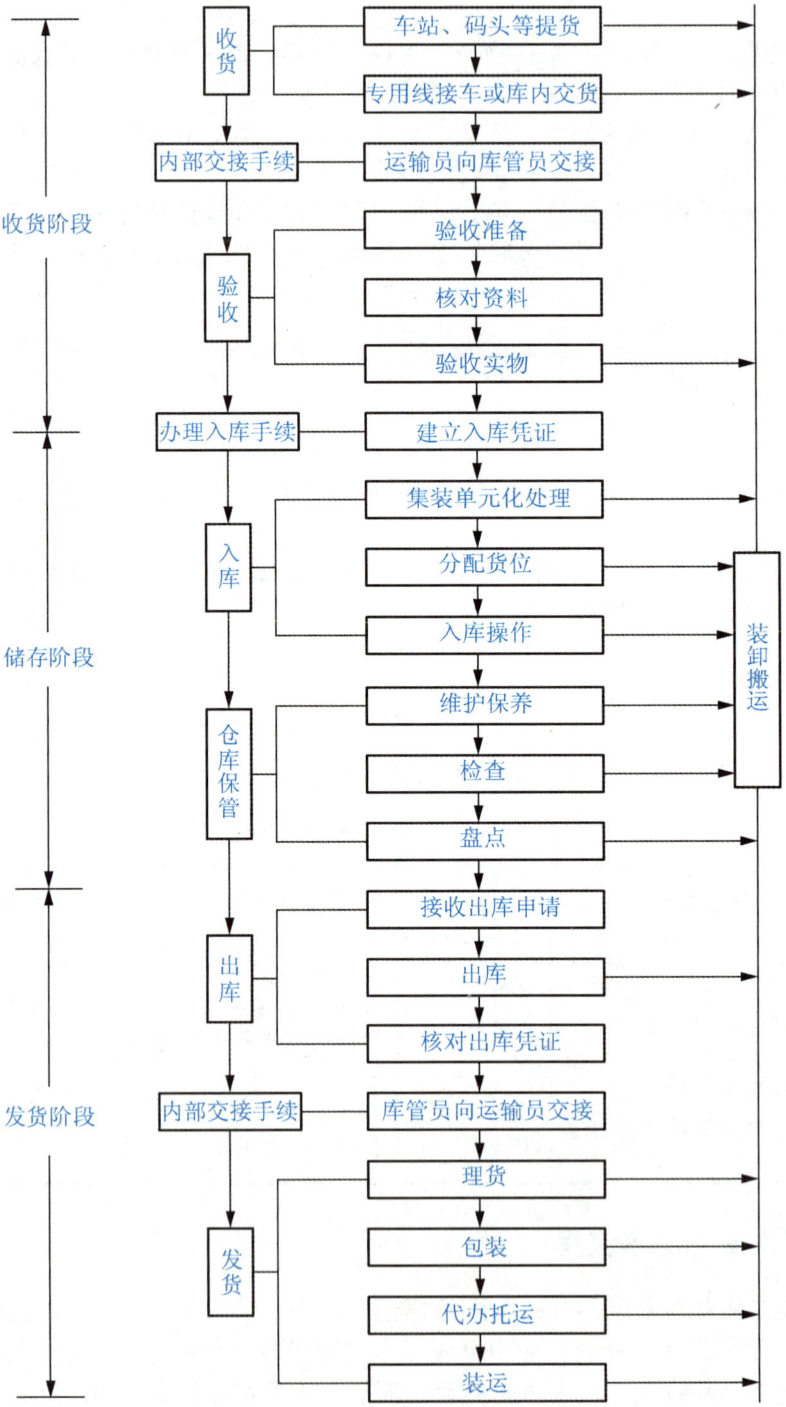

图5-2 仓储作业的基本流程

5.1.3 仓储管理决策

企业仓储管理对于满足企业生产经营活动是必需的。在实际应用中，仓储管理要面对各种经济环境和市场环境，因此，管理者需要经常对仓储系统中的仓储类型、集中或分散仓储、仓库选址等问题进行科学的决策，以选择适合企业的仓储方案。

1. 仓储活动主体的决策

（1）仓储活动主体的两种类型。

自有仓库（Private Warehouse）。自有仓库是企业储存其自有产品的仓库，仓库的管理由企业自行负责。自有仓库具有的优点如下。

① 控制。企业对自有仓库的各项作业及优先权有绝对的决策权，有利于与其他企业内部物流流程进行整合，控制力较强。

② 弹性。自有仓库可以弹性调整各项作业与流程，以满足特殊的需求。具有特殊性的产品和客户的企业适合采用自有仓库。

③ 成本。当进出仓库的物品数量达到经济规模时，自有仓库通常被认为比使用公共仓库的成本低，并且企业的自主管控能力与灵活性更强。

④ 无形效益。自有仓库具有一些无形效益。如自有仓库在显要位置印有企业的标志，给客户留下深刻的印象，这样能增加企业的营销优势。

公共仓库（Public Warehouse）。在整个物流系统中，公共仓库得到了广泛的应用。公共仓库具有的优点如下。

① 专业的仓储管理：公共仓库较为了解仓库营运的风险，较易掌握市场机会。

② 变动成本可能较自有仓库低：公共仓库具有规模经济，可以通过支付较低的工资，产生较高的生产力。

③ 提高企业的投资回报率：租赁公共仓库的企业无须支付仓库的投资支出。

④ 较有弹性：公共仓库储存空间的大小及物品数量较有弹性，因此可更快速地响应供货商、客户的需求。

⑤ 显著的规模经济：公共仓库代为运作客户的物品物流活动，故从收货、仓库内部作业到订单配送，均有大量整合、处理产品的机会。

⑥ 专业的仓储配送和流通加工服务。公共仓库的收入主要来自以下服务。

第一，装卸搬运处理费用，通常以每箱或每千克计算。

第二，保管储存费用，通常以每箱或每千克储存天数计算。

第三，配送费用，通常以每箱配送距离计算，有最低收费标准。

第四，其他费用，如贴价格标签、日期标签、促销包装等费用。

（2）企业进行仓储类型决策的影响因素。

自有仓库仓储、租赁公共仓库仓储各有优势，企业决策的主要依据是物流的总成本最低。自有仓库仓储与租赁公共仓库仓储的成本比较如图 5-3 所示。

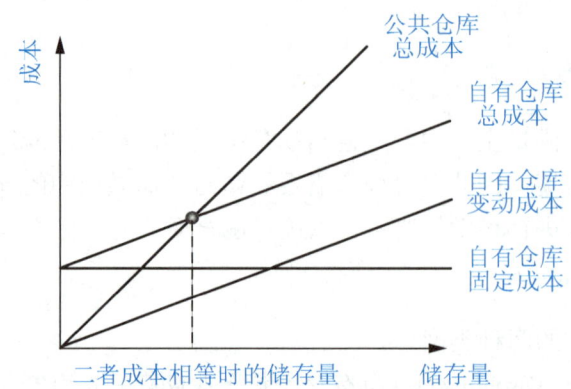

图 5-3 自有仓库仓储与租赁公共仓库仓储的成本比较

企业是自建仓库还是租赁公共仓库需要考虑的因素包括储存量、需求的稳定性、市场集中度和控制。

当企业拥有多条产品生产线,并有大量、稳定且市场集中度很高的需要加以控制的产品时,采用自有仓库进行物品仓储非常经济;对于小批量物品长距离运输到分散的客户或企业,以及刚刚进入市场、其销售水平和稳定性还不确定的企业而言,采用公共仓库进行物品仓储更为经济。

2. 集中仓储或分散仓储的决策

集中仓储或分散仓储是企业仓储管理的一项重要决策,对于产品销售遍及全国各地的大型企业要经过仔细分析和综合考量才能做出正确的选择。例如,在全国范围内生产或分销一种竞争激烈、可替代性强的产品的企业,就需要高度分散化的仓储来为客户提供高时效服务。

企业仓库数量的决策必须与运输方式的决策结合起来。例如,空运能够使市场由一两个具有战略性位置的仓库快速扩展到全国,虽然空运的成本相对较高,但可降低库存成本。由于运输方式的多样性,尤其需要与企业的仓储决策结合考虑,使得仓库数量的决策变得更加困难。

与仓库数量和集中仓储还是分散仓储决策密切相关的是仓库的规模大小及选址决策。如果企业租赁公共仓库,则仓库规模就不是很重要,因为企业可以根据它在不同时期内的需求来及时扩大或减小所需的仓储空间。同样,当企业租赁公共仓库时,选址的重要性也相对小一些,因为企业可以根据客户分布的变化随时调整仓库位置。

(1)仓库数量的决策。

仓库数量对企业物流系统的各项成本都有影响。一般来说,随着企业物流系统中仓库数量的增加,运输成本和失销成本会减少,但库存成本将会增加。

(2)影响仓库数量的因素。

① 企业客户服务的需要。当客户对服务标准要求很高时,需要更多的仓库来及时满足客户的需求。

② 运输能力和服务的水平。在运输和服务水平下降的情况下,企业通常增加仓库数量来作为加强运输和服务的替代手段。

③ 客户的小批量购买。客户小批量购买的需求需要企业建更多的仓库来保证分销渠道的通畅。

④ 物流管理信息系统的应用。物流管理信息系统的应用提高了仓库资源的利用率和运作效率，使企业仓储管理不再受仓库数量与位置的限制。

3. 仓库选址决策

仓库是企业物品供应与销售的场所，也是企业内外物资转运的连接点。因此，正确选定仓库位置对于保证企业内外物资的合理流动、减少运输装卸作业环节、减少物资在途损耗、降低物资供应成本等具有十分重要的意义。

（1）仓库选址决策概述。

企业在面对如下的一些情况的时候，需要考虑选址决策。

① 企业现有生产能力不能满足客户日益增长的产品需求或多样化需求时，企业就需要通过扩建和选择合理的位置新建生产基地以及配套仓库。

② 产品在市场上认可程度逐步增强，产品的需求分布发生区域性变化时，企业需要根据产品需求的变化进行生产基地以及配套仓库的搬迁或新建。

③ 原材料供应的地理分布、劳动力市场价格、技术人员供需情况发生变化时，可能导致企业重新考虑生产基地及配套仓库的建设问题。

一项好的仓库选址决策的意义在于以下几个方面。

① 能够降低企业生产经营成本，增强企业在产品市场中的竞争优势。

② 提高企业的投资收益及生产效率。

③ 关系到企业生存发展的命运。

因此，仓库选址决策是企业战略层次的决策。

（2）仓库选址的影响因素。

影响仓库选址的因素主要分为外部因素和内部因素两大类。外部因素主要包括自然环境因素、宏观政治与经济因素、基础设施因素、环境保护因素、竞争对手等；内部因素包括企业的发展战略、产品、技术或服务的特征等。

案例 5-1

Dell 选址考虑的影响因素

在不同时期，Dell 转移总部和在不同地区建立工厂考虑的选址影响因素并不相同。

1984 年，Michael Dell 在得克萨斯州的奥斯汀成立了 Dell 公司。1994 年，相邻城市朗德罗克为 Dell 提供了一个一揽子的优惠税收政策，如将 Dell 所交的 2%的销售税的 31%返还 60 年，100%地免除 Dell 的财产税 5 年，50%地免除 Dell 财产税 50 年等。基于优惠税收政策方面的考虑，Dell 将总部转移到了朗德罗克。

Dell 在爱尔兰的利默瑞克建立了欧洲市场的第一个工厂，当时考虑的选址影响因素主要包括：①当地低成本、高质量的劳动力；②爱尔兰较低的企业税；③爱尔兰是欧盟成员国，在爱尔兰制造的计算机可以直接发往欧洲市场而无须缴纳增值税；④爱尔兰属于欧元区，可以通过欧元的稳定性减小欧洲内的汇率风险。随着 Dell 以及相应供应商进入利默瑞克，劳动力的成本越来越高。但是，由于当地的劳动力素质比较高（在 Dell 的利默瑞克工厂 5 006 名员工都具有学士学位），Dell 对当地的劳动力资源比较满意。因此，Dell 并未调整工厂的位置。

Dell 在马来西亚建立了亚洲市场的第一个工厂,当时考虑的选址影响因素是:与新加坡相比,马来西亚的劳动力成本低。

(3) 仓库选址决策的程序。

仓库选址可以从宏观和微观两个角度进行分析。宏观角度分析在哪些大的地理区域选址可以加快原材料供应及改进市场供给,即仓库的选位问题;微观角度分析在已选定的大的地理区域内如何选定具体的仓库位置,即仓库的定址问题。仓库选址的具体程序如图5-4所示。

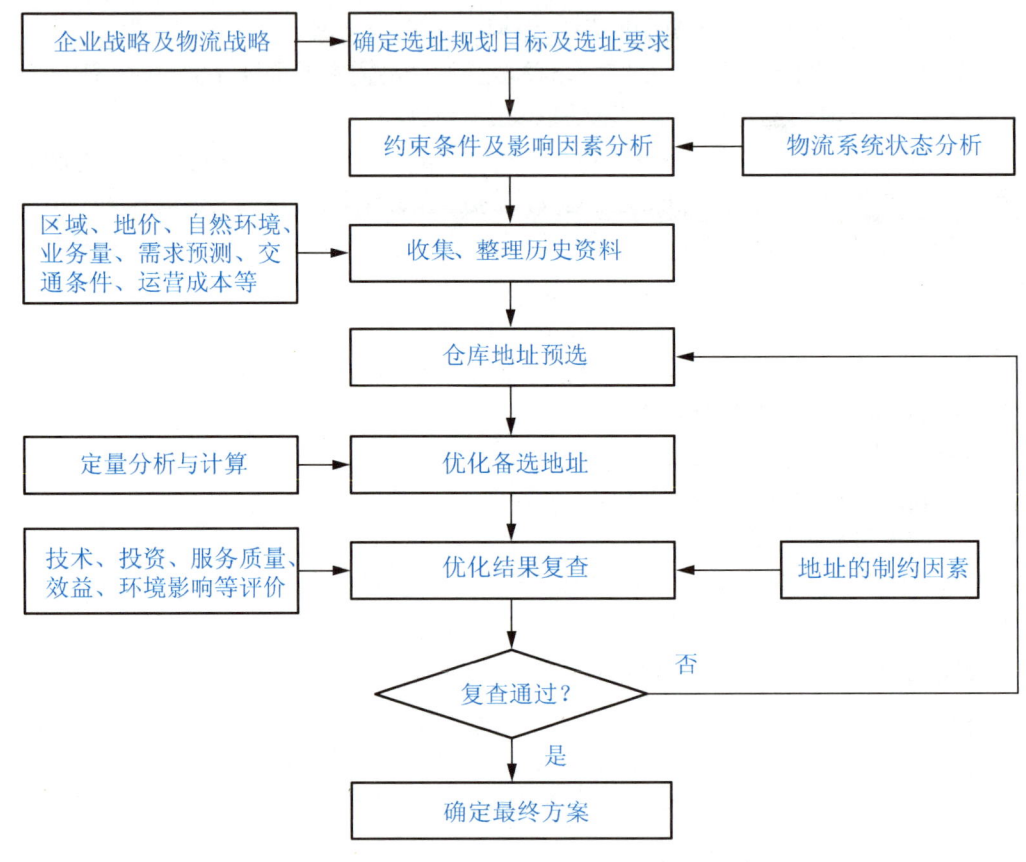

图 5-4 仓库选址的具体程序

(4) 仓库选址的方法。

企业在仓库的选址决策中,应该将定性分析法和定量分析法结合使用。定性分析法主要是根据选址影响因素和选址原则,依靠专家或管理人员丰富的经验、知识及其综合分析能力,确定仓库具体位置的选址方法。定量分析法是依靠数学模型对收集、整理的相应资料进行定量的计算,确定仓库具体位置的选址方法。下面对常用的选址方法进行介绍。

① 德尔菲法。20世纪40年代,美国兰德公司发展了一种新型的专家分析方法,即德尔菲法。

德尔菲法具有以下几个典型的特征:吸收专家参与选址,充分利用专家的经验和学识;采用匿名或背靠背的方式,能使每一位专家独立自由地做出自己的判断;选址过程经过几轮的反馈,使专家的意见逐渐趋同。

德尔菲法的实施步骤如图 5-5 所示。

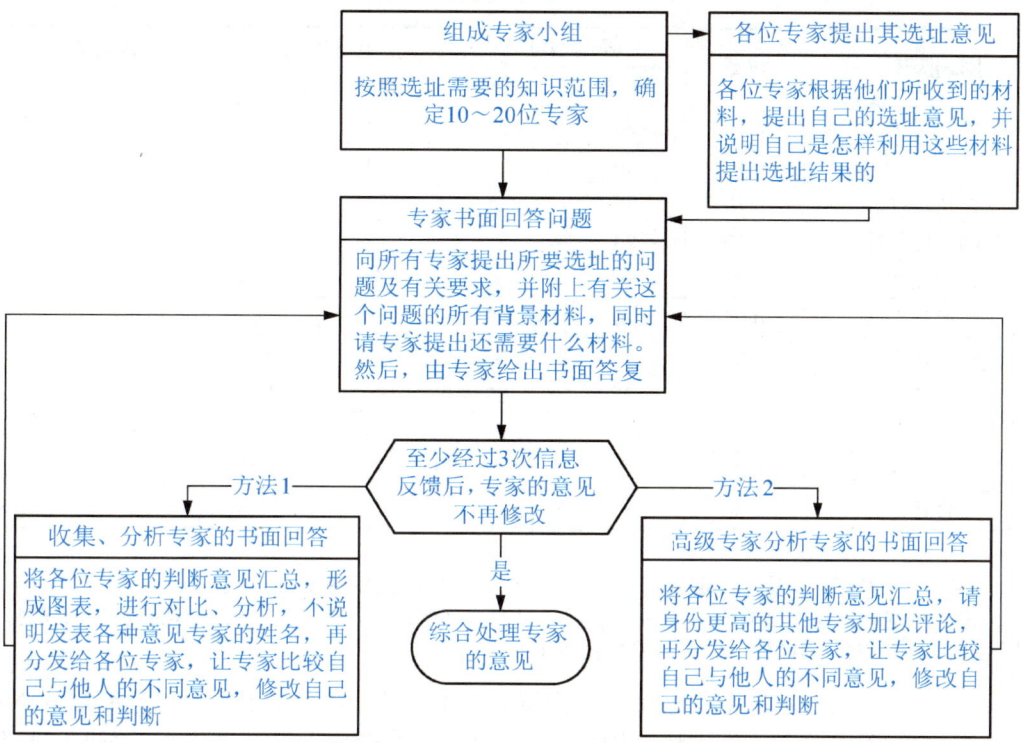

图 5-5　德尔菲法的实施步骤

德尔菲法能发挥专家会议法的优点，即能充分发挥各位专家的作用，集思广益，准确性高，能把各位专家意见的分歧点表达出来，取各家之长，避各家之短。同时，德尔菲法又能避免专家会议法的缺点，即权威人士的意见影响他人的意见；有些专家碍于情面，不愿意发表与其他人不同的意见；出于自尊心而不愿意修改自己不全面的意见。德尔菲法的主要缺点是过程比较复杂，花费时间较长。

② 权重因素分析法。选址涉及多种因素，很多因素难以量化，且各个因素影响的重要程度不同。为了综合考虑各影响因素及其重要程度，可对各个因素及重要程度赋值，计算各方案总分，选择分值最高者为最优方案。其具体包括以下步骤。

a. 列出影响选址的因素，即列出比较的项目。
b. 赋予每个因素权重，以反映它在仓库选址中的相对重要程度。
c. 确定每个因素记分的取值范围，如从 100 到 1 表示从很好到很差。
d. 请有关专家对每个候选仓库地址评分。
e. 计算每个方案得分，总得分=$\sum$（每个因素评分×权重）。
f. 选择总得分最高者为最优方案。

【例 5-1】　某企业欲新建一仓库，共有 3 个候选地址 A、B、C。其中，影响仓库选址的因素主要有 10 种，其相关信息见表 5-3，求最优选址方案。

解：根据权重和不同候选地址在各个因素上的得分，计算各候选地址的总得分，见表 5-3。选择总得分最高的候选地址为最佳仓库地址，即候选地址 C 为最佳地址。

表 5-3 仓库选址方案得分的计算表

影响因素	权重	候选地址 A		候选地址 B		候选地址 C	
		评分	得分	评分	得分	评分	得分
客户分布条件	0.20	70	14	80	16	75	15
劳动力成本	0.10	80	8	90	9	90	9
科技条件	0.10	85	8.5	60	6	70	7
基础设施条件	0.10	70	7	75	7.5	80	8
交通运输状况	0.15	60	9	70	10.5	75	11.25
地形条件	0.05	90	4.5	80	4	70	3.5
水文条件	0.05	80	4	75	3.75	60	3
税收政策	0.10	75	7.5	85	8.5	80	8
竞争对手条件	0.10	80	8	70	7	75	7.5
其他条件	0.05	75	3.75	65	3.25	85	4.25
合计	1.00	—	74.25	—	75.5	—	76.5

注：
① 各个影响因素权重最好设定为 0~1，且各个影响因素权重之和为 1；
② 影响该选址方案结果的因素包括选址影响因素的个数和内容的确定、权重的赋值和专家的打分，不同企业的差别很大，因此这 3 个环节要慎重权衡。

③ 重心法。重心法是企业仓库选址决策的常用方法，它经常用于中转仓库或分销仓库的选址。当总成本中运输费用所占比例很大，且由一个仓库向多个销售点运货时，可以采用重心法选择运输费用最小的地点作为仓库的最佳位置。

a. 重心法的模型。设有 n 个客户（可以是零售店或仓库），它们各自的坐标是 $R_i(x_i, y_i)$，需新建的仓库坐标为 $W(x_w, y_w)$，如图 5-6 所示，现在欲确定该新建仓库的位置，使仓库到各客户的总运输费用最低。

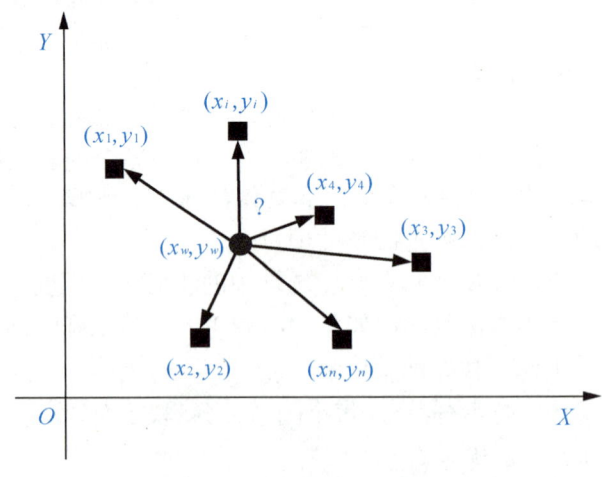

图 5-6 新建仓库与各客户的坐标

已知条件如下：f_i 为新建仓库 W 到客户 i 的运输费率（运输某种产品时，每单位运输量在运输单位距离时所发生的运输费用）；V_i 为新建仓库到客户 i 的运输量；d_i 为新建仓库到客户 i 的距离。

由此可得新建仓库到各个客户的总运输费用（Transport Cost，TC）如下。

$$\text{TC} = \sum_{i=1}^{n} C_i \tag{5-1}$$

式中，C_i 可以表示成式（5-2）的形式。

$$C_i = f_i \cdot V_i \cdot d_i \tag{5-2}$$

d_i 也可以写成式（5-3）的形式。

$$d_i = \left[(x_w - x_i)^2 + (y_w - y_i)^2 \right]^{\frac{1}{2}} \tag{5-3}$$

把式（5-2）代入式（5-1）中，得到

$$\text{TC} = \sum_{i=1}^{n} f_i \cdot V_i \cdot d_i \tag{5-4}$$

现在，需确定坐标 (x_w, y_w) 为何值时，可使 TC 最低。

根据函数求极值原理，分别对式（5-4）中的 x_w 和 y_w 求偏导，令偏导数为0，得式（5-5）。

$$\begin{cases} \dfrac{\partial \text{TC}}{\partial x_w} = \dfrac{\sum_{i=1}^{n} f_i \cdot V_i \cdot (x_w - x_i)}{d_i} = 0 \\[2mm] \dfrac{\partial \text{TC}}{\partial y_w} = \dfrac{\sum_{i=1}^{n} f_i \cdot V_i \cdot (y_w - y_i)}{d_i} = 0 \end{cases} \tag{5-5}$$

由式（5-5）可以求得函数 TC 的极值点 (x_w^*, y_w^*)，见式（5-6）。

$$\begin{cases} x_w^* = \dfrac{\sum_{i=1}^{n} f_i \cdot V_i \cdot x_i / d_i}{\sum_{i=1}^{n} f_i \cdot V_i / d_i} \\[4mm] y_w^* = \dfrac{\sum_{i=1}^{n} f_i \cdot V_i \cdot y_i / d_i}{\sum_{i=1}^{n} f_i \cdot V_i / d_i} \end{cases} \tag{5-6}$$

因式（5-6）中含有 d_i，而 d_i 还含有未知数 x_w 和 y_w，所以由式（5-6）难以求得 x_w^* 和 y_w^*。因此，可采用迭代法来进行计算，其表达式为

$$\begin{cases} x_w^{*(k)} = \dfrac{\sum_{i=1}^{n} f_i \cdot V_i \cdot x_i / d_{i(k-1)}}{\sum_{i=1}^{n} f_i \cdot V_i / d_{i(k-1)}} \\[4mm] y_w^{*(k)} = \dfrac{\sum_{i=1}^{n} f_i \cdot V_i \cdot y_i / d_{i(k-1)}}{\sum_{i=1}^{n} f_i \cdot V_i / d_{i(k-1)}} \end{cases} \tag{5-7}$$

其中

$$d_{i(k-1)} = \left[\left(x_w^{*(k-1)} - x_i\right)^2 + \left(y_w^{*(k-1)} - y_i\right)^2\right]^{\frac{1}{2}} \tag{5-8}$$

b. 迭代法的计算步骤。

第一，给出新建仓库的初始位置$(x_w^{*(0)}, y_w^{*(0)})$。给定初始位置是迭代法求解最佳新建仓库位置的关键，一般做法是将客户坐标的重心点作为初始仓库的位置，因此，这种方法称为重心法。假设客户坐标的重心点的坐标为$(\bar{x}, \bar{y})$，则有

$$\begin{cases} x_w^{*(0)} = \bar{x} = \dfrac{\sum\limits_{i=1}^{n} f_i \cdot V_i \cdot x_i}{\sum\limits_{i=1}^{n} f_i \cdot V_i} \\ \\ y_w^{*(0)} = \bar{y} = \dfrac{\sum\limits_{i=1}^{n} f_i \cdot V_i \cdot y_i}{\sum\limits_{i=1}^{n} f_i \cdot V_i} \end{cases} \tag{5-9}$$

第二，令 $k=1$。

第三，利用式（5-8）求出 $d_{i(0)}$。

第四，利用式（5-4）求出相应的总运输费用 TC_0。

第五，利用式（5-7）求出第 k 次迭代结果$(x_w^{*(k)}, y_w^{*(k)})$。

第六，利用式（5-8）求出 $d_{i(k)}$，利用式（5-4）求出相应的总运输费用 TC_k。

第七，若 $TC_k < TC_{k-1}$，则令 $k=k+1$，返回第五步继续迭代；否则，输出$(x_w^{*(k-1)}, y_w^{*(k-1)})$、$TC_{k-1}$ 作为最佳新建仓库位置和最低运输费用，并停止迭代。

知识要点提醒

第一，初始位置不影响求解最优坐标。可以任意选取，也可以根据各客户的位置和需要量的大小分布情况选取初始位置。初始位置的选取方法可以不同。

第二，通过大量的计算表明，用式（5-9）求解的初始坐标与迭代求解的最优坐标相差不大。因此，为了简化计算，可以用式（5-9）的计算结果作为近似最优坐标。

第三，在某些极端数据的情况下，求解的最优坐标会与其中一个已知点的坐标重合。这就和仓库选址的实际情况发生了冲突，需要借助于其他评价方法对仓库的选址进行分析。

c. 对重心法的评价。求解新建仓库最佳位置的模型有离散型模型和连续型模型两种，重心法模型是连续型模型。在这种模型中，仓库地点的选址是不加特定限制的，可以自由选择。但从另一角度看，重心法模型的自由度过多也是一个缺点。因为由迭代法计算求得的最佳地点实际上往往很难找到，有的地点很可能在河流、湖泊上或街道中间等。此外，迭代计算非常复杂，这也是连续型模型的缺点之一。

d. 重心法选址系统。按照前面的迭代法计算步骤，利用 Visual Basic 6.0 程序开发语言，可以设计出教学用的单设施重心法选址系统。实验教学型单设施重心法选址系统总体功能结构图如图 5-7 所示。

图 5-8 所示为重心法选址系统迭代计算过程的代码。该系统核心模块的界面如图 5-9 所示（该系统将参数设定与问题求解合并到一个界面）。

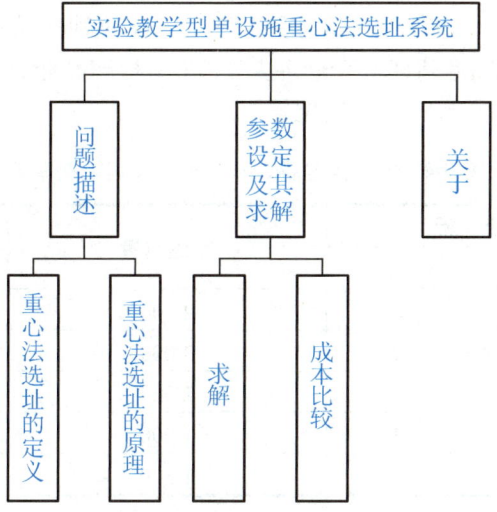

图 5-7 实验教学型单设施重心法选址系统总体功能结构图

图 5-8 重心法选址系统迭代计算过程的代码

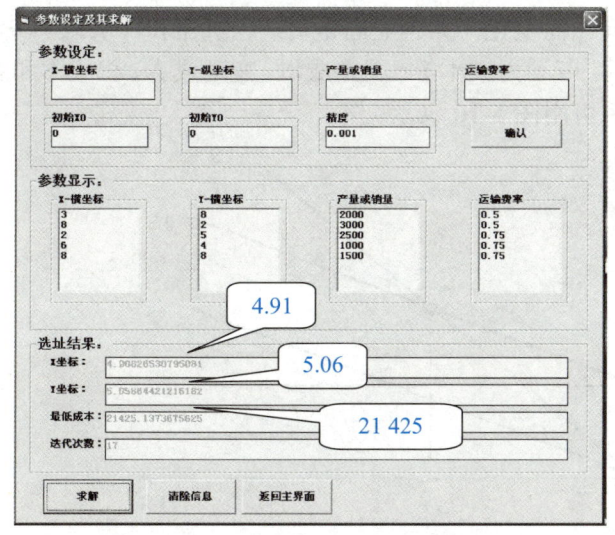

图 5-9 重心法选址系统的参数设定与问题求解

5-2 拓展视频

【例 5-2】 某企业两个工厂 P_1、P_2 分别生产 A、B 两种产品，供应 3 个市场 M_1、M_2、M_3。已知信息见表 5-4。现需新建一个仓库，A、B 两种产品通过该仓库间接向 3 个市场供货。请使用重心法求出新建仓库的最优位置。

表 5-4 已知点坐标、年运输量及运输费率表

节点	点坐标		年运输量	运输费率
	x_i	y_i		
P_1	3	8	2 000	0.5
P_2	8	2	3 000	0.5
M_1	2	5	2 500	0.75
M_2	6	4	1 000	0.75
M_3	8	8	1 500	0.75

解：根据式（5-9）计算初始位置，结果为

$$x_w^{*(0)} = \frac{3\times 2\,000\times 0.5 + 8\times 3\,000\times 0.5 + 2\times 2\,500\times 0.75 + 6\times 1\,000\times 0.75 + 8\times 1\,500\times 0.75}{2\,000\times 0.5 + 3\,000\times 0.5 + 2\,500\times 0.75 + 1\,000\times 0.75 + 1\,500\times 0.75} = 5.16$$

$$y_w^{*(0)} = \frac{8\times 2\,000\times 0.5 + 2\times 3\,000\times 0.5 + 5\times 2\,500\times 0.75 + 4\times 1\,000\times 0.75 + 8\times 1\,500\times 0.75}{2\,000\times 0.5 + 3\,000\times 0.5 + 2\,500\times 0.75 + 1\,000\times 0.75 + 1\,500\times 0.75} = 5.18$$

利用重心法选址系统求解最优位置，其结果如图 5-9 所示。求出仓库的最优解为（4.91，5.06），最低运输费用为 21 425。

④ 盈亏平衡分析法。盈亏平衡分析法又称量本利法，其核心在于将盈亏平衡分析法的基本思想应用到企业仓库的决策中。若可供选择的各个方案均能满足仓库选址的基本要求，但投资额及投产后的变动成本不同，可以通过绘制各个方案的总成本曲线，找出每个备选地点产出的最优区间及盈利区间，确定在满足需求量要求条件下，总成本最低的方案为最佳选址方案。

生产经营中总成本（TC）分为固定成本（Fixed Cost，FC）和变动成本（Variable Cost，VC）。固定成本不随产量的变化而变化，如企业固定资产（机器和厂房）；变动成本随产量的变化而变化，如原材料费用、劳动力成本等。固定成本、变动成本、总成本和总收入（Total Revenue，TR）与产量的关系可用图 5-10 表示。

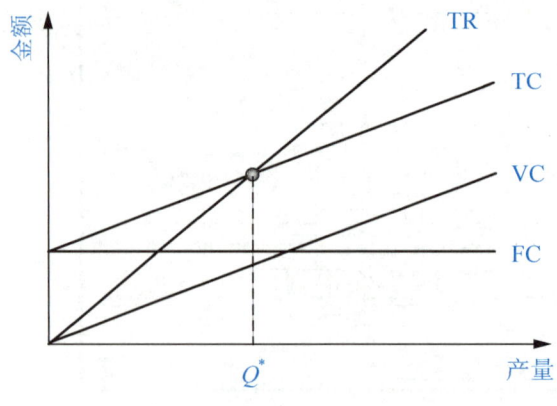

图 5-10 成本、收入与产量的关系

在一定范围内,产量增加时,由于单位产品分摊的固定成本减少,因此总成本将等于或小于总收入。当总收入等于总成本时,成本曲线与收入曲线的交点即为平衡点。当企业产品产量低于平衡点产量时,企业将亏损;当企业产品产量高于平衡点产量时,企业会盈利。据此分析,盈亏平衡点的产量(Q^*)应满足式(5-10)。

$$总收入 - 总成本 = 利润 = 0 \tag{5-10}$$

将式(5-10)的关系用字母表示为

$$pQ^* - FC - vQ^* = 0 \tag{5-11}$$

式中 FC——固定成本;
　　　v——单位变动成本;
　　　p——单位产品售价。

经过对式(5-11)变换,可以推导出盈亏平衡点的产量为

$$Q^* = \frac{FC}{p-v} \tag{5-12}$$

【例5-3】 某机械制造企业在选址中,初步设置了甲、乙两套方案,它们的成本数据见表5-5。试求①各备选方案产出的最优区间;②预期生产规模为4 500台,确定最优的方案。

表5-5 甲、乙方案的成本数据

方案	年固定成本总额/万元	年生产能力/件	单位产品变动成本/(元/件)	产品单价/(元/件)
甲方案	16	5 000	100	140
乙方案	18	5 000	80	140

解:
① 计算甲、乙两方案的总成本,并绘制总成本曲线。总成本的计算公式为

$$TC = FC + VC = FC + vQ \tag{5-13}$$

则:
甲方案的总成本=160 000+100Q
乙方案的总成本=180 000+80Q
计算甲、乙方案交点的产量,即有:160 000+100Q=180 000+80Q
解出:Q=1 000(件)
可令Q=0和Q=1 000,绘制甲、乙方案的总成本曲线,如图5-11所示。
由图5-11可以看出,当产量在(0,1 000)件时,甲方案优于乙方案;当产量在(1 000, 5 000]件时,乙方案优于甲方案。
② 利用式(5-12)计算甲、乙两方案的盈亏平衡产量,其结果如下。

$$Q^*_甲 = \frac{FC_甲}{p_甲 - v_甲} = \frac{160\ 000}{140-100} = 4\ 000(件)$$

$$Q^*_乙 = \frac{FC_乙}{p_乙 - v_乙} = \frac{180\ 000}{140-80} = 3\ 000(件)$$

由上述计算结果可知,当产量低于3 000件时,甲、乙两方案都亏损,不可行。当产量大于3 000件时,乙方案较优。因此,当产量为4 500台时,选乙方案为最优方案。

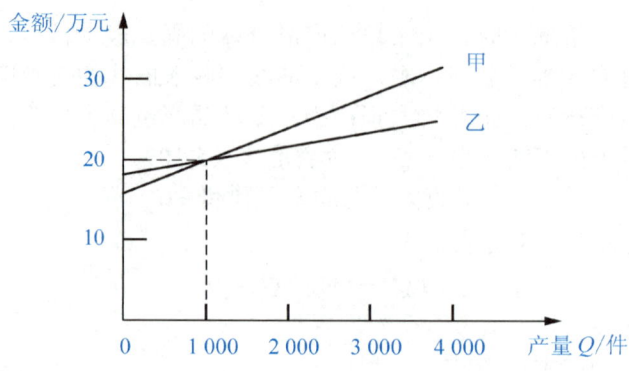

图 5-11 甲、乙两方案的总成本曲线

⑤ 线性规划法。线性规划法的核心思想是追求总生产成本和运输成本最低。

a. 一般的线性规划数学模型。

目标函数的表达式为

$$\min f(x) = \sum_{i=1}^{n} c_i X_i + \sum_{i=1}^{n}\sum_{j=1}^{m} D_{ij} X_{ij} \tag{5-14}$$

约束条件的表达式为

$$\begin{cases} \sum_{i=1}^{n} X_{ij} = R_j \\ \sum_{j=1}^{m} X_{ij} = X_i \\ \sum_{j=1}^{m} R_j = \sum_{i=1}^{n} X_i \\ X_{ij} \geqslant 0,\text{且取整数} \end{cases} \tag{5-15}$$

$$i = 1, 2, \cdots, n$$
$$j = 1, 2, \cdots, m$$

式中　X_i——第 i 个工厂的产量；
　　　c_i——第 i 个工厂的单位成本；
　　　X_{ij}——第 i 个工厂向目标市场 j 运输的产品数量；
　　　R_j——目标市场 j 的需求量；
　　　D_{ij}——第 i 个工厂向目标市场 j 运输单位产品的运输成本。

b. 候选方案生产成本相同时的数学模型。

目标函数的表达式为

$$\min f(x) = \sum_{i=1}^{n}\sum_{j=1}^{m} D_{ij} X_{ij} \tag{5-16}$$

约束条件的表达式为

$$\begin{cases} \sum_{i=1}^{n} X_{ij} = R_j \\ \sum_{j=1}^{m} X_{ij} = X_i \\ X_{ij} \geqslant 0,\text{且取整数} \end{cases}$$

$$i = 1, 2, \cdots, n \qquad (5\text{-}17)$$
$$j = 1, 2, \cdots, m$$

关于模型的求解方法，有兴趣的读者可以参看运筹学方面的书籍和文献。下面主要利用 Excel 中的"规划求解"工具对实际问题进行求解。

【例 5-4】已知某企业的两个仓库 W_1 和 W_2，其产品供应 4 个销售地 S_1、S_2、S_3 和 S_4，由于需求量不断增加，需再增设一个仓库，且该仓库需要的供应量为 12 000 台。可供选择的地点是 W_3 和 W_4，试在其中选择一个作为新建仓库的最佳地址。根据已有资料，分析得出各仓库到各销售点的单位物品的运输费用、供应地的供应量和需求地的需求量等数据见表 5-6。

表 5-6 供应量、需求量及单位物品的运输费用表

供应地	需求地				供应量/台
	S_1	S_2	S_3	S_4	
W_1	7.50	7.90	7.40	8.10	6 000
W_2	7.40	7.80	7.25	7.65	4 000
W_3	8.20	7.20	7.55	8.20	12 000 或 0
W_4	7.80	7.35	7.48	8.20	12 000 或 0
需求量/台	4 000	3 000	7 000	8 000	22 000

解： 若新建的仓库在 W_3，根据已知条件，假设运输量为 x_{ij}，其代表从 i 供应地向 j 需求地运输的产品数量，则变量表见表 5-7。

表 5-7 变量表

供应地	需求地			
	S_1	S_2	S_3	S_4
W_1	x_{11}	x_{12}	x_{13}	x_{14}
W_2	x_{21}	x_{22}	x_{23}	x_{24}
W_3	x_{31}	x_{32}	x_{33}	x_{34}

由式（5-16）和式（5-17）可分别建立该问题的目标函数和约束条件，结果如下。

目标函数： $\min f(x)_{W_3} = 7.50x_{11} + 7.90x_{12} + 7.40x_{13} + 8.10x_{14} + 7.40x_{21} + 7.80x_{22} + 7.25x_{23} + 7.65x_{24} + 8.20x_{31} + 7.20x_{32} + 7.55x_{33} + 8.20x_{34}$

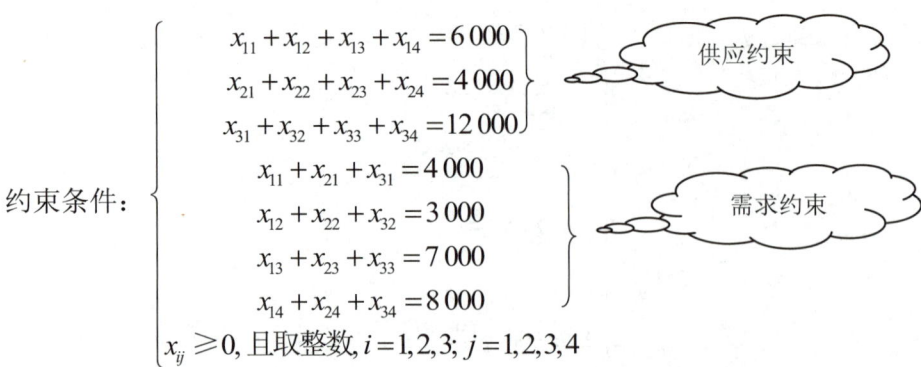

约束条件：
$$\begin{cases} x_{11}+x_{12}+x_{13}+x_{14}=6\,000 \\ x_{21}+x_{22}+x_{23}+x_{24}=4\,000 \\ x_{31}+x_{32}+x_{33}+x_{34}=12\,000 \end{cases}\text{供应约束}$$

$$\begin{cases} x_{11}+x_{21}+x_{31}=4\,000 \\ x_{12}+x_{22}+x_{32}=3\,000 \\ x_{13}+x_{23}+x_{33}=7\,000 \\ x_{14}+x_{24}+x_{34}=8\,000 \end{cases}\text{需求约束}$$

$$x_{ij} \geqslant 0,\text{且取整数},\ i=1,2,3;\ j=1,2,3,4$$

利用 Excel 中的"规划求解"工具进行求解，可以得出各供应地向需求地运输的产品数量，见表 5-8。

表 5-8　变量求解结果

供应地	需求地				供应量/台
	S_1	S_2	S_3	S_4	
W_1	4 000	0	2 000	0	6 000
W_2	0	0	0	4 000	4 000
W_3	0	3 000	5 000	4 000	12 000
需求量/台	4 000	3 000	7 000	8 000	22 000

将表 5-8 求出的结果代入所建立的目标函数，可求出最低运输成本。

$$\begin{aligned}\min f(x)_{W_3} =&\ 7.50\times4\,000+7.90\times0+7.40\times2\,000+8.10\times0+7.40\times0+7.80\times0+7.25\times0+\\ & 7.65\times4\,000+8.20\times0+7.20\times3\,000+7.55\times5\,000+8.20\times4\,000\\ =&\ 167\,550\end{aligned}$$

其中，"规划求解"工具的界面及取 W_3 新建仓库时的求解结果如图 5-12 所示。

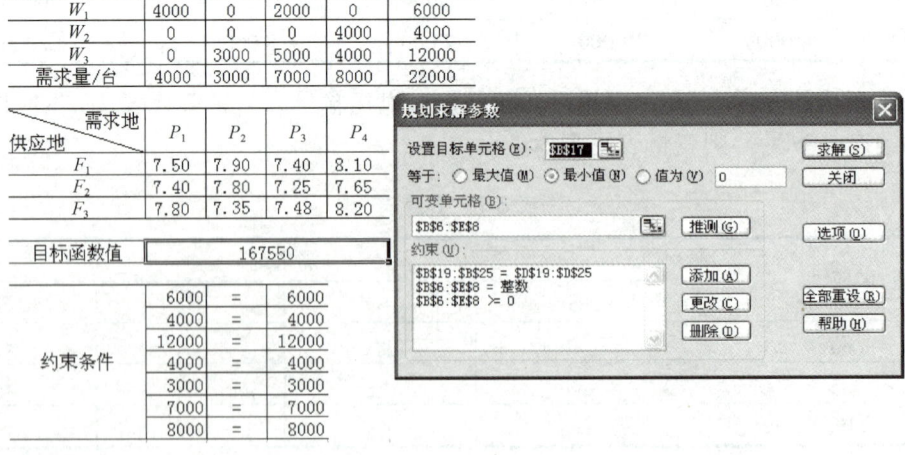

图 5-12　"规划求解"工具的界面及取 W_3 新建仓库时的求解结果

同理，可建立新建的仓库在 W_4 时的问题模型，并利用 Excel 中的"规划求解"工具进行求解，将求解的结果代入式（5-16），求出最低运输成本。

$$\min f(x)_{w_4} = 7.50\times 4\,000 + 7.90\times 0 + 7.40\times 0 + 8.10\times 2\,000 + 7.40\times 0 + 7.80\times 0 + 7.25\times 0 +$$
$$7.65\times 4\,000 + 7.80\times 0 + 7.35\times 3\,000 + 7.48\times 7\,000 + 8.20\times 2\,000$$
$$= 167\,610$$

将两种方案进行比较，在 W_3 新建仓库的费用 167 550 小于在 W_4 新建仓库的费用 167 610，故选择在 W_3 新建仓库。

5.1.4　仓储合理化

合理仓储可以减少储存过程中的资金积压，增加生产资金；可以缩短物品在流通领域中停滞的时间，加速物品周转；可以减少保管费用，降低储存性物品的消耗，加快资金周转速度，节约利息开支，是降低物流成本、提高经济效益的重要途径；可以减少不必要的中转环节，避免迂回、倒流运输，节约成本。

1. 仓储合理化的因素

（1）质量因素。保证仓储物品的质量是完成仓储功能的根本要求。现代物流系统已经拥有很有效的维护物品质量、保证物品价值的技术和管理手段，也正在探索物流系统的全面质量管理问题，即通过对物流过程和工作质量的控制来保证仓储物品的质量。

（2）数量因素。在保证功能实现的前提下有一个合理的数量范围。物品仓储的合理数量是以保障销售为基本原则，并符合经济核算要求的物品数量。

（3）时间因素。物品仓储的合理时间就是要使所储存的物品适应需求的不同时间点。物品储存的合理时间与物品储存的合理数量相适应，即在任何需求的时间点上，其物品储存量都是合理的，这是做好物品供应的先决条件。

（4）结构因素。依据储存物品的不同品种、不同规格的数量比例关系，对仓储结构的合理性进行判断。物品仓储的合理结构就是使所储存的物品在总额、档次、品种、数量、规格上能适应不同的客户需求。相关性很强的各种物品之间的比例关系更能反映仓储的合理性。由于这些物品之间相关性很强，只要有一种物品耗尽，即使其他物品仍有一定数量，也会无法投入使用。

（5）分布因素。根据不同地区仓储物品的数量比例关系，判断当地供需比对需求的保障程度以及对整个企业物流的影响。

（6）费用因素。考虑仓库租赁费、维护费、保管费、损失费、资金占用利息支出等，才能从实际费用上判断仓储的合理与否。

2. 仓储合理化的途径

（1）利用 ABC 分类管理法对库存实施重点管理。

ABC 分类管理法是仓储合理化的基础，是经过分析再进一步解决各类物品的结构关系、储存量、重点管理、技术措施等合理化问题的一种方法。ABC 分类管理法就是将库存物品根据消耗的品种和金额按一定的标准进行分类，对不同类别的物品采用不同的管理方法。后续在库存管理与控制方法中再详细介绍此方法。

（2）适度集中库存。

在形成一定社会总规模的前提下，追求经济效益，适度集中库存。适度集中库存是利用储存规模的优势，以适度集中储存代替分散的小规模储存来实现仓储合理化。

(3) 加快物流周转速度。

仓储现代化的重要内容是将静态储存变为动态储存，加快物流周转速度，会带来一系列的好处，如资金周转快、资本效益高、货损小、库存吞吐能力强、成本低等。例如，采用单元集装存储、建立快速分拣系统等都有利于实现"快进快出""大进大出"。

(4) 采用有效的"先进先出"方式。

保证每种物品的储存期不致过长，"先进先出"是一种有效的方式，也成为仓储管理的准则之一。有效的"先进先出"储存方式包括贯通式货架系统、重力式货架和"双仓法"等。

(5) 提高仓库利用率。

提高仓库利用率可以减少仓储设施的投资，提高单位仓储面积的利用率，从而降低成本、减少土地占用量。提高仓库利用率的方法包括采用高层堆码的方式、缩小库内通道宽度与减少库内通道数量以增加仓库的有效面积。

(6) 采用有效的储存定位系统。

储存定位是指确定被储存物品的位置。如果定位系统有效，不仅能大大节约寻找、存放、取出物品的时间，而且能防止储存差错，便于清点及实施再订购点等的管理方式。常用的定位方法是"四号定位法"和计算机定位系统。"四号定位法"就是采用四组号码对库房、货架、层次、货位进行统一编号的方法。图 5-13 所示为"四号定位法"货位编码示意图。

图 5-13 "四号定位法"货位编码示意图

(7) 采用有效的监测清点方式。

有效的监测清点方式主要有"五五化"堆码（以"五"为基本计数单位，堆成总量为"五"的倍数的垛形）、光电识别系统和计算机监控系统等。

资料卡

仓储管理系统是一款功能强大、技术先进的仓库管理系统，在企业物流管理中发挥着重要作用，以下是其详细介绍。

(1) 功能特点。

① 多货主、多仓库管理：支持多货主、多仓库、多货品、多批次的仓储精细化与可视化管理，能够满足不同货主和仓库的多样化需求，方便企业对多个仓库进行集中管控，提高管理效率。

② 作业模式集成化：集成并支持条码扫描、射频（Radio Frequency，RF）作业、电子标签作业、语音拣选等现代化仓储作业模式，通过这些技术手段，实现了仓储作业的自动化和智能化，大大提高了作业效率和准确性，减少了人为错误。

③ 作业流程可配置：系统作业流程具有可配置与可扩展的特点，能够适应企业业务模式的发展与持续优化，企业可以根据自身的业务需求灵活地调整系统流程，无须进行大规模的系统改造。

④ 设备系统无缝对接：支持与仓储作业设备系统无缝对接，为客户提供一体化的仓库设备及运作解决方案，如与自动化货架、输送线、分拣机等设备的集成，实现了仓库的自动化运作。

（2）核心功能模块。

① 库存管理：可实时监控库存状态，精准掌握库存数量、存放位置等信息，实现库存的精细化管理，有效减少库存积压和缺货情况，提高库存周转率。

② 订单处理：能够自动化处理订单的分拣、包装和发货流程，提高订单的处理速度和准确性，确保订单能够快速、准确地送达客户手中，提高客户满意度。

③ 仓库布局优化：借助数据分析功能，对仓库布局和货位分配进行优化，提高仓储空间利用率和作业效率，使仓库的存储和作业更加合理、高效。

④ 物流跟踪：集成物流跟踪功能，实时监控货物的运输状态，让客户能够随时了解订单配送的进度，提高配送的透明度和客户对订单的满意度。

（3）优势体现

① 提高作业效率：通过自动化和智能化的作业流程，减少了人工干预，提高了仓储作业效率，能够快速响应订单需求，缩短订单处理时间。

② 降低运营成本：优化资源配置，降低了库存成本和运营成本，如通过精准的库存管理减少库存积压，通过设备系统的对接提高设备利用率等。

③ 提升管理水平：提供了全面的仓储信息管理和决策支持，帮助企业管理者更好地了解仓库运营情况，及时发现问题并进行优化调整，提升了企业的仓储管理水平。

④ 增强客户体验：实现了物流信息的实时共享和透明化，让客户能够随时查询货物的状态，提高了客户对物流服务的满意度。

5.2 企业库存管理与控制

库存管理与控制是每个企业在物流管理过程中都需要面对的主要问题之一，会影响企业物流整体功能的发挥。

5.2.1 库存概述

1. 库存的概念

《物流术语》（GB/T 18354—2021）中对库存的定义是："库存是指储存作为今后按预定的目的使用而处于备用或非生产状态的物品。广义的库存还包括处于制造加工状态和运输状态的物品。"

2. 对库存的评价

有很多原因可以解释为什么供应渠道中要有库存。但近年来，也有许多人对持有库存质疑，认为库存是不必要的，是一种浪费。

（1）支持保有库存的原因。

库存的持有与客户服务或由此间接带来的成本节约有关。

① 改善客户服务。通常无法设计出能对客户的产品或服务需求做出即时反应的运作系统，因为这样的运作系统是不经济的。库存使得产品或服务保持一定的可得率，当库存位

置接近客户时，就可以满足较高的客户服务要求。库存的存在不仅可以保证销售活动的顺利进行，而且还可以提高实际销售量。

案例 5—2

晋亿实业有限公司的库存模式

螺钉又称"工业之米"，用途广泛，数量庞大，但其品种繁多，利润微薄。因为利润微薄，所以只能靠扩大生产规模实现效益。品种繁多，又意味着扩大规模必然带来大量的库存，占用大量的周转资金，从而降低了利润率。所以，螺钉企业技术含量低，进入门槛低，本小利微，规模普遍偏小。在不起眼的螺钉行业，很难想象会产生年销售 20 亿元的大型企业集团，以商人蔡永龙为首的"蔡氏三兄弟"就创造了这一神话。位于浙江嘉善的晋亿实业有限公司占地面积 30 万平方米，厂房面积 17 万平方米，毗邻上海，总投资 13 亿元，其中半数资金用于投资固定资产（主要包括制造设备、物流设施和信息管理系统，建有私家内河码头 10 万吨产品的自动化立体仓库）。

2005 年 8 月 29 日，"卡特里娜"飓风造成了美国新奥尔良地区有史以来最严重的灾害，95%以上的电力、网络、无线通信等设施变成了一堆废墟。为了尽快恢复供电，美国进口商 MIDAS 同步向全球各螺钉厂发出 1 200 吨电力螺钉的订单。这种电力螺钉每颗重达 1 千克。其他所有生产企业都是接到订单之后才安排生产，这样算来，仅仅生产这批螺钉就需要 45 天的时间；再加上运输时间，新奥尔良地区最快也需要 60 天的时间才能恢复电力供应，这等于要到 11 月才能让新奥尔良地区的电力设施重新运转。

2005 年 9 月中旬，晋亿实业有限公司收到订单。在晋亿实业有限公司现代化的螺钉仓库中，已经储备 600 吨这种电力螺钉；为赶工生产另外 600 吨电力螺钉，晋亿实业有限公司马上运进 700 吨从俄罗斯进口的钢材，加工成线材进入生产线，170 台高速螺钉成型机以每分钟 1 000 根螺钉的速度生产。螺钉离开生产线后，坐上 8 层楼高的"专用电梯"被送进自动化立体仓库内。5 天后，1 200 吨螺钉装上货柜，从晋亿实业有限公司的工厂直接坐上火车到上海，装上货柜轮船。10 月初，1 200 吨电力螺钉运抵美国新奥尔良。与其他螺钉生产企业相比，整整提前了 30 天。这就是晋亿实业有限公司凭借 600 吨库存大格局运作的杰作。

晋亿实业有限公司是怎样创造这个奇迹的呢？其关键在于晋亿实业有限公司的超级库存模式。丰田汽车创造了零库存模式，这是因为丰田是汽车行业的龙头老大，有能力将库存转移给供应商。全球企业学习零库存模式时，却不知道，这种模式只适用于龙头企业。螺钉企业处于供应链金字塔的底端，当金字塔顶端的企业零库存时，底端企业却需要高库存。

晋亿实业有限公司在长期的实践中体会到，零库存就意味着丢失订单，就意味着自取灭亡。因此，晋亿实业有限公司的库存逐渐加大，建立起了一个完全自动化立体仓库，使数万种螺钉的存取可以实现计算机管理。由于晋亿实业有限公司的超级库存，供应链中各类螺钉需求企业可以实现螺钉的零库存。这样，晋亿实业有限公司就赢得了源源不断的订单。

资料来源：程灏，石永奎，2008. 企业物流管理. 北京：中国铁道出版社.

② 降低成本。虽然持有库存会产生一些成本，但可以间接降低其他方面的运营成本，两者相抵可能会节约成本。

a. 保有库存可以使生产的批量更大、批次更少、运作水平更高，因而会产生一定的经济效益。由于库存在供需之间起着缓冲器的作用，可以消除需求波动对生产的影响。

b. 保有库存有助于实现采购和运输成本的节约。采购部门的购买量可以超过企业的即时需求量以争取价格折扣。保有额外库存带来的成本可以被价格降低带来的收益所抵消。与之类似，企业可以通过增加运输批量、减少单位装运成本来降低运输成本。运输成本的节约也可以抵消库存持有成本的上升。

c. 先期购买。可以在当前交易的低价位购买额外数量的物品，从而不需要在未来以较高的预期价购买。这样，购买的数量比即期需求量多，也比按接近即期需求量购买导致的库存多。但是，如果预期未来价格会上涨，那么先期购买而持有库存也是有道理的，即所谓的"买涨"。

d. 整个运作渠道中生产和运输时间的波动会造成不确定性，同样会影响运作成本和客户服务水平。为抵消波动的影响，企业常常在运作渠道中的多个仓库持有库存，用来缓冲不确定因素的影响，使生产运作更加平稳。

e. 物流系统也会出现计划外或意外的突发事件。几种常见的情形包括自然灾害、需求激增、供货延误，这时保有库存可以起到一定的保护作用。

（2）反对保有库存的原因。

库存持有成本的主要组成部分是机会成本，因此在正常的财务报告中反映不出来。如果库存水平过高，超过支持运作的合理要求，那么保有库存就会带来弊端。反对保有库存的主要原因如下。

① 库存被认为是一种浪费。库存占用部分资金，影响了用于提高生产率或竞争力的投入。同时，库存虽然具有储存价值，但不能对企业产品的直接价值作出贡献。

② 库存可能会掩盖质量问题。当产品出现质量问题时，人们倾向于清理保有的库存，以保护所投入的资金。

③ 保有库存使人们以孤立的观点来看待渠道整体的管理问题。有了库存，人们常常会将物流渠道的一个阶段与另一个阶段分离开。将物流渠道作为一个整体来考虑的一体化决策带来的机遇可能会减少。而如果没有库存，企业不可避免地要同时对渠道中不同层次的库存进行计划和协调管理。

3. 库存的分类

可以按照库存的用途、库存的目的、库存物资的相关性、对物品需求是否重复等，对库存进行分类。其分类结果如图5-14所示。

（1）按库存的用途分类。

按库存的用途分类，库存可分为原材料库存、在制品库存、维护/维修/运作用品库存、包装物和低值易耗品库存以及产成品库存。

① 原材料库存（Raw Material Inventory）。它是指企业通过采购和其他方式取得的用于制造产品并构成产品实体的物品，以及生产耗用但不构成产品实体的辅助材料、修理备件、燃料及外购半成品等的库存。

② 在制品库存（Work-In-Process Inventory，WIP）。它是指已经经过一定生产过程，但尚未全部完工，在销售之前还要进一步加工的中间产品和正在加工中的产品的库存。

③ 维护/维修/运作用品库存（Maintenance/Repair/Operating Inventory，MRO）。它是指为了维护、维修设备而储存的配件、零件、材料等。

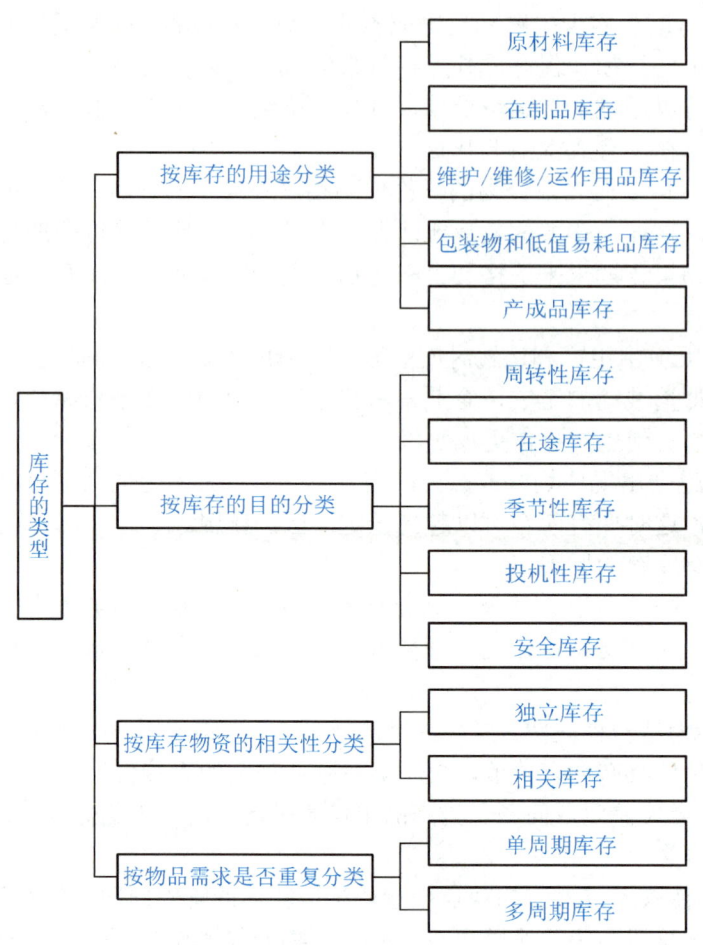

图 5-14　库存的类型

④ 包装物和低值易耗品库存。它是指企业为了包装本企业产品而储备的各种包装物和由于价值低、易损耗等而不能作为固定资产而储备的各种劳动资料。

⑤ 产成品库存（Finished Goods Inventory）。它是指已经生产完成并等待装运，可以对外销售的产品的库存。

（2）按库存的目的分类。

按库存的目的分类，库存可分为周转性库存、在途库存、季节性库存、投机性库存和安全库存。

① 周转性库存。在进货时间间隔中，可保证生产连续性而保有的库存称为周转性库存（Turnover Inventory）。如两个月进一次货，但生产每日进行，因此必须有一定的库存，以保证生产的连续进行。

② 在途库存。为了未来需要而限制在途中的库存称为在途库存（Transportation Inventory），如汽车运输的物品。由于运送速度慢、距离长或运输要经过多个阶段，因此适当的在途库存为产品流通的顺利进行提供了有力的支持。

③ 季节性库存。季节性库存（Seasonal Inventory）是指某些物品的供应或销售经常受到季节性因素的影响（或者类似季节性的影响），为了保证生产和销售的运行，需要保有一

定数量的库存。如为了满足夏季消费者对空调的需求增加，空调商必须在夏季到来之前增加空调的库存。

④ 投机性库存。投机性库存（Speculative Inventory）是为了避免因物价上涨造成的损失或者为了从物品价格上涨中获利而建立的库存，具有投机性质。

⑤ 安全库存。由于订货至交货的时间不确定、意外中断或延迟及需求的变动难以预期，必须有额外的库存以备不时之需，这种库存称为安全库存（Safety Inventory）。对未来的精确预测是降低安全库存的关键。

案例 5-3

联合加工公司有效利用在途库存

联合加工公司从美国南部和西部的农场收获并加工各种蔬菜和水果。美国东部和中西部地区对某些产品（如草莓和西瓜）的需求在当地生长期到来之前就很旺盛。因此，联合加工公司必须在北部地区收获季节来临之前收获作物，并在销售旺季到来之前形成供应能力。通常，果蔬在用卡车运往销售地之前，在产地进行储存。而改用运送时间较长的铁路运输，公司多数情况下可在作物收获以后立即装运，这样产品抵达市场时需求旺季刚好开始。此时，铁路运输起到了仓库的作用，从而大大降低了果蔬储存成本和运输成本。

资料来源：张洪，洪树权，张佥举，2023. 物流管理[M]. 2 版. 北京：北京大学出版社.

（3）按库存物资的相关性分类。

对于物料的需求有两种，一是独立需求；二是相关需求，这两种物料的需求分别形成了独立库存（Independent Inventory）和相关库存（Dependent Inventory）。

（4）按对物品需求是否重复分类。

① 单周期库存（Single-Cycle Inventory）。单周期库存是指对物品在一段特定时间内的需求，过了这段时间，该物品就没有原有的使用价值了。

② 多周期库存（Multi-Cycle Inventory）。多周期库存是指在足够长的时间里对某种物品的重复的、连续的需求，其库存需要不断地补充。

4. 库存成本

库存成本，也叫存货成本，是企业物流总成本中的一个重要的组成部分。库存成本主要包括库存持有成本、订货成本或生产准备成本、缺货成本和购入成本。库存成本的构成如图 5-15 所示。

（1）库存持有成本（Holding Cost）。

① 库存持有成本的含义。库存持有成本是指在一定时期内随储存物品的数量改变而改变的成本，它大致与所持有的平均库存量成正比。通常库存持有成本用单位时间内（每天、每周、每月或每年等）产品价值的百分比来表示。库存持有成本分为固定成本和变动成本。固定成本与库存量无关，如仓库折旧、仓库员工的固定人工费等；变动成本与库存量有关，如物品损坏和变质的损失、保险费用等。

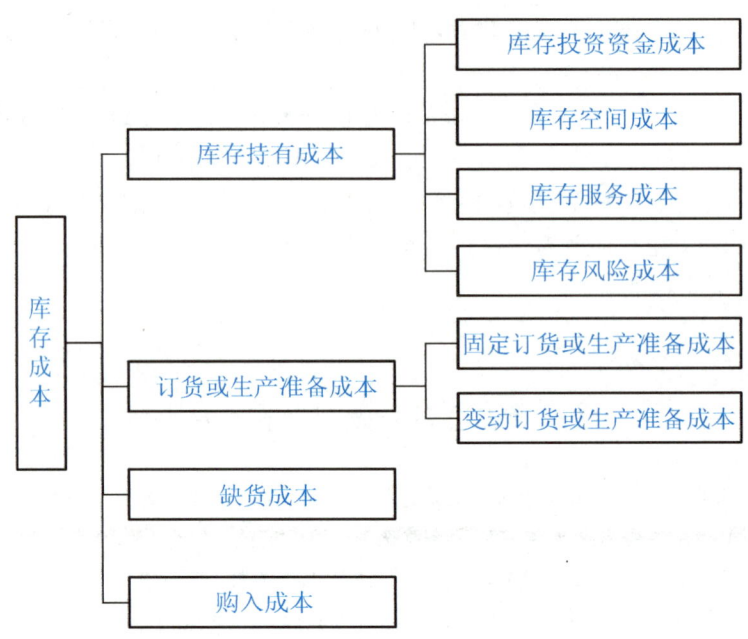

图 5-15　库存成本的构成

一般而言，库存持有成本一般包括库存投资资金成本、库存空间成本、库存服务成本和库存风险成本。库存投资资金成本也叫利息成本或机会成本，是指库存占用的资金投入到其他途径所能得到的回报。库存空间成本是指物品占用仓库建筑内的立体空间，以及把物品运进运出仓库所发生的成本。库存服务成本由税收及保护库存物品而避免产生火灾和盗窃的保险费用组成。库存风险成本反映的是库存的现金价值下降的可能性。

② 库存持有成本的计算。由于库存持有成本中的固定成本与库存量无直接关系，它不影响库存控制的决策，因此只需讨论变动成本的计算。计算某种物品的库存持有成本分为3 个步骤。

第一，确定这种库存物品的价值，其中先进先出（FIFO）、后进先出（LIFO）、平均成本法是常用的方法。因为无论提高或是降低库存量都与库存价值的变动成本相关，而与固定成本无关。因此，与库存管理决策最相关的物品价值是买价或目前进入企业物流系统的物品的可变制造成本。

第二，估算每项库存持有成本占物品价值的百分比，然后将各百分比数值相加，得到库存持有成本占物品价值的百分比，这样库存持有成本就用库存价值百分比来表示，见表 5-9。

表 5-9　库存持有成本的确定

成本类别	成本占物品价值的百分比
仓储成本：仓库租金、折旧、仓储作业成本、税收、保险	8%
材料处理成本：设备租金、设备折旧、能源、材料处理作业成本	2%
运行额外处理的劳动力成本：非常规操作成本、应急处理成本，间接管理成本等	4%
投资资金与库存服务成本：借贷成本、税收、库存保险	7%

续表

成本类别	成本占物品价值的百分比
被偷窃、积压和废旧的库存	4%
库存持有成本占物品价值的百分比	25%

第三,用库存持有成本占物品价值的百分比乘以物品价值,这样就可以估算出库存持有成本。

(2)订货成本或生产准备成本(Ordering Cost or Setup Cost)。

① 订货成本。订货成本是指企业为了实现一次订货而进行的各种活动的费用,包括处理订货的差旅费、通信费、文本费等支出。订货成本有一部分与订货次数无关,如常设采购机构的基本开支,为方便订单的下达而使用的信息系统、设备和技术的成本等,称为订货的固定成本;另一部分与订货次数有关,如差旅费、通信费、订单准备费用等,称为订货的变动成本。

② 生产准备成本。生产准备成本是指当库存中的某些物品不由外部供应而是由企业自己生产时,企业为生产一批物品而进行改线准备的成本。其中,更换模具、夹具或添置某些设备等属于固定成本,与生产物品的数量有关的费用如材料费、加工费等属于变动成本。

在计算每年的订货成本或生产准备成本时,企业应从单项的订购支出或调整费用开始计算。一定时期的订购次数影响每次的订购量。在物品年需求量一定的情况下,年总订货成本与订货次数呈正相关,与订货批量呈负相关。

(3)缺货成本(Shortage Cost)。

库存成本中的另一项主要的成本是缺货成本,即当客户有需求时,由于企业没有物品供应而产生的损失。当卖方不能用现有库存满足需求时,就可能发生下列4种情况之一:客户等待直到获得物品;向客户延迟交货;企业失去一次销售机会;企业失去客户。理论上,客户等待不会给企业造成太大的损失,但这种情况仅可能发生在物品替代性很低的时候。

① 延迟交货。如果物品延迟交货,就会发生特殊的订单处理费和额外的运输费用。除了进行正常的补货处理,还要跟踪延迟交货的异动。由于延迟交货经常是小规模装运,单位运输费用相对较高,而且延迟交货的物品可能需要从某一地区的工厂仓库直接供货,进行长距离运输。另外,企业可能需要利用速度更快、费用更高的运输方式运送物品。因此,延迟交货成本可根据额外订单处理费用和额外运输费用确定。

② 失去销售机会。尽管一些客户允许延迟交货,但仍有一些客户会从其他供货商那里订货。因为许多企业都有生产替代物品的竞争对手,此时缺货将导致销售机会丧失。企业的直接损失是缺货物品的利润损失。因此,失销成本可根据单位物品的利润乘以客户订货的数量来确定。

③ 失去客户。由于缺货而失去客户造成的缺货成本。如果客户将永远从其他供货商那里订货,企业就失去了未来的这部分收益来源。这种缺货造成的损失很难估计,需要用科学技术以及市场营销的研究方法来具体分析计算。

缺货成本的高低与库存量的大小有关:当库存量大时,缺货的次数和数量相对就较少,缺货成本可能降低,但库存持有成本必然升高;当库存量小时,缺货成本可能很高,但库存持有成本却可能下降。缺货成本还与缺货数量、缺货次数有关。由于客户的需求随机性很强,因此缺货成本的具体衡量比较困难。

(4)购入成本(Purchasing Cost)。

某种物品的购入成本有两种含义,当物品从外部购买时,购入成本是指物品的采购成本(单位物品的采购价格与采购数量的乘积);当物品由企业内部制造时,购入成本是指物品的生产成本(单位物品的生产成本与生产数量的乘积)。

5.2.2 库存管理与绩效评价指标

1. 库存管理的概念与控制目标

库存管理是以控制库存为目标的相关方法、手段、技术、管理及操作过程的集合。它贯穿于从物品运输、规划、订货、进货、入库、储存、分拣到最后出库的全过程。这一过程实现了按企业目标控制库存的目的。

库存控制的核心问题就是在满足企业生产和客户需求的前提下,保持合理的库存水平,实现库存管理的目标。常见的库存控制目标有库存最低的目标、库存保证程度最高的目标、不允许缺货的目标、限定资金的目标、快速的目标。

2. 库存控制的影响因素

库存管理是受许多环境条件制约的,如需求的不确定性、订货周期的变化、资金的投入、管理水平的高低、运输条件、客户需求等都是库存管理的制约因素。在库存控制系统内部也存在"交替损益"现象,这些制约因素会影响库存控制效果,乃至决定库存控制的成败。

3. 衡量库存管理效果的指标分析

(1)库存对企业盈利的影响是衡量库存管理效果的重要指标。有效的库存管理会通过降低库存成本或增加产品销售来提高获利能力。

降低库存成本的方法主要包括减少延迟订单数、减少供应的不稳定性、加快运输速度和提高可靠性、清理过时或呆滞的库存,提高预测的准确性。

(2)库存周转率是另一个衡量库存管理水平的重要指标。库存周转率是指一定期间库存周转的次数,其计算公式为

$$库存周转率 = \frac{年产品销售成本}{平均存货} 或 \frac{年出货量}{平均库存量} \tag{5-18}$$

其中,平均存货、平均库存量的计算公式为

$$平均存货 = \frac{期初存货 + 期末存货}{2} \tag{5-19}$$

$$平均库存量 = \frac{期初库存量 + 期末库存量}{2}$$

在其他条件不变的情况下,库存周转率越大,表明产品和资金流转越快,因而企业效益越好。

存货周转速度可以用库存周转率表示,也可以用存货周转一次平均所用时间,即库存周转天数表示,两者的关系为

$$库存周转天数 = \frac{全年天数}{库存周转率} \tag{5-20}$$

提高库存周转率可以通过重点控制年耗用金额高的物品、及时处理过剩物品、合理确定订货批量和消减滞销库存等措施来实现。但是，也应该注意到，库存周转率并不是越高越好。因为过高的库存周转率往往会降低库存水平，增加库存缺货的概率，进而降低企业的供应能力，影响客户服务水平。因此，必须综合考虑各种影响因素，保持一个适当的库存周转率。

4. 需求模式对库存管理的影响

库存在物流系统中是"拉式"还是"推式"，需求是"独立的"还是"相关的"，对库存管理都有影响。

（1）独立需求和相关需求（Independent Demand vs. Dependent Demand）对库存管理的影响。当管理独立需求的物品时，应该准确预测该物品的需求；当管理相关需求的物品时，应该准确预测影响其需求的相关物品的需求。

（2）拉式系统与推式系统（Pull System vs. Push System）对库存管理的影响。拉式系统中生产企业对现实客户需求做出反应，而推式系统中生产企业是根据需求预测和计划来安排生产的，这是二者的根本区别。一般来说，拉式系统对于独立需求的物品比较有效，而推式系统适用于相关需求物品。拉式系统注重信息由需求者向供应者传递，推式系统需要双向交流。当物品的需求水平与订货周期不稳定且难以预测、仓库和分销中心容量有限时，使用拉式系统比较合适；当产品利润较高、需求是相关需求、存在规模经济性、供给不稳定或供应能力有限、存在季节性供应时，使用推式系统可以降低成本。

5.2.3 库存管理与控制方法

1. ABC分类管理法

（1）库存物品分类的必然性。

库存物品分类管理的方法很多，ABC分类管理法就是一种简单、实用的方法。分析企业所需物品往往会看到这样的规律性：少数品种在总销售额中占了很大比重，而占品种数很大比重的物品在总销售额中所占的比重并不大。ABC分类管理法就是根据物品品种和销售额之间的不均衡性，把物品分为A、B、C三类，并给各类物品规定了不同的管理方法。

 资料卡

ABC分类管理法又称帕累托分析法、ABC分析法、重点管理法等。它是根据事物有关方面的特征，进行分类、排队，分清重点和一般，以便有区别地实施管理的一种分析方法。

ABC分类管理法起源于意大利数理经济学家、社会学家帕累托对人口和社会问题的研究。帕累托在统计社会财富的分配时发现，占人口总数20%左右的人，却占有社会财富的80%。他将这一关系利用坐标绘制出来，就是著名的帕累托曲线。

1951年，管理学家戴克将ABC分类管理法应用到库存管理领域，使该方法从对一些社会现象的反映和描述发展成为一种重要的管理手段。

1951—1956年，朱兰将ABC分类管理法引入质量管理，用于质量问题的分析，被称为排列图。

1963年，德鲁克将这一方法推广到全部社会现象，使ABC分类管理法成为企业提高效益普遍应用的管理方法。

5-3 拓展知识

5-4 拓展知识

(2) ABC 分类管理法的一般步骤。

ABC 分类管理法通过制作 ABC 分析表来完成，一般遵循以下步骤。

① 收集相关数据。对库存物品的资金占用额进行分析，以便对资金占用较多的物品进行重点管理，此时，应收集每种库存物品的年使用量和单价。

② 数据处理。按要求对数据进行计算和汇总，如通过计算求出每种库存物品的年资金占用额或平均资金占用额。

③ 制作 ABC 分析表。一般来说，ABC 分析表的栏目主要包括物品名称、品项数累计、品项数累计百分比、库存量、单价、资金占用额、资金占用额累计、资金占用额累计百分比、分类结果等。

制作 ABC 分析表步骤如下：a.将收集处理好的库存物品数据按资金占用额大小降序排列，填入表中；b.以 1，2，3，4……为编号，填入品项数累计项；c.计算资金占用额累计、资金占用额累计百分比、品项数累计百分比，并填入 ABC 分析表。

④ 确定 ABC 分类。观察 ABC 分析表，根据品项数累计百分比和资金占用额累计百分比，将品项数累计百分比为 5%~15%，而资金占用额累计百分比 60%~80% 的物品划分为 A 类；将品项数累计百分比为 20%~30%，而资金占用额累计百分比为 20%~30% 的物品划分为 B 类；将品项数累计百分比为 60%~80%，而资金占用额累计百分比仅为 5%~15% 的物品划分为 C 类。

⑤ 绘制 ABC 分析图。以品项数累计百分比为横坐标，资金占用额累计百分比为纵坐标，再根据 ABC 分析表中品项数累计百分比和资金占用额累计百分比两列数据，绘制 ABC 曲线。按 ABC 曲线对应数据，在图上标明 ABC 三类，就绘制成了 ABC 分析图。

【例 5-5】 某企业仓库物品共有 10 个类别，它们的年库存量、单价和资金占用额情况见表 5-10，根据库存种类数量和资金占用额比例之间的关系，进行 ABC 分类。

表 5-10 年库存量、单价和资金占用额情况表

物品名称	序号	年库存量/件	单价/元	资金占用额/元
M1	1	500	15	7 500
M2	2	600	10	6 000
M3	3	450	4	1 800
M4	4	400	3	1 200
M5	5	300	2.5	750
M6	6	800	0.8	640
M7	7	400	0.9	360
M8	8	200	0.12	24
M9	9	300	0.7	210
M10	10	100	0.13	13

解：(1) 制作 ABC 分析表，见表 5-11。

表 5-11 10 类物品的 ABC 分析表

物品名称	品项数累计（序号）	品项数累计百分比（%）	库存量/件	单价/元	年资金占用额/元	资金占用额累计	资金占用额累计百分比（%）	分类结果
M1	1	10	500	15	7 500	7 500	40.55	A
M2	2	20	600	10	6 000	13 500	72.98	A
M3	3	30	450	4	1 800	15 300	82.72	B
M4	4	40	400	3	1 200	16 500	89.20	B
M5	5	50	300	2.5	750	17 250	93.26	B
M6	6	60	800	0.8	640	17 890	96.72	C
M7	7	70	400	0.9	360	18 250	98.66	C
M8	8	80	200	0.12	24	18 274	98.79	C
M9	9	90	300	0.7	210	18 484	99.93	C
M10	10	100	100	0.13	13	18 497	100.00	C

（2）根据分类标准，划分、确定各种物品的 ABC 类别。分析过程见表 5-11，M1、M2 两种物品品项数累计百分比为 20%，年资金占用额累计百分比为 72.98%，划分为 A 类；M3、M4、M5 这 3 种物品品项数累计百分比为 30%，年资金占用额累计百分比为 20.28%，划分为 B 类；M6、M7、M8、M9、M10 这 5 种物品品项数累计百分比为 50%，年资金占用额累计百分比为 6.74%，划分为 C 类。分类结果见表 5-12。

表 5-12 10 类物品的 ABC 分类结果

分类	物品名称	品项数累计百分比（%）	年资金占用额累计百分比（%）
A	M1、M2	20	72.98
B	M3、M4、M5	30	20.28
C	M6、M7、M8、M9、M10	50	6.74

（3）绘制 ABC 分析图，结果如图 5-16 所示。

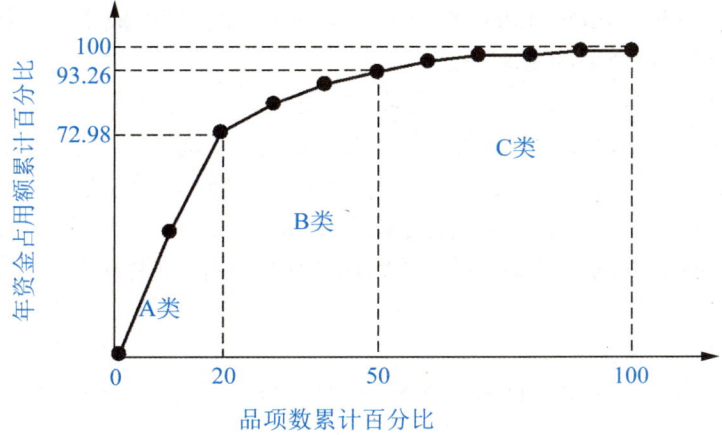

图 5-16 ABC 分析图

（4）确定 ABC 分类管理的方法。

按 ABC 分析结果，对三类库存物品进行不同的管理，可供参考的管理方法见表 5-13。

表 5-13 ABC 分类管理的方法

项目	A 类	B 类	C 类
管理要点	将库存量压缩到最低水平	按经营方针调节库存水平	集中大量订货，节省订货费用
订货方式	定量订货方式	定期订货方式	双堆法储存，订购点法订货
定额水平	按品种规格控制	按大类品种控制	按总金额控制
检查方式	经常检查	一般检查	按年/季度检查
统计方法	按品种规格详细统计	按大类品种一般统计	按总金额统计

知识拓展

CVA 分类管理法

在实际应用中，有些企业在库存管理中引入了关键因素分析法（Critical Value Analysis，CVA），以弥补 ABC 分类管理法的不足。主要原因是在 ABC 分类管理中，C 类物品常常得不到应有的重视，而 C 类物品往往也会导致整个装配线的停工。因此，CVA 的基本思想是把存货根据关键性分成如下几类。

（1）最高优先级。这是经营的关键性物品，不允许缺货。

（2）较高优先级。这是经营活动中的基础性物品，允许偶尔缺货。

（3）中等优先级。这多属于比较重要的物品，允许在合理范围内的缺货。

（4）较低优先级。经营中需要这些物品，但可替代性高，允许缺货。

CVA 比 ABC 分类管理法具有更强的目的性。在使用时要注意，人们往往倾向于制定高的优先级，结果高优先级的物品种类很多，最终哪些物品也得不到应有的重视。CVA 和 ABC 分类管理法结合使用，可以更好地达到分清主次、抓住关键的目的。

2. 经济订货批量模型

（1）经济订货批量的概念。

经济订货批量（Economic Order Quantity，EOQ）是使总库存成本达到最小的订货批量。

（2）经济订货批量模型的基本假设。

经济订货批量模型是在以下基本假设条件下进行讨论的：①需求是恒定的、已知的（需求是连续的、均衡的）；②订货提前期是已知的、恒定的；③不允许出现缺货；④物品采用批量方式订货或生产，且一次到货合格入库；⑤每次订货的订货成本已知并恒定且与订货数量无关，每单位物品每年的库存持有成本已知并恒定且每单位物品每年的库存持有成本与平均库存量成正比；⑥独立需求的单一物品；⑦物品单价与批量无关；⑧瞬间补充库存；⑨不存在资源限制。

（3）建立模型。

图 5-17 所示为库存成本（订货成本和库存持有成本）随订货量大小的变化而变化的情况。

在年需求量一定的情况下，订货批量越小，平均库存量就越低，则发生的订货次数就越多，订货成本越高，库存持有成本越低。如果能大幅度降低订货成本，就应降低订货次数，加大每次的订货批量，相应的库存持有成本就会提高。因此，需要选择一个合适的订货批量，使总成本最低，以加快库存资金周转，提高企业效率。

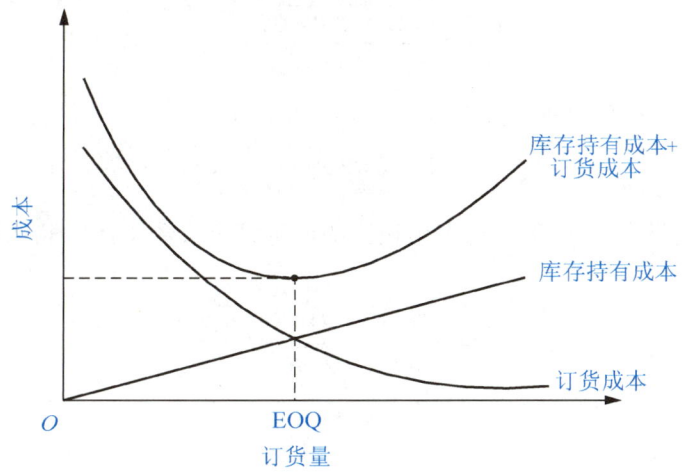

图 5-17　EOQ 模型的成本分析图

若不允许缺货，则年总库存成本为

年总库存成本=年购入成本+年订货成本+年库存持有成本

$$TC = DP + \frac{D}{Q}S + \frac{Q}{2}H \tag{5-21}$$

式中，D——年需求量；

P——物品的购入成本（单价）；

S——每次订货的订货成本；

H——每单位物品每年的库存持有成本，$H=hP$；

Q——订货批量；

h——以单位成本系数表示的每单位物品每年的库存持有成本。

为了计算使年总库存成本达到最小的订货批量，需要求出年总库存成本对订货批量的一阶导数，并令一阶导数为零，则有

$$\frac{d(TC)}{dQ} = \left(\frac{-DS}{Q^2}\right) + \frac{H}{2} = 0 \tag{5-22}$$

对式（5-22）进行求解，得出经济订货批量的公式为

$$EOQ = \sqrt{\frac{2DS}{H}} \quad \text{（可用 } Q^* \text{ 表示）} \tag{5-23}$$

从式（5-23）中可以看出，经济订货批量随每次订货的订货成本 S 的增加而增加，随每单位物品每年库存持有成本 H 的增加而减小。因此，价格昂贵的物品订货批量小，每次订货的订货成本高的物品一次订货批量要大一些。

【例 5-6】　某企业对某种物资的年需求为 1 200 单位，单价为 30 元/单位，每单位物品每年的库存持有成本为 5 元/（单位·月），每次订货的订货成本为 640 元。试求经济订货批量和年总库存成本。

解：由题目可知，每单位物品每年的库存持有成本 $H=5×12=60$ 元/（单位·年），年需求量 $D=1\,200$ 单位，每次订货的订货成本 $S=640$（元），单价 $P=30$ 元/单位。

根据式（5-23）可求出经济订货批量，其计算结果为

$$\text{EOQ}=\sqrt{\frac{2DS}{H}}=\sqrt{\frac{2\times1\,200\times640}{60}}=160\quad(\text{单位})$$

根据式（5-21）可求出年总库存成本，其计算结果为

$$TC=DP+\frac{D}{\text{EOQ}}S+\frac{\text{EOQ}}{2}H=1\,200\times30+\frac{1\,200}{160}\times640+\frac{160}{2}\times60=45\,600(\text{元})$$

根据经济订货批量（EOQ），可求出相应的经济订货次数（n^*）和经济订货周期（T^*），其计算公式为

$$n^*=\frac{D}{\text{EOQ}}=\frac{D}{\sqrt{\dfrac{2DS}{H}}}=\sqrt{\frac{HD}{2S}} \tag{5-24}$$

$$T^*=\frac{1}{n^*}=\sqrt{\frac{2S}{HD}} \tag{5-25}$$

同时，将经济订货批量（EOQ）代入式（5-21），可以得出年总库存成本（TC）的计算公式为

$$TC=DP+\frac{D}{Q}S+\frac{Q}{2}H=DP+\frac{D}{\text{EOQ}}S+\frac{\text{EOQ}}{2}H=DP+\sqrt{2DSH} \tag{5-26}$$

知识要点提醒

前面在确定经济订货批量时，做了订货和到货同时发生的假设，实际上，订货和到货一般都有一段时间间隔，为了保证供应的连续性，需要提前订货。

若订货提前期为 LT，日需求量为 d，则再订购点（ROP）$=d\times$LT，当库存量下降到 ROP 时，即按经济订货批量（EOQ）订货。在订货提前期内，以每天 d 的速度消耗库存，当库存降低到零时，恰好收到订货，开始一个新的存储周期。

另外，以实物计量单位如件、个表示物品数量时，EOQ 是每次应订购的物品数量，若不是整数，可四舍五入后取整。

对于以上确定型存储问题，最常用的策略就是确定经济订货批量（EOQ），并每隔 T^* 时间进行订货，使储存量由 s^* 恢复到最高库存量 $Q_{\max}=\text{EOQ}+s^*$。这种存储策略可以认为是定量订货制，但因订购周期也固定，又可以认为是定期订购制。

知识拓展

EOQ 模型的敏感性分析

EOQ 模型中涉及的参数有物品年需求量、每次订货的订货成本、每单位物品每年的库存持有成本。这些参数一般都是根据统计资料并估计计划期的发展趋势来确定的，往往会与实际情况存在一些偏差，依

据这些参数计算的经济订货批量自然不够十分精确；另外，经济订货批量往往不是整数，而实际订货时，常常要以一定的整数如整箱、整吨等单位进行进货。因此，需要分析模型中的各个参数发生偏差时对经济订货批量（EOQ）的影响程度，以及经济订货批量的偏差对总库存成本的影响程度，来考查 EOQ 模型的可靠程度和实用价值，即对 EOQ 模型进行敏感性分析。

由一个学生的电子邮件引发的思考

老师：您好！

我是您已毕业的学生，现在在一家销售企业工作。公司领导让我负责订购某种型号的电动车。经过分析，我认为可以利用在学校学过的 EOQ 模型来确定其采购量。

目前，我手里有公司前几年该型号电动车的销售数据，并且每次订货的订货成本和每单位物品每年的库存持有成本等数据可以通过汇总前几年的信息获得。但这些数据都只是粗略的，不十分精确。

在这种情况下，我还能利用 EOQ 模型确定采购量吗？EOQ 模型能解决其他类似的问题吗？

【问题的提出】：D、S 和 H 等数据估计不准确，将会导致按式（5-23）计算出来的 EOQ（实际采购中订货批量）与真实的 EOQ^*（不能确定，但真实存在的数量）之间存在偏差。现在该学生关心的核心问题是：这种偏差将导致实际所花费的年总库存成本（TC）与最优年库存成本（TC_{EOQ}^*）之间的差距有多大？如果差距不是很大，则在实际问题中就可以按计算出来的 EOQ 对该种型号电动车进行采购。

下面以一个例子，而非理论推导的形式给出一些结论。有兴趣进行理论证明的读者可以参阅相关教材。

【例 5-7】 某公司对某物品的年需求量（D）为 3 600 个。已知，每次订货的订货成本（S）为 4 元/次；每单位物品每年的库存持有成本（H）为 0.72 元/（单位·年）。试求：①经济订货批量（EOQ）和年总库存成本 TC（EOQ），此处仅考虑每单位物品每年的库存持有成本和每次订货的订货成本；②当物品订货批量增加 10%时，年总库存成本的变化范围是多少？

5-5 拓展视频

解：此处仅考虑每单位物品每年的库存持有成本和每次订货的订货成本。因为每年的购入成本是恒定的，不随订货批量的变化而变化，所以，在确定型存储模型中，影响年总库存成本的数据只有每单位物品每年的库存持有成本和每次订货的订货成本。

（1）由式（5-23）可求出经济订货批量，其计算结果为

$$EOQ = \sqrt{\frac{2DS}{H}} = \sqrt{\frac{2 \times 3\,600 \times 4}{0.72}} = 200(单位)$$

根据式（5-26）可求出年总库存成本（此处未考虑购入成本，下同），其计算结果为

$$TC(EOQ) = \sqrt{2DSH} = \sqrt{2 \times 3\,600 \times 4 \times 0.72} = 144(元)$$

（2）当物品订货批量增加 10%时，即当经济订货批量为（1+10%）×200=220 单位时，将数据代入式（5-21）可得出年总库存成本为

$$TC(220) = \frac{D}{Q}S + \frac{Q}{2}H = \frac{3\,600}{220} \times 4 + \frac{220}{2} \times 0.72 = 144.65(元)$$

进而可得年总库存成本的增加幅度的计算结果为

$$\Delta TC = \frac{TC(220) - TC(EOQ)}{TC(EOQ)} \times 100\% = \frac{144.65 - 144}{144} \times 100\% = 0.45\%$$

同理，可计算出订货批量增减不同比例时，所对应的年总库存成本和年总库存成本增减的幅度，计算结果见表 5-14。

表 5-14　EOQ 模型中订货批量的偏差对年总库存成本的影响程度表

订货批量 Q 与 EOQ 相比变化的比例	订货批量/单位	订货成本/元	库存持有成本/元	年总库存成本/元	年总库存成本与 EOQ 订货批量下的年总库存成本相比变化的比例
−35.00%	130	110.77	46.80	157.57	9.42%
−30.00%	140	102.86	50.40	153.26	6.43%
−27.00%	146	98.63	52.56	151.19	4.99%
−25.00%	150	96.00	54.00	150.00	4.17%
−20.00%	160	90.00	57.60	147.60	2.50%
−15.00%	170	84.71	61.20	145.91	1.32%
−10.00%	180	80.00	64.80	144.80	0.56%
−5.00%	190	75.79	68.40	144.19	0.13%
0.00%	200	72.00	72.00	144.00	0.00%
5.00%	210	68.57	75.60	144.17	0.12%
10.00%	220	65.45	79.20	144.65	0.45%
15.00%	230	62.61	82.80	145.41	0.98%
20.00%	240	60.00	86.40	146.40	1.67%
25.00%	250	57.60	90.00	147.60	2.50%
30.00%	260	55.38	93.60	148.98	3.46%
35.00%	270	53.33	97.20	150.53	4.54%
37.00%	274	52.55	98.64	151.19	5.00%
40.00%	280	51.43	100.80	152.23	5.71%
45.00%	290	49.66	104.40	154.06	6.98%
50.00%	300	48.00	108.00	156.00	8.33%

从表 5-14 中的计算结果来看，当实际订购批量偏离 EOQ 时，年总库存成本均有一定程度的增加，但增加的比例有限。

可以从理论上证明以下结论。

在不考虑购入成本的情况下，当实际订货批量在 EOQ 附近以一定幅度左右偏离时，年总库存成本曲线的变化十分平缓，如图 5-18 所示。理论分析表明，当实际订货批量偏离 EOQ 的幅度在[−27%, 37%]时，年总库存成本增加的幅度小于或等于 5%。EOQ 所具有的这种特性，被称为经济订货批量的强壮性（鲁棒性）或最低年总库存成本的刚性。这一特性为对内、外订货的批量决策提供了一个定量分析的基础。

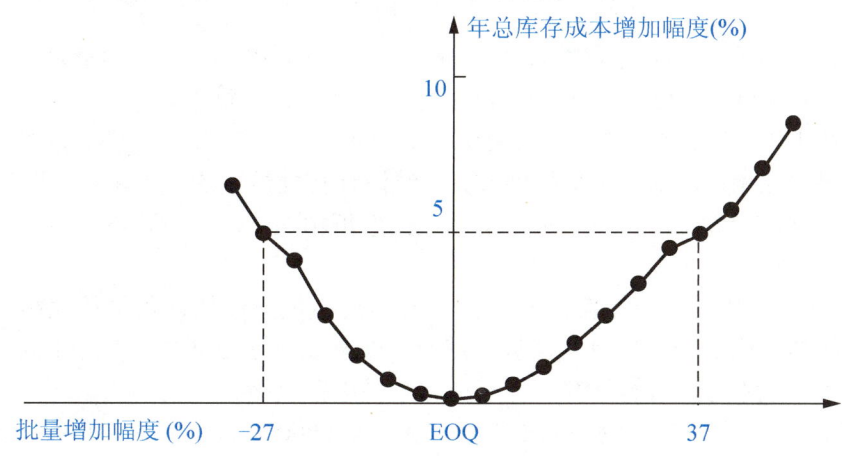

图 5-18　年总库存成本曲线

（4）有数量折扣的订货决策。

① 考虑采购数量折扣的经济订货批量模型。

a. 单一折扣率的订货策略。单一折扣率（k）是指当实际订货批量小于供应商规定的折扣数量时，物品单价不变；当实际订货批量大于或等于供货商规定的折扣限量时，享受优惠折扣（k），即物品折扣价格等于原价乘以（$1-k$）。在享受折扣优惠条件下，其经济订货批量（EOQ_k^*）的计算公式为

$$\text{EOQ}_k^* = \sqrt{\frac{2DS}{H(1-k)}} \quad (5-27)$$

当 EOQ_k^* 大于或等于供应商规定的折扣量时，即以 EOQ_k^* 作为经济订货批量。

当 EOQ_k^* 小于供应商规定的折扣量时，可以分别计算未享受优惠下的 EOQ 与规定限量的年总库存成本，年总库存成本较低者即为经济订货批量。也可根据图 5-18 所示的年总库存成本曲线，当折扣限量的增加幅度小于 37%，优惠折扣率大于 5% 时，按折扣限量订货。

【例 5-8】 在例 5-6 中，若供应商给出的数量折扣条件是：若物品订货批量小于 180 单位，单价为 30 元/单位；若订货批量大于或等于 180 单位，单价为 27 元/单位。若其他条件不变，经济订货批量为多少？

解：首先，计算出折扣率，其结果为

$$k = \frac{30-27}{30} \times 100\% = 10\%$$

其次，利用式（5-27），计算出在享受折扣的情况下的经济订货批量，结果为

$$\text{EOQ}_k^* = \sqrt{\frac{2DS}{H(1-k)}} = \sqrt{\frac{2 \times 1200 \times 640}{5 \times 12 \times (1-10\%)}} = 168.65 \approx 169 \text{（单位）}$$

由于按享受折扣的条件计算出的经济订货批量 169 单位小于可享受批量折扣的 180 单位，说明此经济订货批量计算无效。也就是说，169 单位的批量不享受 27 元的优惠价格。因此，需要比较按等于折扣价格的批量 180 单位采购的年总库存成本与例 5-6 中计算出的年总库存成本的大小。

$$TC(180) = DP + \frac{D}{Q}S + \frac{Q}{2}H = 1\,200 \times 27 + \frac{1\,200}{180} \times 640 + \frac{180}{2} \times 60 = 42\,066.67 \text{ （元）}$$

此时年总库存成本（42 066.67）要低于按每单位 30 元采购时的经济批量 160 单位的年总库存成本（45 600）。因此，应该以 180 单位作为经济订货批量。

以上是按折扣单价计算的经济订货批量 169 单位小于可以享受批量折扣的 180 单位的情况，但如果情况相反，则应按折扣价计算的经济订货批量采购。例如，当折扣单价为 22 元时，经济订货批量为 187 单位，大于可享受批量折扣的 180 单位，故应按 187 单位的批量采购。

b. 不同价格折扣的订货策略。不同价格折扣是指供应商按订货量的大小设置数量区间，并分别给予不同的价格优惠。订货厂商为了确定经济订货批量，要对不同价格段订货批量的年总库存成本分别进行计算，并对计算结果进行权衡、决策。

【例 5-9】 某企业对某种物品的年需求（D）为 2 000 单位，每次订货的订货成本（S）为 24 元，每单位物品每年的库存持有成本（H）为物品价格（P）的 15%。设供应商提供价格优惠的数量条件见表 5-15。试求：经济订货批量及其年总库存成本。

表 5-15 供应商提供价格优惠的数量条件

一次订货数量/单位	单价/元	经济订货批量/单位
[1，100)	8.4	276
[100，200)	8.0	283
[200，300)	7.6	290
[300，400)	7.0	302

解： 根据式（5-23），计算各价格阶段的经济订货批量，其结果如下。

当 P_1=8.4 元时，其经济订货批量：$EOQ_1 = \sqrt{\dfrac{2DS}{H}} = \sqrt{\dfrac{2 \times 2\,000 \times 24}{0.15 \times 8.4}} = 276$ （单位）；

当 P_2=8.0 元时，其经济订货批量：$EOQ_2 = 283$ （单位）；

当 P_3=7.6 元时，其经济订货批量：$EOQ_3 = 290$ （单位）；

当 P_4=7.0 元时，其经济订货批量：$EOQ_4 = 302$ （单位）。

显然，第一个价格优惠区间[1，100)的经济批量 $EOQ_1 = 276$ 是不可行的；第二个价格优惠区间[100，200)的经济批量 $EOQ_2 = 283$ 也是不可行的；第三个价格优惠区间[200，300)的经济批量 $EOQ_3 = 290$ 是可行的；第四个价格优惠区间[300，400)的经济批量 $EOQ_4 = 302$ 是可行的。

因此，只需比较后两个经济订货批量的年总库存成本，取年总库存成本最小值的订货量就可以了。按式（5-21）进行计算，其计算结果如下。

$$TC_3 = DP_3 + \frac{D}{Q}S + \frac{Q}{2}H_3 = 2\,000 \times 7.6 + \frac{2\,000}{290} \times 24 + \frac{290}{2} \times 0.15 \times 7.6 = 15\,530.82 \text{ （元）}$$

$$TC_4 = DP_4 + \frac{D}{Q}S + \frac{Q}{2}H_4 = 2\,000 \times 7.0 + \frac{2\,000}{302} \times 24 + \frac{302}{2} \times 0.15 \times 7.0 = 14\,317.49 \text{ （元）}$$

则经济订货批量为 302 单位，年度总库存成本为 14 317.49 元。

② 考虑运输数量折扣的经济订货批量模型。当运输费用由卖方支付时，一般不考虑运输费用对库存成本的影响。但当运输费用由买方支付时，则会对总库存成本产生较大的影响。为了获得运输规模经济的效益，企业订货批量往往要大于根据 EOQ 模型决策的批量。订货批量的增大，有双重影响：一方面，订货批量的增加必然导致库存持有成本的上升；另一方面，由于订货批量的增大，订货次数减少，订货成本下降，同时运输成本和在途库存成本也会减少。为了确定当存在运输折扣时的经济订货批量，可以计算一般情况下的经济订货批量及其总库存成本，然后和存在运输折扣时的总库存成本进行比较，选择总库存成本最低的方案。具体操作可以参看下面的例子。

【例 5-10】 某企业需求某种物品 6 400 单位，单价为 300 元/单位，每单位物品每年的年库存持有成本为单价的 25%，每次订货的订货成本为 600 元。当订货批量小于 800 单位时，运输费率为 5.5 元/单位；当订货批量大于或等于 800 单位时，运输费率为 3.5 元/单位。试求该物品的经济订货批量。

解：本题的主要思路是将按 EOQ 计算的总库存成本与按运输折扣批量计算的总库存成本进行对比，选择总库存成本最低的方案。

根据式（5-23），计算经济订货批量，其计算结果为

$$EOQ = \sqrt{\frac{2DS}{H}} = \sqrt{\frac{2 \times 6\,400 \times 600}{0.25 \times 300}} = 320 \text{（单位）}$$

对比按 EOQ 计算的总库存成本和按运输折扣批量计算的总库存成本。

① 按 EOQ 计算的总库存成本。

总库存成本=购入成本+库存持有成本+订货成本+运输成本
　　　　　=6 400×300+0.25×300×（320÷2）+（6 400÷320）×600+5.5×6 400
　　　　　=197.92（万元）

② 按运输折扣批量，即 800 单位计算的总库存成本。

总库存成本=购入成本+库存持有成本+订货成本+运输成本
　　　　　=6 400×300+0.25×300×（800÷2）+（6 400÷800）×600+3.5×6 400
　　　　　=197.72（万元）

由计算结果可知，按照 800 单位的批量进行订货可以节省总库存成本 0.2 万元。因此，应该将经济订货批量扩大到 800 单位。

（5）不允许缺货、非瞬时供应的 EOQ 模型。

该模型的假设条件除非瞬时补货外，其余条件与基本模型相同。

$$EOQ = \sqrt{\frac{2DS}{H} \cdot \frac{p}{p-d}} \quad (5-28)$$

式中　p——日送货量；
　　　d——日需求量。

（6）允许缺货、瞬时供应的 EOQ 模型。

该模型的假设条件除允许缺货外，其余条件与基本模型相同。

$$EOQ = \sqrt{\frac{2DS}{H} \cdot \frac{H+SO}{SO}} \quad (5-29)$$

式中　SO——单位缺货成本。

（7）允许缺货、非瞬时供应的 EOQ 模型。

该模型的假设条件除允许缺货、非瞬时供应外，其余条件与基本模型相同。

$$EOQ = \sqrt{\frac{2DS}{H} \cdot \frac{H+SO}{SO} \cdot \frac{p}{p-d}} \qquad (5-30)$$

3. 定量订货法

所谓定量订货法（Fixed Quantity System），就是预先确定再订货点和订货批量，实时检查库存水平，当库存水平下降到再订购点时就发出订货，按照经济订货批量进货。

采用定量订货法的订货策略，关键要解决 3 个问题：确定经济订货批量、确定再订购点、确定实施方案。

（1）确定订货批量。

所谓订货批量，就是一次订购多少数量的物品。订货批量的高低不仅直接影响库存水平高低，而且直接影响货物供应的满足程度。订货批量过大，虽然可以满足用户需求，但使库存量升高，库存成本增加；订货批量过小，虽然可以降低库存量，但难以确保用户需求，所以要合理确定订货批量，即经济订货批量。

需要注意的是，经济订货批量的确定是建立在一定的假设前提下的，前提条件若发生变化，则总库存成本的模型也要做出调整。这就要求按照变化后的总库存成本模型，依据总库存成本最低的原则，确定经济订货批量的计算方法。

（2）确定再订购点。

一旦 EOQ 确定后，企业就应以此为基础，每次订购固定数量的物品。接下来要解决的就是"什么时候订货"的问题，这就是涉及再订购点（Re-order of Point，ROP）的确定。

在确定性需求条件下，可以用每日需求量乘以订货提前期（Lead Time，LT）来确定再订购点。当库存量下降到再订购点时，自动库存控制系统就会产生一份订单，经过审核后发出订单。订货提前期包括订单传送、订货处理、订货准备和配送等活动。订货提前期的确定取决于许多因素，如订单传送的方式、供应商储存的库存能否满足订货要求以及所用的运输方式等。

企业经常面临的情况是不确定性的。从需求的不确定性来看，客户购买物品往往带有偶然性，许多物品的需求依赖于天气、心理需求、社会需求和其他许多因素，一些因素会引起订货提前期的变化。

在需求或补货周期不确定的情况下，计算再订购点就需要考虑安全库存。这样，再订购点就等于提前期内的平均需求加上安全库存。用公式表示为

$$ROP = LT \times \bar{d} + SS \qquad (5-31)$$

式中　ROP——再订购点；

　　　LT——订货提前期；

　　　$\bar{d}$——平均每日需求；

　　　SS——安全库存。

【例 5-11】某企业对某种物品的需求量为 14 400 单位，单价为 300 元/单位，每单位物品每年的库存持有成本为单价的 25%，每次订货的订货成本为 600 元。考虑到需求的波动以及补货周期的不确定性，安全库存按 40 单位设置。试求经济订货批量、再订购点。其中，一年按 360 天计算，订货提前期为 3 天。

解：根据式（5-23），计算经济订货批量，其计算结果为

$$EOQ = \sqrt{\frac{2DS}{H}} = \sqrt{\frac{2 \times 14\,400 \times 600}{0.25 \times 300}} = 480 \text{（单位）}$$

根据题意知，平均每日需求量的计算结果为

$$\bar{d} = \frac{D}{360} = \frac{14\,400}{360} = 40 \text{（单位）}$$

根据式（5-31），计算再订购点，其计算结果为

$$ROP = LT \times \bar{d} + SS = 3 \times 40 + 40 = 160 \text{（单位）}$$

本例中 EOQ、安全库存（SS）、再订购点（ROP）之间的关系如图 5-19 所示。

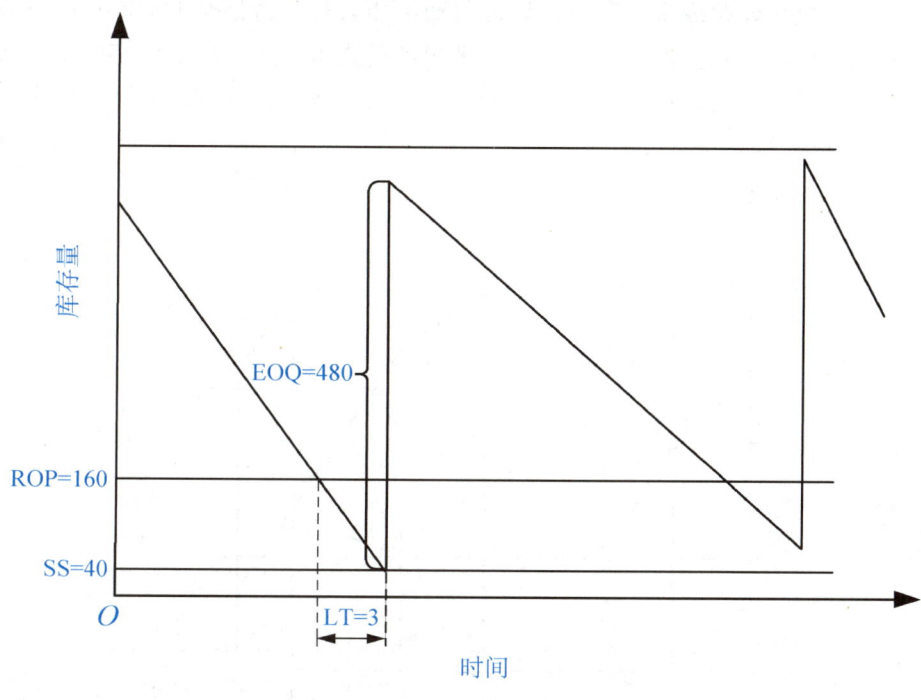

图 5-19　库存变量关系图

（3）定量订货法的实施。

定量订货法的简化形式为双堆法，也称双仓法或分存控制。它是将再订购点数量的物品从库存量中分离出来，单独存放或画以明显标志。当库存的其余部分用完，即当现有库存降低到再订购点水平时，即提出订购，每次订购固定经济订货批量的物品。也可将安全库存从再订购点的库存量中分出，称为三堆法。双堆法或三堆法简便易行，无须经常盘点，不用持续的库存记录，可以直接地识别再订购点和及时组织订货。这种方法比较适于价值较低、订货时间短的物品。

4. 定期订货法

定期订货法（Fixed Interval System）是指按预先确定的订货间隔期订购物品，以补充库存的一种库存控制方法。其原理是预先确定一个订货周期（T）和一个最高库存量（Q_{max}），周期性地检查库存，发出订货。定期订货法模型如图 5-20 所示。订货批量的大小应使得订货后的"名义库存量"等于最高库存量 Q_{max}。

强调"名义库存量"是因为在物品达到时，实际库存量并没有达到 Q_{max}，因为在订货提前期内，企业的生产和销售正常进行，会消耗库存，实际库存量应该等于 Q_{max} 减去订货提前内的需求量。所以，Q_{max} 实际上是库存水平的控制线，它是定期订货法用以控制库存量的一个关键的控制参数。

采用定期订货法的订货策略，主要是为了解决 4 个问题：确定订货周期、确定最高库存量、确定订货批量以及定期订货法的实施。

（1）确定订货周期。

订货周期实际上就是定期订货法的订货点，其间隔时间是一致的。订货周期的长短直接决定最高库存量和库存成本。所以，订货周期不能太长，否则会增加库存持有成本；订货周期也不能太短，否则会增加订货次数，增加订货成本，进而增加库存成本。从费用方面来看，如果库存成本达到最低，订货周期可以采用经济订货周期的方法来确定，其计算公式见式（5-25）。

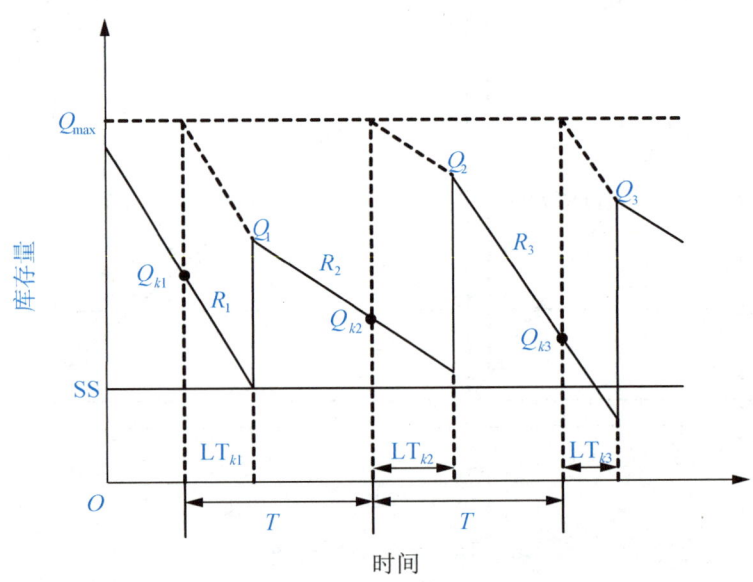

图 5-20　定期订货法模型

（2）确定最高库存量。

定期订货法的最高库存量的作用是满足 $(T+\overline{T}_k)$ 期间内的库存需求，因此以 $(T+\overline{T}_k)$ 期间的库存需求量为基础进行计算。为满足随机发生的需求，需要设置一定的安全库存，这样，最高库存量就可求出，其公式为

$$Q_{max} = \overline{R}(T+\overline{T}_k) + SS \tag{5-32}$$

式中　Q_{max}——最高库存量；

$\overline{R}$——在 $(T+\overline{T}_k)$ 期间，单位时间的库存需求量平均值；

T——订货周期；

$\overline{T}_k$——平均订货提前期；

SS——安全库存。

(3) 确定订货批量。

由模型可知,定期订货方法没有固定的订货批量。每次订货批量的大小为最高库存量与实际库存量的差值。值得注意的是,这里的"实际库存量"(Q_k)是指检查库存时企业所拥有的能够用于满足需求的全部库存物品的数量;也就是说,它并不仅仅是指当时存放在仓库中的物品数量 Q_w,还应当考虑已订货但未到达入库的物品数量 I 和已经销售但尚未发货的物品数量 O。Q_w、I 和 O 都是订货时检查库存实际得到的数据。因此,可以用下面的公式来确定每次订货的订货量。

$$Q_i = Q_{max} - Q_{ki} = Q_{max} - (Q_{wi} + I_i - O_i) \tag{5-33}$$

式中 Q_i——第 i 次订货的订货批量;

Q_{ki}——第 i 次订货点时的"实际库存量";

Q_{max}——最高库存量;

Q_{wi}——第 i 次订货点时,存放在仓库中的物品数量;

I_i——第 i 次订货点时,已订货但未到达入库的物品数量;

O_i——第 i 次订货点时,已经销售但尚未发货的物品数量。

(4) 定期订货法的实施。

定期订货法的实施过程是:企业根据过去的经验或经营目标预先确定一个合适的订货周期,每经过一个订货周期就进行订货,每次订货批量根据公式(5-33)来确定;每次订货批量可以不同,但不能超过最高库存量,最高库存量根据公式(5-32)确定。

5. 定量订货法与定期订货法的比较

(1) 定量订货法和定期订货法的区别是确定订货周期方式的不同。定量订货法是"事件驱动",而定期订货法是"时间驱动"。在定量订货法中,当达到规定的再订购点后,才引发订货行为。这一事件有可能随时发生,主要取决于对该物品的需求情况。与之相对的是,定期订货法只限于在预定时期期末进行订货,唯一的驱动因素是时间的变化。

(2) 两种订货法的系统要求的盘点方式不同。在定量订货法中,当库存量降低到预先设定的再订购点时,就进行订货,必须连续监控剩余库存量。因此,定量订货法是一种永续盘存系统,它要求每次从仓库里取出物品或者往仓库里增加物品时,必须更新记录以确认是否已达到再订购点。而在定期订货法中,库存盘点只在盘点期发生。

(3) 两种方法的区别见表 5-16。

表 5-16 定量订货法和定期订货法的区别

比较项目	定量订货法	定期订货法
订货批量	每次订货批量相同	每次订货批量不同
订单下达时间	库存量降到再订购点时	在订货期(盘点期)到来时
库存记录维护	每次出库或入库都要记录	只在盘点期记录
库存规模	比定期订货法小	比定量订货法大
维持系统所需时间	由于持续记录,因此维持系统所需时间较长	周期性强,维持系统所需时间短
物品类型	昂贵、关键或重要的物资	一般物资

（4）对两种订货方法的系统运作流程进行比较，如图5-21所示。定量订货法着重订货批量和再订购点，从程序上看，每次物品出库，都要进行记录，并且立即将剩余的库存量与再订购点进行比较。如果库存已降低到再订购点，则要进行批量为 Q 的订购；如果仍位于再订购点之上，则系统保持闲置状态直到出现下一次的出库需求。定期订货法重视订购期，当到了该订购期即提出订购请求，但每次的订购量是不相同的，需根据库存的实际情况计算后确定。

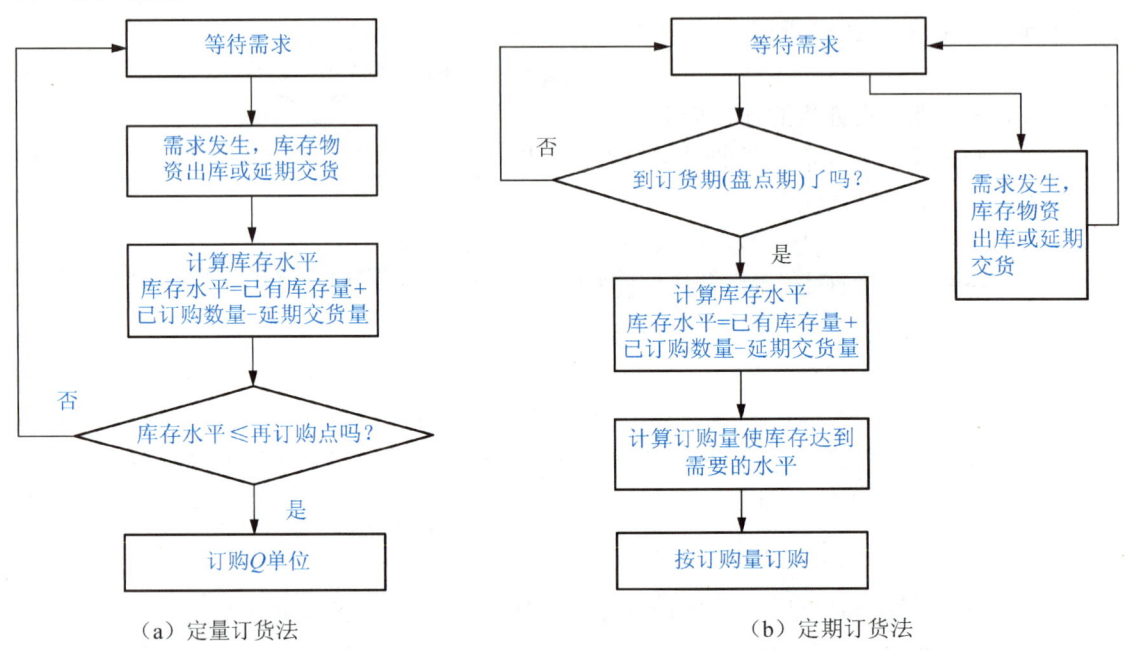

图 5-21　定量订货法与定期订货法的比较

6. 安全库存的确定

（1）安全库存的必要性。

安全库存是为了防止由于不确定性因素而准备的缓冲库存，又称保险库存。

如果某一时期的需求是一定的，订货提前期也是固定的，则没有必要设置安全库存。但是，市场需求和生产现场的物品消耗大多数情况下是要发生波动的，订货提前期也会出现提前或延迟的现象。生产过程中出现的损坏，物品计算出错等都会导致库存与需求发生偏差。安全库存就是为了避免出现库存不足，对库存进行适当管理而设置的。

安全库存量是存货的最低库存量，正常情况下不要动用。遇到特殊情况必须使用安全库存时，可按实际需求使用，以保证生产顺利进行或满足市场的需求，但是安全库存应在下批订货到达后立即补齐。

安全库存量除了受需求和补货的不确定性因素影响，还与企业希望达到的客户服务水平有关，这些都是制定安全库存决策时应考虑的主要因素。

（2）安全库存量的计算。

对于安全库存量的计算，将借助于数理统计方面的知识，对客户需求量的变化和订货提前期的变化做出一些基本的假设，从而在客户需求量发生变化、订货提前期发生变化以及两者同时发生变化的情况下，分别计算各自的安全库存量。

① 订货提前期固定，需求量变化的情况。假设需求的变化情况服从正态分布。由于订货提前期是固定的数值，因而可根据正态分布图，直接计算在订货提前期内的需求量分布的均值和标准差，或通过直接的期望预测，以过去订货提前期内的需求情况为依据，确定需求的均值和标准差。在此情况下，安全库存可按下式计算

$$SS = z\sigma_d \sqrt{LT} \tag{5-34}$$

式中　SS——订货提前期固定，需求量变化情况下的安全库存量；
　　　　z——一定客户服务水平下的安全系数，可根据预定的服务水平，由表 5-17 查出；
　　　　σ_d——订货提前期内需求量的标准差；
　　　　LT——订货提前期。

表 5-17　客户服务水平与安全系数对照表

服务水平	0.70	0.80	0.90	0.95	0.98	0.99	0.9998
安全系数	0.53	0.84	1.29	1.65	2.05	2.33	3.5

② 需求量固定，订货提前期发生变化的情况。当订货提前期内的客户需求量不变，订货提前期的长短随机变化时，安全库存量的计算类似于需求量变化而订货提前期固定的情况，不同的是订货提前期内需求量是通过不变的需求量和订货提前期的标准差相乘求出的。此时，安全库存量的计算公式为

$$SS = zd\sigma_{LT} \tag{5-35}$$

式中　SS——需求量固定，订货提前期变化情况下的安全库存量；
　　　　z——一定客户服务水平下的安全系数，可根据预定的服务水平，由表 5-17 查出；
　　　　d——订货提前期内固定的日需求量；
　　　　σ_{LT}——订货提前期的标准差。

③ 需求量和订货提前期都随机变化的情况。在多数情况下，需求量和订货提前期通常都是随机变化的，均有不确定性。此时，假设客户需求量和订货提前期是相互独立的（互不影响），则安全库存的计算公式为

$$SS = z\sqrt{\sigma_d^2 \overline{LT} + \overline{d}^2 \sigma_{LT}^2} \tag{5-36}$$

式中　SS——需求量和订货提前期均变化的情况下的安全库存量；
　　　　z——一定客户服务水平下的安全系数，可根据预定的服务水平，由表 5-17 查出；
　　　　σ_d——订货提前期内需求量的标准差；
　　　　$\overline{d}$——订货提前期内平均日需求量；
　　　　$\overline{LT}$——平均订货提前期；
　　　　σ_{LT}——订货提前期的标准差。

【例 5-12】　某电子元件厂某产品的日需求量均值为 500 箱，标准差为 20 箱/天，订货提前期的均值为 3 天，标准差为 1 天，需求量和订货提前期的变化均服从正态分布，且相互独立。试确定该厂客户服务水平为 98% 时的安全库存量。

解：利用式（5-36），查表 5-17 进行计算，其结果为

$$SS = z\sqrt{\sigma_d^2 \overline{LT} + \overline{d}^2 \sigma_{LT}^2} = 2.05 \times \sqrt{20^2 \times 3 + 500^2 \times 1^2} = 1\,028 \text{（箱）}$$

即在给定的条件下，要满足 98% 的客户服务水平，应设置安全库存量为 1 028 箱。

在实际操作中，确定合理的安全库存有 4 种具体措施可以考虑使用。

（1）改善需求预测。预测越准，意外需求发生的可能性就越小。此外，还可以采用一些方法鼓励用户提前订货，但这时应注意不能以提前状态下的订货批量作为用户的实际需求来预测市场需求，否则会产生"牛鞭效应"。

（2）缩短订货提前期。订货提前期越短，在该期间发生意外的可能性就越小。

（3）减少供应的不稳定性。常见的途径有三种：一是让供应商了解公司的生产作业计划，以便他们能够及早做出安排，这涉及供应链的管理。二是改善现场管理，减少废品或返修品的数量，从而减少由这种原因造成的不能按时按量供应的情况。三是加强设备的预防维修，以减少由于设备故障而引发的供应中断或延迟。

（4）利用统计方法对前半年甚至一年的产品需求量进行分析，求出标准差即得出上下浮动点后作出适当的库存安排。

5.3 现代企业库存管理模式

5.3.1 零库存管理

零库存也称准时制库存（Just-In-Time Inventory），是在正确的时间以准确的数量把物品送达指定的地点，以维持系统完整运行所需的最低库存水平。

1. 零库存的特点

（1）零次品：JIT 要求消除各种造成不合格产品的原因，在生产过程中每道工序都要求达到最高水平。

（2）零库存：JIT 认为库存是生产系统设计不合理、生产过程不协调、生产操作不良的证明。

（3）零准备时间：准备时间的长短与批量选择相联系，如果准备时间趋于零，准备成本也趋于零，就有可能采用极小批量。

（4）生产提前期最短：短生产提前期与小批量结合的系统应变能力强、柔性好。

（5）减少物品搬运，搬运量低：物品搬运是非增值操作，如果能使零部件和装配件运送量减小、搬运次数减少，可以节约装配时间，减少装配中可能出现的问题。

2. 零库存与传统库存管理的区别

零库存是一种先进的现代管理方法，它与传统库存管理方法有着本质的区别，主要体现在以下几个方面。

（1）零库存试图消除买卖双方的过多库存。零库存不是简单地强迫卖方保持原来由买方持有的库存，而是减少双方的库存。

（2）零库存系统通常包括较短的生产周期，经常需要从某一产品的生产转向另一产品的生产。

（3）零库存是在企业指定的时间将物品运送到指定的地点，从而减少物品排队的时间。如汽车制造业用零库存方法在精确的地点补充零部件。

（4）零库存管理通过较短的备货周期与稳定的交付时效，运用 JIT 机制保障库存供给。企业采用零库存供货模式时，供应商需围绕核心客户配置生产设施，从而构建产业集群。

（5）零库存系统依靠高质量的原材料与部件、精确的生产物流作业将制造与组装作业以准时方式与生产物流结合。

（6）零库存系统要求供应商与用户双方相互承诺，注重质量并寻求双赢策略。零库存的目的是使整个供应链上的库存最低，而不是将一个企业的库存推向另一个企业。

案例 5—4

微格科技的"零库存"

在当今竞争激烈的市场中，早已不是"唯产品论"的时代。特别是对于制造业而言，库存和资金链管理是关系到企业生死存亡的重要因素。

微格科技（南京）有限公司（简称微格科技）作为一家积极创新的企业，不仅提供高品质产品，还积极关注客户的经营风险，致力于为客户提供全方位的支持和解决方案。其独特的零库存管理策略和资金链支持服务，可以帮助客户规避风险，实现共赢。

微格科技的零库存管理策略旨在通过智慧、精细的生产和供应链优化，最大限度地减少或消除整个供应链中的库存，从而有效规避客户过度囤货和市场消化过慢所导致的企业经营风险。

（1）客户关怀：客户"健康"是关键。微格科技深刻理解客户的需求不仅仅限于产品本身，更关心客户的"健康"。通过工厂平台的优势，他们为每位客户提供风险管理方案，确保客户不会因库存过多或过少而陷入经营困境。

（2）有计划、有节制：高效供求平衡。微格科技的零库存管理策略充分考虑市场销售的情况，确保在不影响市场销售的情况下，用最少的库存为客户提供更多的利益保障。这一策略帮助客户实现高效而稳定的市场供货节奏。

资料来源：https://www.cet.com.cn/itpd/itxw/10013608.shtml。

5.3.2 供应商管理库存

供应商管理库存（Vendor Managed Inventory, VMI）的主要思想是供应商在用户的允许下设立库存，确定库存水平和补给策略，拥有库存控制权。VMI 系统不仅可以降低供应链的库存水平，而且用户还可获得高水平的服务，与供应商共享需求的透明性和获得更高的用户信任度。

VMI 的实施关键在于有效执行连续补给程序。连续补给程序策略将零售商向供应商发送订单的传统订货方法转变为供应商根据用户库存和销售信息决定商品的补给数量。为了快速响应用户降低库存的要求，供应商通过和用户（分销商、批发商或零售商）建立合作伙伴关系，主动提高向用户交货的频率，使供应商从过去单纯地执行用户的采购订单转变为主动为用户分担补充库存的责任，在加快供应商响应用户需求速度的同时，也降低了用户的库存水平。

该策略的关键措施主要体现在如下几个原则中。①合作性原则：在实施策略时，相互信任与信息透明是很重要的。②成本最低原则：VMI 不是关于成本如何分配或谁来支付的问题，而是关于减少成本的问题，通过该策略使双方的成本都能减少。③目标一致性原则：

双方都熟知各自的责任，观念上达成一致的目标。④持续改进原则：使供需双方能共享利益和消除浪费。

案例 5-5

宝洁公司 VMI 技术

客户自动补货系统（Customer Automatic Replenishment System，CARS）/EDI（电子数据交换）是 VMI 技术的一种，也是宝洁公司使用的一种专为零售服务设计的先进自动补货系统。CARS 安装在供应商一端，使用 EDI 技术与零售商相连，交换单品销售量、库存数量和订单等信息。具体业务包括以下流程。

（1）零售商每日把当天的单品销售量和库存数据采用 EDI 技术发送给供应商。

（2）供应商使用 CARS 产生订单。

（3）供应商处理订单和发货。

（4）零售商收货和付款。

CARS 以业界广泛接受的补货预测公式为基础，加上宝洁公司在与零售业广泛合作中所得到的经验，对预测公式进行了多处补充。另外，CARS 中融入了商业流程的重组工作，将科学的系统与最有效的流程有机地结合在一起。CARS 使用了业界的库存控制目标模型，充分考虑到不同零售客户对预测的影响参数，如订单间隔、到货天数、均销售量、安全库存、人工调整等，然后提出科学合理的订单建议。

宝洁公司的一个零售客户 Jusco，采用了 VMI 技术，取得了良好的效果。项目实施前，宝洁产品单品数为 115，中心仓库库存为 8 周，分店库存为 7 周，缺货率为 5%。宝洁公司有关人员在详细分析该零售客户 Jusco 居高不下的库存及缺货率后，决定为其实施 VMI 技术来解决宝洁产品的补货问题。

项目在 3 月正式启动，宝洁公司与零售客户 Jusco 抽调双方的信息技术、后勤储运、采购业务部门的人员，组建了多功能小组。双方紧密合作，重新组合了订单、变更了储运的流程，确定了标准的流程、清晰的角色与任务，安装了 CARS，并建立起 EDI 的沟通管理。

项目在当年 7 月开始运行。3 个月后，零售客户 Jusco 取得显著的经济效益：销售额增加 40%；宝洁产品单品数为 141（增加 22.6%）；中心仓库库存为 4 周（降低 50%）；分店库存为 5.8 周（降低 17%）；缺货率为 3%（降低 40%）。

不仅如此，零售商的供应链管理走上了科学合理、高效的轨道，各个环节在新的系统下有条不紊地工作，大大减轻了工作人员的劳动强度，提高了工作效率，降低了运作成本。

资料来源：张浩，2024. 采购管理与库存控制[M]. 3 版. 北京：北京大学出版社.

5.3.3 联合库存管理

1. 联合库存管理的基本思想

为了克服 VMI 系统的局限性和规避传统库存控制中的"牛鞭效应"，出现了联合库存管理（Joint Managed Inventory）。联合库存管理是一种在 VMI 的基础上发展起来的上游企业和下游企业权利责任平衡和风险分担的库存管理模式。联合库存管理体现了战略供应商联盟的新型合作关系，强调了供应链企业之间的互利合作关系。

联合库存管理是解决供应链系统中由各个节点企业的相互独立库存运作模式导致的需求放大现象，提高供应链同步化程度的一种有效方法。联合库存管理强调双方同时参与，共同制订库存计划,使供应链系统中的每个库存管理者(供应商、制造商、分销商)都从相互之间的协调性考虑,使供应链相邻两个节点之间的库存管理者对需求的预期保持一致,从而消除需求放大现象。任何相邻节点需求的确定都是供需双方协调的结果,库存管理不再是各自为政的独立运作过程,而是供需连接的纽带和协调中心。

2. 联合库存管理的实施策略

(1)建立供应链协调管理机制。

为了发挥联合库存管理的作用,供应链各方应从合作的思想出发,建立供应链协调管理的机制和合作沟通的渠道,明确各自的目标和责任,为联合库存管理提供有效的机制。

① 建立供应链的共同愿景。要建立联合库存管理模式,首先供应链各方必须本着互惠互利的原则,建立共同的合作目标。为此,要理解双方在市场目标中的共同之处和冲突点,通过协商形成共同愿景。

② 建立联合库存的协调控制方法。联合库存管理中心承担协调供应链各方利益的角色,发挥协调整个供应链的作用。联合库存管理中心需要明确库存优化的方法,包括库存在多个供应商之间协调与分配、库存的最大量和最小量的确定、安全库存的确定、需求的预测等。

③ 建立信息沟通的渠道。信息共享是供应链管理的特色之一。为了提高整个供应链需求信息的一致性和稳定性,减少由多重预测导致的需求信息扭曲,应增强供应链各方对需求信息获得的及时性和透明性。为此应建立信息沟通的渠道,以保证需求信息在供应链中的畅通性和准确性。

④ 建立利益的分配、激励制度。要有效应用联合库存管理,必须建立一种公平的利益分配制度,并对参与协调联合库存管理中心的各个企业(供应商、制造商、分销商)进行有效的激励,防止机会主义行为,增强供应链的协作性和协调性。

(2)发挥制造资源计划和分销资源计划的作用。

原材料库存协调管理中心应采用制造资源计划,而在产品联合库存协调管理中心则应采用分销资源计划。这样在供应链系统中就能把这两种资源计划系统很好地结合起来。

(3)建立快速响应系统。

通过联合计划、预测与补货等策略进行有效的客户需求响应。

(4)发挥第三方物流的作用。

第三方物流系统可以使供应与需求双方都取消各自独立的库存,增加供应链的敏捷性和协调性,并且能够大大提高供应链的用户服务水平和运作效率。

5.3.4 多级库存优化与控制

基于协调管理中心的联合库存管理是一种联合式供应链库存管理策略,是对供应链的局部优化控制,而要进行供应链的全局优化和控制,则必须采用多级库存优化与控制方法。

多级库存优化与控制的方法有两种:一种是分布式策略;另一种是集中式策略。分布式策略是各个库存点独立采取各自的库存策略,这种策略在管理上比较简单,但是并不能保证达到供应链整体优化的效果,如果信息的共享性低,多数情况下产生的是次优的结果,因此分布式策略需要更多的信息共享。集中式策略中的所有库存点的控制参数是同时决定的，考虑到各个库存点的相互关系，通过协调的办法获得库存的优化。但是集中式策略在管理上协调的难度大，特别是供应链的层次比较多，即当供应链的长度增加时，更增加了管理上协调控制的难度。

本 章 小 结

仓储是利用仓库及相关设施设备进行物品的入库、储存、出库的活动。仓储除了具有储存物品和保管物品的基本功能，还有供需调节功能、运输能力调节功能、配送和流通加工功能、市场信息反馈功能、提供信用担保功能及经济功能等。仓储作业是指从接收物品开始，到按需把物品完好地出库的全过程，主要由收货、储存、发货 3 个阶段组成。仓储管理要面对各种经济环境和市场环境，因此，管理者需要经常对仓储系统中的仓储类型、集中或分散仓储、仓库选址等问题进行科学的决策，以选择适合企业的仓储方案。其中，仓库选址决策中详细介绍了仓库选址的方法，包括：德尔菲法、权重因素分析法、重心法、盈亏平衡分析法、线性规划法。合理仓储可以减少储存过程中的资金积压，增加生产资金；可以缩短物品在流通领域中停滞的时间，加速物品周转；可以减少保管费用，降低储存性物品的消耗，加快资金周转速度，节约利息开支，是降低物流成本、提高经济效益的重要途径；可以减少不必要的中转环节，避免迂回、倒流运输，节约成本。

库存是指储存作为今后按预定的目的使用而处于备用或非生产状态的物品。广义的库存还包括处于制造加工状态和运输状态的物品。库存管理是以控制库存为目标的相关方法、手段、技术、管理及操作过程的集合。它贯穿于物品从运输、规划、订货、进货、入库、储存、分拣到最后出库的全过程。

库存管理与控制方法主要包括 ABC 分类管理法、定量订货法、定期订货法等。其中，ABC 分类管理法中详细介绍了该方法的操作步骤；经济订货批量模型主要介绍 EOQ 的基本假设、模型求解、敏感性分析、有数量折扣的订货决策；同时介绍了不允许缺货、非瞬时供应的 EOQ 模型，允许缺货、瞬时供应的 EOQ 模型，允许缺货、非瞬时供应的 EOQ 模型等。在定量订货法和定期订货法的讲解中介绍了原理、适用范围、实施策略，并对两种控制模型做了详细的对比。

现代库存管理模式部分，重点讲解零库存管理、供应商管理库存、联合库存管理、多级库存优化与控制。零库存是在正确的时间以准确的数量把物品送达指定的地点，以维持系统完整运行所需的最低库存水平。供应商管理库存的主要思想是供应商在用户的允许下设立库存，确定库存水平和补给策略，拥有库存控制权。联合库存管理是一种在 VMI 的基础上发展起来的上游企业和下游企业权利责任平衡和风险分担的库存管理模式。联合库存管理体现了战略供应商联盟的新型合作关系，强调了供应链企业之间的互利合作关系。基于协调管理中心的联合库存管理是一种联合式供应链库存管理策略，是对供应链的局部优化控制，而要进行供应链的全局优化和控制，则必须采用多级库存优化与控制方法。

仓储（Warehousing） 仓储管理（Warehousing Management）
自有仓库（Private Warehouse） 公共仓库（Public Warehouse）

原材料库存（Raw Material Inventory）
在制品库存（Work-In-Process Inventory，WIP）
产成品库存（Finished Goods Inventory） 周转性库存（Turnover Inventory）
在途库存（Transportation Inventory） 季节性库存（Seasonal Inventory）
投机性库存（Speculative Inventory） 安全库存（Safety Inventory）
独立库存（Independent Inventory） 相关库存（Dependent Inventory）
单周期库存（Single-Cycle Inventory） 多周期库存（Multi-Cycle Inventory）
库存持有成本（Holding Cost） 订货成本（Ordering Cost）
缺货成本（Shortage Cost） 购入成本（Purchasing Cost）
独立需求和相关需求（Independent Demand vs. Dependent Demand）
推式系统与拉式系统（Push System vs. Pull System）
ABC 分类管理法（ABC Classification or ABC Analysis）
关键因素分析法（Critical Value Analysis，CVA）
经济订货批量（Economic Order Quantity，EOQ）
定量订货法（Fixed Quantity System）
定期订货法（Fixed Interval System）
准时制库存（Just-In-Time Inventory）
供应商管理库存（Vendor Managed Inventory，VMI）
联合库存管理（Joint Managed Inventory）

 习题

1. 选择题

（1）仓储的功能包括（   ）。
    A．储存和保管功能 　　　　　　B．供需调节功能
    C．货物运输能力调节功能 　　　　D．市场信息反馈功能
（2）仓储管理的内容包括（   ）。
    A．仓库的选址与建筑问题 　　　　B．仓库的作业管理
    C．仓库的库存管理 　　　　　　　D．仓库设备的选择与配置
（3）仓储作业的流程包括（   ）。
    A．验收　　　B．收货　　　C．入库　　　D．出库
（4）仓库选址决策的程序包括（   ）。
    A．选址规划目标及选址要求 　　　B．约束条件及影响因素分析
    C．优化备选方案 　　　　　　　　D．确定最终选址方案
（5）常用的设施选址的方法包括（   ）。
    A．德尔菲法　　B．线性规划法　　C．重心法　　D．盈亏平衡分析法
（6）仓储合理化的标志包括（   ）。
    A．质量标志　　B．数量标志　　C．时间标志　　D．结构标志

（7）按照库存的用途进行分类包括（　　）。
　　A．原材料库存　　B．在制品库存　　C．产成品库存　　D．安全库存
（8）按库存的目的，企业持有的库存可分为（　　）。
　　A．安全库存　　B．MRO库存　　C．季节性库存　　D．周转性库存
（9）某制衣企业在布料价格下降时购进了大量的布料，由此产生的库存属于（　　）。
　　A．安全库存　　B．在途库存　　C．投机性库存　　D．相关库存
（10）电动车生产企业生产的、放在仓库中的电动车属于（　　）。
　　A．独立需求库存　　　　　　B．相关需求库存
　　C．在制品库存　　　　　　　D．产成品库存
（11）库存成本主要包括（　　）。
　　A．库存持有成本　　　　　　B．订货成本
　　C．购入成本　　　　　　　　D．缺货成本
（12）下列（　　）不是每单位物品每年的库存持有成本。
　　A．利息　　　　　　　　　　B．陈旧老化损失
　　C．保险费　　　　　　　　　D．差旅费
（13）下列（　　）不是维持库存的原因。
　　A．使生产活动准时进行　　　B．减少订货费
　　C．减少缺货风险　　　　　　D．改善客户服务
（14）EOQ是平衡库存持有成本和（　　），确定一个最佳的订货批量来实现最低总库存成本的一种方法。
　　A．订货成本　　B．缺货成本　　C．购入成本　　D．补货成本
（15）ABC分类管理法的一般步骤包括（　　）。
　　A．收集相关数据　　　　　　B．数据处理
　　C．制作ABC分析表　　　　　D．确定ABC分类
（16）设某企业年需求某物品1 800单位，单价为20元/单位，单位物品的库存持有成本为单价的10%，每次订货的订货成本为200元，则该物品的经济订货批量为（　　）单位。
　　A．500　　　　B．600　　　　C．640　　　　D．700

2. 简答题

（1）简述仓储管理的内容。
（2）简述仓储作业的基本流程。
（3）仓储管理决策的内容包括哪些？
（4）简述仓库选址的一般程序。
（5）仓储合理化的途径包括哪些？
（6）库存成本的构成包括哪些？
（7）库存管理与控制的方法包括哪些？
（8）经济订货批量模型有哪些基本假设？如何计算经济订货批量？
（9）如何计算安全库存量？
（10）简述定量订货法和定期订货法各自的适用范围。

3. 判断题

（1）当企业有多种产品生产线，拥有巨大、稳定且市场集中度很高并需要加以控制的产品，采用公共仓库进行物品仓储非常经济。（　　）

（2）在全国范围内生产制造或分销一种竞争激烈、可替代性强的产品的企业，就需要高度集中化的仓储来为客户提供快捷服务。（　　）

（3）在盈亏平衡分析中，盈亏平衡的条件是总收入等于总成本。（　　）

（4）季节性库存是为了避免因物价上涨造成的损失或者为了从物品价格上涨中获利而建立的库存。（　　）

（5）设置安全库存是为了满足预期的需求。（　　）

（6）在基本的 EOQ 模型中，订货成本与库存持有成本相等时所对应的订货批量为经济订货批量。（　　）

（7）EOQ 模型要达到的目标是使库存持有成本最小。（　　）

（8）ABC 分类管理法需要将库存物品分类并仅分成三类。（　　）

（9）ABC 分类管理法是按物品单价的高低进行排序。（　　）

（10）EOQ 模型中，总库存成本对订货批量的变化很敏感。（　　）

4. 计算题

（1）某企业欲新建一仓库，共有 3 个候选地址甲、乙和丙。其中，影响仓库选址的因素主要有 10 个，其相关信息见表 5-18，求新建仓库地址的最优方案。

表 5-18　选址方案相关信息表

影响因素	权重	候选地址甲		候选地址乙		候选地址丙	
		评分	得分	评分	得分	评分	得分
客户分布条件	0.10	60		70		75	
劳动力成本	0.20	85		75		90	
科技条件	0.10	85		60		70	
基础设施条件	0.15	70		75		80	
交通运输状况	0.15	60		70		75	
地形条件	0.05	85		90		75	
水文条件	0.05	80		75		60	
税收政策	0.10	75		85		80	
竞争对手条件	0.05	80		70		75	
其他条件	0.05	75		65		70	
合计	1.00	-		-		-	

（2）某公司在 3 个工厂 A、B 和 C 生产一种需求稳定的产品。最近，公司管理层决定建立一个新的仓库 D 为 3 个工厂提供零部件。各工厂位置如图 5-22 所示，各工厂对零部件的需求量见表 5-19，仓库 D 为工厂 A、B 和 C 提供零部件的运输费率相同。问：在何处建仓库 D 可使运输成本最小？[利用式（5-9）计算出初始坐标即可。]

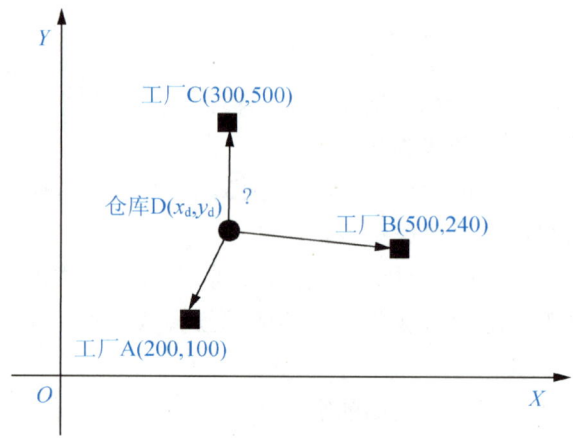

图 5-22 各工厂位置

表 5-19 各工厂对零部件的需求量

工厂名称	年需求量/（件/年）
A	10 000
B	12 000
C	5 000

（3）某机械制造企业在选址时，初步设置甲、乙两个方案，生产成本数据见表 5-20。试求：①各备选方案产出的最优区间；②预期生产规模为 4 500 台，确定较优的方案。

表 5-20 生产成本数据

方案	年固定成本总额/万元	年生产能力/件	单位产品变动成本/（元/件）	产品单价/（元/件）
甲方案	20	6 000	100	150
乙方案	28	6 000	80	150

（4）某公司某年以单价 10 元购入某物品 8 000 件。每次订货费用为 30 元，资金年利息率为 12%，单位仓储费按所库存货物价值的 18% 计算。若每次订货的提前期为 2 周，试求以下问题。

① 经济订货批量、年总库存成本、年订货次数。

② 供应商给出的数量折扣条件是：若物品订货批量小于 500 件，不享受折扣；若订货批量等于或大于 500 件，每件以 8 元价格出售，则此时经济订货批量是多少？

（5）已知某物品订货提前期为 20 天，每天的平均需求量为 150 个，每天需求量的标准差为 12 个，试确定 98% 的客户满意度下的再订购点。

5. 思考题

（1）如何看待库存的作用与弊端？

（2）用理论推导的方式证明经济订货批量的鲁棒性。

（3）思考定量订货法和定期订货法的区别。

（4）思考是否所有企业都适合使用零库存的管理方式。为什么？

实际操作训练

课题 5-1：某企业物资结构情况调查与分析

实训项目：某企业物资结构情况调查与分析

实训目的：了解该企业的物资结构，掌握该企业对各类物资不同的管理方法，分析该企业物资管理方式是否合理。

实训内容：选择当地一家小型生产企业或小超市，对该企业的库存物资的情况进行调查，详细分析几种主要物资的库存数量、单价、库存总额、每月销售量以及企业对这几类不同物资库存的管理方法，同时利用所学知识和工具分析企业物资管理是否合理。

实训要求：首先，学生可以以小组的方式开展调查工作，每五人一组；各组成员自行联系，并调查当地的一家小型生产企业或小超市；调研的内容一定要包括物资的名称、库存量、单价、库存总额、每月销售量和销售额、所采用的库存管理方法等，并将数据整理成 Excel 文件；然后，利用 ABC 分类管理法确定调研物资的类别，并与企业对该类物资的管理方法进行对比，分析企业物资管理的方式是否合理；对于不合理的物资管理方式，给出本组的改进建议；针对本组的分析结果和改进的设计方案，与企业管理人员沟通，听取他们对分析结果和方案设计的建议，之后做出适当的调整，如此反复直至得到管理人员的认可。每个小组将上述调研、分析、改进的内容形成一个完整的分析报告，利用 Excel 工具进行 ABC 分析，做出规范的图和表。

课题 5-2：某服务型企业选址影响因素和选址方法分析

实训项目：某服务型企业选址影响因素和选址方法分析

实训目的：了解该企业在选址之前要考虑的因素，并分析其所用的选址方法。

实训内容：分析该企业在选址决策时考虑的因素，并与制造业选址因素进行比较，分析不同因素之间的差异；同时分析该企业在比较不同候选地址时，采用了哪些选址方法，其过程如何。

实训要求：首先，学生可以以小组的方式开展调查工作，每五人一组；各组成员自行联系，并调查当地的一家服务型企业或从现有的文献中找一个典型的服务型企业选址的案例，了解该企业在选址决策时考虑的因素，并与制造业选址因素进行比较，分析不同因素之间的差异；然后，分析该企业在比较不同候选地址时，采用了哪些选址方法，其选址的过程如何；并分析该企业选址对企业发展的影响。每个小组将上述调研和分析内容形成一个完整的调研报告或案例分析报告。

课题 5-3：基于重心法选址的辅助决策系统的开发

实训项目：基于重心法选址的辅助决策系统的开发

实训目的：掌握重心选址基本原理和最优解计算的迭代过程；提高算法程序的分析、设计和开发的能力。

实训内容：设计一个基于重心法的辅助决策系统，以完成最优仓库位置的选取，并比较与简单重心法计算出的坐标差距和成本节约的比例。

实训要求：学生以个人为单位，详细分析重心法选址的基本原理，并研究其迭代计算的步骤，分析该辅助决策系统应该包括的功能结构，并进行详细的功能分析，形成需求分析报告；选定合适的开发工具，完成该辅助决策系统的设计工作，并设计合理的测试用例，完成系统的测试工作。

课题 5-4：信息资源管理与库存情况分析

实训项目：信息资源管理与库存情况分析

实训目的：了解信息资源分类管理的意义、采用的方法、信息资源库存对个人生活或学习的意义和影响。

实训内容：以自己生活或学习过程中的信息资源为分析对象，以你作为信息资源的管理者，分析信息资源的管理情况和库存情况，并说明信息资源管理对你个人的意义和影响。

实训要求：学生以个人的为单位，对实训项目要求的内容进行分析，并形成对自己今后信息管理有帮助的建议性报告。

课题 5-5：某企业库存管理与控制情况调研与分析

实训项目：某企业库存管理与控制情况调研与分析

实训目的：了解企业库存管理与控制的基本情况，掌握企业在库存管理与控制中采用的方法。

实训内容：选择当地一家小型生产企业，对该企业的库存管理与控制的基本情况进行调查，并选择两到三种物品，对其控制方法进行分析，包括订货批量的确定、订货时间的确定、安全库存的确定等，同时利用所学知识和方法分析企业对这些物品的库存管理与控制是否合理。

实训要求：首先，学生以小组的方式开展调查工作，每五人一组；各组成员自行联系，并调查当地的一家小型生产企业，了解该企业的库存管理与控制的基本情况，并选择两到三种物品，对其控制方法进行分析；然后，利用所学知识和方法分析企业对这些物品的库存管理与控制是否合理。对于不合理的物品库存控制与管理方法，给出本组的改进建议；针对本组的分析结果和改进的设计方案，与企业管理人员沟通，听取他们对分析结果和方案设计的建议，做出适当的调整，如此反复直至得到管理人员的认可。每个小组将上述调研、分析、改进的内容形成一个完整的分析报告，对于涉及用 EOQ 模型或其他控制模型计算的内容，要有详细的计算过程和清晰的结果，做出规范的图和表。

马经理的烦心事

河北快运公司现有 20 家分公司，其中河北省内 11 家，省外主要大中城市 9 家。河北快运公司主要的业务范围为医药、日用百货、卷烟、陶瓷、化工产品的物流配送，同时还为多家大型企业等提供货运代理。马浩是河北快运公司总经理，上任两年来，公司业务量猛增，效益节节攀升。

凯蒂服饰公司是河北快运的战略合作伙伴，其将公司每天向 127 家零售商（北京 48 家零售商，戴娜 54 家零售商，凯蒂 19 家零售商，经销商 6 家零售商）的配送业务全部外包给了河北快运公司。为此，河北快运公司专门在北京马驹桥的物流园区建立了一个配送中心，用于凯蒂服饰公司的仓储分拣作业，并提供相应的送货服务。

目前，每个月约有 43 900 箱、共计 522 万件服装的仓库储存量，根据对业务量的预测，5 年后仓库容量要达到 84 000 箱、1 000 万件。目前每天发货 127 家，预计将来发货 300 家。现在每月作业量约 200 万件（包括出、入库作业及退货返回），作业量很大，并且未来作业量还会大幅度提高。

以河北快运公司现有的设施及人员配备，应付目前的仓储业务量已经有些紧张，主要问题是库房每天收到的退货很多，这些退货往往是一些过季的服装，产品质量并没有问题，需要再次上架，等待次年销售；工作人员从早忙到晚勉强能保证每天的配送量。那如何应对未来业务量增长的挑战？

目前，河北快运公司仓库存箱区的货物摆放没有采用托盘。虽然每天到货近 400 箱，但是因为规格很多（近 200 种规格），所以无法采用托盘。现在仓库采用 2m 多高的货架，直接将整箱货物码垛在货架上，未严格按货位摆放。当往货架最上层码放货物时，需要借助梯子。货物在拣货区货架摆放是以件为单位的，拣货区的货架高约 2m。发货前装箱工作，需要两个人共同完成，一个人读发货单，一个人核对货物号，这样不仅效率低，而且出错率高。

想要通过扩充仓库面积来达到储存量的成倍增加已经不太现实了，因为前不久刚刚对仓库进行了大幅度的扩充，由原来的 3 000m² 提高到目前的 4 800m²。

仓库现有员工 17 人，员工工资在仓库总成本中占有很大比例，但是由于这段时期业务量不断增加，员工工作强度大，不能通过精简仓库员工来降低总库存成本。

"应该怎样对仓库进行改进从而使其存储能力和分拣能力满足凯蒂服饰公司对配送业务量的需求并尽量达到设计要求？"马浩还想知道，"实现这一目标需要投资多少？效率又会提高多少？"

资料来源："邯运杯"第二届全国大学生物流设计大赛案例编写小组. 物流设计大赛案例.

问题：

（1）采取什么措施可以提升仓库的储存能力？

（2）是否可以采取有效库存管理和控制方法，在不大幅提升库位的情况下，满足客户的需求？

（3）对于仓库的改造设计，你能为马经理想出哪些方法和措施？仓储的成本和效率如何？

第 6 章 企业销售物流管理

【本章教学要点】

知识要点	掌握程度	相关知识
企业销售物流管理概述	了解	销售物流的概念、销售物流的重要性、企业销售物流系统的功能、企业销售物流活动的内容、销售物流管理的目标和原则、销售物流管理的内容、销售物流管理的环节、销售物流方案的制订、销售物流方案的实施与控制、销售物流的合理化及其实现
销售物流服务	掌握	销售物流服务概述、销售物流服务的构成要素、销售物流客户服务能力、创造竞争优势的销售物流服务
需求预测	重点掌握	需求预测的影响因素、内容和程序
销售订单管理	掌握	销售订单管理概述、销售订单处理的工作过程
销售配送管理	了解	销售配送的类型、销售配送中心、销售配送合理化的方法

【本章技能要点】

技能要点	掌握程度	应用方向
销售物流管理的内容	掌握	为从事销售物流管理工作的人员提供一定的方向性指导，为其应具备的知识和技能确定目标
销售物流服务的构成要素	重点掌握	明确评价销售服务水平的主要标准，为企业提高销售物流服务能力明确方向
需求预测	掌握	为物流决策的制定提供科学合理的数据，并影响决策者的行为
订单处理的工作过程	了解	从事订单处理工作的基础性工作
销售配送合理化的方法	了解	为企业销售配送方式的制定提供可借鉴的成功经验

企业销售物流管理 第6章

"尾款人"秒变"收件人" 物流配送探索智能化

一位自嘲"吃土"的忧伤"尾款人"变身为快乐拆箱的"收件人"或许仅需不到24个小时的时间。"今年配送提速有多个方面的原因。"某快递公司相关负责人透露。一方面,2022年的预售周期较长,无论是厂商还是快递公司都能提前做好准备,物流压力相对较小;另一方面,大数据画像、自动化手段的发展也提升了快递公司的整体服务能力。此外,2022年"双11"购物节期间天气相对较好,少有冰雹、大雪等极端天气,也为快捷配送提供了条件。

与往年相比,2022年的"双11"购物节周期更长,从10月21日至11月11日,电商平台的消费者几乎每天都能够在各个平台上感受到购物狂欢的气氛。对于电商产业链上下游的各个参与者们而言,这一场消费狂欢的备战周期拉得更长。

扫地机器人生产商石头科技相关负责人表示,他们从9月底10月初就开始往菜鸟仓和京东仓送货了。入仓之后的货已经整装待发,因此消费者下单或者付完尾款后就能够实现即刻派送,达到了消费者收货快的效果。

小狗电器方面相关负责人表示,为了保证供应充足、发货迅速,公司提前分析全国消费数据,并根据电商数据报告以及垂直行业规模等手段进行了"双11"销售数据的预估。2022年10月,小狗电器根据预估数据配合电商仓库提前进行货品入仓,并在10月31日之前完成入仓,配合电商物流实现秒发货秒收货的消费者体验链条。

为了打好旺季这场硬仗,快递公司同样提前着手准备。"我们2022年9月就开了动员会。"某快递公司相关负责人表示,在动员会上,该快递公司把来自电商平台各地发货量预测数据告知各个网点,各个网点针对数据提前准备人力、物力,提前租赁短期仓库并按照需求配置设备。

圆通速递方面相关负责人表示,为了保障"双11"的配送,圆通速递早已提前进行扩产增能的布局。截至10月底,圆通全网各大装运中心改扩建项目计划完成30多个,达到92%以上扩充网干线运输车辆超5000辆,自有全货机12架。

在2022年的"双11"期间,大数据等智能化技术扮演着重要角色。

"淘宝也好,拼多多也好,各个平台在早期即对'双11'的发货量做了基本的预测,并在9月陆续提交给快递公司。"某快递公司负责人表示,电商平台给出的预测数据分为两个维度,一方面根据往年的销售情况对该年的销售增量进行了整体预测;另一方面通过大数据计算以及用户画像,对各个地区及各个时点的配送量做了具体的划分。

在大数据领域,快递公司正在开拓属于自己的一方天地。

6-1 拓展视频

资料来源:2022年11月4日证券日报《"尾款人"秒变"收件人"物流配送探索智能化》.

思考题

(1)2022年的"双11"购物节有哪些特点?

(2)电商平台为促进销售,做了哪些工作?

(3)快递公司为了应对激增的配送量,做了哪些工作?

(4)快递公司按什么方式来安排快件的配送?是否有更合理的配送方法?

(5)未来,大数据在精准预测客户需求方面将发挥怎样的作用?

在新的市场环境下，销售物流被要求围绕市场需求，计划最可能的供应，在最有效和最经济成本的前提下，为客户提供满意的产品和服务。

6.1 企业销售物流管理概述

6.1.1 销售物流概述

1. 销售物流的概念

《物流术语》（GB/T 18354—2021）对销售物流的定义：企业在销售商品过程中所发生的物流活动。具体来讲，销售物流是企业在销售过程中，将产品的所有权转让给客户的物流活动，是产品从生产地到客户的时间和空间的转移，是以实现企业销售利润为目的的经营活动。

2. 销售物流的重要性

作为企业重要经营业务之一和盈利的关键环节，销售在企业价值链上起着非常重要的作用。作为实现销售的必要辅助活动的销售物流，又是提高销售工作效率的必要保证。销售物流的作用表现在可以提高客户的满意度、增加企业的销售收入、留住老客户、节约物流成本，进而为企业的生存和发展提供必要的条件。

3. 企业销售物流系统的功能

企业销售物流系统渗透于企业销售工作之中，因此只有准确地了解企业销售物流系统的功能，才能全面把握企业销售物流活动。企业销售物流系统的功能如下。

（1）进行市场调查和需求预测。市场调查和需求预测为企业的新产品开发提供准确的市场信息。市场调查和需求预测的对象包括国内外的传统市场、新市场和潜在市场。

（2）开拓市场、制定销售产品的方针和策略。这包括确定目标市场和重点市场，制定开辟、占领和扩大市场的战略和政策。通过优化销售渠道、确定合理的促销组合、进行准确的产品定价及激励销售网络成员等具体措施来完成销售目标。

（3）编制销售计划。科学合理的销售计划对企业有序地组织生产经营工作起着重要的作用。销售计划包括年度计划、月计划或周计划等，其内容是实现订单量和需求预测量的结合。

（4）组织、管理订货合同。这包括组织签订合同、检查执行合同和处理执行合同中的问题等工作。

（5）组织产品促销。根据企业产品的特点和经营实力，做好产品的广告和宣传工作；做好公共关系工作、人员推销工作和营业推广工作；并制定相应的广告战略和策略、公关战略与策略等。

资料卡

商品不做广告，就像姑娘在暗处向小伙子递送秋波，脉脉含情只有她自己知道。

——英国广告学专家 S.布里特

6-2 拓展视频

（6）组织对客户的服务工作。这包括产品安装调试、使用与维修指导，实行"三包"，提供配件，以及售前、售中、售后征求客户意见等。在进行具体服务工作的同时，应建立客户服务档案，做好客户关系管理和维护。

（7）进行成本分析。对销售成本进行分析，不断提高销售的经济效益和销售管理工作的水平。

（8）其他工作。例如，参与新产品的研发，改进产品包装，协调与公司内、外相关部门之间的关系等。

4. 企业销售物流活动的内容

（1）企业销售物流的工作流程。

企业销售物流是企业物流与社会物流的一个衔接点，它与企业销售物流系统相配合共同完成产品的销售任务。其具体工作流程如图6-1所示。

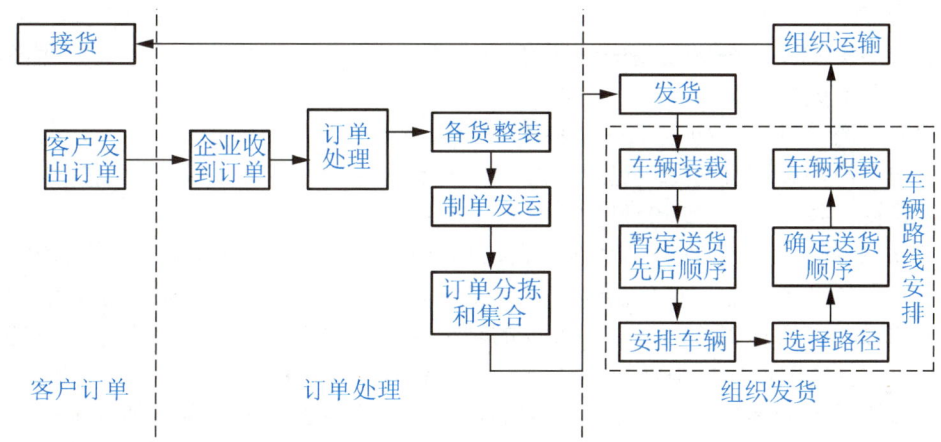

图6-1 企业销售物流的工作流程

（2）企业销售物流的主要环节。

企业生产工作的结束就意味着销售工作的开始。在这个领域，企业销售部门通过对产品进行包装、储存、运输等实现产品发送，最终将产品送达消费者手中。在进行销售物流之前，企业还要进行售前的各种市场活动，包括确定客户、铺设销售网络、展示产品，对客户询价、报价、订单等信息进行处理等工作。

① 产品包装。包装是企业生产物流系统的终点，也是销售物流系统的起点。产品的包装通常分为内包装和外包装，也就是销售包装和运输包装。销售包装是与产品直接接触的包装，是企业销售工作的辅助手段，许多生产企业都通过销售包装来进行新产品的推销或企业形象的宣传工作。运输包装主要是在产品的运输过程中起到保护作用，避免运输、搬运活动中产生产品的碰撞、雨淋等毁损现象。因此，在包装材料、包装形式上，既要考虑存储、运输等环节的方便，又要考虑材料及工艺的成本。

② 产品存储。无论是生产企业还是服务业务，要想将自身为客户提供的服务维持在一个比较高的水平上，即为保证客户需求能够得到及时满足，就必须留有一定的产品库存。任何企业的生产经营活动都存在一系列的不确定因素和需求的波动，这些不确定因素和需求的波动影响着企业经营活动的稳定性和持续性，因此绝大多数企业都是通过保留一定数

量的产品库存来避免这些不确定因素所带来的经营风险。如果客户对企业产品的消费需求具有明显的周期性或季节性变化，企业要保证生产的持续性和产品供给的稳定性，产品库存的重要性和必要性就更加突出了。

③ 销售渠道的选择。图6-2中用不同路径表示企业可以选择的4种销售渠道。

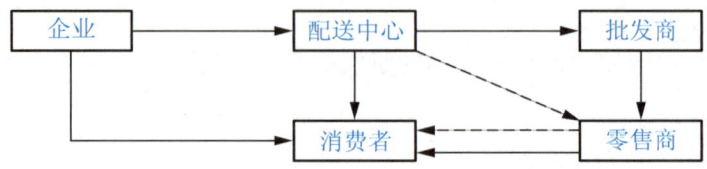

图6-2　企业可以选择的4种销售渠道

a. 企业→消费者：销售渠道最短，中间不经过装卸操作。

b. 企业→配送中心→消费者：与第一种销售渠道相比，需要在配送中心进行短暂停留和处理操作。

c. 企业→配送中心→零售商→消费者：与第二种销售渠道相比，多了在零售商流转的环节，销售渠道更长一些。

d. 企业→配送中心→批发商→零售商→消费者：销售渠道最长。

正确利用销售渠道可使企业迅速及时地将产品传送到消费者手中，达到扩大产品销售、加速资金周转、降低流通费用的目的。

④ 订单处理。订单处理是指从客户发出订单请求到客户收到所订产品的这段时间内，企业所做的包括订单准备、订单传输、订单录入、订单状况报告在内等一系列活动。由于客户采用的订货方式存在差异，订单处理的环节也会随之发生变化。从上述订单处理的具体内容看，订单处理过程只是延长了客户收到产品的时间，并不会增加产品的价值，因此，企业总是希望通过为客户提供方便、经济的订货方式来影响客户，尽可能地缩短客户关心的交货日期。所以，计算机技术和信息技术在销售过程中得以广泛应用，电子订货方式被广泛采纳，使得企业跟踪订货状态的能力大大提高，且能够将订单处理与货物装运的进程及时通知客户。

应用实例

青岛啤酒的销售物流管理

青岛啤酒从1998年起开始推行新鲜度管理。但是，由于原有业务流程中的物流渠道不畅，不仅增加了运费，加大了库存，而且青岛啤酒的新鲜度管理很难落到实处。因此，青岛啤酒把新鲜度管理、市场网络建设等纳入信息化建设范畴。2000年，青岛啤酒组建销售物流管理信息系统。销售物流管理信息系统由财务、库存、销售、采购、储运等模块构成，在计算机网络的智能化管理下，简化业务运行程序，对运输仓储过程中的各个环节进行了重新整合、优化，以减少运输周转次数、压缩库存、缩短产品仓储和周转时间等。例如，根据客户订单，产品从工厂直接运往港、站，省内订货从工厂直接运到客户仓库。仅此一项，每箱的成本就下降了0.5元。同时，对库存量进行科学的界定，并规定上限和下限。低于下限发出要货指令，高于上限不再安排生产，这样使仓储成为生产调度的平衡器，有效地改变了淡季库存积压而旺季市场断档的尴尬局面，满足了市场对新鲜度的需求。

资料来源：王海鹰，王洋，2010. 企业物流管理[M]. 北京：电子工业出版社.

⑤ 产品发送。无论销售渠道如何，企业的产品都要通过运输才能送到客户指定的地点。在由生产者负责向客户送货的情况下，发货批量的大小将直接影响由运输费用与仓储费用构成的物流成本。因此，要树立全局观念，运用科学的方法，在满足客户需求的前提下，选择运输成本最低的发货批量和产品发送方式。

选择运输方式需要考虑的因素有：运输速度快，及时满足客户需求；运输手段先进，减少运输中的产品损坏率；运输路径合理，尽可能缩短产品运输里程；运输线路选择合理，减少重复装卸和中间环节；运输工具使用适当，根据产品的特性选择最佳运输工具；运输时间合理，保证按时将产品送到指定地点或客户手中；运输安全系数高，避免丢失、损坏等情况的发生。综合这些因素，配送是一种较先进的发送形式，它不仅可以提高运输设备的利用率，降低运输成本，还可以缓解交通压力，减少车辆废弃对环境的污染。

⑥ 装卸搬运。客户希望在物料搬运方面的投资最小化。例如，客户要求供应商以其使用尺寸的托盘交货，也可能要求将特殊货物集中在一起装车，这样他们就可以直接再装运，而不需要重新分类。装卸搬运要考虑装卸搬运机器和器具、装卸搬运方式的省力化、机械化、自动化甚至智慧化等。

6.1.2 销售物流管理概述

销售物流管理（Distribution Logistics Management）是针对销售物流活动进行计划、组织、指挥、协调与控制。

1. 销售物流管理的目标和原则

（1）销售物流管理的目标。

销售物流管理的目标就是保证销售物流有效合理的运行，具体包括以下内容。

① 在适当的交货期，准确地向顾客运输产品。
② 对于顾客的订单，尽量减少并避免缺货。
③ 合理设置仓库和配送中心，保持合理的产品库存。
④ 使运输、装卸、保管和包装等操作合理化。
⑤ 维持合理的物流费用。
⑥ 使订单到发货的信息流动畅通无阻。
⑦ 将销售额等信息迅速提供给采购部门、生产部门和销售部门。

（2）销售物流管理的原则。

企业实施销售物流管理应遵循以下原则。

① 根据客户所需的服务特性来划分客户群。
② 根据客户需求和企业可获利情况设计企业的物流网络。
③ 收集市场的需求信息，及时发现需求变化的早期警报，并据此安排和调整计划。
④ 实施延迟策略。
⑤ 与销售渠道成员建立双赢的合作策略。
⑥ 在整个分销渠道领域构建高效的信息平台。
⑦ 建立整个销售物流的绩效考核标准，销售物流管理的最终验收标准是客户满意度。

2. 销售物流管理的内容

销售物流管理主要包括以下内容。

（1）收集、掌握和分析市场需求信息，并进行需求预测，包括需求量、需求分布、需求变化规律、竞争态势，制定市场战略和物流战略。

（2）根据市场战略和物流战略规划销售物流方案、规划物流网络布局。

（3）根据物流网络规划设计销售物流总体运作方案。

（4）根据物流网络规划和销售物流总体运作方案设计规划各个物流网点，进行网点建设方案、网点内部规划、网点运作方案的设计。

（5）设计运输方案、配送方案。

（6）设计库存方案。

（7）设计包装、装卸方案。

（8）设计物流运作方案实施的计划和措施。

（9）物流运作过程的检查、监督和控制。

（10）考核物流业绩，进行物流再造。

（11）进行物流人力资源的管理、考核和激励。

（12）做好物流技术的开发。

（13）检查物流战略和市场目标的符合程度。

3. 销售物流管理的环节

销售物流管理可分为以下几个环节。

（1）销售物流战略。

销售物流战略是指销售物流的远景规划，包括未来销售物流量及其构成，未来运输、储存的发展规模，销售物流机械化、自动化、智能化的发展水平，未来的销售物流经济效果的分析等内容。销售物流战略一般以3~5年为战略规划长度，是一种长期目标计划。

销售物流战略应以市场需求为导向。企业制定战略规划的程序始于销售物流预测和销售物流目标，而后制订销售物流运行计划、销售物流研发计划、销售物流人力资源计划，最后编制销售物流成本财务计划。

（2）计划和规划、策划。

建立在科学预测基础上的销售物流计划能使销售物流工作高效率的完成。销售物流计划是销售物流工作的基础，只有销售物流计划周密才能使企业的销售资源得到良好的利用，从而提高销售资源的利用率；在复杂的销售物流运作中，众多因素的合理配合可以防范风险，使销售物流工作顺利进行。

规划是战略层次的，也是方向性的工作。规划的总体目标和工作的原则方针，是市场计划的依据之一。规划的实施需要计划，计划把总体目标和方向转换成可以执行的实际方案，便于分阶段和层次逐步实现规划。策划则是战术性的，往往与一次活动和一个方案相联系，是计划实施的方式、方法。

（3）组织和指挥。

销售物流计划的执行涉及面广，要进行销售人员配备、销售机构建立、销售岗位设计等组织工作。在各个因素的配合中，容易出现一些意想不到的情况，此时要对执行销售物流计划有高度的指挥。

（4）协调和控制。

对销售物流各个因素进行配合协调，对销售物流计划执行结果进行控制，从而及时纠正可能的偏差，有时甚至要对销售物流计划进行调整。

4. 销售物流方案的制订

销售物流的方案有很多种，企业要根据行业状况、自身的资源和社会服务水平确定销售物流方案。可供参考的销售物流方案如表6-1所示。

表6-1 可供参考的销售物流方案

种类	特征	操作方式
传统方式	厂家和用户都设库，自发性运作	厂家送货、用户自提
自己配送	厂家设库，计划性运作	定时配送、DRP
委托配送	厂家不设库，委托他人送货，计划性运作	配送中心、第三方物流
准时制送货	厂家设库，用户不设库，厂家按用户需求供货，计划性运作	看板管理
供应商管理库存	厂家在用户处设库，用户按需求提货，不承担库存风险	供应商管理库存方式

5. 销售物流方案的实施与控制

制订销售物流计划和销售物流方案后，就进入了销售物流方案的实施与控制阶段，此阶段实时监督实施的效果，若遇到销售物流计划没有预料到的情况，要及时调整销售物流计划和销售物流方案。

6. 销售物流的合理化及其实现

（1）销售物流合理化的形式。

销售物流合理化包括以下几种形式。

① 大量化。通过控制客户的订货，增加运输批量，使发货大量化。发货大量化一般通过延长备货时间得以实现。这样做能够掌握配送货物量，大幅度提高配送的装载效率。

② 计划化。将客户的订货按照某种规律制订发货计划，并对其实施管理。例如，按照路线配送、按照时间表配送、混装发货、返程配载等各种措施被用于运输活动。

③ 商、物分离化。商、物分离的具体做法是将订单活动与配送活动相互分离。这样，就把自备载货车辆运输与委托运输乃至共同运输联系在一起了。

④ 差别化。根据产品周转的快慢和销售对象规模的大小，区别仓储地点和配送方式，并利用差别化方法实现物流合理化的策略。即实行周转较快的产品群分散仓储，周转较慢的产品群尽量集中仓储，以做到压缩库存，有效利用仓储面积，使库存管理简单化。此外，也可以根据销售对象决定物流管理方法。

⑤ 标准化。合理的销售批量可以明显提高配送效率并优化库存管理策略，如产品成套或者成包销售。例如，规定某一级批发商订购某产品必须至少以一箱（50盒）为一个进货单位。

⑥ 共同化。物流共同化是物流合理化中最有效的措施。从各主体之间的关系分析，物流共同化可分为由本行业企业组合而成的垂直方向共同化和与其他行业公司联合而成的水平方向共同化。垂直方向共同化的目的是，通过集团企业内的物流一体化，实现物流活动效率化。如家电行业中，生产商和销售公司的共同保管和共同配送的做法就属于垂直方向共同化。水平方向共同化大体分为以单一企业为主导的共同化和以行业为中心的共同化。水平方向共同化是为了减少物流设施投资或实现质量管理方面的法律制度化等。物流共同化的前提是：存在一个发挥主导作用的组织者，且参与的产品销售渠道相同、质量规格一致。

（2）销售物流合理化的实现。

① 销售物流的综合成本控制。实现销售物流活动的储存、保管、包装等职能部门所投入的成本称为职能成本。综合成本是整个销售物流活动过程中各职能成本的总和。销售物流合理化的实现途径之一就是有效控制销售物流的综合成本。

② 直销方案的综合物流费用分析。把产品直接销售给客户的销售物流方案一般会消耗较高的物流费用，因为通常直销货物的数量不会很大，而且运输频率高，所以运输成本较高。但是这种直销一般是针对急需的客户，一旦延误，很可能失去客户。如果失去销售机会而损失的成本大于物流费用，则企业还是应该采用直销方案。

③ 销售物流的统一管理。在销售物流过程中，储存、运输、包装决策应该是相互协调的。因此，企业应将销售物流活动统一管理，协调各职能部门的决策，全权负责，这对满足客户需求、节约企业的物流投入是非常有利的。

6.2　销售物流服务

6.2.1　销售物流服务概述

销售物流服务是指企业向客户提供及时而准确的产品服务，是一个满足客户的时间和空间价值需求的过程。为了提高客户满意度，销售物流服务已成为企业销售系统，乃至整个企业成功运作的关键因素之一，也是增强企业产品差异性、提高产品和服务竞争优势的重要因素。

销售物流服务的目标主要表现在以下几个方面。

1. 降低销售物流成本

物流管理要求以最小的总物流成本产生最大的时间和空间价值。企业在降低物流成本的同时，往往会影响所提供的物流服务水平。因此，销售物流服务目标之一就是确保在合理的物流服务水平的前提下，尽量降低销售物流成本，即在销售物流服务水平与销售物流成本之间进行平衡。

2. 提高销售收入

销售物流服务能提供时间和空间价值来满足客户需求，是企业物流功能的产出或最终产品。无论是面向生产的物流服务，还是面向市场的物流服务，其最终产品都是提供某种满足客户需求的服务。也可以说，销售物流是使产品产生差异性的重要手段。这种差异性为客户提供了增值服务，还为企业提高了销售收入。

3. 提高客户满意度

客户服务是由企业向购买其产品或服务的客户提供的一系列活动。它的内容一般包括三个层次：一是产品给客户提供的基本效用或利益，这是客户需求的核心内容；二是以产品的形式向市场提供实体或劳务的外观，它包括产品的质量、款式、特点、商标及包装；三是增值产品，这是客户在购买产品时，得到的其他利益总和，是企业出售产品时附加的价值，它能给客户带来更多的利益和更大的满足，如维修服务、咨询服务、交货安排等。一般来说，客户关心的是购买全部产品，即不仅仅是产品的实体，还包括产品的附加价值。销售物流服务是提供这些附加价值的重要活动。因此，良好的销售物流服务能有效提高客户的满意度。

6.2.2 销售物流服务的构成要素

销售物流服务由订货周期、可靠性、信息渠道、方便性等要素构成。

1. 订货周期

订货周期（Order Cycle）是指从客户提出订货或服务要求到收到所订购产品或服务所经过的时间。图 6-3 所示为典型订货周期的组成示意图。一个订货周期所包含的时间因素有订单传输时间、订单处理与配货时间、额外时间和送货时间。

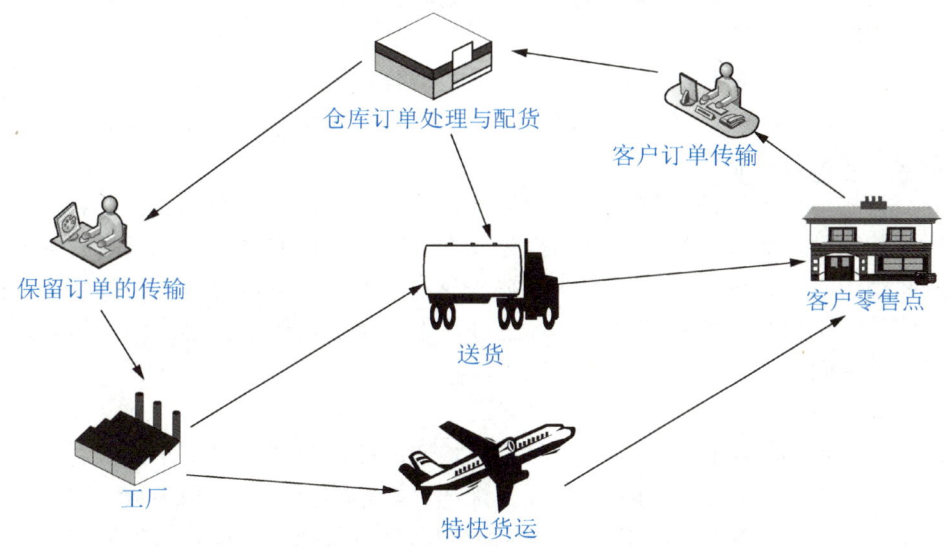

图 6-3 典型订货周期的组成示意图

（1）订单传输时间。

订单传输时间是指从客户发出订单到卖方收到订单的时间间隔。客户可以通过供应商的销售代表、直接邮寄、打电话或利用电子设备向卖方订货。借助计算机、移动电子设备和信息技术极大地降低了订单传输时间。

（2）订单处理与配货时间。

订单处理时间包括填制运输单证、更新库存记录、信用结算、核对订单，向客户和企业内有关方就订单处理情况互通信息，将订单信息通报销售、生产、财务部门等的各项活动所消耗的时间。配货时间包括从仓库中拣货、将货物运到仓库的发运点、必要的包装或简单的加工过程、与运往同一方向的货物之间的拼装等活动所消耗的时间。

一般情况下，订单处理与配货是同时进行的，所以这两项活动都完成所需的总时间并不是两项活动分别需要的时间之和。通常，首先要进行订单核对和订单初级处理工作，因此订单处理比配货稍稍提前，而运输单证填制和库存数据更新则可以与配货同时进行。

（3）额外时间。

从其他仓库配货或在没有现货时生产订单所需货物的周期称为额外时间。

如果仓库没有现货，就要使用其他分拨渠道或备用分拨渠道。缺货保留订单要传输给企业，由企业生产所需货物，再将货物送达客户手中。不能由企业生产的缺货订单，需要启用备用仓库，从备用仓库转运保留订单的物品给客户。

（4）送货时间。

送货时间是从存储地到客户所在地运输物品所需要的时间，其中也包含在起点装货和在终点卸货的时间。

2. 可靠性

可靠性是根据客户订单要求，按照预定的提前期，将订货送达客户指定地点。企业应认真做好信息反馈工作，了解客户的反馈和要求，提高客户服务系统的可靠性。销售物流服务的可靠性主要包括提前期的可靠性、安全交货的可靠性和正确供货的可靠性。

（1）提前期的可靠性。

提前期的可靠性对客户的库存水平和缺货损失有直接影响。可靠的提前期能减少客户面临的供应不确定性，能使客户的库存、缺货、订单处理和生产总成本最小化。

（2）安全交货的可靠性。

安全交货的可靠性是销售物流系统的最终目的。如果物品破损或丢失，客户不仅不能如期使用这些物品，而且会增加库存和销售成本。收到破损的物品，就意味着客户不能将破损的物品用于生产或销售，这就增加了缺货成本。为了避免这种情况，客户必须提高库存水平，但同时也提高了库存持有成本。另外，不安全交货还会使客户向承运人提出索赔或将破损物品退回卖方。

（3）正确供货的可靠性。

客户收到的物品与所订物品不符，将给客户造成停工待料损失或不能及时销售产品。在销售物流领域中，订货信息的传送和订货拣选可能影响企业的正确供货。因此，为了做到正确供货，在订货信息传递阶段，使用电子数据交换系统，可以降低出错率。产品标识和条形码的标准化，可以减少订货拣选过程中的差错。另外，电子数据交换系统与条形码的结合还能够提高库存周转率，提高销售物流系统的服务水平。

3. 信息渠道

与客户保持信息沟通是监控客户服务可靠性的手段。设计客户服务水平必须包括客户信息沟通。信息渠道应对所有客户开放并准入，因为这是销售物流外部约束的信息来源。若没有与客户的联系，企业就不能提供有效的、经济的服务。

沟通是双向的，企业必须把关键的服务信息传递给客户，如企业应把降低服务水平的信息及时通知客户，使客户及时做出必要的调整。另外，客户需要了解装运状态的信息，询问有关装运时间、运输路线等情况，这些信息对客户制订运营计划是非常必要的。

4. 方便性

方便性是指服务水平必须灵活便利。从销售物流服务的角度看，客户在包装、运输方式、承运人和运输路线及交货时间等方面的需求都不尽相同。为了更好地满足客户的需求，可以根据客户规模、区域分布、购买的物品及其他因素将客户需求进行细分，为不同客户提供适宜的服务水平。

6.2.3 销售物流客户服务能力

销售物流客户服务能力反映的是销售物流服务的基本水准，也是客户服务最基本的方面，包括作业绩效、可得性和时效性。

资料卡

联邦快递的创始者弗雷德·史密斯说："想称霸市场，首先要让客户的心跟着你走，然后让客户的腰包跟着你走。"由于竞争者很容易采用降价策略参与竞争，因此联邦快递认为提高服务水平才是长久维持客户关系的关键。

6-3 拓展知识

1. 作业绩效

作业绩效一般通过速度、一致性、灵活性、故障恢复能力等来衡量。

（1）速度。速度是指从客户订货开始到货物实际到达的时间。

（2）一致性。一致性是指企业必须随时按照承诺加以履行的物流处理能力。

（3）灵活性。灵活性是指处理异常（一次性改变装运交付地点、供给中断等）的客户服务需求的能力。

（4）故障恢复能力。企业要有预测物流服务过程中可能出现的故障或服务中断的能力，并有恢复服务的应急计划。当服务故障发生时，应启动应急计划。应急计划还应包括客户期望恢复标准的确认和衡量服务一致性的方法。

2. 可得性

可得性是指当客户需要货物时，企业应对客户需要的能力。可得性可以通过各种方式来实现，最基本的方法是按照预期的客户订货进行存货储备。可得性一般可用缺货频率、供应比率、订货完成率3个绩效指标来衡量。

（1）缺货频率。当需求超过产品可得性时，就会发生缺货。缺货频率就是一种特定的产品发生缺货的概率。因此，可以说缺货频率是衡量存货可得性的起点。

（2）供应比率。供应比率是用于衡量缺货的程度或影响大小的比例。例如，一位客户订购50个产品，只有48个产品可得，那么供应比率为96%。同时，供应比率还可用来衡量按特定产品提供的服务水平。一般来说，供应比率高，客户会感到满意；反之，则客户不满意。

（3）订货完成率。订货完成率是用于衡量企业立即用现有库存满足客户订单的比例，它把存货的充分可得性看作一种可接受的完成标准。

将以上 3 个衡量指标结合在一起,就可以判断、识别一个企业满足客户期望的程度,成为评估可得性水平的基础。

3. 时效性

时效性是指从下订单开始到收到产品所需时间的长短,是衡量销售物流服务质量、客户满意度的重要指标之一。销售物流服务活动中还包括能否迅速提供有关物流作业和客户订货状况的精确信息。因此,许多客户表示,与完美订货的履行相比,有关订货内容和时间的事前信息更为重要。

6.2.4 创造竞争优势的销售物流服务

提供增值服务是销售物流服务创造竞争优势的一个重要手段。提供增值服务的主要领域包括以客户服务为核心的服务、以促销为核心的服务、以制造为核心的服务和以时间为核心的服务。

6.3 需 求 预 测

需求预测是销售物流管理的前提和基础,其预测结果直接决定企业物流管理者的行为,影响企业的竞争力。需求有时间性和空间性,这就要求企业知道需求量在何时何地发生,以便组织货源,保证在适当的时间把适量的产品或服务送达适当的地点。

6.3.1 需求预测的影响因素

影响需求预测的因素大致可以分为两类:内部因素和外部因素。内部因素是企业可控制的自身状态,外部因素是企业不可控制的影响因素,其中主要是大环境因素。影响需求预测的因素如表 6-2 所示。

表 6-2 影响需求预测的因素

内部因素	外部因素
产品策略:产品线的宽度和广度、产品创新程度	环境状况:地理位置、地貌差别、气候变化
价格政策:价格定价策略、交易条件和付款条件、销售的方法和策略	经济发展状况:经济政策、投资政策、人均收入水平、产业政策
渠道政策:渠道长度和宽度、渠道的客户关系	社会及文化因素:人口数量、人口结构、家庭结构、消费观念
促销及广告政策:广告的力度、广告认知度、促销创新	法律因素:消费政策、税收政策
企业人力资源素质:产品知识、市场知识与经验、责任心和积极性	技术因素:技术进步、替代品
其他因素:生产状况、财务状况	行业竞争状况:替代品密度、新进入者数量

6.3.2 需求预测的内容

需求预测是市场预测的一部分。需求预测以市场预测为基础，具体包括以下内容。
（1）企业经营地区范围内社会产品购买力发展趋势预测。
（2）企业生产经营产品的需求趋势预测。
（3）市场竞争水平预测。
（4）地区市场竞争潜力预测。
（5）产品生命周期预测和新产品成功率预测。
（6）市场地位预测，包括市场占有率、市场渗透率、市场覆盖率等。

6.3.3 需求预测的程序

需求预测是一项比较系统的工作，分为以下几个步骤。需求预测的过程如图6-4所示。

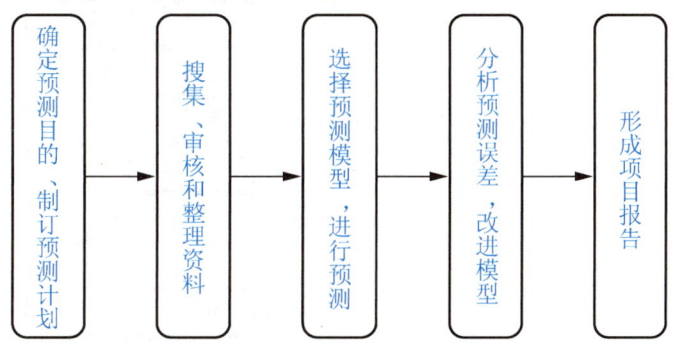

图 6-4 需求预测的过程

1. 确定预测目的、制订预测计划

预测目的不同，所需要的资料和采用的预测方法就不同。只有目的明确，才能据此搜集必要的统计资料和选择适当的预测方法。

预测计划的制订可以按项目管理的要求，利用甘特图、计划评审技术和关键路径法等对项目的进度计划进行设计；同时，完成人员和费用等内容的计划制订工作。

2. 搜集、审核和整理资料

准确的统计资料是预测的基础，也是保证预测有效的前提。因此，预测之前必须掌握大量的、全面的、准确的、有用的数据和信息。为保证统计资料的准确性，还必须对资料进行审核、调整和推算，要进行初步分析，画出统计图形，以观察统计数据的性质和分布，作为选择预测模型的依据。

收集资料包括以下几个途径。
（1）企业内部年鉴、财务资料和计划资料。
（2）国家有关部门的统计资料和计划资料。
（3）行业协会有关统计资料和有关研究报告。
（4）学术期刊上发表的有关资料。

(5) 高校、科研院所和有关学术团队的研究成果。

(6) 商业媒体上的资料。

(7) 其他有效途径获取的资料。

在收集资料的过程中，要防止信息不足和信息堆积，太少的信息不能表现出规律性，太多的信息则会造成信息堆积，无从分析。

3. 选择预测模型，进行预测

资料审核、整理之后，即可根据资料结构的性质选择合适的模型和方法来实施预测。当资料不够完备、精度不够高时，可采用定性预测方法；当掌握的资料比较完备，能够进行比较准确的预测时，可采用定量预测方法，如采用回归分析法和简单时间序列法等。常用的预测模型如图6-5所示。

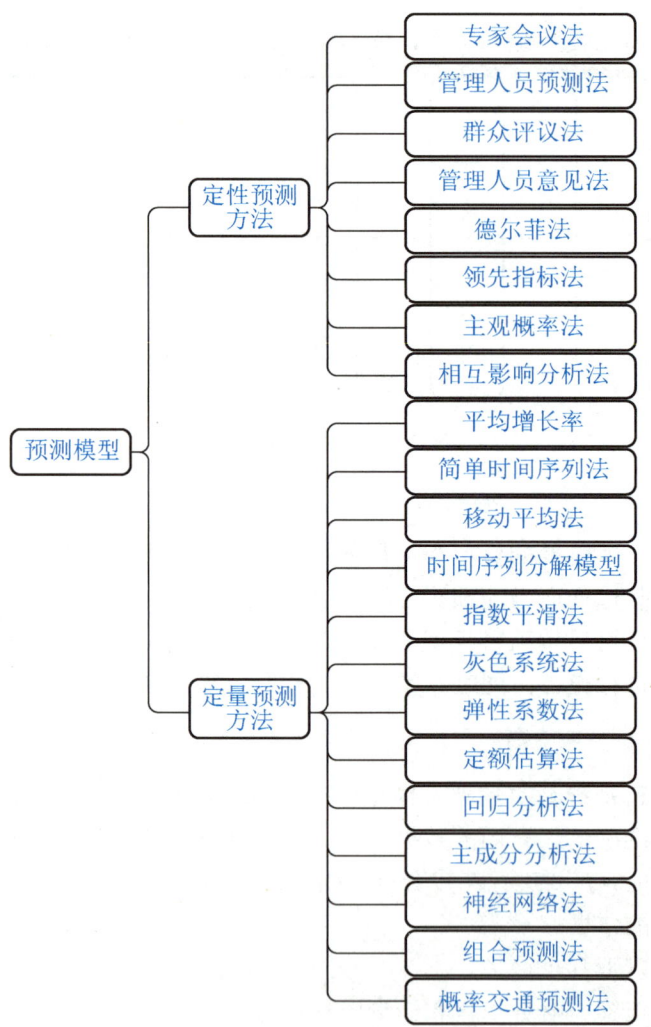

图6-5 常用的预测模型

4. 分析预测误差，改进模型

预测误差是预测值和实际值之间的偏差，其大小与预测准确程度的高低成反比。预测误差虽然不可避免，但超过了允许范围，就要分析产生误差的原因，以决定是否需要对预测模型进行改进。

就统计预测方法而言，其最基本的作用是把历史资料中同时并存的基本轨迹和误差分开，以研究其形态的变化。把轨迹分离出来的办法就是把资料拟合成某种模型，使模型尽可能准确而全面地反映出有规律的轨迹。预测误差又称残差。残差必须呈现某种随机性。研究残差的随机性也是统计预测的一项重要内容。一般情况下，有如下几种统计残差的方法。

（1）平均绝对误差。

平均绝对误差（Mean Absolute Deviation，MAD）是整个预测期内每次预测值与实际值的绝对偏差的平均值。其计算公式为

$$\text{MAD} = \frac{1}{n}\sum_{t=1}^{n}|A_t - F_t| \tag{6-1}$$

式中，A_t 表示时间段 t 的实际值，F_t 表示时间段 t 的预测值，n 表示整个预测期内的时间段个数（或预测次数）。

MAD 的作用与标准偏差相类似，但它比标准偏差容易求得。如果预测误差是正态分布，MAD 约等于 80%的标准偏差。这时，1 倍 MAD 区间的预测精度约为 58%，2 倍 MAD 区间的预测精度约为 89%，3 倍 MAD 区间的预测精度约为 98%。MAD 能够较好地反映预测的精度，通常用其来衡量预测模型的好坏：MAD 越小，预测模型越好。但是 MAD 不容易衡量无偏性。

（2）平均绝对百分比误差。

平均绝对百分比误差（Mean Absolute Percentage Error，MAPE）的计算公式为

$$\text{MAPE} = \frac{100}{n}\sum_{t=1}^{n}\left|\frac{A_t - F_t}{A_t}\right| \tag{6-2}$$

（3）平均平方差。

平均平方差（Mean Square Error, MSE）是指对误差的平方和取平均值。其计算公式为

$$\text{MSE} = \frac{\sum_{t=1}^{n}(A_t - F_t)^2}{n} \tag{6-3}$$

MSE 无法衡量无偏性。

（4）平均滚动误差。

平均滚动误差（Mean Running Error，MRE）是指预测误差的和的平均值。其计算公式为

$$\text{MRE} = \frac{\sum_{t=1}^{n}(A_t - F_t)}{n} \tag{6-4}$$

$\sum_{t=1}^{n}(A_t - F_t)$ 被称为预测误差滚动和（Running Sum of Forecast Errors，RSFE）。如果模型是无偏的，则 RSFE 接近于零，从而 MRE 也接近于零。因此，MRE 能够很好地衡量预

测模型的无偏性。但是它却不能反映预测值偏离实际值的程度。

MAD、MAPE、MSE 和 MRE 是几个常用的衡量预测误差的指标，但任何一种指标都很难全面地评价一个预测模型，在实际中常常将它们结合起来使用。

5. 形成项目报告

将预测的最终结果编撰成项目报告，向有关部门上报或以一定的形式对外公布，也就是提供和发布预测信息，供有关部门和企业在决策时参考和应用。预测报告主要包括以下内容。

（1）本次预测的对象、预测的目标和相关因素。
（2）本次预测的主要活动内容、时间。
（3）本次预测的主要数据资料、预测方法、预测结果。
（4）达到预测目标的各种有效途径和所必需的资源条件。

6.4 销售订单管理

6.4.1 销售订单管理概述

销售订单管理是达到有效运营和客户满意的关键。如果订单处理不当，轻则引起客户抱怨，丧失销售机会；重则导致内部产销秩序混乱，甚至客户流失，从而给企业造成损失。

订单管理是一个企业从接受订单到通知仓库送货并交付这段时间内所发生的所有活动。订单管理要注意以下问题。

（1）企业销售部门接受订单时，先检查客户的信誉，分析客户是否有过不良记录，以便减少风险；在确认没有风险之后再检查库存。

（2）确定库存后，计算仓库的出货配送能力，计算出每张订单从拣货到出货所需的时间。

（3）进行订单管理，应尽量简化订单处理的流程，提高效率；尽量缩短订货周期，减少缺货现象。

（4）不要忽略小的客户。

（5）注意控制和解决订单处理中的波峰和波谷现象。所谓波峰现象是指大量客户几乎集中在同一时间发出订单，使订单处理系统超负荷而延误订单的及时处理，从而造成整个订货周期延长、客户服务水平下降。波谷现象是指在订单需求周期中，订单需求急剧减少至最低点的现象。解决波峰和波谷现象的关键是控制客户发出订单的日期，企业如果能协调客户的订货日期，就能使订货平衡，减少订单处理工作中的波动现象。

6.4.2 销售订单处理的工作过程

订单处理系统是物流系统的一个重要的子系统，是客户和企业的联系纽带。订单处理能力是客户服务的重要一环，订单处理的速度和质量直接影响整个物流活动的成本和效率。快速的订单处理不仅能使企业以较高的服务水平吸引并留住客户，而且可以为企业节约流动资金并削减成本。

当企业收到客户订单后,就要进行订单处理。在订单处理的过程中,首先要确认客户所订货物的名称、数量等,进行客户信誉确认、价格确认、加工包装方式的确认,然后进行存货查询,确定货物拣选或组织生产计划安排、下达生产指令等。订单处理的工作流程如图 6-6 所示。

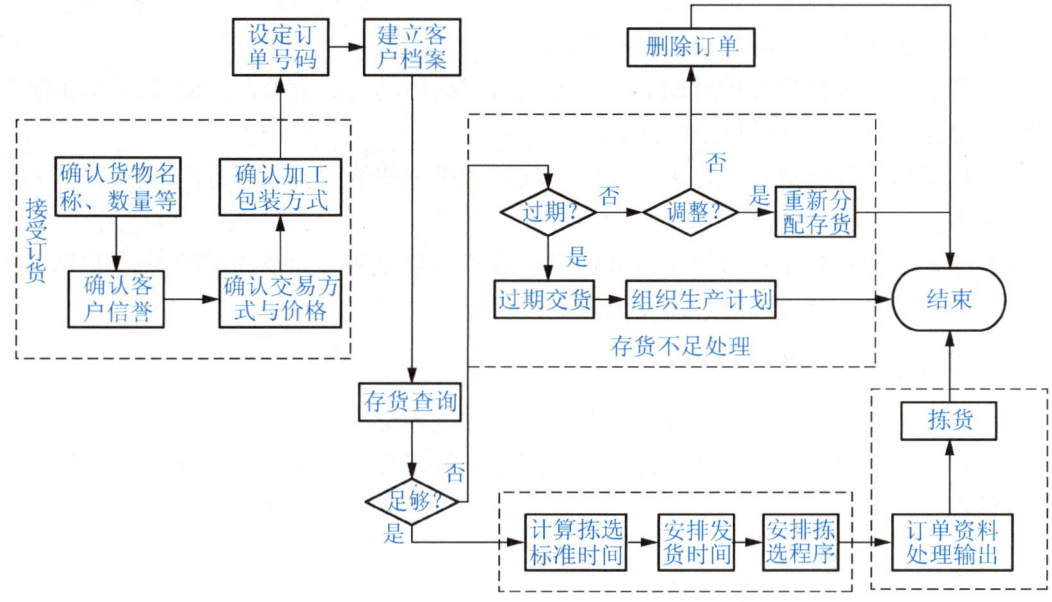

图 6-6　订单处理的工作流程

1. 接受订货

接受订货包括以下过程。

(1) 市场营销部根据客户提供的资料,确认货物的名称、数量等。

(2) 确认货物名称、数量等后,和客户确定货物的交货日期并进行确认。

(3) 确定交货日期后,对客户的信誉进行调查,以确保交易的安全。

(4) 如果客户的信誉良好,那么根据客户的特点和货物的特点确认适当的交易方式。

(5) 交易方式确认后,根据客户的需求量等确定交易的价格。

(6) 价格确定后,确定是否有特殊的包装、分装或贴标签等要求,或是否有相关赠品的包装等。

2. 存货查询

存货查询包括以下过程。

(1) 包装方式确定后,信息管理部开始准备货物。

(2) 信息管理部设定订单号码,每个订单都要有单独号码。

(3) 在设定订单号码后,为了交易的顺利进行建立客户档案。

(4) 客户档案建立后,进行存货查询和存货分配。存货查询是为了确认库存是否能满足客户需求。查看是否缺货,若缺货则应提供货物资料或此货物的已采购入库信息,以便接单人员与客户进行协调。

(5) 订单资料输入系统,确认无误后,就要将大量的订货资料做最有效的分类、调拨。

3. 拣选作业时间与顺序安排

在进行存货查询后，为了有计划地安排出货，采购部需计算拣选的标准时间，包括以下过程。

（1）计算每个单元的拣选标准时间，且将它设定于计算机记录标准时间档，将各个单元的拣选时间记录下来，推导出整个标准时间。

（2）有了单元的拣选标准时间后，即可依据每品项的订购数量，再配合每品项的寻找时间，计算出每品项拣选的标准时间。

（3）根据每个订单或每批订单的订货品项及考虑一些纸上作业的时间，计算出整张或整批订单的拣选标准时间。

（4）依据订单排定出货时间及拣选顺序。对于订单出货时间及拣选的先后顺序，通常会再依据客户需求、拣选标准时间及内部工作负荷来拟定。

4. 存货不足处理

订单分配后，对存货不足的处理：若客户允许过期交货，则企业采购部门立即进行采购；若客户不允许过期交货，企业能够调整的则重新调拨分配订单和存货，企业不能调整的则取消订单。

5. 订单资料处理输出

订单资料经上述处理后，即可开始打印出货单据，出货单据包括拣选单、送货单。

6. 订单拣选与状态跟踪

出货单据打印后，按订单开始出货，并确定供货的优先等级。

为了向客户提供更好的服务，满足客户希望了解订单处理状态信息的要求，需要对订单处理状态进行跟踪，并与客户交流订单处理状态信息。

6.5 销售配送管理

《物流术语》（GB/T 18354—2021）中对配送（Distribution）的定义是：根据客户要求，对物品进行分类、拣选、集货、包装、组配等作业，并按时送达指定地点的物流活动。配送作为一种特殊的物流活动，几乎涵盖了物流中所有的要素和功能，是物流的一个缩影或某一范围内物流全部活动的体现。

配送与运输的概念有时难以准确划分。从以上的概念和定义中进行归纳：配送是分类、拣选、包装、加工、组配、配置、送货等各种物流活动的有机组合，不是一般性的企业之间的供货和向客户的送货；配送是在整个运输过程中处于短距离的"末端运输""二次运输""支线运输"，与一般运输相比，更直接面向并靠近客户。运输一般是干线输送或直达送货，批量大，品种相对单一。配送和运输的区别示意图如图6-7所示。

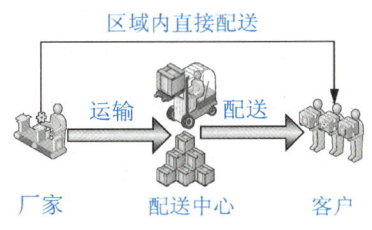

图 6-7　配送与运输的区别示意图

在市场竞争中，将物品送达收货人的活动需要逐步降低成本，提高效率，以达到占领和扩大市场、增加企业利润的目的。对于小批量、多品种物品的快速分拣、运输车辆的合理配置，科学地制订运输规划、确定运输路线，并且逐步完善运输的物品事先配货、配装的措施，形成了现代的配送活动。

6.5.1　销售配送的类型

1. 按配送时间和数量进行分类

（1）定时配送，是指企业按规定的时间间隔进行配送，这种方式时间固定，易于安排。

（2）定量配送，是指企业按规定的批量在一个指定的时间范围内进行配送。这种方式数量固定，备货工作简单，又由于时间规定不严格，企业可以将不同客户的物品凑整车后配送，可以大大提高车辆利用率。

（3）定时定量配送，是指企业按规定的时间和数量进行配送。这种配送的特殊性较强，计划、管理和控制有一定难度。

（4）定时、定路线配送，是指企业在规定的路线上确定到达的时间，按运行表进行配送。采用这种方式有利于车辆的时间安排。

（5）即时配送，是指企业完全按照客户安排的时间和数量进行配送，是配送服务的较高形式。这种方式的实施需要充分掌握客户每日的需求量、配送地、物品种类等。

（6）快递配送。这是一种快速的、向社会广泛提供的配送服务。一般而言，这种配送方式覆盖范围较广，服务承诺的时限随着地域的变化而变化。

2. 按配送物品的种类和数量进行分类

（1）少品种、大批量配送。这种配送适用于需求量大、品种单一或少品种的生产企业。这种配送品种单一、数量多，一般实行整车运输，有利于车辆满载和采用大吨位车辆运送。

（2）多品种、小批量配送。由于这种配送的特点是客户所需要的物品数量少、品种多，因此在物品配送的时候，要按照客户的具体要求，将所需要的各种物品配备齐全，凑整装车后送达客户。

（3）配套成套配送。这种配送的特点是客户所需要的物品是具有成套性的。例如，装配性的生产企业为生产某种整机产品，需要许多零部件，需要将所需要的全部零部件配齐，按照生产节奏定时送达生产企业，生产企业随即将成套零部件送入生产线，进行产品装配。

3. 按实施配送的节点类型进行分类

（1）配送中心配送。这种配送的组织者是配送中心，配送中心的规模大，有实施物品配送的设施、设备和装备等。配送中心配送专业性强，和客户有固定的配送关系，配送设施以及工艺是按照客户的需求专门设计的。因此，配送中心配送具有能力强、配送品种多、数量大等特点。

（2）仓库配送。它一般是以仓库为据点进行物品的配送，也可以是在原仓库保持储存保管功能的前提下，增加一部分配送功能，或经过原仓库的改造，使其成为专业的配送中心。

（3）商店配送。这种配送的组织者是商业企业或物资供应企业的门市网点。商店配送形式是除了满足自身日常的零售，还按照客户的要求将商店经营的品种配齐，或接受客户的委托外订、外购一部分本店平时不经营的商品，并将本店经营的品种配齐后送达客户。

（4）生产企业配送。这种配送的组织者是生产企业。一般认为这类生产企业生产本地化趋势比较强的产品，如食品、饮料、日用百货等。

6.5.2 销售配送中心

《物流术语》（GB/T 18354—2021）中对配送中心（Distribution Center）的定义是：具有完善的配送基础设施和信息网络，可便捷地连接对外交通运输网络，并向末端客户提供短距离、小批量、多批次配送服务的专业化配送场所。

1. 配送中心的功能

（1）基本功能。

配送中心主要包括集货分货、储存、装卸搬运、包装、流通加工、配送、物流信息处理等基本功能。

（2）增值服务功能。

配送中心还具有商品展示与贸易功能、结算功能、需求预测功能、物流系统设计咨询功能、物流教育与培训功能、接待参观等增值服务功能。

2. 配送中心的作业流程

配送中心的作业主要是为了实现配送中心的功能。因此，配送中心的作业内容都是围绕着几大功能安排的，包括物品的入库、包装、加工、存储、分拣和配送等环节。而这个流程是以供应点（起点，产品的生产工厂）开始，以需求点（终点，零售商、批发商、最终消费者）结束。图 6-8 所示的配送中心作业流程图清晰地展示了配送中心各个作业环节的作业顺序。其中，下游客户需求是整个物流过程的驱动力。

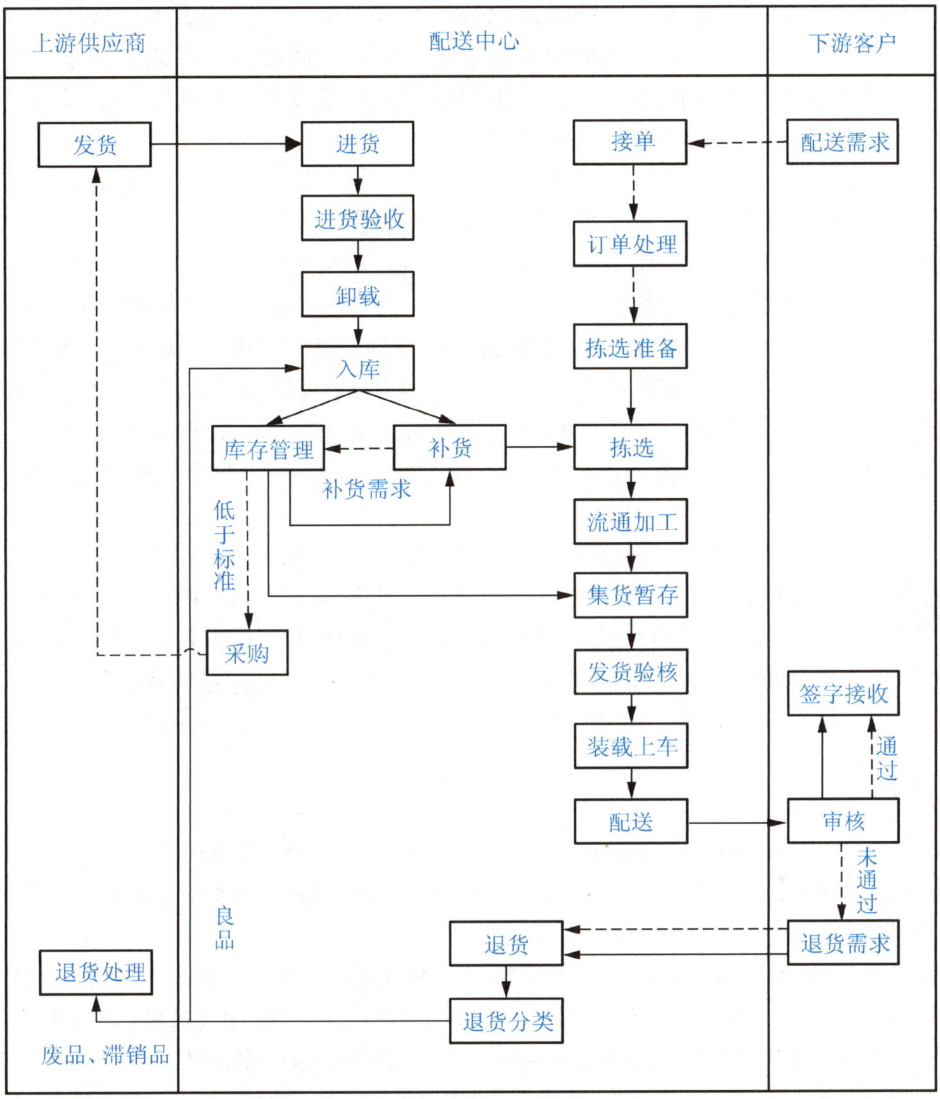

图 6-8 配送中心作业流程图

注：──→ 表示物流；----→ 表示信息流。

6.5.3 销售配送合理化的方法

国内外推行销售配送合理化，有以下一些可以借鉴的方法。

（1）推行一定综合程度的专业化配送。利用专业设备、设施及操作程序，取得较好的配送效果并降低配送过分综合化的复杂程度及难度，从而追求销售配送合理化。

（2）推行加工配送。通过加工和配送相结合，充分利用本来应有的这次中转，而不增加新的中转，力求配送合理化。同时，加工借助配送，加工目的更明确，与客户联系更紧密，避免了盲目性。这两者有机结合，在投入不增加太多的情况下，可以追求效率协同与需求匹配的优势，以及成本节约与资源整合的效益，是销售配送合理化的重要经验。

（3）推行共同配送。通过共同配送可以最短路程、最低的配送成本完成配送，从而追求销售合理化。共同配送可以分为横向共同配送和纵向共同配送。横向共同配送是以同产业或异产业企业合作为共同配送的基础；纵向共同配送是以零售与批发、批发与供应商这种渠道各个环节成员之间的共同配送为基础。

（4）推行送取结合。配送企业与客户建立稳定、密切的协作关系，配送企业不仅成为客户的供应代理人，而且起到承担客户储存据点的作用，甚至成为产品代销人。在配送时，将客户所需的物品送达，再将该客户生产的产品用同一车运回，这种产品也成了配送中心的配送产品之一，或者被配送企业代存代储，免去了生产企业库存的负担。这样送取结合，使配送企业的运力得到充分利用，也使配送企业发挥更大的功能，从而达到配送合理化。

（5）推行准时配送。准时配送是配送合理化的重要内容。配送做到了准时，客户才可以放心地实施低库存或零库存，可以有效地安排接货人力、物力，以追求工作的高效率。另外，保证供应能力，也取决于准时供应。准时配送是配送企业追求配送合理化的重要手段。

6-4 拓展视频

（6）推行即时配送。作为计划配送的应急手段，即时配送是最终解决客户断供之忧、大幅度提高供应保证能力的重要手段。即时配送是配送企业快速反应能力的具体化，是配送企业能力的体现。即时配送成本较高，但它是整个配送合理化的重要保证手段。此外，客户实行零库存，即时配送也是重要的保证手段。

资料卡

运输管理系统（Transportation Management System，TMS）是一种利用现代信息技术，对运输业务中的各种资源进行有效组织、协调、控制和优化的管理工具。下面详细介绍运输管理系统。

（1）核心功能模块。

① 运输计划与调度。TMS 能够根据订单信息，如货物重量、体积、目的地、交货时间等诸多因素，结合车辆的运力、位置、行驶范围等情况，制订出最优的运输计划。它可以自动规划运输路线，考虑路况、交通限制、运输成本等多种变量，合理安排车辆和司机，以实现高效的货物配送。例如，对于多个发货点和收货点的复杂运输任务，TMS 可以快速生成高效的配送方案，减少迂回运输和空驶里程。

② 车辆管理。TMS 详细记录车辆的基本信息，包括车辆型号、载重量、车龄等。同时，它可以实时监控车辆的运行状态，通过 GPS 等技术追踪车辆位置、速度、行驶方向等数据。这不仅有助于及时发现车辆故障或司机的异常行为，还能为车辆的维护保养提供依据，确保车辆的安全性和可靠性。

③ 订单管理。TMS 能够接收来自不同渠道的订单，并对订单进行整合、分类和排序。根据订单的优先级和交货期限，合理分配运输资源，确保订单能够及时处理和交付。它还能提供订单状态的实时查询功能，让客户和企业内部人员随时了解订单运输进度。

④ 运输成本核算管理。TMS 可以精确计算运输过程中的各项成本，如燃油费、过路费、司机工资、车辆折旧等。通过成本分析，企业能够发现成本控制的关键点，优化运输策略，降低运输成本。

（2）优势体现。

① 提升运输效率。TMS 通过智能的运输计划和调度，优化运输路线，减少运输里程和运输时间。例如，优化运输路线可以避免车辆的迂回行驶和空载情况，运输计划和调度可以合理安排货物的装载顺序，使每次运输任务都能高效完成，从而加快货物的周转速度。

② 增强成本控制。TMS 精确计算运输成本，包括燃油费、过路费、司机工资等各项开支。通过成本分析，企业可以找到成本优化的关键点，如选择更经济的运输路线、更合理地安排车辆使用等，以有效降低运输成本，提高企业的盈利能力。

③ 提高服务质量。TMS 实时监控车辆位置和运输状态，能够为客户提供准确的货物运输信息。客户可以随时了解订单的配送进度，并且 TMS 有助于及时处理运输过程中的异常情况，如延误、损坏等，从而提升客户的满意度。

④ 便于资源管理。对车辆和司机的全面管理，使企业能够更好地调配资源。可以根据车辆的性能和司机的状态合理安排任务，同时也能及时安排车辆的维护和保养，延长车辆使用寿命，提高企业资源的利用效率。

案例 6-1

顺丰同城即时配送

顺丰同城作为中国最大的第三方即时配送服务平台，依托本地生活行业洞察、覆盖全国的弹性运力网络和持续创新的数智化能力，为客户提供优质、高效、全场景的第三方即时配送服务。报告期内，同城即时配送业务收入规模持续扩大，科技及精益管理驱动运营提质增效，毛利率及费用率维持在良好水平，带动顺丰同城净利润实现持续增长。2024 上半年，顺丰同城即时配送业务实现不含税营业收入 39.6 亿元，同比增长 18.5%。

顺丰同城致力于在业务的各个环节推进运营数字化和决策智能化，城市物流系统涵盖智能业务规划及营销管理、骑手融合调度及智能订单分发、智能运营优化等三大核心功能，实现了核心链路的协同效应，实现不同行业、场景和复杂配送网络中订单与骑手之间的最优匹配。

对骑手而言，系统能够充分考虑骑手配送时间的宽裕程度和实际路况，在保障骑手安全的前提下优化骑手调度和路线规划的合理性，帮助骑手有效提升人效和收入。系统也会结合骑手的权益体系进行骑手体验升级，综合考虑骑手跑单经验、恶劣天气、夜间和高峰等特殊情况，通过人性化调度，构筑企业的技术关怀。

同时，结合公司无人配送技术的商业化场景应用，围绕"最后一公里"业务，探索无人车在同城接驳和网点集散的运营模式，未来有望成为现有骑手网络的有效补充，推动效率提升。

此外，顺丰同城与集团其他业务板块紧密协同，为客户打造"仓储+转运+同城即时配送"的高效供应链解决方案，充分发挥顺丰同城极速履约优势，助力集团扩大客群并增强客户黏性。

资料来源：2024 年顺丰控股股份有限公司半年度报告.

本 章 小 结

销售物流是企业在销售过程中，将产品的所有权转让给用户的物流活动，是产品从生产地到客户的时间和空间的转移，是以实现企业销售利润为目的的经营活动。本章主要介绍企业销售物流管理概述、销售物流服务、需求预测、销售订单管理和销售配送管理五部分内容。

销售物流的作用表现在可以提高客户的满意度、增加企业的销售收入、留住老客户、节约物流成本，进而为企业的生存和发展提供必要的条件。企业销售物流的主要环节包括产品包装、产品存储、销售渠道的选择、订单处理、产品发送和装卸搬运。销售物流管理就是针对销售物流活动进行计划、组织、指挥、协调和控制。销售物流管理的目标就是保证销售物流有效合理的运行。

销售物流服务已成为企业销售系统，乃至整个企业成功运作的关键，也是增强企业产品差异性、提高产品和服务竞争优势的重要因素。销售物流服务的目标主要是降低销售物流成本、提高销售收入和提高客户满意度。销售物流服务由订货周期、可靠性、信息渠道、方便性等要素构成。销售物流客户服务能力反映的是销售物流服务的基本水准，也是客户服务最基本的方面，包括作业绩效、可得性和时效性。提供增值服务是销售物流服务创造竞争优势的一个重要手段。提供增值服务的主要领域包括以客户服务为核心的服务、以促销为核心的服务、以制造为核心的服务和以时间为核心的服务。

需求预测是企业物流管理的前提和基础，其预测结果直接决定企业物流管理者的行为，影响企业的竞争力。需求有时间性和空间性，这就要求企业知道需求量在何时何地发生，以便组织货源，保证在适当的时间把适量的产品或服务送达适当的地点。

销售订单管理是达到有效运营和客户满意的关键。如果订单处理不当，轻则引起客户抱怨，丧失销售机会；重则导致内部产销秩序混乱，甚至客户流失，造成企业损失。订单管理是一个企业从接受订单到通知仓库送货并交付这段时间内所发生的所有活动。当企业收到客户订单后，就要进行订单处理。在订单处理的过程中，首先要确认客户所订货物的名称、数量等，同时进行客户信誉确认、价格确认、加工包装方式确认，然后进行存货的查询，确定货物的拣选或组织生产计划安排、下达生产指令等。

配送是根据客户要求，对物品进行分类、拣选、集货、包装、组配等作业，并按时送达指定地点的物流活动。配送作为一种特殊的物流活动，几乎涵盖了物流中所有的要素和功能，是物流的一个缩影或某一范围内物流全部活动的体现。销售配送合理化的方法包括：推行一定综合程度的专业化配送、推行加工配送、推行共同配送、推行送取结合、推行准时配送和推行即时配送。

关键术语

销售物流（Distribution Logistics）
销售物流管理（Distribution Logistics Management）
销售物流服务（Distribution Logistics Service）
销售预测（Sales Forecast）
销售订单管理（Sales Order Management）
销售配送管理（Sales Distribution Management）
配送（Distribution）
配送中心（Distribution Center）
订货周期（Order Cycle）

 习题

1. 选择题

(1) 销售物流的重要性包括（   ）。
   A. 提高客户的满意度　　　　　　B. 增加企业的销售收入
   C. 留住老客户　　　　　　　　　D. 制约物流成本

(2) 销售渠道主要包括（   ）。
   A. 企业→配送中心→消费者
   B. 企业→配送中心→批发商→零售商→消费者
   C. 企业→配送中心→零售商→消费者
   D. 企业→消费者

(3) 销售物流管理的目标包括（   ）。
   A. 维持合理的物流费用
   B. 使订单到发货的信息流动畅通无阻
   C. 合理设置仓库和配送中心，保持合理的产品库存
   D. 在适当的交货期，准确地向顾客发送产品

(4) 销售物流合理化的形式包括（   ）。
   A. 大量化　　　B. 差别化　　　C. 共同化　　　D. 标准化

(5) 销售物流服务的目标主要表现在（   ）。
   A. 降低销售物流成本　　　　　　B. 提高销售收入
   C. 最小化服务时间　　　　　　　D. 提高客户满意度

(6) 销售物流服务由（   ）构成。
   A. 可靠性　　　B. 订货周期　　C. 方便性　　　D. 信息渠道

(7) 可靠性包含的主要内容是（   ）。
   A. 成本的可靠性　　　　　　　　B. 安全交货的可靠性
   C. 正确交货的可靠性　　　　　　D. 提前期的可靠性

(8) 销售物流服务提供的增值服务主要包括（   ）。
   A. 以客户服务为核心的服务　　　B. 以促销为核心的服务
   C. 以制造为核心的服务　　　　　D. 以时间为核心的服务

(9) 研究残差的随机性是需求预测的一项重要内容。一般用（   ）统计预测残差。
   A. 平均绝对误差　　　　　　　　B. 平均绝对百分比误差
   C. 平均平方差　　　　　　　　　D. 平均滚动误差

(10) 关于配送中心的描述正确的是（   ）。
   A. 向末端客户提供短距离、小批量、多批次配送服务的专业化配送场所
   B. 有完善的配送基础设施和信息网络
   C. 配送中心的功能分为基本功能和增值服务功能
   D. 信息处理是配送中心的基本功能

（11）销售配送合理化的方法包括（   ）。
A．推行共同配送　　　　　　　　B．推行即时配送
C．推行送取结合　　　　　　　　D．推行准时配送

2．简答题

（1）什么是销售物流和销售物流管理？
（2）简述企业销售物流系统的功能。
（3）简述企业销售物流的主要环节。
（4）试用图形描述企业销售物流的工作流程。
（5）简述销售物流管理的内容。
（6）简述需求预测的内容、程序和方法。
（7）试用图形描述订单处理的工作过程。
（8）什么是配送中心？并简述配送中心的功能。
（9）试用图形描述配送中心作业流程。
（10）销售配送合理化的方法包括哪些？

3．判断题

（1）销售物流是以满足客户的需求为出发点，从而实现销售和完成售后服务，因此销售物流具有很强的服务性。（   ）

（2）订单处理是指从客户发出订单请求到客户收到所订产品的这段时间内，企业所做的包括订单准备、订单传输、订单录入、订单状况报告等一系列活动。（   ）

（3）物流共同化可分为由本行业企业组合而成垂直方向的共同化和与其他行业公司之间联合而形成的水平方向的共同化。（   ）

（4）订货周期所包含的时间因素通常有订单传输时间、订单处理与配货时间、额外时间和送货时间。（   ）

（5）送货时间是从存储地到客户所在地运输物品所需要的时间，其中也包含在起点装货和在终点卸货的时间。（   ）

（6）订单管理是一个企业从接受订单到通知仓库送货并交付这段时间内所发生的所有活动。（   ）

（7）配送与运输是两个完全不同的概念。（   ）

（8）定时、定路线配送是指企业完全按照客户安排的时间和数量进行配送，是配送服务的较高形式。这种方式的实施需要充分掌握客户每日的需求量、配送地、物品种类等。（   ）

4．思考题

（1）销售物流合理化形式中的标准化在推进时可能会遇到哪些问题？
（2）如何理解销售物流服务要素中提前期的可靠性的重要性。

实际操作训练

课题6-1：销售物流服务能力评价

实训项目：销售物流服务能力评价

实训目的：了解销售物流服务对企业的重要性，掌握企业销售物流服务能力评价的要素、方法和步骤。

实训内容：选择一家快递企业，评价其物流服务能力。

实训要求：首先，确定一家快递企业，让自己异地的亲属、朋友或同事快递物品，次数不少于三次；对每次该快递企业的物流服务能力进行记录，包括订货周期、可靠性、信息渠道、方便性等要素。然后，利用一定的方法和步骤给予评价。最后，将上述评价的内容和结果形成一个完整的报告。

案例分析

顺丰智能物流大模型助力商品销量预测

2024年8月18日，在AICon 2024全球人工智能开发与应用大会上，顺丰科技重磅推出其自主研发的突破性成果——"丰知"物流决策大模型。该模型旨在将大模型技术应用于物流供应链的智能化分析、销量预测、运输路线优化与包装优化等决策领域。

需求预测作为供应链管理的基石，其准确性直接关系后续整个供应链的协同效率。顺丰科技基于多模态大模型能力构建了多层级多通道需求预测模型，不仅实现预测精度的显著提升，更实现了预测能力的跨越式升级。尤为关键的是，该技术通过高度优化算力资源利用效率，助力企业实现服务器资源成本的大幅削减，极大地降低了技术应用的门槛。以某一实践案例为例，其服务器资源需求降低了80%，运行时间效率提升了120倍，预测准确率提升了5%。

6-5 拓展视频

这一提升是传统模型难以比拟的，也标志着"丰知"物流决策大模型在供应链需求预测领域实现了重大技术突破。这一变革不仅打破了大型企业在高效供应链决策系统上的专属优势，更为中小企业敞开了智能化转型的大门，让更多企业能够享受到智能化决策带来的竞争优势与成本节约。

资料来源：2024年顺丰控股股份有限公司半年度报告，以及
https://baijiahao.baidu.com/s?id=1807906332105179320&wfr=spider&for=pc[2024-08-20].

问题：

（1）客户需求的精准预测对企业有什么意义？

（2）"丰知"物流决策大模型的需求预测模型有哪些特点？可以达到哪些效果？

（3）"丰知"物流决策大模型对行业的发展起到什么积极作用？

第 7 章 企业回收与废弃物物流管理

【本章教学要点】

知识要点	掌握程度	相关知识
废旧物资概述	了解	废旧物资的含义、废旧物资的产生、废旧物资的分类、废旧物资的使用价值分析
企业回收物流	掌握	回收物流的含义、特点、分类、回收方法和回收渠道、回收物资的处理技术
企业废弃物物流	了解	不同形态的废弃物物流的处置方法、不同来源的废弃物物流的处置方法、不同性质的废弃物物流的处置方法、企业废弃物的物流合理化

【本章技能要点】

技能要点	掌握程度	应用方向
回收物流的回收方法和回收渠道	重点掌握	为从事回收物流政策的制定，提供一定的指导
企业废弃物物流合理化	掌握	为企业合理处理废弃物提供可借鉴的成功经验
回收利用废旧物资时应注意的问题	了解	为企业合理处理废旧物资提供评价的依据

导入案例

2023年天津市再生资源回收情况

1. 回收情况

2023年，天津市废钢铁、废有色金属、废塑料、废纸、废玻璃、废轮胎、废弃电器电子产品七大类别的再生资源回收总量为572.5万吨。

2. 废弃电器电子产品回收及拆解处理情况

2023年，天津市回收废弃电器电子产品394.1万台。天津市共有4家废弃电器电子产品处理资格企业，总核准年处理"四机一脑"（电视机、洗衣机、电冰箱、房间空调器、微型计算机）能力864万台，实际拆解处理的废弃电器电子产品共390.4万台。其中，废电视机拆解处理量为56.9万台、废洗衣机拆解处理量为137.9万台、废电冰箱拆解处理量为67.0万台、废房间空调器拆解处理量为122.9万套、废微型计算机拆解处理量为5.7万套。

3. 废旧车用动力电池回收、利用及拆解处理情况

2023年，天津市6家国家行业规范条件企业废旧车用动力电池梯级利用量为0.33万吨，再生利用量为0.48万吨。

4. 报废机动车回收及拆解情况

2023年，天津市报废机动车回收量为5.9万辆，主要拆解产物包括废钢铁、废有色金属、废塑料。

5. 一次性塑料制品使用及回收情况

2023年，天津市不可降解一次性塑料制品使用量为0.11万吨，塑料废弃物回收量为0.06万吨；快递企业一次性塑料制品使用量为0.097万吨，塑料废弃物回收量为0.0007万吨。

资料来源：2023年天津市固体废物污染环境防治信息公告.

思考题

（1）天津市再生资源回收的类别有哪些？

（2）天津市再生资源回收的处理技术包括哪些类型？

（3）再生资源回收利用的意义是什么？

（4）再生资源回收的物流具备哪些特征？

一个完整的企业物流管理不仅包括"正向"的物流，还包括"逆向"的回收与废弃物物流。其中，回收物流主要是从价值利用的角度来研究的，其将有价值的部分加以分拣、加工、分解，使其成为有用的物质，重新进入物流循环的生产流通领域。废弃物物流主要是从环境保护和安全性的角度来考虑的，其将经济活动中失去原有使用价值的物品，送到专门的处理场所妥善处理，以免造成环境污染。

7.1 废旧物资概述

党的二十大报告强调，要"全方位、全地域、全过程加强生态环境保护。"丰富的自然资源和良好的生态环境是人类赖以生存的物质基础。在生产、流通和消费过程中，每天、每时、每刻都在产生大量的废旧物资，如产品变质、损坏，或产品不合规格等。这些废旧物资用之为宝，弃之为害。如何更好地回收、利用废旧物资是摆在企业面前必须解决的重要问题，也是企业的社会责任。当然，对废旧物资的回收与利用是社会发展的需求，也是绿色物流（Green Logistics）的基本要求。

7.1.1 废旧物资的含义

废旧物资的含义可表述为：在生产、流通和消费过程中产生的失去或部分失去原有使用价值的物品。废旧物资与人们的生产、生活息息相关。它来自人们的生产、生活，同时又给人们的生产、生活带来负担。废旧物资在一定的技术水平和认识条件下，通过物理或化学变化可以变成有用的资源，重新进入生产领域或消费领域。

7.1.2 废旧物资的产生

废旧物资主要是由人们的生产、流通和消费3个领域产生的。

1. 生产过程中产生的废旧物资

（1）生产过程中产生的工艺性废料。工艺性废料的产生伴随着产品生产的全过程，与产品的制造工艺紧密联系在一起。如采矿生产中剥离的废料，尾矿排泄物；造纸工业中产生的边角料、废液等；金属加工业产生的废屑、边角余料等。

（2）生产过程中产生的废品。许多企业追求产品的"零缺陷"，产品废品率在逐渐降低，但受人为的、自然的、技术的因素影响，在生产过程中的成品、半成品和各种中间产品都有一定数量的废品产生。

（3）生产维修更换下来的各种废旧零部件。生产过程中使用的机器设备在其经济生命周期内，其零部件的寿命各不相同，机器在维修后替换下来的零部件就成了废旧物资。

（4）生产过程中产生的废旧材料。生产过程中使用的各种原材料都有一定的库存。在使用或搬运过程中受人为或自然的因素影响，各种原材料会部分或全部失去其使用价值而成为废旧物资。

（5）生产过程中更新报废的机械设备。机械设备都有相应的使用寿命。在生产中由于突发的事故会造成机器丧失原有的功能而成为废品。同时，现代科技日新月异，设备更新速度加快，导致机械设备贬值而成为废旧物资。

（6）生产过程中产生的其他废旧物资。生产过程中使用的原材料和设备的各种包装物、工厂中废弃的运输工具等都会成为废旧物资。

2. 流通过程中产生的废旧物资

在产品流通领域中会产生各种各样的废旧物资，这些废旧物资可概述如下。

（1）在流通过程中，运输工具、设备因长期使用而导致报废或损坏，从而成为废旧物资，如报废的汽车、废弃的铁轨等。

（2）在装卸、搬运、运输、储存各个环节中因操作不慎造成物品发生物理或化学变化，这些物品成为废旧物资，如在仓库中存储的钢铁因生锈而成为废品。

（3）各种原材料及各种工具、设备的包装物在流通过程中失去包装作用而成为废旧物资。

（4）在流通领域中所使用的各种工具及设备经过维修活动而替换下来的废旧零部件等。

3. 消费过程中产生的废旧物资

在人们的日常消费过程中产生的废旧物资大致包括以下几类。

（1）生活消费品的各种包装物，如包装用的塑料、玻璃、金属制品、纸制品等。

（2）耐用电器设备的更新或损坏而产生的废旧物资。

（3）在人们的文化教育中产生的废旧物资，如报纸、杂志等。

（4）旅游、娱乐过程中产生的废旧物资，如车票、门票等。

7.1.3 废旧物资的分类

废旧物资来源广泛，种类繁多。对其进行分类能够方便地回收废旧物资、提高物资的回收率，并能够提高物资的回收效益，降低物资的回收成本。因此，有必要对其进行分类。

1. 按照废旧物资的物理形态分类

按照废旧物资的物理形态分类，可将废旧物资分为三大类：固态废旧物资、液态废旧物资、气态废旧物资。其中，物流量较大、物流形式较多的是固态废旧物资，往往可利用通常的物流工具和物流系统来运载。液态、气态废旧物资则主要利用管道、罐体等物流工具来运载。

2. 按照废旧物资的来源产业分类

（1）工业排放物。工业排放物是废旧物资的一大来源，大体有3种：①生产过程中产生的工艺性废料；②生产过程中产生的废品；③劳动工具、装备等的报废物。

其中，工艺性废料由工艺流程和技术水平决定，往往是连续排放同样的物质，如在化工类生产企业中，化学反应的剩余物或排放物；在金属轧制过程中产生的切头、钢渣、炉底等废弃物。在生产过程中产生的废品，有一定的规律性，大部分可以重回工艺过程。更新报废的设备、工具等，并不是经常发生的，因而没有稳定的物流系统予以支持，它具有发生一次、组织一次的物流特点。

（2）农业排放物。农业排放物主要是指在农业生产过程中的排放物，如秸秆、皮、壳等，以及在农产品加工过程中排放的废渣、废液等。前者排放物产出分散，再加上价值很低，其物流的主要特点是短距离和低成本运输；后者和一般工业排放物大体一致。

7-1 拓展视频

（3）生活排放物。生活排放物又称生活垃圾，包括家庭垃圾、办公垃圾、城市垃圾、建筑垃圾等。这种排放物的特点是成分比工业、农业排放物复杂，而且混杂在一起。收集垃圾的物流系统由于垃圾排放的规律性而容易建立。

资料卡

2023年，北京市产生一般工业固体废物182.63万吨，综合利用量173.59万吨，处置量8.83万吨，贮存量0.21万吨，处置利用率100%。2023年，北京市一般工业固体废物产生量排名前五的行业为电力、热力生产和供应业，汽车制造业，黑色金属冶炼和压延加工业，计算机、通信和其他电子设备制造业，非金属矿物制品业，分别占全市一般工业固体废物产生量的63.34%、9.8%、6.15%、3.56%和2.79%。2023年，北京市一般工业固体废物产生量排名前五的种类为炉渣、其他废物、污泥、粉煤灰、可再生类废物，分别占全市一般工业固体废物产生量的61.56%、31.21%、3.79%、1.42%和0.82%。

资料来源：北京市生态环境局关于发布北京市2023年固体废物污染环境防治信息的通告.

3. 按照废旧物资的来源行业分类

（1）钢铁工业产生的废旧物资。这类废旧物资主要是废渣和废金属。废渣进行厂内处理后进入社会物流系统，而废金属通过厂内物流，重新进入生产线。

（2）煤炭工业产生的废旧物资。这类废旧物资主要是煤矸石，物流特点是装运量大、占用堆场面积大、物流成本较低。

（3）电力工业产生的废旧物资。这类废旧物资主要是火力发电厂排出的炉渣、粉煤灰，物流特点是排放量大且连续排放。

（4）木材加工业产生的废旧物资。这类废旧物资主要是木屑，物流特点是直接在厂区附近复用或进入厂内回收利用。

（5）玻璃工业产生的废旧物资。这类废旧物资主要是碎玻璃，物流特点是直接在厂区附近回收利用，重新进入生产线。

（6）纺织工业产生的废旧物资。这类废旧物资主要是废棉、废纱等，物流特点是直接在厂区附近复用、作为配料重返生产线或直接在厂区附近制造低档织品。

（7）机械工业产生的废旧物资。这类废旧物资主要是机加工废料、金属废屑，物流特点是废屑装运难度较大，体积不规则，一般通过企业物流回收。

（8）粮食加工业产生的废旧物资。这类废旧物资主要是谷、壳等，它的物流过程包括：①内部再生产饲料及其他产品；②利用外部物流系统运输出厂，由其他行业利用。

另外，化学工业、造纸工业、建筑工业、电子工业等都会产生一定数量的废旧物资。

4. 按照废旧物资产品经营分类

这是根据进入流通领域的废旧物资的数量，并以回收经营为主要特点的分类方法。按照此方法分类，废旧物资一般分为废钢铁、废有色金属、废塑料、废橡胶、废化学纤维、废玻璃制品、废纸及纸制品、废弃电器电子产品等。

7.1.4 废旧物资的使用价值分析

相对于原物品而言，废旧物资虽然部分或完全地失去了原物品的使用价值，但废旧物资本身是具有使用价值的，能够成为有用的新资源。

（1）废旧物资本身残存着原物品的使用价值。在消费使用过程中，物品使用价值会部分或大部分丧失，但尚有小部分使用价值残存，如二手市场上的书籍、手机等。

（2）物品在某一方面消费后，其使用价值丧失，但另一方面的使用价值依然存在。这种情况主要是指废旧物资与原物品没有发生本质的变化，即仍可按原来的使用价值发挥作用。例如，在机加工中产生的边角余料仍可作为生产小零部件的原材料。

（3）废旧物资经过简单加工后可恢复原来的使用价值。对于一部分回收的废旧物资，经过简单的加工或不经过加工，既不改变使用方向，也不减少其使用价值，就可重新投入使用。例如，回收的包装箱、酒瓶等质量完好，经过简单整理、清洗就可重新发挥其原来的功能。

（4）废旧物资经过深加工恢复到原来的形态，发挥原有或更大的使用价值。废旧物资的深加工是指采用物理的、化学的方法，使废旧物资恢复到最初的原始状态。例如，从洗相废液中提取白银，从电子器件触点中提炼回收黄金等，而被重新提取的金、银可发挥其原有的使用价值。

资料卡

许多发达国家把废旧物资的回收利用作为实施可持续发展战略的重要途径而率先实践，丹麦、德国、美国、加拿大、日本等都纷纷开展了建设生态产业园、打造生态社会的实践，将产生的废物与工业生产过程相衔接，在相关企业之间通过废物和副产品的交换利用而组建起"企业生态链"。在废旧再生资源综合利用领域走在世界前列的国家（如德国、日本等），普遍遵循循环经济的"3R——Reduce、Reuse、Recycle"原则处理处置固体废物。我国废旧再生资源污染控制工作开始于20世纪80年代初期，提出了以"减量化""资源化""无害化"作为控制固体废物污染的技术政策。进入20世纪90年代，我国已把回收利用再生资源作为重要的发展战略。《国务院关于印发2030年前碳达峰行动方案的通知》强调，健全资源循环利用体系；完善废旧物资回收网络，推行"互联网+"回收模式，实现再生资源应收尽收。同时，提出"到2025年，废钢铁、废铜、废铝、废铅、废锌、废纸、废塑料、废橡胶、废玻璃等9种主要再生资源循环利用量达到4.5亿吨，到2030年达到5.1亿吨。"

党的二十大报告强调，全方位、全地域、全过程加强生态环境保护，生态文明制度体系更加健全，污染防治攻坚向纵深推进，绿色、循环、低碳发展迈出坚实步伐，生态环境保护发生历史性、转折性、全局性变化，我们的祖国天更蓝、山更绿、水更清。同时，指出"坚持可持续发展，坚持节约优先、保护优先、自然恢复为主的方针，像保护眼睛一样保护自然和生态环境，坚定不移走生产发展、生活富裕、生态良好的文明发展道路，实现中华民族永续发展。"

7-2 拓展视频　　7-3 拓展视频　　7-4 拓展视频

7.2　企业回收物流

随着社会化大生产的高度发展，生产、流通、消费等领域，每天、每时、每刻都在产生大量的废旧物资，如何更好地回收、利用废旧物资是摆在企业面前必须解决的重要问题。其中，废旧物资一部分可以回收并再生利用，称为再生资源，形成了回收物流；另一部分在循环利用过程中，基本或完全失去了使用价值，成为无法再利用的最终排放物，形成了废弃物物流。回收物流与废弃物物流流向图如图7-1所示。当然，其中一些"废弃物"只是在一定时期、一定范围内，失去了利用价值，但随着技术水平和人们认识水平的不断提高，其价值被人们发现和利用后，它就又可以变成有用的资源。

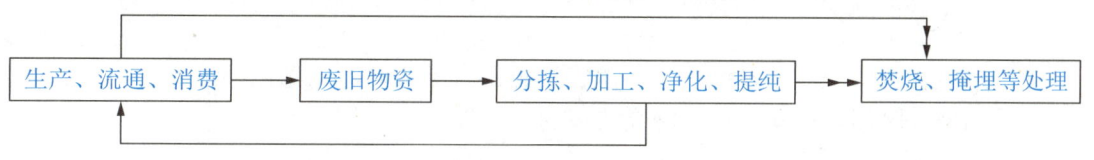

图7-1　回收物流与废弃物物流流向图

注：──▶ 表示回收物流；──▶ 表示废弃物物流。

7.2.1　回收物流的含义

回收物流（Returned Logistics）是指不合格物品的返修、退货以及周转使用的包装容器从需方返回到供方所形成的物品实体流动。例如，回收用于运输的托盘和集装箱、接受客户的退货、收集容器、原材料边角料、零部件加工中的缺陷在制品等。这些物品的回收是伴随着物流活动的，如果回收物品处理不当，往往会影响整个生产环境，甚至影响产品的质量，占用很大的存储空间，造成浪费。

根据《物流术语》（GB/T 18354—2021），逆向物流（Reverse Logistics）是指为恢复物品价值、循环利用或合理处置，对原材料、零部件、在制品及产成品从供应链下游节点向上游节点反向流动，或按特定的渠道或方式归集到指定地点所进行的物流活动。

7.2.2 回收物流的特点

回收物流作为企业价值链中特殊的一环，其与正向物流既有共同点，也有各自不同的特点。两者的共同点在于都具有包装、装卸、运输、储存、流通加工等功能。回收物流具有其鲜明的特殊性。

1. 分散性

回收物流产生的地点、时间、数量和质量是难以预见的。因为回收物品的种类繁多，产生渠道多、方式复杂，它可能产生于生产领域、流通领域或消费领域，涉及任何部门、任何个人，并在社会的每个角落不停地产生，从而导致回收物流具有分散性的特点。

2. 缓慢性

刚开始时，回收物流数量少、种类多，只有在不断汇集的情况下才能形成较大的流动规模。另外，回收的物品也往往不能立即满足人们的某些需要，它需要经过加工、改制等环节，甚至只能作为原料回收使用。这个过程的时间是较长的。同时，回收物资的收集和整理也是一个较复杂的过程，导致回收物流具有缓慢性的特点。

3. 混杂性

回收物品在进入回收物流系统时往往难以分类，这是因为不同种类、不同状况的废旧物资常常是混杂在一起的。当回收物品经过检查、分类后，回收物流的混杂性就随着废旧物资的产生而逐渐衰退。

4. 多变性

由于回收物流的分散性及消费者对退货、召回等回收政策的滥用，因此有的企业很难控制物品的回收时间，这就导致了回收物流的多变性。

5. 相对高昂的成本

回收流通的物品通常价值较低，而运输、存储和处理的费用相对较高，这主要是因为这些物品通常缺少规范的包装，又具有不确定性，难以充分利用运输和存储的规模效益；另外，许多物品需要人工的检测、判断和处理，极大地增加了人工费用，同时造成效率低下。

回收物流往往给企业带来高昂的处理费用，其中运输和存储费用最多。许多回收物品（如垃圾）长期随意堆放不但占用许多存储空间，还可能带来二次污染。因此，及时有效地对这些回收物品进行处置，才能减少其处理费用。

7.2.3 回收物流的分类

回收物流按照回收物流形成的原因和途径，可分为投诉退货、终端使用退回、商业退回、维修退回、生产报废与副品以及包装六大类别。表 7-1 中列出了这 6 类典型的回收物流类别。它们普遍存在于企业的经营活动中，涉及的部门从采购、配送、仓储、生产、营销到财务部门。因此，从事回收物流管理的负责人需要处理大量协调、安排、处置、管理与跟踪的工作，才能完成资源的价值再生。

表 7-1 6 类典型的回收物流类别

类别	周期	驱动因素	处理方式	例证
投诉退货：运输缺失、质量问题、重复运输等	短期	市场营销、客户满意服务	确认检查，退换货或补货	电子消费品，如手机等
终端使用退回：经完全使用后需处理的产品	长期	市场营销	再生产、再循环	电子设备的再生产，地毯循环利用，轮胎修复
		资产恢复	再生产、再循环、处理	计算机组件及打印机硒鼓
商业退回：未使用产品退回还款	短到中期	市场营销	再使用、再生产、再循环、处理	零售商积压库存、时装、化妆品
维修退回：缺陷或损坏产品	中期	市场营销、法规条例	维修处理	有缺陷的家用电器、零部件、手机
生产报废与副品：生产过程中的废品和副品	较短期	经济、法规条例	再循环、再生产	药品行业、钢铁业
包装：包装材料和产品载体	短期	经济	再使用	托盘、条板箱
		法规条例	再循环	包装袋

 资料卡

在 2024 年的中国电商市场，竞争已经到白热化的程度，商家的生存空间被不断挤压。根据最新数据，中国境内品牌店铺的退货率从 2021 年的 24% 飙升至 35%，而电商平台的整体退货率高达 60%，令无数商家深陷困境。这一现象不仅反映出消费市场的疲软，更揭示了消费者购物习惯的持续变化和商家应对策略的不足。

面对激烈的市场竞争和高退货率，退货机制逐渐成为电商生态中平台、商家和消费者之间的核心话题。平台为了提升消费者体验，正在优化退货政策，甚至引入智能退货系统，通过数据分析预测退货率，以便提前调整库存和物流，从而降低商家因退货产生的损失。与此同时，部分商家则早在商品上市之前就已开始策划应对退货的方案，比如推出"试穿服务"，这一策略也在一定程度上降低了退货率。

在电商环境的转变中，商家的经营成本与供应链运输成本在不断上升，"无理由退货"政策给中国电商带来了严峻考验。因此，未来解决消费者、商家与电商平台三方利益的博弈需要进行深刻的模式转型。

从商业模式向生态模式的转型不仅要求商家提高抗风险能力，也要求电商平台改善其退货政策，增强与消费者之间的信任感。因此，电商行业亟须不断探索新的商业路径，以提升整体的运营效率及消费者体验。

资料来源：https://www.sohu.com/a/838367972_122066678[2024-12-17].

7.2.4 回收物流的回收方法和回收渠道

1. 回收方法

根据回收物流的对象——废旧物资的种类、性质、数量等方面的不同特点，可采用不同的方法对废旧物资进行回收。这里主要介绍几种常用的回收方法。

（1）上门回收。这种回收方法是指回收单位定期定点或提前预约时间派专门的回收人员到废旧物资的单位回收废旧物资。

（2）门市回收。门市回收是指经营废旧物资业务的单位在适当的地点设立回收门市部，专门回收各种废旧物资。例如，在我国农村广泛存在的废品收购站，就采用这类回收方式回收废旧物资。

（3）柜台回收。这种回收方法的回收对象主要是商品的包装，即消费者在退货时交回包装，或者在第二次购买商品时交回第一次购买商品的包装。

（4）流动回收。这种回收方法在城市各居民区较常见，如回收人员走街串巷回收废旧电视机、计算机等。其特点是回收时间、地点不确定，具有很大的随机性。

（5）对口回收。对口回收是指由进货单位或使用单位直接把废旧物资交给生产厂家重新使用，中间不再经过废品回收单位回收。这种回收方法适用于一些大宗的专用包装，如平板玻璃专用箱、电缆盘等。

2. 回收渠道

回收渠道通常是指废旧物资在回收过程中所经过的路径。一般而言，主要有下面几种回收渠道。

（1）小型的个体户回收渠道。这种回收渠道的经营者一般以家庭经营为主，以某一地域为回收中心，如农村中的废玻璃瓶收购站、废金属制品收购站等。

（2）社会废旧物资回收公司回收渠道。利用社会废旧物资回收公司，可以回收那些专业回收单位或综合回收机构不予回收的废旧物资，如各种杂乱玻璃瓶、塑料废品和其他棉、麻、金属制品等。

（3）商业部门回收渠道。这是废旧物资回收的渠道之一，部分废旧物资可以经过这条渠道进行回收，如各级百货公司、纺织品公司、五金交电公司、副食品公司及零售商店等都有较大的废旧物资回收能力。

（4）物资部门回收渠道。这些部门主要是经营各级物资的机电设备公司、化工材料公司、建筑材料公司、交通配件公司等。这些物资经营部门大多会产生废旧物资，如平板玻璃箱、化工原材料铁桶、废旧机械零部件等。

（5）企业自身回收渠道。出于经济利益或环保目的，许多企业自己组建回收渠道。例如，企业设立专门的回收门市部，在固定的时点回收各种废旧物资；企业与消费者、使用单位对口回收各类废旧物资等。

7.2.5 回收物资的处理技术

废旧物资回收的目的是将废旧物资经过修复、处理、加工后再次反复使用。因此，研究物品复用的技术是回收物流的基础和前提。一般来说，回收物资的处理技术有以下几种。

（1）通用回收复用。对于通用化、标准化的同类废旧物资，通过统一回收后，按品种、规格、型号分类，达到复用标准后再进行通用化处理。

（2）原厂回收复用。由废旧物资原生产厂家进行该类废旧物资的回收、分类和复用。采用这一回收方式的典型例子有钢铁厂的废钢铁回收再利用。

（3）外厂代用复用。本厂过时的、生产转型及规格不符合标准的废旧物资由外厂统一回收，由外厂按降低的规格、型号、等级进行分类或按代用品进行分类，经过相应的加工处理后复用。

（4）加工改制。由专门部门统一回收需改制的废旧物资。该部门将废旧物资按规格、尺寸、品种分类后，经过拼接等加工处理并验收合格后复用。

（5）综合利用。对于那些工业生产的边角余料、废纸、木制包装容器等，由专门部门统一回收，经过综合加工成合格产品恢复使用。

（6）回炉复用。对需回炉加工的废旧物资进行统一回收，交由各专业生产厂家进行再生产性的工艺加工和重新制造，经验收合格后复用。废玻璃、废锡箔纸等废旧物资的回收可采用这一类处理技术。

7.2.6 回收利用废旧物资时应注意的几个问题

废旧物资具有两面性，既可称其为"垃圾"，又可称其为"财富"。如果将它有效回收利用，便成了有用的资源；如果将其丢弃，不进行回收利用，这些废旧物资就会变成垃圾而污染环境，以致危害人体健康和动植物的生存安全。因此，对废旧物资的有效回收和利用，是全社会每个人都应该关注的问题。

（1）加大宣传力度。应着重宣传有效回收利用废旧物资的重要意义，具体可围绕这样的主题进行宣传——有利于生态环境的保护、有利于节约地球资源、有利于保护人体健康和动植物的生存安全、有利于我国经济持续稳定高质量的发展。通过这样的宣传，既可有效地增强人们对各种废旧物资回收利用的意识，还可增强人们的环境保护意识。

（2）建立相应的回收系统与制定相应的回收指标。在做好回收利用废旧物资的宣传工作的同时，还应该建立相应的回收系统。此外，还应注意确定对各种不同废旧物资的回收利用指标，实施定比率、定类别回收，做到凡能回收的尽可能回收，尽量减轻废旧物资对环境的污染。

（3）分类回收和分类处理相结合。废旧物资来源广泛，种类繁多，如废旧玻璃制品、废旧塑料、废旧金属制品等。为了进行合理、有效的回收利用，首先必须对其进行分类回收，再进行分类处理，依其各自属性确立其各自的定位，做到物尽其用。

（4）防止产生二次污染。回收各种废旧物资的目的是节约资源、防止污染，因此在对废旧物资进行清洗、溶解、重新制造新产品时，应防止对环境造成二次污染。对于那种只顾回收盈利，不顾环境保护的做法是不可取的。废旧物资在回收利用后，应对其做无害化、减量化处理。

（5）建立健全相应的政策法规。回收利用废旧物资应有相应的政策法规支持，以使回收工作逐渐走上良性循环的道路。同时，在利用各种废旧物资制作新产品时，必须注重质量，遵守法规，如绝不允许利用回收的各种优质酒瓶装劣质产品或进行其他仿冒。对于此类现象，应严格执行法规，严肃处理。

2023年7月24日，阿里巴巴集团发布《环境、社会和治理报告（2023）》（以下简称ESG报告），ESG报告显示，2023财年内，菜鸟合计减少包装材料用量超18.4万吨，菜鸟驿站纸箱回收再利用量达2382万个，创下新高。目前，菜鸟已经构建全链路绿色物流体系，从订单、包装、运输、仓储、回收这五个主要物流链路环节，推动物流减碳目标和系统转型的实现。

7.2.7　回收物流的典型应用

1. 以废钢铁为代表的破碎、分选回收利用

废钢铁是企业再生资源的重要组成部分，它是生产建设产生的废料，但又是生产建设的重要原材料。随着企业生产和基本建设规模的不断扩大，企业的废钢铁在不断增加，非常有必要对其进行科学的回收和利用，使之转化为新的生产原料。

（1）企业废钢铁的回收渠道。

企业废钢铁的回收渠道主要有3个。

① 企业生产性回收。它是指钢铁生产企业对废钢铁的回收。炼钢过程中的铸余、钢水罐底、边沿残钢等回收率为6%～10%；铸钢、铸铁过程中产生的氧化铁皮、切头、切尾、切边和废次材料等坏轧材的回收占轧材回收总量的比例为18%～22%。

② 机械加工生产企业和基本建设单位的废钢铁的回收。在机械加工过程中产生的料头、料尾、边角料、钢屑、氧化铁皮等占回收总量的25%～30%；基本建设单位在施工过程中产生的边角余料、切头、切边等占回收总量的3%～5%。

③ 社会回收。社会回收是指非生产性的其他回收，是因社会各种机械设备的更新改造而报废的钢铁及家庭报废的钢铁器具。另外，社会回收还包括车船、钢轨、武器设备、工程机械、钢铁建筑等报废的钢铁。目前，我国设备报废的废钢铁占设备总量的比例较小，仅占设备吨数的6%～8%，但占全国废钢铁回收总量的比例超过28%。

（2）企业对废钢铁的加工利用。

① 企业对废钢铁的回收加工。企业对废钢铁的回收加工主要经过气割、剪切、破碎、打包压块、分选等过程。

气割是指用氧气切割各种重型设备、大型构件、构筑件的折角，如废旧船舶、车厢折角、汽车解体等。气割可以根据用途的不同，有目的地切出各种有用的可用件。

剪切是按不同的使用要求，将废旧钢铁剪切成不同尺寸的钢件，供使用单位使用或回炉冶炼。

破碎是对机械加工切削下来的长螺旋状切屑，用破碎机进行破碎或落锤破碎、爆炸破碎等。

打包压块是为满足废旧钢铁回炉冶炼对材料的工艺要求,将废钢屑或轻薄料压制成紧密块件,使之便于运输,又符合冶炼要求。

分选是将各类繁杂的废钢铁,根据用途、材料和化学性质等进行分类、挑选、剔除杂质,从而用于直接使用或冶炼回炉。

② 企业对废钢铁的再利用。废钢铁的用途很广,它是炼钢、铸造、制造中小农具及小五金产品的重要材料。废钢铁在炼钢过程中主要是用于回炉。利用废钢铁炼钢,可以缩短炼钢时间,降低原材料消耗,而且所炼的成品钢材成本低、质量好。废钢铁也是铸造的重要材料,铸造需要的废钢铁的数量由铸造任务和废钢比共同确定。

废钢铁是制造中小农具和小五金产品的重要原料。利用废旧钢铁的中板边角余料生产锹、锄、镐、钢叉等;利用马口铁边角生产瓶盖、玩具等;利用镀锌铁皮残料制造圆钉、文具用品等;利用薄铁边生产水桶等;利用硅钢片下脚料制造镇流器、稳压器、变压器等。废钢铁的回收流程图如图7-2所示。

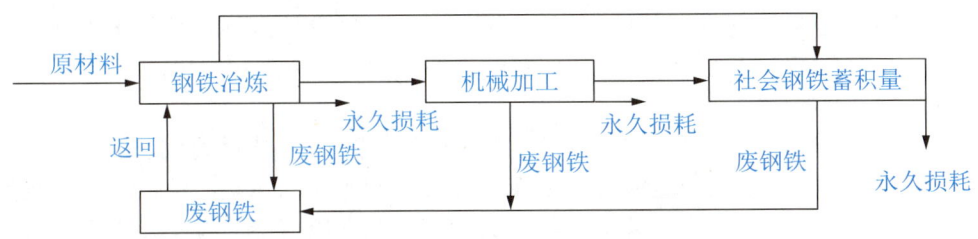

图7-2 废钢铁的回收流程图

2. 以废玻璃瓶为代表的回收复用

(1)企业废玻璃瓶的回收复用。

废玻璃瓶作为可再生资源的物流方式是:需要一个回收复用的运输系统,依靠这个运输系统,可以将使用过的旧玻璃瓶再运回生产企业。在实践中,回送运输、复用运输两者构成一个往返的物流系统。企业废玻璃的回收复用如图7-3所示。

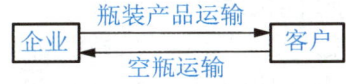

图7-3 企业废玻璃的回收复用

(2)企业废玻璃的原厂复用。

玻璃生产企业的废玻璃原厂复用是将各生产工序产生的废玻璃都回运到配料端。由于这种废玻璃的成分与本企业生产的玻璃成分相同,无须再进行成分的化验和组成计算,只需按一定配料比例与混合料一起投入炉内重新熔制,这是一种经济可行的再生资源物流方式。

3. 以废纸为代表的收集回收利用

废纸源较分散,回收难度较大。废纸的回收利用的一个明显特点是必须建立一个稳定的废纸回收系统。只有进行足够的废纸、纸板的回收,才能批量供给配料端再加工。企业废纸、纸板的回收系统起点是依靠简单的人力劳动或半机械化劳动,在集货结点处进行集货加工、分拣、再利用。

4. 以废旧包装为代表的修复、改制回收利用

一般废旧物资的回收利用是将废旧物资改作其他用途或通过回炉加工成新的材料。而包装的回收和利用则是对原物再次使用，重新用来包裹产品并且还有可能连续回收、重复使用多次。不能利用的废包装可看作一般废旧物资不再列入废旧包装中。

（1）企业废旧包装的回收渠道。

① 通过商业部门回收。商业部门主要经销大量的生活资料商品，是企业废旧包装回收的主要渠道。例如，各级百货商店、纺织品公司、五金交电公司、副食品公司及零售商店等都有较大的废旧包装回收潜力；医药、中药材、医疗器械行业也有大量的商品包装可供回收；各种粮油的专用包装，进口产品的各种包装都可以回收利用。

② 通过生产资料产品销售部门回收。这些部门主要是经营各级生产资料的机电设备公司、轻化工材料公司、建筑材料公司、交通配件公司等，大多有废旧包装。其中相当一部分是专用包装，如平板玻璃木箱、化工原材料铁桶、电缆盘等。

③ 通过社会回收公司或回收队伍回收。利用社会回收公司或回收队伍可以回收那些专业回收单位或综合回收机构不能回收的旧包装，如各种杂乱玻璃瓶、塑料瓶，以及其他棉、麻、金属制品包装等。

④ 通过生产企业回收。企业设立专门的回收门市部，在固定的时间、地点专门回收各种产品包装；企业上门回收，企业定期定点或预约时间到交回包装的单位上门回收包装；企业在产品销售部门设立回收包装柜台，产品销售部门在出售产品时，要求消费者交回已购买使用过的旧包装，以押金的形式约束，如用空瓶换瓶装啤酒、酱油、醋等办法来回收旧包装；企业与销售部门或使用部门的对口交回方式，即由产品销售部门或使用部门直接负责回收产品旧包装，交给生产企业重新使用，中间不经过旧包装回收单位。对一些大宗的专用包装，如平板玻璃专用箱、电缆盘、周转包装等都可以采用这种渠道。

（2）企业废旧包装的利用途径。

① 社会回收旧包装的复用。社会回收的旧包装经过适当的修复加工，按一定的途径交给使用部门，如供给轻纺、化工等工业产品的包装，供给商业批发部门发运产品用的包装，供给储运部门拼装分运产品所需要的包装等。

② 企业对回收旧包装的复用。其一是原企业复用或同类企业通用。同类产品生产企业通用的包装是指某产品的包装在规格实现统一后，其包装可以在同类产品的各个生产企业中通用。其二是旧包装异厂代用。旧包装异厂代用是指对一些零散、过时或某些生产企业已不再使用的无销路的产品包装，通过试装、套装将甲企业产品包装改送乙企业产品包装使用，或者用原来甲产品的包装来装乙产品。

③ 企业对旧包装的修复和加工改制。企业对一些不能直接复用的旧包装，经过一系列的修复和加工改制后可继续使用。这个过程一般分为挑选整理、修复和加工改制3个过程。

 资料卡

> 在绿色包装方面，京东物流顺应绿色包装发展趋势，不断加强绿色包装材料的技术创新、变革与应用。以通用包装方案中的X系列纸箱为例，2023年8月至2024年2月，京东物流在全国推广应用超1.5亿个，降低约14%的耗材使用。自发布行业内首个原厂直发包装认证标准以来，2023年，原厂直发包装帮助京东物流减少二次包装使用超过8亿个。

7-5 拓展视频

企业回收与废弃物物流管理　第 7 章

案例 7-1

再制造产业集群为高质量发展添动能

再制造产业适应循环经济发展的需要，正在成为我国极具发展前景的新兴产业。据了解，再制造产业在我国发展时间较短，还面临一系列的制约因素，需要国家、科研机构和产业界共同努力，以使其更具有竞争力。

近年来，河北省河间市以建设京津冀国家再制造产业示范基地为契机，重点发展汽车零部件、石油钻采装备、计算机服务器三大再制造产业，并通过完善产业链条、搭建服务平台等措施，做大做强产业集群，为当地经济高质量发展注入动力。2023 年，河间市再制造行业企业营业收入超过 140 亿元。

河北省河间市一家再制造企业汽车零部件如图 7-4 所示。

图 7-4　河北省河间市一家再制造企业汽车零部件

资料来源：https://baijiahao.baidu.com/s?id=1796098276199779328&wfr=spider&for=pc[2025-03-07].

7.3　企业废弃物物流

《物流术语》（GB/T 18354—2021）对废弃物物流（Waste Logistics）的定义：将经济活动或人民生活中失去原有使用价值的物品，根据实际需要进行收集、分类、加工、包装、搬运、储存等，并分送到专门处理场所的物流活动。可以说，废弃物物流的作用不仅在于创造经济价值，更在于创造社会效益。为此，要求企业从环境保护出发，对在自身经营活动过程中产生的废弃物进行无害化处理。另外，废弃物是无法再重新利用的最终排放物，但这一概念也不是绝对的，废弃物只是在现有技术和经济水平条件下，暂时无法利用。

7.3.1　不同形态的废弃物物流的处置方法

按照废弃物的物理形态不同，可将废弃物分为固体废弃物物流、液体废弃物物流和气体废弃物物流，相应的处理方法也有所不同。

1. 固体废弃物物流

固体废弃物一般是指在社会生产、流通和消费等一系列活动中产生的相对于占有者来说一般不具有原有使用价值而被丢弃的以固态和泥状存在的物质。由于固体废弃物具有固定的形状和重量，可以比较方便地进行粗略的包装，并进行装卸、运输。对于这种废弃物一般采用垃圾处理设备处理，主要可将其运至指定地点焚烧、掩埋或堆放。由于固体废弃物种类、性质存在较大差异，固体废弃物物流的运输、处理的难度差异大。虽然与废液废气废弃物和废气废弃物相比，固体废弃物中的污染物质具有一定的惰性，但是在长期的陆地处置过程中，本身固有的特性和外界条件的变化，必然会因在固体废弃物中发生的一系列相互关联的物理、化学和生物反应，导致对环境的污染。因此，必须对其进行最终的安全处置。其主要做法有如下几种。

（1）区别对待、分类处置、严格管制有害废弃物。固体物质种类繁多，其危害环境的方式、处置要求及所要求的安全处置年限均不同。因此，应根据不同废弃物的危害程度与特性，区别对待、分类管理，对具有特别严重危害的有害废弃物采取更为严格的特殊控制。这样，既能有效地控制主要污染危害，又能降低处置费用。

（2）最大限度地将有害废弃物与生物圈相隔离。固体废弃物，特别是有害废弃物和放射性废弃物最终处置的基本原则是合理地、最大限度地使其与自然和人类环境隔离，减少有毒、有害物质进入环境的速度和总量，将其在长期处置过程中对环境的影响减至最低。

（3）集中处置。对有害废弃物实行集中处置，不仅可以节约人力、物力、财力，还有利于监督管理，同时也是有效控制乃至消除有害废弃物污染危害的重要形式和主要的技术手段。在现实中，世界上通用的几种固体危险性废弃物的最终处理方法有土地安全掩埋、焚烧、储藏等。同样，在采取不同方式处理固体危险性废弃物时，应根据其性质和特点选择处理方式。

2. 液体废弃物物流

液体废弃物也称废液，其形态是各种成分液体混合物。液体废弃物主要来自生产部门和消费部门，即工业废水和生活废水。

液体废弃物中蕴含着大量对环境不利的物质，若汇入水源中，就会对水源造成污染。相比较而言，在排放时就进行液体废弃物处理要比水域受污染后再处理简单得多。因此，企业应在废水排放过程中对液体废弃物进行处理，达到排放标准后将其排入外面水域中。由于液体没有固定的形状，因此，在处理过程中就很难通过一般的运输手段将其运往目的地。在实际中，液体废弃物物流通常采用管道方式。这就需要在各城区大力投资兴建地下管道设备，使得液体废弃物能畅通无阻地到达指定目的地。

3. 气体废弃物物流

气体废弃物俗称废气，主要是工业企业，尤其是化工类型工业企业的排放物，其次是生活和交通中产生的废气。废气中的硫氧化物、氮氧化物、碳氧化物、碳氢化合物、臭氧等都是大气污染物。随着现代工业、农业和交通运输业的不断发展，向大气中排放气体污染物质的数量越来越多，种类也越来越复杂。这种人为因素会造成大气成分的急剧变化，如果在大气的正常组成之外出现了通常没有或含量很少的有毒有害物质，则当它们的数量、浓度以及在大气中的停留时间达到一定程度时，足以影响人体健康和动植物的生存、生长，甚至对气象和气候产生危害。

鉴于气体废弃物对环境的危害如此之大，如何在气体废弃物未扩散到大气中时进行净化处理就显得十分必要。气体废弃物在常温下是以气体状态存在的，没有固定的形状，且时刻处在快速的运动之中，一旦与外部空气相接触，马上就会扩散到大气中，由此带来空气污染。而且，被污染后的空气很难恢复原来的纯净。正是因为气体废弃物的这个特点，气体废弃物物流在现实中往往在封闭式的管道系统中经过处理后再向空气中排放。

7.3.2 不同来源的废弃物物流的处置方法

按照废弃物的来源不同，可以将其分为生产废弃物物流、流通废弃物物流和消费废弃物物流，同样也需要采用不同的处置方法。

1. 生产废弃物物流

生产废弃物通常是指那些在生产行业中被再生利用之后再也没有使用价值的最终废弃物，当然，不能再被使用是限定在现有技术条件下的。生产废弃物来自不同行业。第一产业的最终废弃物基本上为农田杂屑，大多不再收集，而由生产者自行处理，自然也就很少有物流的问题了，其主要问题是农业中喷洒的残余农药，若不进行处理，很可能会威胁人体健康和污染环境。第二产业的最终废弃物则因行业不同而各异，其物流方式也大不相同，大多采取向外界排放，堆积场堆放或者焚烧、掩埋等，对含有放射性物质或有毒物质的工业废物，还要采取特殊的处理方法。第三产业的最终废弃物主要是生活垃圾和基本建设产生的垃圾，这类废弃物种类多、数量大、物流难度大，大多采取就近掩埋的办法处理。

2. 流通废弃物物流

流通废弃物就是在流通过程中产生的相对于现在来说没有使用价值的废弃物，大多数时候表现为废气和固体废弃物。以废气为例，由于现代经济的发展，人们生活水平的提高，再加上汽车制造工业的不断发展，因此流通废弃物已经成为污染的一大来源。世界各国都把控制流通中产生的废气作为保护环境的一大措施，尤其是汽车排放的尾气，现在各国都在大力推行环保能源的电动汽车，以减少污染来源。由于流通废弃物是在流动中产生的，因此只能在生成废气的一刹那对其进行净化处理，否则以现在的技术水平就只能望"气"兴叹了。所以，流通废弃物物流在现实中很少见，仅有极少数流通废弃物被回收利用。

3. 消费废弃物物流

消费废弃物即通常所说的生活垃圾。在城市中，生活区数量繁多，这就导致生活垃圾排放点极为分散，需要采用专用的小型的装运设备来进行储存和运输。由于消费废弃物中所蕴含的物质种类繁多，有些还具有危险性，因此装运设备应该制成能防止散漏的半密封的状态，以保证安全。

消费废弃物不像生产废弃物那样经过再利用，它是直接由消费者所抛弃的。消费者认为不能再使用的物品，对企业来说未必就没有用，而很可能是企业进行生产的某种原材料。因此，消费废弃物在进行物流处理前应该首先区分该废弃物能否回收、能否进行循环利用，然后根据不同物品的特性决定如何处理。

在实践中，处理废弃物往往是由国家环卫部门进行统一规划、统一处理。一般情况下，由环卫工人通过垃圾运输车将所有垃圾运往就近的垃圾处理场所，然后通过一系列技术手段进行分拣，将能够循环利用的物品和无法再利用的物品分别堆放，再分别对这两种物品进行不同的处理，即将能够再利用的物品经过简单处理后送往需要的企业，而将无法再利用的物品进行最终处理，或焚烧，或掩埋，或就地堆放。可以说，消费废弃物的物流处理相对来说是比较烦琐的，不仅因为需要区分有用无用，而且还因为它包括了固体、液体、气体各种状态，从而导致了消费废弃物物流的繁杂性。

案例 7-2

武汉 城市废弃垃圾场的"重生"——生态修复弥合社会鸿沟

垃圾是人类日常生活和生产中产生的固体废弃物，由于排出量大，成分复杂多样，且具有污染性、资源性和社会性，需要无害化、资源化、减量化和社会化处理。在人口集中、垃圾产生量大的城市和地区，如何有效处理废弃物，是一个重要的课题。为此，许多城市通过提升垃圾处理技术、搭建废弃物回收体系、建立"零废城市"等方式，积极探索更加清洁、绿色的垃圾处理方式。

废弃的金口垃圾场曾是武汉城市建设中的痛点，它曾是武汉最大的垃圾填埋场，积攒了大量的城市生活垃圾。2005 年，金口垃圾场因周边居民强烈反对被关闭。但金口垃圾场废弃后，垃圾场对环境的负面效应并未消除。为了从源头上扭转生态环境恶化的趋势，武汉市政府向市民承诺一项计划：逐步完成废弃垃圾场生态修复，建设更安全、包容、可持续的城市和人居环境。

该项目尝试以"众筹+共建"模式，撬动政府、社会各界、专家、民众等的力量，共同处理这一大规模环境挑战，以自然生态改造社会生态，其中的垃圾填埋场好氧修复工程是迄今为止我国最大规模的垃圾场修复案例，利用 160 多万立方米建筑废渣土建造景观山，引周边湖水在山下建成景观湖，高颜值模拟自然景观，将垃圾腐朽之地化为世界级生态示范游园。项目还建造了国内最大生态织补桥（长 220 米），桥上为廊式花园，桥下通车，金口垃圾场的修复和张公堤灰带变绿带，解决了困扰武汉数十年之久的生态顽疾，提升了周边 14 个社区近 10 万居民的生态、经济及社会收益。

资料来源：https://mp.weixin.qq.com/s?__biz=MzA3NTUxMTIwOQ==&mid=2650795723&idx=1&sn=a6f6b9c23fac89075e2a1ec28f8b40bc&chksm=87642a0db013a31b9e8ba1c4f0e819fbb97b84a4865a869b574d57b8a6781612da844b875ff1&scene=27.

7.3.3 不同性质的废弃物物流的处置方法

按照废弃物的性质不同，可以将其分为危险性废弃物物流和一般性废弃物物流。

1. 危险性废弃物物流

危险性废弃物是指数量或浓度达到一定程度时会对生态环境和人体健康产生危害的废弃物及其混合物。它有两个主要特点，一是危险性，二是废弃性。危险性废弃物的种类很多，我国针对危险物品专门发布的《国家危险废物名录》中列示了具有危险性的废弃物品类目录，主要包括各种医药废物、农药废物、有毒有机化合物、各种重金属化合物等。

鉴于危险性废弃物对整个环境、社会存在的巨大的潜在危险性，如果管理不当，会对人体健康和生态环境造成严重的危害。危险性废弃物的危险不仅是短期的急性危害，如急性中毒、火灾或爆炸等，还包括长期潜在性危害，如慢性中毒、致癌、致畸、污染地下水等。因此，处理好危险性废弃物就成为回收物流的一个重要环节。处理危险性废弃物的关键是保证安全，保证该废弃物以后不会对人类及其生存环境造成危害。也就是说，不仅要将危险性废弃物的现实危险化解于无形，还要考虑以后可能会发生的任何潜在危险，并积极将这些危险消除。当然，这一切都建立在发达的科学技术水平上，只有意识到并且有相关技术才可以解决这个问题。

 资料卡

2023年，北京市工业企业产生危险废物15.99万吨，综合利用6.38万吨，处置9.61万吨，处置利用率100%。主要产生的危险废物包括：废碱、废酸、废有机溶剂与含有机溶剂废物、精（蒸）馏残渣、废矿物油与含矿物油废物等，以上5种危险废物产生量占总量的69.73%。2023年，北京市危险废物产生量排名前五的行业为原油加工及石油制品制造、集成电路制造、汽柴油车整车制造、显示器件制造、污水处理及其再生利用，分别占全市危险废物产生总量的32.47%、19.62%、8.85%、5.27%、3.72%。2023年，北京市执行危险废物转移联单制度的工业企业2115家，危险废物市内处置利用量5.75万吨（处置2.90万吨，利用2.85万吨），跨省处置利用量9.16万吨（处置5.75万吨，利用3.41万吨），自行处置利用量1.08万吨（处置0.97万吨，利用0.11万吨）。产生危险废物重点单位均按法规要求制订了危险废物环境管理计划和环境应急预案。截至2023年年底，北京市共有40家单位持有市、区生态环境部门颁发的危险废物经营许可证53张（含收集试点单位）。所有许可证单位均依法制定了危险废物环境意外事故防范措施和应急预案。市、区生态环境部门对许可证单位危险废物收集、贮存、利用、处置的环境管理情况，污染防治情况，在线环境监测系统运行情况，危险废物环境管理及转移联单运行情况等进行了检查。

资料来源：北京市生态环境局关于发布北京市2023年固体废物污染环境防治信息的通告.

2. 一般性废弃物物流

相对于危险性废弃物来说，一般性废弃物就是指单纯的废弃物，并不会对人类或是生态环境造成危害或者存在潜在的危险性。但要全面考虑清楚该类物质是否无害，这也是一项复杂的工作。因为受知识水平的局限，人们往往只考虑到某几方面的危险，而可能遗漏一些危险，这样很可能会遗留后患。只有在利用先进的鉴别手段确定了该物质确实无危险性后，才能按一般废弃物的处理流程进行处理。由于该类废弃物并没有危害性，而且又缺乏经济效益，因此对该类物质只需进行简单的物流处理，如对农业生产过程中产生的农田杂屑，几乎可以不进行处理，而对纸质类物品可以进行回收再利用。

7.3.4 企业废弃物的物流合理化

企业废弃物的物流合理化必须从能源、资源及生态环境保护3个战略高度进行综合考虑，形成一个将废弃物的所有发生源包括在内的广泛的物流系统。企业废弃物的产生、处理系统如图7-5所示。

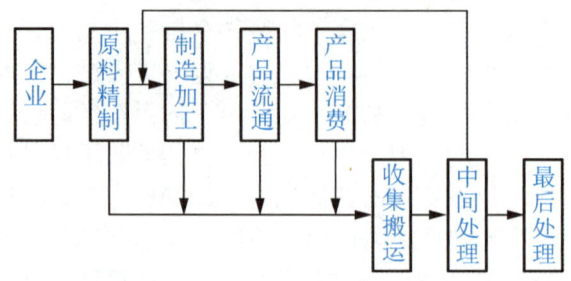

图 7-5 企业废弃物的产生、处理系统

这一物流系统包括了 3 个方面：一是尽可能减少废弃物的排放量；二是对废弃物排放前的预处理，以减少对环境的污染；三是废弃物的最终排放处理。

1. 生产过程中产生的废弃物的物流合理化

为了做到对企业废弃物的合理化处理，实现废弃物物流合理化，企业通常可以采取以下做法。

（1）企业建立一个对废弃物收集、处理的管理体系，企业对其产生的废弃物进行系统管理，把废弃物的最终排放量控制到最小限度。

（2）企业在设计、研制产品时，要考虑到废弃物的收集及无害化处理的问题。

（3）企业提高每个生产工序变废为宝的能力，并鼓励员工群策群力。

（4）企业尽可能将企业产生的废弃物在厂内进行合理化处理。暂时做不到的企业要将废弃物经过无害化处理后，再考虑向厂外排放。

2. 产品进入流通、消费领域产生的废弃物的物流合理化

为了建立一个良好的企业形象，加强对社会的保护意识，企业还应关注产品进入流通、消费领域产生的废弃物的物流合理化。

遵守政府有关规章制度，鼓励商业企业和消费者支持产品废弃物的收集工作，如可以采取以旧换新的方法等。要求消费者将产品包装废弃物纳入企业废弃物的回收系统，不再作为城市垃圾而废弃，从而缓解环境压力，如出售产品时对回收部分收取押金或送货上门时顺便带回废弃物。教育企业员工增强环保意识，改变价值观念，注意本企业产品在流通、消费领域中产生的废弃物的流向，积极参与物流合理化的活动。

3. 企业排放废弃物的物流合理化

为了使企业最终排放废弃物的物流达到合理化，主要应做到以下几点。

（1）建立一个能被当地居民和企业员工接受，并符合当地环境要求的废弃物收集系统。

（2）企业利用有效收集和搬运废弃物的方法和手段，做到降低运输量。

（3）企业在焚烧废弃物时，尽可能防止二次污染。

（4）企业要尽可能地减少最终填埋的废弃物的数量和体积。

（5）企业在处理最终废弃物时，尽可能地采取转化处理，把不能回收的部分废弃物转换为具有其他用途的物品或材料。

案例 7-3

北京市石景山区园林废弃物实现循环利用

2024年6月6日，北京市石景山区园林绿化局举行了膜式好氧堆肥技术揭膜仪式。现场，北京市石景山区园林绿化局绿化养护中心主任周永春介绍，膜式好氧堆肥技术可以实现园林废弃物资源化利用，仅需15至20天就能完成发酵，全程自动化控制无异味挥发，生成的养料还能用于林木养护。现场，周永春给记者算了一笔账，算上粉碎机所需的能源，购买尿素、发酵菌等成本，最终产生1立方米成品养料的成本约为70元。这一立方米成品养料对应的是处理前大约40立方米的园林废弃物，如果使用渣土车运走，需要两辆车共2000元。新技术大大节约了园林废弃物处理成本。

近年来，随着我国城市化进程加快，城市园林绿化面积不断增加，由此产生的园林废弃物如何处置成为园林绿化行业的一大挑战。在北京市园林绿化局和北京市园林绿化科学研究院的支持和指导下，北京市石景山区园林绿化局与中农创达（北京）环保科技有限公司合作，开展了以膜式好氧堆肥方式处理园林垃圾废弃物的创新项目，为解决废弃物处理难题探索了一条可行之路。据悉，石景山区园林废弃物资源化处置示范场已解决石景山区园林绿化局一年产生的园林绿化废弃物3000～4000立方米。未来，新技术进一步推广后，有望实现将石景山全区公园、街道社区产生的园林废弃物一并回收再利用，实现经济效益、社会效益和环境效益的统一。

资料来源：https://baijiahao.baidu.com/s?id=1801163747283667289&wfr=spider&for=pc[2025-03-07].

本 章 小 结

回收与废弃物物流不仅可以节约自然资源，而且可保护生态环境，还能创造经济和社会效益。因此，回收与废弃物物流是现代企业物流管理的重要组成部分。本章主要介绍废旧物资概述、企业回收物流、企业废弃物物流三部分内容。

废旧物资是指在生产、流通和消费过程中产生的失去或部分失去原有使用价值的物品。废旧物资在一定的技术水平和认识条件下，通过物理或化学变化可以变成有用的资源，重新进入生产领域或消费领域。

回收物流是指不合格物品的返修、退货以及周转使用的包装容器从需方返回到供方所形成的物品实体流动。

废弃物物流是指将经济活动或人民生活中失去原有使用价值的物品，根据实际需要进行收集、分类、加工、包装、搬运、储存等，并分送到专门处理场所的物流活动。可以说，废弃物物流的作用不仅在于创造经济价值，更在于创造社会效益。同时，废弃物只是在现有技术和经济水平条件下，暂时无法利用。

关键术语

回收物流（Returned Logistics）　　　　逆向物流（Reverse Logistics）
废弃物物流（Waste Logistics）　　　　　环境保护（Environmental Protection）
可持续发展（Sustainable Development）　绿色物流（Green Logistics）

习题

1. 选择题

(1) 废旧物资按照其来源产业分类,可分为( )。
  A. 工业排放物   B. 流通排放物
  C. 农业排放物   D. 生活排放物

(2) 废旧物资主要产生于( )领域。
  A. 交易   B. 生产   C. 流通   D. 消费

(3) 回收物流的特点包括( )。
  A. 分散性   B. 多变性   C. 缓慢性   D. 混杂性

(4) 回收物流最不可能包括( )活动。
  A. 加工   B. 提纯   C. 掩埋   D. 净化

(5) 按照废弃物的物理形态划分,废弃物物流不包括( )。
  A. 固体废弃物物流   B. 消费废弃物物流
  C. 液体废弃物物流   D. 气体废弃物物流

2. 简答题

(1) 简述废旧物资的含义。
(2) 生产过程中产生的废旧物资主要有哪些?
(3) 废旧物资按来源产业进行分类,主要分为哪几类?
(4) 阐述回收物流的分类。
(5) 简述回收利用废旧物资时应注意的问题。
(6) 阐述企业废弃物物流合理化的措施。

3. 思考题

(1) 分析回收物流与废弃物物流的联系与区别。
(2) 联系实际,分析不同的物流回收方法的优缺点及其适用场合。
(3) 思考回收与废弃物物流的意义。

实际操作训练

课题 7-1:回收与废弃物物流现状调查

实训项目: 回收与废弃物物流现状调查

实训目的: 了解回收与废弃物物流的现状,分析如何提高回收与废弃物物流的效率和效益。

实训内容: 选择某个地区,调查其回收与废弃物物流的现状,并给出提高该地区回收与废弃物物流效率和效益的解决方案或措施。

实训要求: 首先,学生以小组的方式开展调研工作,每五人一组;各组成员通过当地统计局发布的数据或以实地调研的方式了解该地区的回收与废弃物物流的现状;并分析该地区在回收与废弃物物流环节存在的问题,设计提高该地区回收与废弃物物流效率和效益的解决方案或给出具体的措施;最后形成一个完整的调研分析报告。

 案例分析

废弃电子产品回收拆解的旅程：如何实现"变废为宝"？

2024年前三季度，我国废弃电器电子产品回收处理行业持续平稳运行，全国规范拆解处理量超过7200万台。据中国物资再生协会统计，截至第三季度末，已累计拆解废弃电器电子产品达7250万台。在各类废弃电器电子产品中，废电视机约占35%，废冰箱约占20%，废洗衣机约占22%，废空调约占14.5%，废微型计算机约占8.5%。这一系列的数字，不仅展示了我国在废弃电器电子产品回收拆解领域的庞大规模，更凸显了"变废为宝"的环保理念正在逐步深入人心。

中国物资再生协会秘书长于可利预测，2024年全年废弃电器电子产品的规范拆解处理量有望突破9000万台，创下历史新高，整体呈现稳健上升的趋势。我国作为电子产品生产消费大国，随着人民生活水平和科技水平的不断提高，废弃电器电子产品的产生量也在逐年攀升。预计到2030年，我国将面临高达2840万吨的废弃电器电子产品处理难题。然而，这一挑战同时也为循环经济产业带来了巨大的发展机遇。废弃电器电子产品回收处理行业的蓬勃发展，不仅将产生显著的经济效益，更将推动社会环境的持续改善。

中国物资再生协会会长许军祥指出，随着原生矿产资源的日益减少，再生资源有望在未来成为国民经济的主要支柱。资源的再利用和开发对于资源安全、循环经济，以及国民经济的健康、可持续和高质量发展具有重要意义。因此，再生资源的发展前景十分广阔。

当前，我国已有109家企业获得了废弃电器电子产品拆解处理的资格许可，行业在政策推动下逐步成熟。这些拆解企业积极投入资金进行技术改造，显著提高了拆解效率和规范拆解率。在北京马驹桥的一家拆解处理企业，旧冰箱等电器电子产品被高效地分解为塑料、铜、铝、铁等可循环利用的材料，充分展现了行业的技术进步与环保成效。企业负责人透露，经过去年的技术改造投入，拆解效率大幅提升，冰箱拆解效率从原来的一小时三十台左右提升至一百台左右，充分展现了行业发展的活力与潜力。

企业负责人李晨涛透露，为了提升拆解效率，企业投入了700多万元，引进了3条生产线：包括冰箱拆解线、洗衣机和空调的多功能线，以及电视机拆解线。这些投入使得冰箱拆解效率大幅提高，达到了原来的三到四倍。值得一提的是，资金投入中有一半以上都用于加强环保措施，特别是针对粉尘和废气的控制，通过技术提升有效减少环境污染。李晨涛强调，在电子废弃物回收过程中，企业必须严格遵守国家法律法规，确保拆解和处置环节不会造成二次污染，从而在追求经济效益的同时，切实履行环保责任。

中国物资再生协会的相关负责人指出，随着机械处理设备的广泛普及，整个行业在废弃电器电子产品的拆解规范上取得了显著提升。众多先进的专利技术和成套工艺方案得到了广泛推广。以废冰箱的粉碎分离成套技术为例，该技术使得废冰箱经过自动破碎分选后，所得到的各类产物纯净度高达95%以上，其中磁性金属（铁）产物的纯净度更是达到了99%。此外，废弃电器电子产品拆解处理企业还积极采用视频监控系统和先进的管理系统，对拆解处理过程进行全方位、全流程的实时监控和管理。

中国物资再生协会秘书长于可利指出，目前，我国正规的废弃电器电子产品回收处理率已超过40%，尤其在技术方面，智能化和自动化水平有了显著提升，部分企业甚至达到了世界领先地位。此外，我国不断加强废弃电器电子产品全过程污染控制和回收处理活动的监管，已构建起一套完善的法律法规体系，覆盖了从生产到处理的各个环节。

为引导行业健康可持续发展，我国通过目录制度和基金制度提供政策扶持和规范。对于纳入目录的产品，相关处理企业可获得基金支持。自2012年基金制度实施以来，该政策在推动行业规范发展方面发挥了重要作用。然而，随着产品类别的增多，如何进一步引导行业持续健康发展，成为政府和业界共同面临的挑战。

根据生态环境部固体废物与化学品管理技术中心发布的报告，2012年至2020年期间，国家累计发放了219亿元的废弃电器电子产品处理基金，用于补贴处理企业。在此期间，电视机、洗衣机、电冰箱、空调和微型计算机的规范回收处理率超过了40%，其中电视机回收率达94%以上，电冰箱回收率也达77%以上，这一成绩在国际上处于领先地位。

在基金制度的推动下，大量废弃电器电子产品，如废电视机、废电冰箱、废洗衣机、废空调和废微型计算机，都得以进入正规处理渠道，从而有效遏制了非法拆解活动的蔓延。近年来，废弃电器电子产品处理企业的年处理能力保持稳定，约为1.63亿台，而规范回收处理量更是每年超过8000万台。

中国物资再生协会秘书长于可利指出，过去十年间，国家采取包括基金政策在内的多项政策措施，为行业的规范发展提供了有力支持。然而，当前基金制度仅覆盖了第一批目录中的五个品类，对于第二批目录中新增的手机、打印机、复印机等九个品类产品，相应的基金政策尚未出台。同时，与数千种废弃电器电子产品相比，目录制度的实施进度相对滞后，亟须进一步完善与扩展。

中国物资再生协会秘书长于可利表示，从制度层面来看，我们应更多地转向依靠市场机制，同时辅以国家层面的引导和支持。当前，基金制度可能面临调整，行业普遍期待能出台更加稳定的政策来引导市场预期。此外，专家们建议进一步加大对非法拆解废弃电器电子产品行为的打击力度，并推动相关部门与行业协会的联合监管，以确保行业的规范和有序发展。

资料来源：https://baijiahao.baidu.com/s?id=1819121810408721402&wfr=spider&for=pc[2025-03-07].

问题：

（1）分析废弃电器电子产品的回收物流模式。

（2）废弃电器电子产品回收物流模式的特点是什么？

（3）中国在推动废弃电器电子产品回收方面做了哪些工作？具体效果如何？

第 8 章　企业物流信息管理

【本章教学要点】

知识要点	掌握程度	相关知识
企业物流信息管理概述	掌握	物流信息的概念、现代物流信息技术、物流信息管理的内容
物流管理信息系统	重点掌握	物流管理信息系统概述、物流管理信息系统的开发
典型物流管理信息系统案例	了解	制造企业物流管理信息系统、流通企业物流管理信息系统

【本章技能要点】

技能要点	掌握程度	应用方向
现代物流信息技术	掌握	物流信息管理领域的各种先进信息技术的应用
物流管理信息系统的开发原则	掌握	物流管理信息系统开发过程中所遵循的基本原则，关系到系统开发的成败
物流管理信息系统的开发方法	掌握	为不同类型系统的开发过程提供指导
结构化生命周期法的开发阶段	重点掌握	利用结构化生命周期法从事物流管理信息系统开发时，需要掌握的开发过程、分析与设计方法和工具
物流管理信息系统的体系结构	掌握	为不同类型企业的物流管理信息系统的体系结构设计提供帮助

> **导入案例**

京东物流智能仓储控制系统

8-1 拓展视频

京东物流智能仓储控制系统（Warehouse Control System，WCS）是由京东物流完全自主研发、拥有多项自有知识产权的智能集成系统，为电商、零售、制造业等多行业、多业态提供现代化物流综合性解决方案。在传统 WCS 的基础上，京东物流通过集成多种设备、调度多设备协同作业，从而实现少人化或无人化的应用场景，提升生产作业效率，为客户降本增效。

京东物流 WCS 的主要功能包括设备集成、多设备协同、任务调度、路径规划和实时监控，其主要应用场景涵盖存取场景、输送场景、分拣场景、拣选场景和搬运场景。

京东物流 WCS 的服务优势如下。

（1）更强的设备及业务集成能力。集成 28 种主流自动化设备，覆盖智能仓储 90% 以上场景，提供更契合行业竞争力的解决方案。

（2）更丰富、更高效的设备调度算法能力。为不同的仓储场景提供丰富的调度算法包，策略算法可自由组合、灵活应用于不同任务，支持现场参数化形式调整配置，以实现最优生产。

（3）更全面、更直观的监控运营能力。设备、任务、点位、资源等全面监控，支持 2D、3D、监控面板等多种监控形式，支持任务指令模拟完成、取消，自建单机任务等异常处理功能。

（4）更灵活、扩展性更强的系统配置与运维能力。支持流程配置、接口配置、任务策略等的配置能力，支持生产运营阶段的运营管理功能，支持现场增加设备、调整物流动线的扩展能力。

资料来源：京东物流官网. https://www.jdl.com/WCS.

思考题

（1）京东物流智能仓储控制系统所采用的现代物流信息技术包括哪些？

（2）京东物流智能仓储控制系统属于什么类型的管理信息系统？

（3）京东物流智能仓储控制系统的主要功能是什么？适用哪些特定场景？

（4）京东物流智能仓储控制系统的优势是什么？

（5）京东物流智能仓储控制系统对行业发展发挥哪些作用？

在人工智能时代，物流作为企业"第三利润源"必然面临信息化、智能化的挑战。有效的信息管理可以帮助企业满足客户的物流需求，使产品和服务更具竞争力，先进的物流管理信息系统可以使物流过程更加顺畅，从而提高物流效率。

8.1 企业物流信息管理概述

8.1.1 物流信息的概念

1. 物流信息的概念

《物流术语》（GB/T 18354—2021）中对物流信息（Logistics Information）的定义是："反

映物流各种活动内容的知识、资料、图像、数据的总称。"对物流信息的理解可以从狭义和广义两个方面来讲。

（1）从狭义上看，物流信息是指与物流活动有关的信息，如在运输、储存、装卸、搬运、包装、流通加工、配送等活动中产生的信息。在物流活动管理与决策中，如运输工具的选择、运输路线的确定、每次运输批量的确定、在途货物的跟踪、仓库储区的有效利用、最佳库存数量的确定、订单管理、顾客服务水平的提高等，都需要详细和准确的物流信息。因为物流信息对运输管理、库存管理、订单管理、仓储作业管理等物流活动具有支持、保证的作用。

（2）从广义上看，物流信息不仅包括与物流活动有关的信息，而且还包括与其他流通活动有关的信息，如交易信息和市场信息等。商品交易信息是指与买卖双方的交易过程有关的信息，如销售和购买信息、订货和接受订货信息、发出货款和收到货款信息等。市场信息是指与市场活动有关的信息，如消费者的需求信息、竞争者或竞争性商品的信息、与促进销售活动有关的信息、交通通信等基础设施信息。在现代经营管理活动中，物流信息与交易信息、市场信息相互交叉、融合，有着密切的联系。

考虑到这些广义的物流信息的作用，就不能将物流信息的功能限定在仅对物流活动的支持上。综合掌握物流信息和商品交易信息，有助于提升企业的供应链效率。

2. 物流信息的特征与分类

（1）物流信息的特征。

与其他类型的信息相比，物流信息具有以下一些特征。

① 信息量大。物流信息随着物流活动及商品交易活动展开而大量发生。多品种、小批量生产和多频度、小数量配送使库存、运输物流活动的信息大量增加。零售商广泛使用POS读取销售时点的商品品种、价格、数量等信息，并对这些销售信息进行加工与整理，通过EDI向相关企业传送。同时为了使库存补充作业合理化，许多企业采用EOS。随着企业之间合作倾向的增强和信息技术的发展，物流信息的信息量会越来越大。

② 更新快。物流信息的更新速度快。多品种、小批量生产，多频度、小数量配送及利用POS的即时销售使得各种作业活动频繁发生，从而要求物流信息不断更新，而且更新的速度也越来越快。

③ 来源多样化。物流信息不仅包括企业内部的物流信息（如生产信息、库存信息等），而且包括企业之间的物流信息和与物流活动相关的基础设施信息（如在国际物流过程中必须掌握的报关信息、港湾作业信息等）。

④ 共享与标准化。物流信息涉及国民经济的各个部门，物流过程中需要在各部门之间进行大量的信息交流。为实现不同系统之间物流信息的共享，必须采用国际和国家信息标准，如不同系统的不同物品必须采用统一的物品编码规则和条形码规则等。

（2）物流信息的分类。

运用信息技术处理物流信息时，对物流信息进行分类是一项基础性工作。物流信息可以按不同的分类标准进行分类，见表8-1。

表 8-1　物流信息的分类

分类标准	分类结果
信息作用	计划信息、控制及作业信息、统计信息、支持信息
物流环节	运输信息、仓储信息、装卸搬运信息、包装信息、流通加工信息、配送信息
管理层次	作业信息、战术信息、战略信息

8.1.2　现代物流信息技术

物流信息技术不是一种独立的技术，它是现代信息技术在物流中的具体应用，是物流现代化的重要技术基础，也是物流技术领域发展最快的研究方向之一。计算机及其网络技术的进步，使物流信息技术达到了一个全新的高度。目前，经常采用的现代物流信息技术包括条形码技术、无线射频识别技术、电子数据交换技术、物流信息跟踪技术、大数据技术、云计算技术、人工智能技术、区块链技术、物联网技术等。

8-2 拓展视频

1. 条形码技术

条形码（Bar Code）技术是以计算机、光电技术和通信技术为基础的综合性技术，是高速发展的信息技术的一个重要组成部分。其主要目的是实时而准确地获取信息，及时掌握准确的物流相关信息，并对客户的需求做出快速响应，从而最大限度地占领市场份额。条形码技术在超市中的应用如图 8-1 所示。

图 8-1　条形码技术在超市中的应用

（1）条形码的概念及种类。

条形码是由一组按编码规则排列的条、空符号，用以表示由一定的字符、数字及符号组成的信息，如图 8-2 所示。条形码中的条、空和相应的字符代表相同的信息，条空用于机器识读，字符供人直接识读或通过键盘向计算机输入数据使用。

图 8-2　条形码示例

这些条和空可以有不同的组合方式，从而构成不同的图形符号，即各种符号体系，也称码制，适用于不同的场合。目前国际广泛使用的条形码种类有 EAN 码、UPC 码、Code39 码、ITF25 码等。其中，EAN 码是当今世界上应用最广的商品条形码，是电子数据交换的基础。

（2）物流系统常用的几种码制。

物流系统在地域、时间跨度上较大，且涉及多个行业，其稳定性差，需要具有较高的协调性。由于物流的流通速度要求迅速、及时。因此，物流条形码需要具有储存单位的唯一标识、服务于供应链的全过程、信息多、可变性强、维护性高等特点。

国际上常用的物流条形码包括 EAN 码、UCC/EAN-128 码。另外，二维条形码在物流业也有广泛的应用。

① EAN 码。EAN 码是国际上通用的商品条码，我国通用商品条形码标准也采用 EAN 码结构。EAN 码有两种类型，即 EAN-13 码（标准码）和 EAN-8 码。

标准码由 13 位数字码及相应的条形码符号组成，包括前缀码、厂商代码、商品代码和校验码四部分。

a. 前缀码。前缀码由 2～3 位数字组成，是国家或地区代码，是由国际物品编码协会统一分配和管理的，如 690～699 代表中国；00～13 代表美国、加拿大；45～49 代表日本。另外，图书和期刊作为特殊的商品也采用了 EAN-13 码表示 ISBN 和 ISSN，如图书的前缀码为 978～979，期刊为 977。我国图书被分配使用 7 开头的 ISBN，因此我国出版社出版的图书条形码全部是以 9787 开头。

b. 厂商代码。厂商代码由接下来的 4～6 位数字组成，一厂一码，在我国注册的厂商代码由中国物品编码中心统一分配和管理。

c. 商品代码。商品代码由 3～5 位数字组成，表示每个制造商的商品，由厂商确定。

d. 校验码。校验码是最后一位数字，用于校验前面各码的正误。

资料卡

EAN-13 码的校验码计算方法如下。首先，将 EAN-13 码按照从右向左逐个递增的顺序编码，其编码结果为 1，2，3，…，13。然后按下面的算法进行计算。

① 将所有偶数位上的数值求和，并将结果乘以 3，赋值给变量 a。

② 除去校验码所在的码位外，将奇数位上的数值求和，并将结果赋值给变量 b。

③ 将 a 和 b 两个变量对应的数据求和，并赋值给变量 c。

④ 取大于或等于变量 c 且为 10 的最小整数倍的数值，赋值给变量 d。

⑤ 用变量 d 对应的数值减去变量 c 对应的数值所得的结果即为所求校验码的值。

其计算过程如图 8-3 所示。

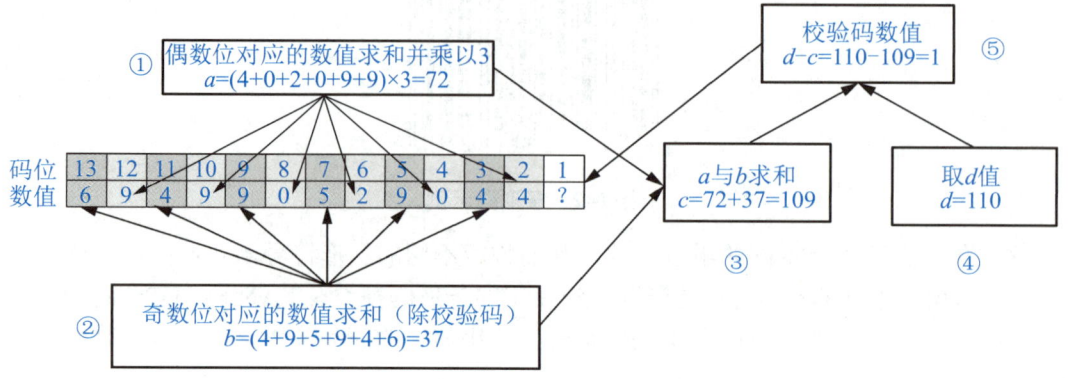

图 8-3　EAN-13 码校验码的计算过程

② UCC/EAN-128 码。UCC/EAN-128 码是由国际物品编码协会、美国统一代码委员会和国际自动识别制造商协会制定的一种连续型、非定长条形码，能更多地标识贸易单元中需表示的信息，如产品批号、数量、规格、生产日期、有效性、交货地等。

UCC/EAN-128 码由应用标识符和数据两部分组成。因为其携带大量信息，所以应用领域非常广泛，包括制造业的生产流程控制、物流业的仓储管理、车辆调度、货物跟踪等，是使信息伴随货物流动的全面、系统、通用的重要商业手段。

③ 二维条形码。二维条形码是用某种特定的几何图形按照一定的规律在平面（二维方向）上分布黑白相间的图形符号信息。二维条形码增加了更多的数据层以实现更高效的数据存储和传输。目前，二维条形码有堆叠式和矩阵式两类。

二维条形码具有信息容量大、编码范围广、保密性高、防伪性好、可靠性高、纠错能力好等优点。由于以上特点，二维条形码应用广泛。二维条形码示例如图 8-4 所示。

图 8-4　二维条形码示例

一维条形码和二维条形码的特点对比见表 8-2。

表 8-2　一维条形码和二维条形码的特点对比

一维条形码	二维条形码
可直接显示英文、数字、简单符号	可直接显示英文、中文、数字、符号、图形
储存数据不多，主要依靠数据库	储存数据量大，是一维条码的几十到几百倍
保密性能不高	保密性高（可加密）
损污后可读性差	安全级别最高，损污 50% 仍可读取完整信息
译码错误率约为百万分之二	误码率不超过千万分之一，可靠性极高

2. 无线射频识别技术

无线射频识别技术是 20 世纪 90 年代开始兴起的一种自动识别技术。射频识别系统是由信息载体和信息获取装置组成的。

无线射频识别（Radio Frequency Identification，RFID）是利用无线电波对记录媒体进行读写的。无线射频识别的距离可达几十厘米到几米，且根据读写的方式，可以输入数千字节的信息，同时，还具有极高的保密性。其应用于物料跟踪、运载工具识别和货架识别等要求非接触数据采集和交换的场合，另外还可以应用于医学、卫生等领域。

8-3 拓展视频

（1）无线射频识别系统的工作原理。

阅读器通过天线发射一定频率的射频信号；当射频标签进入设定工作距离，检测到阅读器的信号时，会向阅读器发送自身编码等信息；阅读器在接收到射频标签发送的信息后，将信息发送给计算机进行处理；计算机将处理后得到的控制指令发送给控制器。射频识别系统的工作原理如图 8-5 所示。

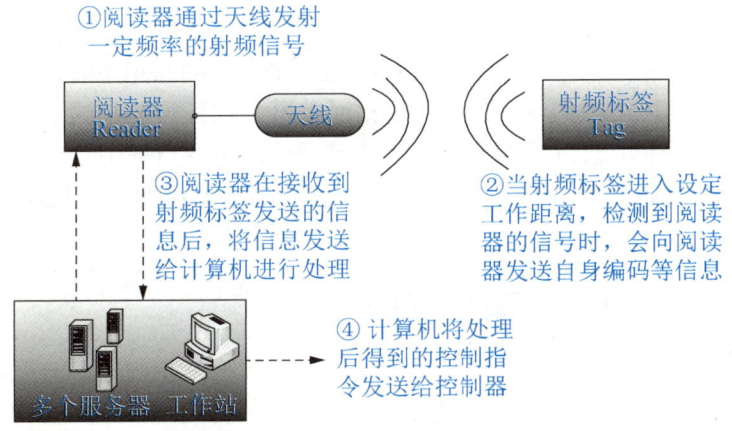

图 8-5　射频识别系统的工作原理

（2）无线射频识别系统的组成。

RFID 系统在具体的应用过程中，根据不同的应用目的和环境，系统的组成会有所不同。但从系统的工作原理看，RFID 系统一般由信号发射机、信号接收机、编程器、发射接收天线等几部分组成。

3. 电子数据交换技术

8-4 拓展视频

电子数据交换（Electronic Data Interchange，EDI）是计算机与计算机之间结构化的事务数据的交换。它将数据和信息规范化、标准化后，在计算机应用系统之间直接以电子方式进行数据交换。EDI 是目前较为流行的商务信息、管理业务信息的交换方式。EDI 按一定的规则进行加密和解密，并以特殊标准和形式进行传输，使业务数据自动传输、自动处理，大大提高了工作效率。

EDI 是一套报文通信工具，它利用计算机的数据处理与通信功能，将交易双方彼此往来的商业文档（询价单或订货单）转换成标准格式文件，并通过通信网络传输给对方。由于报文结构与报文含义有公共标准，交易双方所往来的数据能够由对方的计算机系统识别处理，因此可大幅度提高数据传输与交易的效率，也避免了重复输入。

（1）EDI 的系统模型。

EDI 包含 3 个方面的内容，即计算机应用、通信网络和数据标准化。其中，计算机应用是 EDI 应用的条件，通信网络是 EDI 应用的基础，数据标准化是 EDI 的特征。EDI 信息的最终用户是计算机应用软件系统，它自动处理传递来的信息，因而这种传输是机-机、应用-应用的传输。EDI 系统模型如图 8-6 所示。

图 8-6　EDI 系统模型

（2）EDI 系统的工作原理。

EDI 通信网络是建立在报文处理系统数据通信平台上的邮箱系统，其通信机制是邮箱信息的存储和转发。其具体实现方法是在数据通信网上加挂大容量的信息处理计算机，在计算机上建立邮箱系统，通信过程是把报文传到通信双方各自的邮箱中。文件交换由计算机自动完成，在发送报文时，用户只需进入自己的邮箱系统即可。EDI 系统的工作流程如图 8-7 所示。

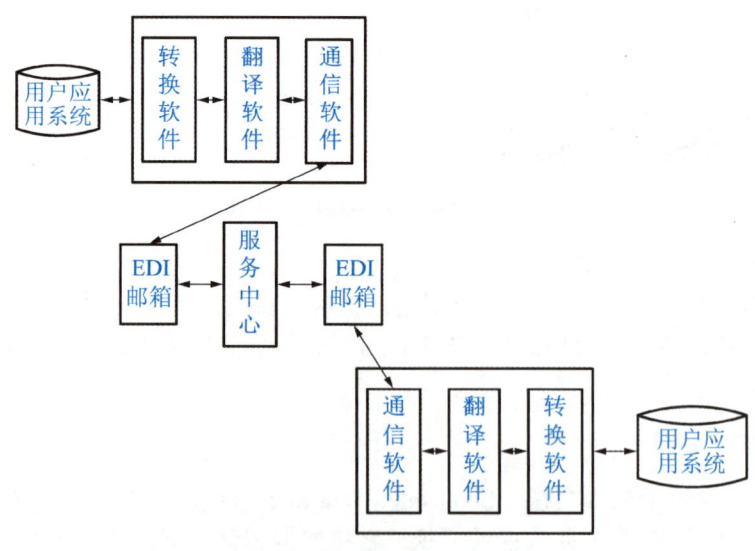

图 8-7　EDI 系统的工作流程

（3）EDI 的类型。

① 直接型的 EDI。直接型的 EDI 是通过用户与用户之间直接相连而构成的。EDI 的用户开发各自的应用系统，这样开发的应用系统只与自己的客户相联系，不与其他的系统相联系，即所谓的专用 EDI。

② 基于增值网的 EDI。所谓增值网是指能提供额外服务的计算机网络系统。增值网具有协议的更改、检错和纠错等功能。基于增值网的 EDI 单证处理过程包括以下几个步骤。

第一，生成 EDI 平面文件。EDI 平面文件是通过应用系统将用户的应用文件或数据库文件中的数据映射成一种标准的中间文件，这是一种普通的文本文件，用于生成 EDI 电子单证。

第二，翻译成 EDI 标准格式文件。翻译器按照 EDI 标准将 EDI 平面文件翻译成 EDI 标准格式文件，即 EDI 电子单证。EDI 电子单证具有法律效力。

第三，通信。用户通过计算机系统由通信网络接入 EDI 邮箱，将 EDI 电子单证投递到对方的邮箱中，具体过程由 EDI 邮箱系统自动完成。

第四，EDI 文件的接收和处理。用户接入 EDI 系统，打开邮箱接收 EDI 电子单证，经过格式校验、翻译、映射之后还原成应用文件，并对应用文件进行编辑、处理和回复。

③ 基于 Internet 的 EDI。Internet 的发展提供了一个费用更低、覆盖面更广且服务更好的系统，使中小型公司和个人都能使用 EDI。随着 Internet 安全性的提高，基于 Internet 的 EDI 已表现出部分取代基于增值网的 EDI 的趋势。

在企业物流管理中，运用 EDI 系统的优点在于供应链组成各方基于标准化的信息格式和处理方法，通过 EDI 分享信息，提高物流效率，降低物流成本。

4. 物流信息跟踪技术

物流信息跟踪技术是利用信息技术及时获取有关物流状态或位置的实时信息，辅助企业决策，对物流各个环节进行指挥、调度等控制，同时服务于用户的技术。物流信息跟踪技术是物流企业用来跟踪内部物品流向的一种手段，也是向用户免费开放任其查询的一种增值服务。在物流信息跟踪系统中用到的主要技术是全球导航卫星系统（Global Navigation Satellite System，GNSS）技术和地理信息系统（Geographic Information System，GIS）技术。

（1）GNSS 技术。

GNSS 技术是指利用卫星播发的无线电信号进行定位导航的技术，目前移动目标的定位追踪越来越多地采用这种技术。GNSS 技术具有海、陆、空全方位实时三维导航定位能力，在海、陆、空移动物体的导航、制导、定位等方面得到了广泛应用。目前，世界有四大全球导航卫星系统及若干服务于本国或周边区域的区域导航卫星系统。

GNSS 主要由空间部分、地面监控部分和用户设备部分组成。空间部分一般由若干颗导航卫星组成，卫星上搭载高精度原子钟，用于测算信号发射时间；地面监控部分一般由地面运控站和地面检测站组成；用户设备部分是指用户接收机。GNSS 的工作原理可描述为：首先，空间部分的各颗卫星向地面发射信号，地面监控站通过接收、测量各颗卫星信号，将信号发送至主控站，主控站确定卫星的运行轨道信息；其次，通过地面监控站或主控站本身将信息注入卫星，让卫星在其发射的信号上转播这些卫星运行轨道信息；最后，用户设备通过接收、测量各颗卫星的信号，并从信号中获得卫星的运行轨道信息，进而确定自身的空间位置。

GNSS 技术在物流中的应用体现在对车辆行驶状态的管理，以及货物流动的查询。用户只需在每辆长途运输车辆上安装 GNSS 接收设备，便可实现实时追踪、管理的功能。物流配送中心可以通过 GNSS 了解车辆的工作状态，如查询车辆是否按预定轨迹接送货物、中间有无停车、在哪里停的车、停了多长时间等。对于货物的委托用户，可以进行网上查询，及时了解货物的运转状态。利用 GNSS 的防盗反劫功能，将为货主、物流配送中心提供更多的安全保障，尤其是对贵重物品和特殊物品的运输管理。

（2）GIS 技术。

GIS 技术是以地理空间数据库为基础，在计算机软/硬件的支持下，对空间相关数据进行采集、储存、管理、分析、显示和应用的计算机系统，是分析和处理海量地理数据的技术。

8-5 拓展视频

GIS 包含了处理空间或地理信息的各种基础功能和高级功能。基础功能包括数据采集与编辑、数据处理与存储、空间查询与分析，以及制图展示；高级功能包括空间分析、模型分析、网络分析等。

在企业物流管理中，GIS 技术主要是指利用 GIS 强大的地理数据功能来完善物流分析技术。目前，已有公司开发出利用 GIS 技术为物流提供分析的工具软件。完整的 GIS 物流分析软件集成了车辆路线模型、网络物流模型、分配集合模型和设施定位模型等。

 知识拓展

北斗卫星导航系统介绍

北斗卫星导航系统（以下简称北斗系统）是我国着眼于国家安全和经济社会发展需要，自主建设运行的全球卫星导航系统，是为全球用户提供全天候、全天时、高精度的定位、导航和授时服务的国家重要时空基础设施。

8-6 拓展视频

北斗系统从提供服务以来，已在交通运输、农林渔业、水文监测、气象测报、通信授时、电力调度、救灾减灾、公共安全等领域得到广泛应用，服务于国家重要基础设施，产生了显著的经济效益和社会效益。基于北斗系统的导航服务已被电子商务、移动智能终端制造、位置服务等厂商采用，广泛进入我国大众消费、共享经济和民生领域，应用的新模式、新业态、新经济不断涌现，深刻改变着人们的生产生活方式。我国将持续推进北斗应用与产业化发展，服务国家现代化建设和百姓日常生活，为全球科技、经济和社会发展作出贡献。

北斗系统秉承"中国的北斗、世界的北斗、一流的北斗"发展理念，愿与世界各国共享北斗系统建设发展成果，促进全球卫星导航事业蓬勃发展，为服务全球、造福人类贡献中国智慧和力量。北斗系统为经济社会发展提供重要的时空信息保障，是我国实施改革开放 40 余年来取得的重要成就之一，是中华人民共和国成立 70 多年来重大科技成就之一，是中国贡献给世界的全球公共服务产品。我国将一如既往地积极推动国际交流与合作，实现与世界其他卫星导航系统的兼容与互操作，为全球用户提供更高性能、更加可靠和更加丰富的服务。

北斗系统具有以下特点：北斗系统空间段采用三种轨道卫星组成的混合星座，与其他卫星导航系统相比高轨卫星更多，抗遮挡能力强，尤其低纬度地区性能优势更为明显；北斗系统提供多个频点的导航信号，能够通过多频信号组合使用等方式提高服务精度；北斗系统创新融合了导航与通信能力，具备定位导航授时、星基增强、地基增强、精密单点定位、短报文通信和国际搜救等多种服务能力。

1. 发展历程

20 世纪后期，我国开始探索适合国情的卫星导航系统发展道路，逐步形成了三步走发展战略：2000 年年底，建成北斗一号系统，向中国提供服务；2012 年年底，建成北斗二号系统，向亚太地区提供服务；2020 年，建成北斗三号系统，向全球提供服务。

2. 发展目标

北斗系统的发展目标：建设世界一流的卫星导航系统，满足国家安全与经济社会发展需求，为全球用户提供连续、稳定、可靠的服务；发展北斗产业，服务经济社会发展和民生改善；深化国际合作，共享卫星导航发展成果，提高全球卫星导航系统的综合应用效益。

3. 建设原则

我国坚持"自主、开放、兼容、渐进"的原则建设和发展北斗系统。

（1）自主。坚持自主建设、发展和运行北斗系统，具备向全球用户独立提供卫星导航服务的能力。

（2）开放。免费提供公开的卫星导航服务，鼓励开展全方位、多层次、高水平的国际合作与交流。

（3）兼容。提倡与其他卫星导航系统开展兼容与互操作，鼓励国际合作与交流，致力于为用户提供更好的服务。

（4）渐进。分步骤推进北斗系统建设发展，持续提升北斗系统服务性能，不断推动卫星导航产业全面、协调和可持续发展。

4. 远景目标

北斗系统的远景目标：2035年前将建设完善更加泛在、更加融合、更加智能的综合时空体系。

5. 基本组成

北斗系统由空间段、地面段和用户段三部分组成。

（1）空间段。北斗系统空间段由若干颗地球静止轨道卫星、倾斜地球同步轨道卫星和中圆地球轨道卫星等组成。

（2）地面段。北斗系统地面段包括主控站、时间同步/注入站和监测站等若干个地面站，以及星间链路运行管理设施。

（3）用户段。北斗系统用户段包括北斗兼容其他卫星导航系统的芯片、模块、天线等基础产品，以及终端产品、应用系统与应用服务等。

6. 发展特色

北斗系统的建设实践，走出了在区域快速形成服务能力、逐步扩展为全球服务的中国特色发展路径，丰富了世界卫星导航事业的发展模式。

资料来源：http://www.beidou.gov.cn/xt/xtjs/201710/t20171011_280.html[2025-03-07].

5. 大数据技术

大数据技术（Big Data Technology）是指通过对大数据的提取、交互、整合和分析，为政府、企业或其他机构的管理层提供决策信息，发现隐藏在数据背后的信息，挖掘数据信息的价值。

（1）大数据的关键技术。

大数据的关键技术主要包括大数据捕捉技术、大数据预处理技术、大数据存储与管理技术、大数据分析与挖掘技术，以及大数据可视化技术。

① 大数据捕捉技术通过不断发展的数据收集方法及技术获取各种类型的海量数据，其中最常见的数据类型有普通文本、照片、视频等，还有位置信息、链接信息等XML类型的数据。

② 大数据预处理技术主要完成对已接收数据的辨析、抽取、清洗等操作。大数据预处理技术通过辨析获得有价值的数据，并将复杂的数据转化为单一的或者便于处理的结构，从而达到快速分析处理的目的。

③ 大数据存储与管理技术通过存储器存储采集的数据，按照特定的业务需求，建立相应的数据库，对数据进行提取、操作和分析，形成企业所需要的目标数据，并对数据进行管理和调用。

④ 大数据分析与挖掘技术是指从大量的、不完全的、有噪声的、模糊的、随机的实际应用数据中，提取隐含在其中的、人们事先不知道的，但是潜在有用的信息和知识的技术。

⑤ 大数据可视化技术是通过图形化手段将海量数据中的复杂关系和潜在规律转化为直观视觉信息的技术。其核心流程包含数据解析、模式识别与视觉映射，借助图表、热力图等形式，将抽象数值转化为色彩、空间等元素，辅助用户快速洞察趋势并决策。

（2）大数据技术在企业物流管理中的应用。

大数据技术在企业物流管理中的应用主要包括以下3个方面。

① 仓库选址。仓库要根据自身的经营特点、物品特点、客户分布特点及交通运输状况等因素，选择最优化的位置，使总物流成本实现最低。通过分类的数据处理分析方法，叠加各个环节的总成本，就能实现仓库选址的科学化。

② 配送路线的优化。选择配送路线一直是仓库面临的主要挑战之一，路线选择不当会直接影响配送效率和配送成本。仓库可以运用大数据技术来解决这个问题，通过对物品特性、客户需求及交通状况等分析，并综合各方面的因素，选出最优的配送路线。而且在配送的过程中，仓库还可以利用新产生的数据，快速地分析配送路线的交通状况，对事故频发的路段做出提前预警。通过精准分析整个配送过程的信息，实现配送的智能化管理。

③ 安排储位。安排储位对于仓储利用率和分拣效率有着极为重要的意义。特别是那些品种多、出货频率快的仓库，储位优化可以提高工作效率和企业效益。例如，为了节省仓储空间，提高仓储利用率，那些品种多的物品中有哪些可以存放在一起，既便于分拣又能节省空间，哪些物品储存的时间较短，需要及时出货等，都可以通过大数据技术的关联模式分析法来合理安排储位。

顺丰企业一站式大数据平台

8-7 拓展视频

顺丰企业一站式大数据平台是顺丰科技自主研发的基于业内主流技术，一站式提供从数据接入到数据服务的大数据管理平台。此平台不仅能为用户提供数据采集、储存、计算、搜索、管理、治理等功能，还能帮助企业完成智能数据构建与管理。

（1）大数据平台——数据湖。

企业大数据湖是支撑企业业务分析及决策的数据底盘，是面向各行各业的大数据管理及应用诉求的解决方案，可以消除企业内数据孤岛问题，打通各业务底层数据，增强企业的数据管理能力。

（2）大数据平台——产品服务。

一站式大数据平台降低了传统企业数字化转型成本，为企业提供低人力、低时间、低开发门槛的可拓展技术应用的大数据支撑。使用企业一站式大数据平台，不仅可以不断提升数据开发效率，还可显著降低数据开发周期及成本。

资料来源：https://www.sf-tech.com.cn/product/sf-one-stop-corporate-big-data-platform[2025-03-07].

6. 云计算技术

云计算是网格计算、分布式计算、并行计算、效用计算、网络存储、虚拟化、负载均衡等传统计算机和网络技术发展融合的产物。云计算是将基础设施、数据、应用等资源以服务的方式,通过网络提供给用户的商业模式,具有资源规模化、资源虚拟化、服务扩展化、服务通用化、成本低廉化等特点。

8-8 拓展视频

(1) 云计算服务的层次。

① 基础设施即服务 (Infrastructure as a Service, IaaS)。IaaS 是指用户通过 Internet 可以从完善的计算机基础设施获得服务。

② 软件即服务 (Software as a Service, SaaS)。SaaS 是一种通过 Internet 提供软件的模式。用户无须购买软件,而是向提供商租用基于 Web 的软件来管理企业的经营活动。

③ 平台即服务 (Platform as a Service, PaaS)。PaaS 是指将软件研发的平台作为一种服务,以 SaaS 的模式提交给用户。因此,PaaS 也是 SaaS 模式的一种应用。但 PaaS 的出现可以加快 SaaS 的发展,尤其是加快 SaaS 应用的开发速度。

(2) 云计算的部署模式。

① 公有云。公有云通常是指第三方提供商为用户提供的能够使用的云。公有云一般可通过 Internet 使用,可能是免费或成本低廉的。公有云的核心属性是共享资源服务。这种云有许多实例,可在整个开放的公有网络中提供服务。

② 私有云。私有云是为一个客户单独使用而构建的,因而提供对数据、安全性和服务质量的最有效控制。私有云可部署在企业数据中心的防火墙内,也可以将它们部署在一个安全的主机托管场所。私有云的核心属性是专有资源。

③ 混合云。混合云是公有云和私有云的结合。企业出于安全和控制方面的考虑,将私有信息和公开信息分别放置在私有云和公有云中,既利用公有云的资源,又借助私有云来保证自身的安全。

(3) 云计算在企业物流管理中的应用。

借助云计算技术,企业可进一步完善物流管理信息系统,实现高效的管理、私密的服务和精准的配送等。

① 基于 GIS/GPS 的云物流系统。该系统的架构包含云通信层、云配置层、云逻辑层、云工具层和云存储层。该系统可有效地实现物流信息的集成、图形化的显示,可对货物流转的各个环节进行可视化管理,特别是对运输路线的选择、配送车辆的调度等问题进行有效的管理和决策分析,有助于降低物流成本,提高物流效率。

② 提供个性化的物流服务。在云计算技术的支撑下,可实现软件服务和资源服务的互通,促使企业物流管理信息系统实现计算机资源的虚拟化,使客户及物流人员对货物信息的掌握更加精准,从而减少人力、物力的浪费。

7. 人工智能技术

(1) 人工智能的含义。

定义 1:人工智能(学科)。人工智能(Artificial Intelligence, AI)是以计算机科学为基础,由计算机、心理学、哲学等多学科融合的交叉学科、新兴学科,是研究、开发用于模拟、延伸和扩展人的智能的理论、方法、技术及应用系统的一门新的技术科学。该领域的研究包括机器人、语言识别、图像识别、自然语言处理和专家系统等。

定义2：人工智能（能力）。人工智能是智能机器所执行的通常与人类智能有关的行为，这些智能涉及学习、感知、思考、理解、识别、判断、推理、证明、通信、设计、规划、行动和问题求解等活动。

（2）人工智能技术在企业物流管理中的应用。

人工智能技术是加速物流业向智慧物流时代迈进的新引擎。人工智能技术在企业物流管理中的应用主要聚焦在以下几个方面。

8-10 拓展视频

① 选址决策。人工智能技术通过收集与选址任务和目标相关的历史数据，以及采用大数据技术挖掘对仓储选址决策有指导意义的知识，建立一个基于大数据的人工智能选址决策系统，在系统中输入选址目标与相关参数，便可以得到最接近最优目标且不受人的主观判断与利益纠纷影响的选址结果。

② 无人仓。人工智能技术的出现使得无人仓的构想得以实现。得益于机器视觉、进化计算等人工智能技术，无人仓的搬运机器人、货架穿梭车、分拣机器人、堆垛机器人、六轴机器人、无人叉车等一系列物流机器人可以对仓库内的物流作业实现自感知、自学习、自决策、自执行，实现更高程度的自动化。通过机器视觉技术，不同的摄像头和传感器可以抓取实时数据，继而通过品牌标识、标签和3D形态来识别物品，从而可以使拣选机器人对移动传送带上的可回收物品进行分类和挑拣，以替代传统人工仓库中的传送机器、扫描设备、人工处理设备和工作人员一道道的分拣作业，大大提高了仓库的运作效率。

③ 库存管理。人工智能技术基于海量的历史消费数据，通过深度学习、宽度学习等算法建立库存需求量预测模型，对历史数据进行解释并预测未来的需求，形成一个智能仓储需求预测系统，以实现系统基于事实数据自主生成最优的订货方案，实现对库存水平的动态调整。随着订单数据的不断增多，预测结果的灵敏性与准确性能够得到进一步提高，使企业在保持较高物流服务水平的同时，还能持续降低企业的库存成本。

④ 运输管理。使用人工智能技术进行预测性运输网络管理可显著提高物流业务的运营能力。DHL公司开发了一种基于机器学习的工具来预测空运延误状况，以预先采取缓解措施。通过对其内部数据的58个不同参数进行分析，机器学习模型能够提前一周对特定航线的日平均通行时间进行预测。

⑤ 配送管理。随着无人驾驶等技术的成熟，未来的配送将更加快捷和高效。通过实时追踪交通信息，以及调整配送路线，配送的时间精度将逐步提高。

a. 配送机器人。配送机器人根据目的地自动生成合理的配送路线，并在行进途中避让车辆、过减速带、绕开障碍物，到达配送机器人停靠点后，向客户发送短信提醒通知收货，客户可直接通过验证或人脸识别开箱取货。

b. 无人机投递。利用无线电遥控设备和自备的程序控制装置，操纵无人机运载物品到达目的地。无人机投递可以解决偏远地区的配送问题，提高配送效率，同时减少人力成本。

8-11 拓展视频

⑥ 智能测算。对物品数量、体积等基础数据进行分析，对各个环节如包装、运输车辆等进行智能调度。例如，测算百万SKU（库存量单位）商品的体积数据和包装箱尺寸，利用深度学习算法技术，由系统智能地计算并推荐耗材和打包排序，从而合理地安排箱型和物品摆放方案。

⑦ 图像识别。计算机视觉技术的卷积神经网络可用于手写识别。与人工识别相比，计

算机视觉技术可有效提高准确率，减少工作量和出错率。另外，计算机视觉技术也可用于仓内机器人的定位导航，以及无人驾驶时识别远处的车辆位置等。

⑧ 决策辅助。利用机器学习等技术自动识别物流运行场景内的人、车、货、场的状态，学习优秀的管理和操作人员的指挥调度经验和决策等，逐步实现辅助决策和自动决策。

8. 区块链技术

区块链（Blockchain）是利用块链式数据结构验证与储存数据、利用分布式共识算法生成和更新数据、利用密码学的方式保证数据传输和访问的安全、利用由自动化脚本代码组成的智能合约编程和操作数据的一种全新的分布式基础架构与计算范式。

（1）区块链的类型。

区块链按网络范围不同，可分为公有链、私有链和联盟链。

① 公有链。公有链是指任何人都可以进入系统中进行数据的读取和维护，而不受中央机构的控制，数据完全公开透明的区块链。比特币系统就是一种典型的公有链。

② 私有链。私有链是指写入权限由某个组织和机构控制的区块链，参与节点的资格会被严格限制。私有链具备极快的交易速度、更好的隐私保护、更低的交易成本，不容易被恶意攻击。

③ 联盟链。联盟链是指由若干个机构共同参与管理的区块链。联盟链通常应用在多个相互已知身份的组织之间，如多个企业之间的物流供应链管理、政府部门之间的数据共享等。

（2）区块链技术在企业物流管理中的应用。

① 商品追溯。通过赋予每个商品"独一无二"的数字身份证，串联商品品牌生产商、仓储、物流、经销商到客户的全过程信息，通过区块链联盟链账本的形式在多个主体中加密共享，客户收到货后一键扫码，可清晰地看到每件商品的来源和品质信息，提升了对商品品质的了解和信赖。

② 物流单证。区块链技术应用于物流单证具备较多的优势，联盟链上的单证数据可以实现全程追溯、实时监控物流单证的数据状态，有助于物流单证的溯源与防伪。同时，基于区块链技术和电子签名技术实现物流单证的无纸化，可利用区块链的共识机制和分布式架构等特性，关联包括法院、公证处、司法鉴定中心等多方权威机构，进一步提升物流单证的公信力，提升认证结果的可信程度。将物流单证上的运价信息、履约信息编写成智能合约，由智能合约自动完成整个付款流程，可有效降低对账成本和结算周期。

8-12 拓展视频

③ 物流信用。打造基于区块链的物流征信信息平台，为供应链参与方（个体、组织、智能设备）提供多角色的分布式可信身份服务。基于国家/行业/团体联盟的征信评级标准，构建物流快递征信评级体系。利用数字钱包作为激励载体，构建个人征信类数据资产，并在区块链网络进行确权流通。使数字经济的价值链超越单个公司的边界，演变成一个价值网络，让客户自主选择放心的服务人员，让企业留用能力、职业道德高的服务人员，也让综合素质强的服务人员能够发挥其能力。同时利用积分体系建立激励机制，提升一线的服务质量。

④ 供应链金融。通过互联网、物联网和区块链技术的联合使用，结合供应链金融的具

体场景，可以交叉验证诸如主体信用、采购数据、物流数据、订单数据、仓储数据、贸易数据的可靠性。区块链主要在其中承担整个链上交易的验证工作，记录不同数据、交易节点和时序关系及变更历史，提高整体交易网络的真实性。以企业公开信息、交易信息、交易凭证信息、存证信息为抓手，从智能合约、履约等适合区块链赋能的角度推进供应链金融业务，推动与政府部门、征信部门、核心企业、供应商、资金方各方实现信息标准化和线上化，以此来推动整个供应链体系的区块链赋能，最大限度地实现贸易真实性、可追溯。打破信息孤岛，增强各方信任，解决资金方对贸易真实性不信任的问题，从而从根本上解决中小微企业融资难、融资贵的现状。

9. 物联网技术

物联网（Internet of Things，IoT）是利用条形码、射频识别、传感器等设备，按约定的协议，在任何时间、任何地点都能实现人与人、人与物、物与物的连接，并进行信息交换和通信，从而实现智能化识别、定位、追踪、监控和管理的庞大网络系统。

（1）物联网的特征。

物联网的基础是互联网，即物联网是在互联网的基础上延伸和扩展的网络。其客户端可以延伸、扩展到任何物与物之间，并在它们之间进行信息交换和通信。一般认为，物联网具有以下三大特征。

① 全面感知。物联网利用感知技术、捕获技术、测量技术等随时随地获取和采集物品信息。

② 可靠传递。物联网通过无线网络与互联网的融合，将物品信息实时准确地传递给用户。

③ 智能处理。物联网利用大数据、云计算、人工智能等技术，对海量的数据和信息进行分析、处理，对物品实施智能化的控制。

在物联网中，传感是前提，计算是核心，安全是保障，网络是基础，应用服务是牵引。

（2）物联网技术在企业物流管理中的应用。

8-13 拓展视频

① 仓储管理。在仓储环节应用物联网技术，构成能够提高货物作业效率的智能仓储管理系统，可实时显示、监控货物的进出量，提高发货精度，完成收货入库、盘点和调拨、拣货出库，以及全系统数据查询、备份、统计、报表制作、报表管理等工作。

② 运输管理。基于物联网技术的物流车辆管理系统可实时监测运输车辆和货物，完成车辆和货物的实时定位追踪，监控货物状况和温湿度状况；同时，可监控运输车辆的运行状况、胎温、胎压、燃油消耗、车速、制动次数等驾驶行为。

③ 配送管理。企业可利用物联网技术，实现货物进出、存储、配送的一体化管理。进入库门后，系统自动读取货物信息，并将信息通过网络传输到数据库与订单比对，清点无误后即可入库，系统信息随之更新。在进行日常清点工作时，可使用固定式或手持式读写器实现自动扫描，大大提高了工作效率。在配送过程中，智能软件系统根据客户需求自动安排货物出库计划，可在物联网中实现智能码垛机器人、无人搬运车等智能物流终端设备与操作软件相结合，进一步提升企业的智能化程度。

④ 供应链管理。在供应链管理中，利用物联网技术实时获得物品的当前状态，并通过

物联网的网络层与销售商、制造商和原料供应商进行沟通。利用物联网技术对供应链中的智能物流系统进行信息化管理，可以提高客户需求预测的准确性，促进供应链上下游企业之间的紧密合作，实现整体效益的最大化。

顺丰物流 IoT 大数据应用与实践

顺丰科技表示，目前已经形成了一套完整的 IoT 大数据应用体系架构，该架构具有感知层、平台层、计算层、应用层四个层面。首先，感知层会对人、车、货、场进行数据收集感知，再通过平台层对收集的数据进行整理上传，上传的数据到达计算层也就是大数据平台后会进行分析处理，分析处理的结果将分发到应用层进行执行。

这种智能化的 IoT 大数据应用体系架构带来了"人、车、货、场"全物流场景的提质增效效果。在"人"这个场景中，通过物联设备采集快递工作人员的位置信息，给快递工作人员最优的收派调度建议并给出疲劳健康状况分析，实时监测与管理收派、中转过程中的驾驶员违规驾驶行为，降低物流事故率；对于"车"这个场景，该架构可以对数十万辆车共建实景动态感知能力，在海量数据的基础上实现路径优化和驾驶员动态调度，并且还能构建以驾驶员画像为核心的评价体系对人员进行管理；在"货"这个场景中，实现了为客户提供货物全流程监控服务，以及冷链运输全链路温湿度的监控；对于"场"的情况，则实现了数字化管理、远程管理、提前计划管理的新模式，并通过 IT 和 OT 数据融合的深度应用，实现分拣计划先于件量抵达，让分拣全面实现数字化运作方式。

顺丰科技能在较短的时间内将 IoT 从理念到落地，其关键是背后有大数据、人工智能、区块链组成的 IoT 大数据技术的加持。具体而言，当面对数据量大、数据种类多、实时性高、时序性强、数据链路长等 IoT 应用场景需求时，顺丰科技通过用大数据、区块链等技术构建起的顺丰物联网平台，将每时每刻产生的数据流上传到 IoT 云端，并进行深度学习与大数据分析，再将分析结果和控制指令传达到应用端，为系统每日的高强度运作保驾护航，全方位解决不同场景的特性需求。同时，该平台还实现了 IoT 数据资产管理、一站式批流一体化开发 IDE 和数据可视化分析的功能，方便行业客户对不同应用场景进行实时的分析与管理，帮助企业进行物流决策以及产品优化。

资料来源：https://baijiahao.baidu.com/s?id=1678952629585572026&wfr=spider&for=pc[2025-03-07].

8.1.3　物流信息管理的内容

物流信息管理就是对物流信息资源进行统一规划和组织，并对物流信息的收集、整理、存储、检索、传输和应用的全过程进行合理控制，从而使供应链的各个环节协调一致，实现信息共享和互动，减少信息冗余和错误，辅助决策支持，改善客户关系，最终实现信息流、资金流、商流、物流的高度统一，达到提高供应链运行效率和增强企业竞争力的目的。其基本内容如下。

1. 信息政策制定

为实现不同区域、不同国度、不同企业、不同部门之间物流信息的相互识别和利用，保障供应链信息的共享与信息传递通畅，必须由相关组织或行业部门确定一系列共同遵守和认同的物流信息规划或规范，这就是物流信息政策的制定，如信息的格式与精度、信息传输的协议、信息共享的规划、信息安全的标准、信息存储的要求等，这是实现物流信息管理的基础。

2. 信息规划

从企业或行业的战略高度出发，对物流信息资源的管理、开发、利用进行长远发展的计划，确定物流信息管理工作的目标与方向，制定不同阶段的任务，指导数据库系统的建立和物流信息系统的开发，保证物流信息管理工作有条不紊地进行。

3. 信息收集

应用各种手段、通过各种渠道进行物流信息的采集，以反映企业物流系统及其所处环境情况，为物流信息管理提供素材和资料。信息收集是整个物流信息管理中工作量最大、最费时、最占用人力的环节，操作时应注意把握关键要点。

4. 信息处理

信息处理就是根据使用者的物流信息需求，对收集的物流信息进行筛选、分类、加工及储存等，加工出对使用者有用的物流信息。信息处理的内容如下。

（1）信息分类及汇总。按照一定的分类标准或规定，将物流信息分成不同的类别进行汇总，以便进行物流信息的存储和提取。

（2）信息编码。所谓编码指的是用一定的代号来代表不同的物流信息项目。若使用普通方式（如资料室、档案室、图书馆）保存物流信息则需进行编码；若使用计算机保存物流信息则需要确定编码。在物流信息项目多、数量大的情况下，编码是将物流信息系统化、条理化的重要手段。例如，采用分组编码法，编号共六位，前两位代表物料类别，后四位代表物料流水码，如 LJ 0001，LJ 代表物料类别为量具，0001 代表物料流水码。分组编码示意图如图 8-8 所示。

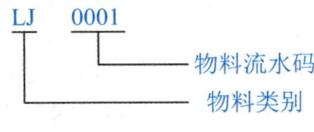

图 8-8　分组编码示意图

（3）信息存储。应用计算机及外部设备的储存介质，建立有关数据库来进行物流信息的存储，或通过传统的纸质介质（如卡片、报表、档案等）对物流信息进行抄录存储。

（4）信息更新。物流信息有一定的使用期限，失效的物流信息需要及时淘汰、变更、补充等，才能满足使用者的需求。

（5）数据挖掘。信息可以分为显性信息和隐性信息。显性信息是可用语言明确表达的、可编码化的信息。隐性信息存在于个人的意识活动、世界观、价值观和情感之中，很难以某种方式直接表达出来或被直接发现，也难以传输与交流，但隐性信息具有可直接转化为有效行动的重要作用，其价值高于显性信息。因此，为了充分发挥物流信息的作用，需要对显性信息进行分析、加工和提取等，挖掘隐藏在其后的隐性信息，这就是数据挖掘的任务。

5. 信息传输

信息传输是指物流信息从信息源发出，经过适当的媒体和信息渠道输送给接收者的过程。信息传输的方式有许多种，一般可以从不同的传输角度来划分信息传输方式。

（1）按信息传输方向的不同，信息传输方式可分为单向信息传输方式和双向信息传输方式。单向信息传输方式是指信息源只向信息接收者传输信息，而不是双向交流传输信息；双向信息传输方式是指信息发出者与信息接收者共同参与信息传输，双方相互交流传递信息。

（2）按信息传输层次的不同，信息传输方式可以分为直接传输方式和间接传输方式。两种传输方式的区别是在信息源和信息接收者之间，信息是直接传输还是经其他人员或组织进行传输。

（3）按信息传输时空的不同，信息传输方式可分为时间传输方式和空间传输方式。时间传输方式是指信息的纵向传输，即通过对信息的存储方式，实现信息流在时间上连续的传输。空间传输方式是信息在空间范围的广泛传输。现代通信技术的发展如激光通信、卫星通信，为信息的传输奠定了技术基础。

（4）按信息传输介质的不同，信息传输方式可分为人工传输方式和非人工的其他媒体传输方式。

6. 信息服务与应用

信息服务与应用是物流信息的重要方面，其目的就是将物流信息提供给有关方面使用。物流信息的服务工作主要包括以下内容。

（1）信息发布和传播服务。按一定的要求将物流信息通过新闻、广播、电视、报刊、会议、文件、报告和年鉴等形式予以发表或公布，便于使用者收集、使用。

（2）信息交换服务。通过资料借阅、文献交流、成果转化、产权转移和数据共享等多种形式进行物流信息的交换，以起到交流、宣传、使用物流信息的作用。

（3）信息技术服务。信息技术服务包括数据处理、计算机与复印机等设备的操作和维修、技术培训、软件提供和物流信息系统开发等。

（4）信息咨询服务。信息咨询服务包括公共信息提供、行业信息提供、政策咨询、管理咨询、工程咨询、信息中介、计算机检索等，实现按客户要求收集、查找和提供物流信息，或就客户的物流经营管理问题，进行有针对性的物流信息研究、物流信息系统设计与开发等，帮助客户提高物流管理决策水平，实现物流信息的增值，以信息化水平的提高带动客户物流管理水平的提高。

8.2　物流管理信息系统

物流管理信息系统实现了物流决策、业务流程、客户服务的全程信息化，可以对物流进行科学的管理。有效的物流管理信息系统可以提高企业综合竞争能力，提升企业物流效率，提高客户服务质量，并为客户提供增值服务，同时能加快市场反应速度并提高决策效率。

信息系统对企业竞争战略的支撑作用

京东的智能物流园区运营管理平台可以实现仓运资源智能协同、货物在园区内的高效流转、指标分析及可视化展示，以及面向能源和碳排的全生命周期管控，满足客户园区经营管理、运营管控、效能优化、节能降碳等需求，助力客户实现人、车、货、场等全链路高效协同，达成园区高质量可持续发展目标。

京东的 SCEMP（Supply Chain Emission Management Platform，供应链碳管理平台）面向企业、园区经营和运营主体，围绕低碳供应链场景，实现企业温室气体排放数字化监控，能源调度智能化，碳排放分析科学化（标准化），助力客户降本增效和节能降耗。根据国际标准，实现园区碳排放监测、盘查及核查的管理目标。基于园区碳排放数据建立园区能源管理与碳中和模型，助力园区率先申请碳中和认证。

资料来源：https://www.jdl.com/parkPlatform/和 https://www.jdl.com/SCEMP/[2025-03-07].

8.2.1 物流管理信息系统概述

1. 物流管理信息系统的概念

物流管理信息系统（Logistics Management Information System，LMIS）是企业管理信息系统中的一个重要的子系统。它是通过对系统内外物流信息的收集、存储、加工处理，获得企业物流管理中有用的信息，并以表格、文件、报告、图形等形式输出，以便管理人员和领导者有效地利用这些信息组织物流活动，协调和控制各作业子系统的正常运行，来实现对物流的有效控制和管理，并为企业物流管理人员及其他管理人员提供战略及运作决策支持的人机系统。

2. 物流管理信息系统的功能

物流管理信息系统以运输和储存为主线，管理取货、集货、包装、仓储、装卸、分货、配货、加工、信息服务、送货等物流的各个环节，控制物流的全过程。具体而言，物流管理信息系统应具备集中控制、运输管理、车货调度管理、仓储管理、统计报表管理、财务管理、客户管理等功能。

当然，每个物流管理信息系统的功能并不可能完全与上述功能一一对应，也可根据企业信息系统的实际需求进行相应的变动。一个功能完善、强大的物流管理信息系统，应该具备管理控制、信息决策及制订战略计划等功能。因此，企业应该立足本企业物流管理的特点，建立集可靠性、及时性、灵活性、适应性于一体的现代物流管理信息系统。

3. 物流管理信息系统的结构

从本质上讲，物流管理信息系统是把各种物流活动与某个整合过程连接在一起的通道，整合过程应建立在 4 个功能层面上，即交易层次、管理控制层次、决策分析层次以及战略计划制订层次，其层次结构如图 8-9 所示。

（1）交易层次。

交易层次是用于启动和记录个别物流活动的最基本层次。交易活动包括记录订货内容、安排存货任务、作业程序选择、发运、定价、开发票以及客户查询等。交易系统的特征是格式规范化、通信交互化、交易批量化及作业逐日化，强调了物流管理信息系统的效率。

（2）管理控制层次。

管理控制层次的主要作用是功能评估与反馈，通过评估物流服务水平、资源利用率等情况，为决策分析层次的管理决策提供依据。其重点在于评价历史绩效、识别改进方案、反馈物流管理信息系统功能、实时监测并预警系统的异常状况。

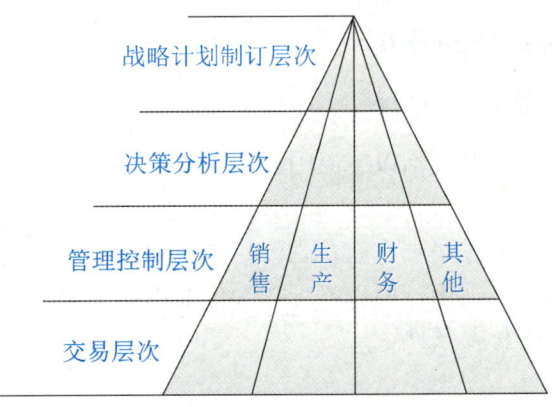

图 8-9　物流管理信息系统的层次结构

（3）决策分析层次。

决策分析层次的主要作用是协助管理人员鉴别、评估和比较物流规划上的可选方案。与管理控制层次不同，决策分析层次的重点在于评价未来战略上的可选方案。因此，需要借助数据建模与高阶分析方法实现对可选方案的最优决策。

（4）战略计划制订层次。

战略计划制订层次聚焦长期物流体系设计（如网络布局、资源分配），依托大数据预测模型整合市场趋势、竞争环境等内外部信息，通过情景模拟与动态推演评估战略计划的可行性。

4. 物流管理信息系统的类型

从不同的角度，可将物流管理信息系统划分为以下不同的类型。

（1）在企业物流活动中，按照所起的作用不同，可将物流管理信息系统分为订货信息系统、库存信息系统、生产指示信息系统、发货信息系统和配送信息系统等。

（2）按照系统结构不同，物流管理信息系统可以分为单功能信息系统和多功能信息系统。

① 单功能信息系统通常只能完成某个单一物流功能的信息管理工作，如合同管理系统、物资分配系统等。

② 多功能信息系统能够完成一个部门或一个企业内全部的物流功能所需的信息管理工作，如仓储管理系统、运输管理系统等。

（3）按系统功能不同，物流管理信息系统可以分为操作型信息系统和决策支持型信息系统。

① 操作型信息系统是按照某个固定模式对数据进行处理和加工的系统，其输入、输出和处理的方式均是不可改变的。

② 决策支持型信息系统能根据输入数据的不同，运用知识库、模型库、方法库的支撑，对数据进行不同方式的加工和处理，并为客户提供决策支持的信息。

（4）按系统配置的不同，物流管理信息系统可分为单机信息系统和网络信息系统。

① 单机信息系统仅能在一台计算机上运行，虽然可以有多个终端，但主机只有一个。

② 网络信息系统使用多台计算机，相互之间以通信网络连接，使各计算机之间实现信息资源共享。

8.2.2　物流管理信息系统的开发

1. 物流管理信息系统开发的原则

物流管理信息系统的开发包括以下原则。

（1）领导参与的原则。

物流管理信息系统的开发是一个政策性强、技术要求高、环境复杂的系统工程，它涉及企业物流管理工作的方方面面，所以高层领导出面组织力量、协调各方面的关系是物流管理信息系统成功开发的首要条件。

（2）整体性原则。

物流管理信息系统的开发涉及管理思想、管理体制和管理工作诸多方面的问题，是相互联系、相互作用的综合体。系统开发人员必须从总体和各组成部件的相互关系来考察，从整体目标和功能出发，正确处理系统各组成部分之间的相互关系和相互作用，使开发工作在系统规划、系统分析、系统设计、系统实施、系统运行和维护等方面有一个整体的考虑，从而使开发工作达到整体最佳的效果。

（3）充分利用信息资源的原则。

充分利用信息资源的原则要求数据尽可能共享，减少物流管理信息系统不必要的输入/输出，对已有的数据和信息做进一步的分析处理，以便发挥深层次加工信息的作用。

（4）优化和创新原则。

由于每个企业的物流业务流程和工作方式都不一样，因此物流管理信息系统的开发不能模拟以往旧的模式和处理过程，必须根据实际情况和科学管理的要求加以优化和创新。

（5）实用性和先进性相结合的原则。

在物流管理信息系统的开发过程中既要避免低水平的重复，又要避免片面追求实用价值不高的先进硬件设备。在物流管理信息系统的开发过程中始终要把实用性放在第一位，然后实现系统在技术上和管理上的先进性。

（6）处理规范化的原则。

物流管理信息系统的开发必须按照标准化、工程化的方法和技术来实现。

（7）稳定性和发展相结合的原则。

物流管理信息系统的开发既要考虑物流业务在一定时间内具有相对的稳定性，又要考虑物流经营和管理会发生变化，从而使物流管理信息系统具有一定的适应环境变化的能力。

（8）做好开发前准备工作的原则。

物流管理信息系统开发前的准备工作一般包括基础准备工作和人员准备工作。

① 基础准备工作。基础准备工作一般包括：管理工作要严格科学化，具体方法要程序化、规范化；做好基础数据管理工作，要严格计量程序、计量手段、检测手段和数据统计分析渠道，并实现数据、文件和报表的统一化。

② 人员准备工作。高层领导是否参与开发是确保系统开发成功的关键因素之一。建立一支由系统分析员、管理岗位业务人员和信息技术人员组成的开发团队，并明确各类人员的职责。

2. 物流管理信息系统的开发方法

物流管理信息系统的开发方法主要有系统开发生命周期法、原型法、面向对象方法、计算机辅助开发方法和敏捷软件开发方法。各种开发方法都有自己的适用范围，不能简单地认为哪种方法最好或明显比其他方法优越。通常，在系统开发的不同阶段，不同的开发方法可以为物流管理信息系统的开发提供有益的帮助或提高物流管理信息系统的开发质量与效率。因此，不能对开发人员硬性规定必须采用何种方法从事系统的开发工作，而要具体问题具体分析。下面主要介绍系统开发生命周期法。

系统开发生命周期法的基本思想是利用系统工程的思想和系统化的方法，是按照用户至上的原则，自顶向下进行系统分析设计和自底向上逐步建立管理信息系统的过程，是组织、管理信息系统开发过程的一种基本框架，也是应用最普遍、最成熟的一种开发方法。

（1）系统开发生命周期法的阶段。

系统开发生命周期法（System Development Life Cycle，SDLC）模型包括系统规划、系统分析、系统设计、系统实施、系统运行与维护，如图8-10所示。

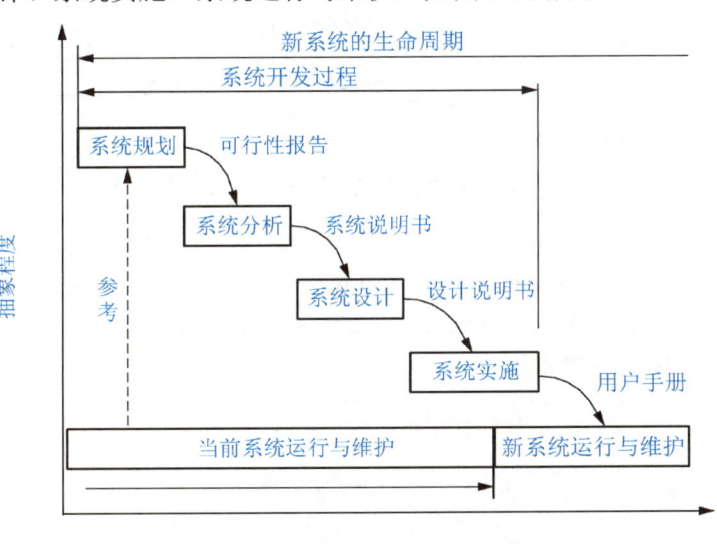

图 8-10　系统开发生命周期法模型

① 系统规划。系统规划的主要任务是根据客户的需求，对当前系统进行初步调查，明确当前系统存在的问题，然后对新系统进行可行性研究。针对物流管理信息系统的开发，需要确定该系统的总体目标，给出系统功能、性能、可靠性及所需接口方面的设想，完成该系统的可行性分析，探讨新系统的解决方案，并且对可供使用的计算机硬件、人力资源和开发进度进行预估，制订完成开发任务的实施计划。如果新系统规划方案不满意，则要反馈修正这一过程；如果新系统规划方案不可行，则取消项目；若新系统规划方案可行但不满意，则修改此方案；若新系统规划方案可行并满意，则进入下个阶段的工作。

② 系统分析。系统分析主要是对物流管理信息系统进行业务调查和分析，充分理解客户的需求，明确这些需求的逻辑结构并进行确切的描述。系统分析的主要任务是：分析业务流程、数据与数据流程；分析功能与数据之间的关系，提出新系统的逻辑方案（逻辑模

型)。若方案不可行,则停止项目;若方案可行但不满意,则修改此方案;若方案可行并满意,则进入下个阶段的工作。

简化的商业自动化系统

建立一个简化的商业自动化系统。其中,售货员负责录入销售的商品,包括商品名称、编号、单价和数量,必要时要根据特定情况对销售的商品信息进行修改或删除;收款员负责收取现金,并将多交的款项退还给客户;销售经理需要随时查询整个部门的销售情况,包括时间、商品编号、销售额,并在日结时统计各类商品的销售金额。简化的商业自动化系统顶层的数据流程图如图8-11所示。

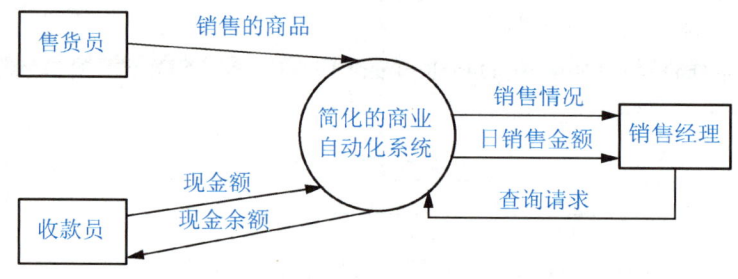

图8-11 简化的商业自动化系统顶层的数据流程图

首先,按照人或部门的功能要求,将加工分解,同时在分解过程中给每个加工添加一个编号。其次,分解数据流。要根据特定的加工要求进行分解,在分解数据流时,要保持与顶层数据流的一致,可以不引入数据源。最后,引入数据存储,使其与加工、数据流一起形成一个有机的整体。上述简化的商业自动化系统第1层的数据流程图如图8-12所示。

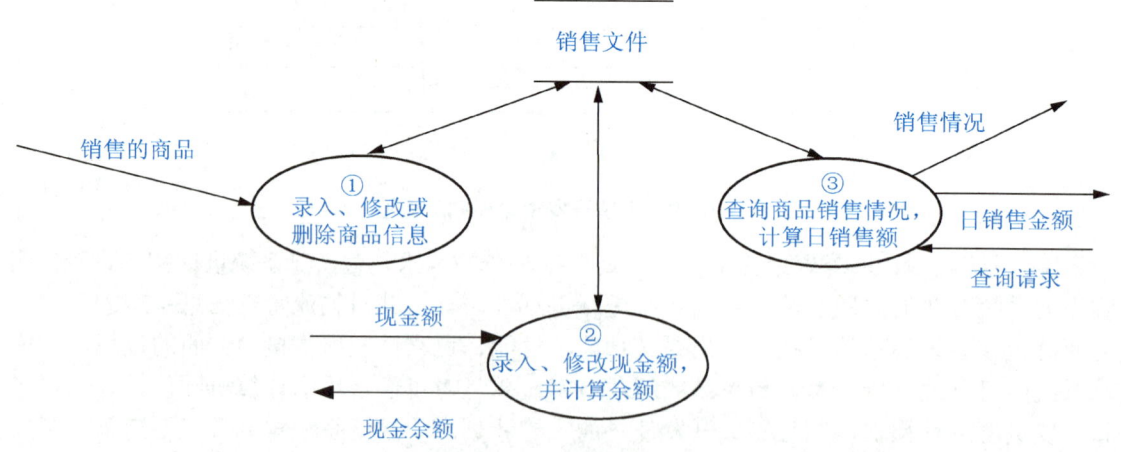

图8-12 简化的商业自动化系统第1层的数据流程图

资料来源:王世文,2010. 物流管理信息系统[M]. 2版. 北京:电子工业出版社.

③ 系统设计。系统设计的主要任务是依据系统分析说明书进行新系统的物理设计,提出一个由一系列物理设备构成的新系统设计方案。系统设计通常分为总体设计和详细设计。

其中，总体设计包括系统体系结构、系统模块结构设计、系统软硬件结构设计；详细设计包括数据库设计、编码设计、输入/输出模块结构设计与功能设计。

④ 系统实施。系统实施的主要任务包括：购置计算机硬件、系统软件，并安装测试；程序设计、程序及系统的调试；系统试运行；编写用户手册；人员培训等。

⑤ 系统运行和维护。系统运行和维护的主要任务是同时进行系统的日常运行管理、评价、监理。在系统运行过程中要逐日记录，发现问题要及时对系统进行修改、维护或局部调整。

（2）系统开发生命周期法的优缺点与适用范围。

① 优点。系统开发生命周期法强调开发过程中的整体性和全局性，强调在整体优化前提下考虑具体分析设计问题。在开发过程中严格区分开发阶段，每个阶段工作及时总结，发现问题及时反馈与纠正，避免开发过程出现混乱状态。每个阶段工作的成果是下个阶段的依据，工作进度容易掌握，有利于系统开发的总体管理和控制。

② 缺点。系统开发周期长，很难适应企业物流管理需求的变化。只有到系统运行阶段用户才能看到最终结果，风险较大。要求开发者开始就要完全"固化"需求或者预见可能的变化是不切合实际的，而且困难较大，只适用于可以在早期阶段就完全确定用户需求的项目。同时，未能很好地解决系统分析到系统设计之间的过渡。该方法文档的编写工作量较大，且需要及时更新。

③ 适用范围。该方法适用于企业物流组织相对稳定、物流业务处理过程规范、物流需求明确且在一定时期内不会发生大的变化的物流管理信息系统的开发。

物流管理信息系统的其他开发方法

物流管理信息系统的其他开发方法包括原型法、面向对象方法、计算机辅助开发方法、敏捷软件开发方法。

1. 原型法

为了弥补 SDLC 开发周期长的不足，1977 年，出现了一种在思想、工具和手段上都是全新的开发方法——原型法。

原型法的主要思想是由客户与系统分析设计人员合作，在短期内根据客户的要求首先建立一个能反映客户主要需求的原型，然后与客户反复协商改进，最终建立完全符合客户要求的新系统。它既可以单独作为一种开发方法，又可以作为 SDLC 的辅助方法和工具。

原型法的开发过程包括4个基本阶段：确定需求的基本信息、建立初始模型、对初始模型运行和评价、修正和改进模型（原型迭代）。

2. 面向对象方法

面向对象方法是从 20 世纪 80 年代各种面向对象的程序设计方法中逐步发展而来的，起初用于程序设计，后来扩展到了系统开发的全过程，出现了面向对象分析和面向对象设计。

面向对象方法开发的工作过程大致分为以下 4 个阶段：系统调查和需求分析、分析问题的性质和求解问题（面向对象分析）、整理问题（面向对象设计）、程序实现（面向对象编程）。

3. 计算机辅助开发方法

计算机辅助开发方法于20世纪80年代末提出，是运用人们在系统开发过程中积累的大量宝贵经验，通过计算机进行管理信息系统的开发和实现，集图形处理技术、程序生成技术、关系型数据库技术和各类开发工具于一体的方法。

计算机辅助开发方法可以进行各种需求分析，生成各种结构化图表（数据流程图、结构图、E-R图、层次化功能图、矩阵图等），并能支持系统开发的全生命周期。

严格地说，计算机辅助开发方法只是一种开发环境而不是具体的开发方法，具体开发时，还需要与其他方法相结合。典型的计算机辅助开发方法通常包括下列工具：图形工具、原型化工具、代码生成器、测试工具和文件生成器。

4. 敏捷软件开发方法

敏捷软件开发方法是从20世纪90年代开始逐渐引起广泛关注的新型软件开发方法。敏捷软件开发方法强调适应性而非预测性，强调沟通和反馈，更加强调团队的高度协作。这里的团队不仅包括开发人员，还包括管理人员和客户。它鼓励团队成员的相互交流，通过反馈机制尽早纠正软件中的错误，提高开发效率，同时为需求的调整提供更多机会，保证软件向正确的方向发展。

资料来源：孔继利，2023. 物流配送中心规划与设计[M]. 3版. 北京：北京大学出版社.

3. 物流管理信息系统的体系结构

物流管理信息系统的体系结构有两层体系结构和三层体系结构两种基本类型。随着网络通信技术的发展，以及企业业务运营量的增多和访问用户的增多，越来越多的企业开始采用三层体系结构。

（1）两层体系结构。

两层体系结构是20世纪80年代开始使用的一种系统体系结构。在这种结构中，网络中的计算机分为客户端和服务器端两个部分，如图8-13所示。

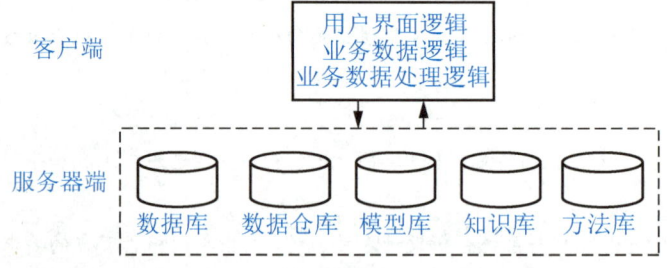

图8-13 物流管理信息系统的两层体系结构

① 两层体系结构的原理。客户端一般是一台计算机，可以直接运行客户的需求，也可以通过网络向服务器输入信息或从服务器获取信息。服务器端由数据库服务器来实现，其功能是提供数据库服务；服务器端在获取客户端的信息后，分析处理并存储，或向客户端提供应用软件、数据资料等服务，并执行客户端看不见的后台功能。

② 两层体系结构的优缺点。两层体系结构的优点是能充分发挥客户端计算机的处理能力，很多工作可以在客户端处理后再提交给服务器；客户端响应速度快。

随着Internet的飞速发展，移动办公和分布办公越来越普及，这需要系统具有扩展性。在这种方式下，远程访问需要专门的技术，同时要对系统进行专门的设计来处理分布的数据；客户端需要安装专用的客户端软件。因此，两层体系结构的缺点首先涉及安装的工作量，任何一台计算机出问题，都需要进行安装或维护；同时，系统软件升级时，每台计算机需要重新安装，其维护和升级成本都非常高。

（2）三层体系结构。

三层体系结构是将两层体系结构中的客户端分离为用户界面层和业务逻辑层，即用户界面层、业务逻辑层和数据访问层，如图 8-14 所示。

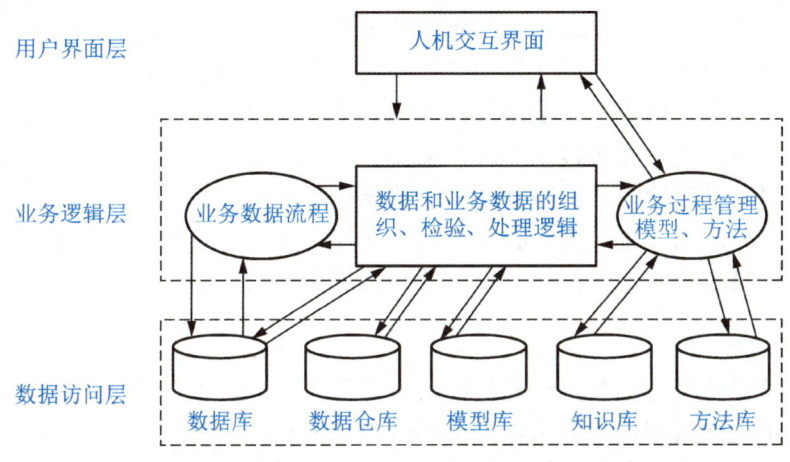

图 8-14　物流管理信息系统的三层体系结构

① 用户界面层。用户界面层是用户直接操作的界面，由界面外观、表单控件、框架及其他部分构成。用户界面层负责用户和整个系统的交互。同时，用户界面层还负责用户获得和校验录入的数据，并传送给业务逻辑层。

② 业务逻辑层。业务逻辑层是核心，负责处理用户界面层提交的请求，即按照业务逻辑提取、过滤和处理数据，并将处理完的数据包返回给用户界面层进行显示。

③ 数据访问层。数据访问层的结构是最复杂的，负责系统数据和信息的存储、检索、优化、自我故障诊断与恢复。它根据业务逻辑层的要求，从数据库中提取或修改数据。访问数据库是系统中最频繁、最消耗资源的操作，所以要优化对数据库的访问，提高系统的性能和可靠性。

采用三层体系结构的优势有以下几方面。

a. 保证系统的安全性。业务逻辑层隔离客户直接对数据库系统的访问，保护了数据库系统和数据的安全。

b. 提高系统的稳定性。三层体系结构保证了网络系统更具稳定性，满足 7×24h 全天候服务，业务逻辑层缓冲了用户与数据库系统的实际连接，使数据库系统的实际连接数量远小于应用数量。在访问量和业务量加大的情况下，可以多台主机设备建立集群方式，共同工作，进行业务逻辑处理，实现负载均衡。

c. 系统易于维护。由于业务逻辑在中间服务器上，并且采用构件化方式设计，因此当业务规则变化后，用户界面层不做任何改动就能立即适应。

d. 快速响应。通过负载均衡及业务逻辑层的缓存数据能力，可以提高对客户端的响应速度。

8.3 典型物流管理信息系统案例

8.3.1 制造企业物流管理信息系统

物流管理信息系统作为制造企业信息系统的一个子系统，以管理信息系统为骨架，重点放在企业物流的组织、计划、管理、决策和监督上。它综合运用计算机技术、信息技术、管理技术、决策支持技术，同现代化的管理方法、手段结合起来，进行生产管理、物流调配、计划布置、决策分析等。该系统以信息为对象，以物流为主线，以控制为目的，为企业的经营管理、重大决策提供数据和理论依据。企业物流管理与控制过程中充满着许多不确定因素，及时而准确的信息能减少这种不确定因素的影响。随着企业生产规模和经营范围的扩大，物流信息的收集、处理和传输的工作量大幅增加，数据处理也更趋于复杂化，没有物流管理信息系统的现代化制造企业是不可想象的。

1. 制造企业物流管理信息系统的体系结构

物流管理信息系统是把各种功能的物流活动联系在一起的纽带，处于企业物流系统中不同管理层次上的物流部门或人员，需要不同类型的物流信息。一个完整的企业物流管理信息系统根据其处理的内容与决策的层次可以分为数据管理层、业务处理层、计划控制层、决策分析层，如图 8-15 所示。

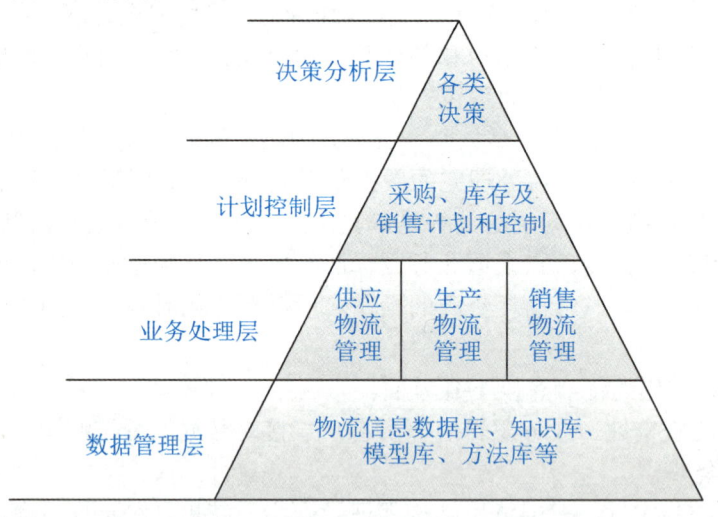

图 8-15 制造企业物流管理信息系统的体系结构

（1）数据管理层有效地保存了企业物流所涉及的有关数据，并对这些数据进行分类管理，该层为在其上的 3 个层提供有效的数据。

（2）业务处理层主要支持企业的日常物流运作，解决日常物流业务中遇到的问题，其主要功能包括数据录入、查询、统计及对数据的处理。

（3）计划控制层主要帮助企业建立进、销、存、调的计划与控制机制，并辅助物流部门进行决策。

（4）决策分析层主要帮助决策层领导进行决策分析，为中长期目标服务，如提供物流业务流程再造、物流设备选择、仓库选址、物流服务效果分析等方面的决策支持信息。

2. 制造企业物流管理信息系统的功能

制造企业物流管理信息系统的功能模块主要包括产品计划子系统、库存管理子系统、采购管理子系统、仓库管理子系统、生产管理子系统、劳务管理子系统、物流作业子系统、资料传输子系统、决策支持子系统、综合信息发布子系统。各功能子系统之间相互联系、相互依赖、密不可分。

（1）产品计划子系统。它包括采购计划和销售计划，是对产品的实物流动做出预先的规划，制定合理的目标。

（2）库存管理子系统。它包括决定库存的水平和进货的频率、库存预警、库存成本等模块。

（3）采购管理子系统。它包括订货、付款条件、交货时间与地点等。采购是企业物流管理的第一个环节，它的质量直接决定了后续环节的实现程度。

（4）仓库管理子系统。它包括对存货地点和产品入库、存储、分配的管理。

（5）生产管理子系统。它包括生产计划管理、工艺管理。

（6）劳务管理子系统。它包括劳务工作量计划、质量监督、出勤率等。

（7）物流作业子系统。物流作业的基本活动是储位管理，产品保管、拣货安排、客户产品分类、集货装箱/包装乃至货物装卸顺序、配送路线、车辆安排、运输方式、运输路径、交货时刻表、运输工具的跟踪和监督、装载量计划等操作都与储位信息息息相关。为了及时掌握正确的物流作业信息，可以设置一些辅助设备，如条形码扫描器、手持终端机、RF无线网络等。

（8）资料传输子系统。它主要包括企业之间资料的传送、转入/转出、处理以及回传统计结果等。

（9）决策支持子系统。它用于为企业决策层领导提供决策支持信息。

（10）综合信息发布子系统。它用于发布企业的产品信息。

8.3.2 流通企业物流管理信息系统

1. 流通企业物流管理信息系统的作用

随着计算机和通信技术的发展，物流管理信息系统在流通企业的作用越来越大，成为企业经营必不可少的工具。其作用主要包括以下几点。

（1）为经营者提供准确、及时的物流信息。物流管理信息系统借助于计算机和新一代信息技术，可以实时采集市场、销售、库存等方面的信息，并对这些信息进行快速处理，及时传输给商品生产者、中间批发商、商场以及商品的消费者。这种信息采集、处理、传输渠道，可以保证信息的及时、准确、详细，使流通企业及时调整库存结构。

（2）优化流通企业的运作过程，提高整个管理系统的效率。建立现代化的物流管理信息系统，不仅涉及信息的处理过程，还需要对企业的整个业务管理流程按照快捷、高效的原则进行再造，以适应信息时代的要求。这种再造使经营管理过程得到优化，能提高各个部门的工作效率，减少经营管理费用。

（3）提高经营计划和决策的可靠性。物流管理信息系统可以向经营者提供商品进、销、存以及整个物流系统的信息，使经营者可以真正做到以销定进、以销定存，最大限度地降低商品库存量直至零库存。有了物流管理信息系统的帮助，才可能对成千上万种商品分别进行跟踪管理，使单品管理得以实施，使经营计划和决策的可靠性得到很大的提高。

（4）大大推动商品流通方式变革。物流管理信息系统极大地提高了物流信息处理的速度，达到提高物流作业管理效率的目的；计算机通信网络则改变了物流信息传输的方式，使信息采集、传递更加及时。网络营销、网上购物等新型商品流通方式的出现，表明物流信息化为商品流通方式的变革提供了强有力的保障。

2. 流通企业物流管理信息系统的体系结构

流通企业物流管理信息系统的体系结构如图 8-16 所示。

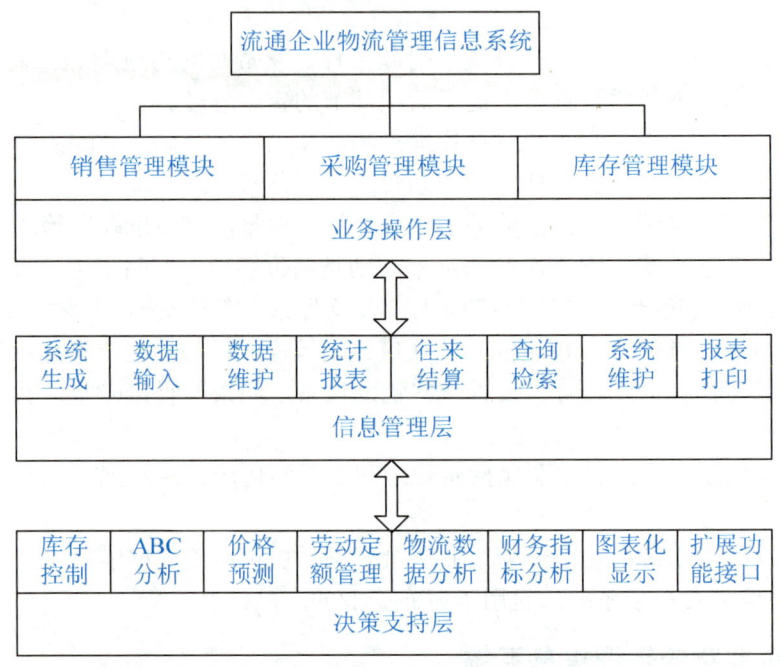

图 8-16　流通企业物流管理信息系统的体系结构

由图 8-16 可以看出，流通企业物流管理信息系统采用三层结构，包括决策支持层、信息管理层和业务操作层；系统的网络跨度大，不仅与各种物流活动有关，而且与经营计划、财务管理、人事管理等密切相关；系统对外接口众多，可以进行多种输入、输出操作；系统业务操作层的各模块之间并不是独立的，而是存在密切的联系。

3. 流通企业物流管理信息系统的功能

流通企业物流管理信息系统在业务层次上主要划分成 3 个业务操作子系统，即采购管理子系统、库存管理子系统和销售管理子系统。下面介绍流通企业物流管理信息系统各子系统主要功能。

（1）采购管理子系统。

为了控制库存量和库存风险，任何与供应商有关的商品出入库，必须有采购的出入库通知单下达库存管理子系统才行。采购管理子系统执行商品的采购结算和应付款管理,所有采购结算必须经由采购管理子系统处理。采购管理子系统的主要功能包括:采购计划管理、市场价格信息管理、供应商信息管理、采购合同管理、到货管理。

(2) 库存管理子系统。

连锁总部统一采购的商品集中统一储存,要对采购的商品进行严格的检验和核对,保证商品在品种、规格、品牌、品质、数量、包装等方面符合要求。同时,根据分店的需要,物流配送中心进行配送。因此,库存管理子系统的功能包括:到货登记、查询修改;商品实物保管及存放地点管理;商品移库、提货、盘存、损益管理;库存结构、保本、保利、保质等管理;调配管理,登记向分店调配商品的品种、数量;库存查询与统计等。

(3) 销售管理子系统。

① 收款机管理。随机查询每台收款机的工作状态、收款机操作人员的工作状态、各收款机的收款金额、各时段收款累计金额等。

② 补货管理。补货申请的产生有两种方式:一是人工填写补货单、提出补货申请;二是系统自动对商品库中该商品在架量与在架下限的数量进行比较,若低于在架下限的数量,则以在架上限为标准自动填写补货单,提出补货申请。此外,还具有对补货单的内容进行查询与确认等功能。

③ 到货管理。验收入库,把到货信息录入商品库系统中,增加相应商品在架量;对已到货进行确认和商品查询。

④ 在架管理。对在架单一商品的数量、金额进行统计;对在架商品按商品分类进行数量、金额统计;在架商品上/下限报警提示;对变价商品进行管理。

⑤ 盘点管理。盘点清单生成、盘点数量输入、盘点商品损益统计等。

⑥ 返库管理。对返库商品进行输入、确认、查询等。

⑦ 数据统计。对某一时间段内销售收款情况进行统计,如收款总额、收银员收款统计、收款机收款统计、交易次数等。对销售商品进行明细统计,如商品分类销售情况及排名等。

⑧ 会员管理。进行会员卡销售、信息修改、余额查询,信用卡挂失、恢复、退卡,统计数据管理。

⑨ 系统管理。系统初始化、商品信息变更、系统维护、数据传输与维护等管理。

⑩ 货位管理。对每个在架商品分配货位号、所对应的理货员;对每个货位的商品进行统计等。

本 章 小 结

在人工智能时代,物流作为企业"第三利润源"必然面临信息化、智能化的挑战。有效的信息管理可以帮助企业满足客户的物流需求,使产品和服务更具有竞争力,先进的物流管理信息系统可以使物流过程更加顺畅,从而提高物流效率。

物流信息是反映物流各种活动内容的知识、资料、图像、数据的总称。

物流信息技术不是一种独立的技术,它是现代信息技术在物流中的具体应用,是物流现代化的重要技术基础,也是物流技术领域发展最快的研究方向之一。目前,经常采用的现代物流信息技术包括条形码技术、无线射频识别技术、电子数据交换技术、物流信息跟踪技术、大数据技术、云计算技术、人工智能技术、区块链技术、物联网技术等。

条形码技术是以计算机、光电技术和通信技术为基础的综合性技术，是高速发展的信息技术的一个重要组成部分。无线射频识别技术是20世纪90年代开始兴起的一种自动识别技术，射频识别系统是由信息载体和信息获取装置组成的。电子数据交换是计算机与计算机之间结构化的事务数据的交换。它将数据和信息规范化、标准化后，在计算机应用系统之间直接以电子方式进行数据交换。物流信息跟踪技术是利用信息技术及时获取有关物流状态或位置的实时信息，辅助企业决策，对物流各个环节进行指挥、调度等控制，同时服务于用户的技术。大数据技术是指通过对大数据的提取、交互、整合和分析，为政府、企业或其他机构的管理层提供决策信息，发现隐藏在数据背后的信息，挖掘数据信息的价值。云计算是网格计算、分布式计算、并行计算、效用计算、网络存储、虚拟化、负载均衡等传统计算机和网络技术发展融合的产物。人工智能（能力方面定义）是智能机器所执行的通常与人类智能有关的智能行为，这些智能涉及学习、感知、思考、理解、识别、判断、推理、证明、通信、设计、规划、行动和问题求解等活动。区块链是利用块链式数据结构验证与储存数据、利用分布式共识算法生成和更新数据、利用密码学的方式保证数据传输和访问的安全、利用由自动化脚本代码组成的智能合约编程和操作数据的一种全新的分布式基础架构与计算范式。物联网是利用条形码、射频识别、传感器等设备，按约定的协议，在任何时间、任何地点都能实现人与人、人与物、物与物的连接，并进行信息交换和通信，从而实现智能化识别、定位、追踪、监控和管理的庞大网络系统。

物流信息管理就是对物流信息资源进行统一规划和组织，并对物流信息的收集、整理、存储、检索、传输和应用的全过程进行合理控制，从而使供应链的各个环节协调一致，实现信息共享和互动，减少信息冗余和错误，辅助决策支持，改善客户关系，最终实现信息流、资金流、商流、物流的高度统一，达到提高供应链运行效率和增强企业竞争力的目的。

物流管理信息系统是通过对系统内外物流信息的收集、存储、加工处理，获得企业物流管理中有用的信息，并以表格、文件、报告、图形等形式输出，以便管理人员和领导者有效地利用这些信息组织物流活动，协调和控制各作业子系统的正常运行，来实现对物流的有效控制和管理，并为企业物流管理人员及其他管理人员提供战略及运作决策支持的人机系统。

物流管理信息系统的开发方法主要有系统开发生命周期法、原型法、面向对象方法、计算机辅助开发方法和敏捷软件开发方法。各种开发方法都有自己的适用范围，不能简单地认为哪种方法最好或明显比其他方法优越；通常，在系统开发的不同阶段，不同开发方法可以为物流管理信息系统的开发提供有益的帮助或明显提高开发质量与效率。因此，不能对开发人员硬性规定必须采用何种方法从事系统的开发工作，而要具体问题具体分析。

系统开发生命周期法模型包括系统规划阶段、系统分析阶段、系统设计阶段、系统实施阶段、系统运行与维护阶段。

物流管理信息系统的体系结构有两层体系结构和三层体系结构两种基本类型。随着网络通信技术的发展，以及企业业务运营量的增多和访问用户的增多，越来越多的企业开始采用三层体系结构。

一个完整的企业物流管理信息系统根据其处理的内容与决策的层次可以分为数据管

层、业务处理层、计划控制层、决策分析层 4 层。流通企业物流管理信息系统采用三层结构，包括决策支持层、信息管理层和业务操作层。

关键术语

物流信息（Logistics Information）　　　　条形码（Bar Code）
无线射频识别（Radio Frequency Identification，RFID）
电子数据交换（Electronic Data Interchange，EDI）
全球导航卫星系统（Global Navigation Satellite System，GNSS）
大数据（Big Data）　　　　　　　　人工智能（Artificial Intelligence，AI）
区块链（Blockchain）　　　　　　　物联网（Internet of Things，IoT）
物流管理信息系统（Logistics Management Information System，LMIS）
系统开发生命周期法（System Development Life Cycle，SDLC）

习题

1. 选择题

（1）物流信息的主要特征包括（　　）。
　　A．信息量大　　　　　　　　　B．更新快
　　C．来源多样化　　　　　　　　D．共享与标准化
（2）按照信息的作用对物流信息进行分类，其主要包括（　　）。
　　A．计划信息　　　　　　　　　B．装卸搬运信息
　　C．控制及作业信息　　　　　　D．统计信息
（3）经常采用的现代物流信息技术包括（　　）。
　　A．条码技术　　　　　　　　　B．无线射频识别技术
　　C．大数据技术　　　　　　　　D．人工智能技术
（4）与一维条形码相比，二维条形码具有的特点包括（　　）。
　　A．储存数据量大　　　　　　　B．保密性高
　　C．安全级别高　　　　　　　　D．译码错误率约为百万分之二
（5）从 RFID 系统的工作原理看，该系统一般由（　　）组成。
　　A．编程器　　　　　　　　　　B．信号发射机
　　C．发射接收天线　　　　　　　D．信号接收机
（6）射频识别系统可以应用于（　　）。
　　A．高速公路自动收费和城区交通管理
　　B．人员识别与物资跟踪
　　C．生产线自动控制
　　D．仓储管理

(7) 电子数据交换包含（　　）。
　　A．管理规范　　　　　　　　B．计算机应用
　　C．通信网络　　　　　　　　D．数据标准化
(8) EDI 软件主要包括（　　）。
　　A．通信软件　　　　　　　　B．翻译软件
　　C．EDI 服务中心　　　　　　D．转换软件
(9) GIS 是指（　　）。
　　A．地理信息系统　　　　　　B．全球定位系统
　　C．物联网　　　　　　　　　D．云计算
(10) 物流管理信息系统的结构主要包括（　　）。
　　A．交易层次　　　　　　　　B．管理控制层次
　　C．战略计划制订层次　　　　D．决策分析层次
(11) 物流管理信息系统的开发原则包括（　　）。
　　A．领导参与的原则　　　　　B．整体性原则
　　C．先进性第一原则　　　　　D．处理规范化的原则
(12) 物流管理信息系统的开发方法主要包括（　　）。
　　A．面向对象方法　　　　　　B．计算机辅助开发方法
　　C．系统开发生命周期法　　　D．原型法
(13) 系统开发生命周期法主要包括（　　）。
　　A．系统规划　　　　　　　　B．系统实施
　　C．系统设计　　　　　　　　D．系统分析

2. 简答题

(1) 什么是物流信息？
(2) 物流系统中常用的条形码有哪些？
(3) EAN-13 码由哪几部分构成？
(4) 简述无线射频识别系统的工作原理。
(5) 简述 EDI 系统的工作原理。
(6) EDI 包括哪些类型？
(7) 什么是地理信息系统？
(8) 完整的 GIS 物流分析软件包括哪些模型？
(9) 简述人工智能技术在企业物流管理中的应用。
(10) 简述物联网的特征。
(11) 简述系统开发生命周期法的优缺点及适用范围。
(12) 简述物流管理信息系统三层体系结构的优势。

3. 判断题

(1) 广义的物流信息不仅指与物流活动有关的信息，而且包括商品交易信息和市场信息等。　　　　　　　　　　　　　　　　　　　　　　　　　　　　　　（　　）

（2）按照管理层次对物流信息分类，物流信息可分为作业信息、战术信息和战略信息。（　　）

（3）条形码是由一组按编码规则排列的条、空符号，用以表示一定字符、数字及符号组成的信息。（　　）

（4）EAN标准码由13位数字码及相应的条形码符号组成，它包括前缀码、制造厂商代码、商品代码和后缀码四部分。（　　）

（5）EDI是一套报文通信工具，它利用计算机的数据处理与通信功能，将交易双方彼此往来的商业文档（询价单或订货单）转成标准格式，并通过通信网络传输给对方。（　　）

（6）电子单证是EDI用户之间进行业务往来的数据，但不具有法律效力。（　　）

（7）在物流管理信息系统的开发过程中始终要把先进性放在第一位，然后突破系统在技术和管理上的实用性。（　　）

（8）系统规划主要是对开发的系统进行业务调查和分析，充分理解用户的需求，明确这些需要的逻辑结构并且加以确切的描述。（　　）

（9）系统开发生命周期法适用于一些组织动态变动、业务处理过程规范、需求明确且在一定时期内不会发生大的变化的大型复杂系统的开发。（　　）

（10）三层体系结构是将两层体系结构中的客户端分离为用户界面层和业务逻辑层，即用户界面层、业务逻辑层和数据访问层。（　　）

4. 思考题

（1）物流管理信息系统的不同开发方法适合哪种类型系统的开发？
（2）制造企业和商业企业物流管理信息系统的功能有哪些区别？

实际操作训练

课题8-1：某小型企业物流管理信息系统的设计
实训项目：某小型企业物流管理信息系统的设计
实训目的：掌握系统开发生命周期法的开发原则、过程和设计中所用到的分析与优化方法。
实训内容：调研当地的一家小型的物流企业，为其设计一个实用的物流管理信息系统。
实训要求：首先，学生以小组的方式开展系统的开发工作，每五人一组；各组成员自行联系，并调查当地的一家小型企业，了解该企业对信息系统的需求；然后，应用系统开发生命周期法帮企业设计一个实用的物流管理信息系统；系统设计过程中要包括完整的数据库设计、详细的业务流程图和数据流图、详尽的系统功能结构，并设计合适的测试用例，完成系统的测试工作；最后，形成一个完整的系统使用说明书。

课题8-2：某大型企业物流管理信息系统和现代物流信息技术的应用情况调研
实训项目：某大型企业物流管理信息系统和现代物流信息技术的应用情况调研
实训目的：了解该企业物流管理信息系统和现代物流信息技术的应用情况，分析信息系统和物流信息技术的应用给企业带来的益处。
实训内容：调研当地的一家大型企业，了解该企业物流管理信息系统和现代物流信息技术的应用情况。
实训要求：首先，学生以小组的方式开展工作，每五人一组；各组成员自行联系，并调查当地的一家大型企业，了解该企业物流管理信息系统和现代物流信息技术的应用情况；然后分析物流管理信息系统和现代物流信息技术的应用给企业带来的益处,其中,包括分析该企业物流管理信息系统的功能、体系结构、现代物流信息技术应用的种类和应用范围,进行企业物流管理信息系统和现代物流信息技术效益分析;最后,形成一个完整的调研分析报告。

案例分析

丰智云链

丰智云链是顺丰科技自主研发的一套面向供应链执行的运营管理软件,包括 WMS(含仓内算法)、TMS(含线路和装算法)、OMS(Order Management System,订单管理系统,含物流中台)、BMS(Business Management System,经营管理系统,含物流一盘账),并配备标准的执行数据报表能力。该产品的优势如下。

(1)提高供应链敏捷性。数字化可以提高供应链的速度和敏捷性,让下游需求变动更快地传递给上游,减少整个供应链上的"内耗"。

(2)提供价值洞察能力。统计和预测未来的销售、库存和运输费用的趋势等会影响公司以后的现金流和利润的数据,为公司提供决策依据。

(3)降低供应链牛鞭效应。因为缺少安全感,许多人会人为放大需求信息,数字化技术用信息流取代库存,把推动式生产改为拉动式生产。

(4)提高数据准确可视化。解决单一数据源、数据录入、数据篡改、数据及时性等问题;云端数据一次录入,多业务调用,增加准确率;需求和供应两端随时变化,打通各个信息孤岛。

(5)支撑供应链生态建设。可以利用实时信息共享、区块链技术在供应链伙伴客户之间创造更大的信任,加深对信任的关系。庞大的供应链网络内部,还可以形成生态关系。

资料来源:https://www.sf-laas.com/valet/3951[2025-03-07].

问题:

(1)丰智云链可以提供哪些服务?

(2)丰智云链包括哪些模块?

(3)丰智云链有什么优势?

(4)丰智云链解决了哪些业务痛点?

第 9 章　企业物流服务管理

【本章教学要点】

知识要点	掌握程度	相关知识
物流服务概述	了解	客户服务概念、物流服务概念
物流服务内容	掌握	基本服务、零缺陷服务、增值服务
物流服务决策	重点掌握	识别客户服务需求、确定物流服务目标的方法、设定客户服务标准

【本章技能要点】

技能要点	掌握程度	应用方向
物流服务内容	掌握	为确定企业物流服务内容提供指导
物流服务决策	重点掌握	企业管理人员进行物流服务决策的必备技能

导入案例

顺丰仓配一体业务的物流服务策略

顺丰依托自营仓、托管仓、加盟仓组成的资源"轻重结合"、高效灵活的仓储网络,为客户提供分层级的覆盖生产端、消费端和跨境需求的仓储及仓配一体服务。2024 年,顺丰以"提升专业能力、保障服务质量、优化资源投入"为导向,不断优化仓配一体运营底盘,持续精进服务能力,促进仓配业务 NPS(Net Promoter Score,净推荐值)同比提升 34%。

优质的物流服务保障顺丰仓配一体业务快速增长,其中 2024 年上半年除在 SKA(Super Key Account,高级重点商家)客层保持稳固的业务优势外,在 KA(Key Account,重点商家)客层创收同比增长达 54%,SME(Subject Matter Expert,行业专家)客层创收同比增长达 115%。凭借独立第三方物流服务商定位,顺丰能够持续深化与不同类型电商平台的合作,并不断拓展平台新业务,上半年先后承接了数个主流电商平台的线上商超场景的仓配一体业务;其中携手国内某头部短视频平台快速布局线上商超履约网络,截至上半年累计承接其全国 70%的仓储业务,且新投运的分仓项目上线后即实现出库及时率达 99%以上,次日送达的订单达 97%以上。此外,针对某中医院的互联网业务上线乌梅汤药方后因销量激增导致的产能不足无法及时生产和履约的问题,公司在 24 小时内响应客户需求并制定解决方案,2 天内完成开仓及发货,日峰值处理达 26 万单,并在后续及时衔接工厂发货最终快速完成超 250 万历史积压订单的履约,及时解决了客户痛点,充分体现公司在仓储及仓配一体服务方面的专业经验与高效履约能力。

此外,公司围绕使用了"仓配一体""纯仓无配""纯配无仓"的三种不同服务类型的客群,制定针对性的拓展策略,持续渗透客户的仓储及配送场景,不断提升公司仓配一体业务份额。

资料来源:2024 年顺丰控股股份有限公司半年度报告.

思考题
(1)顺丰仓配一体业务面向哪些客户群体?
(2)顺丰仓配一体业务的导向是什么?
(3)顺丰仓配一体业务发展情况如何?

物流服务水平不仅决定了企业能否留住现有的客户,而且也决定了有多少潜在客户会变成现实客户。因此,物流服务管理对于企业及整个供应链的市场份额、总物流成本及最终的盈利水平都有直接影响。

9.1 物流服务概述

企业物流管理的主要目的之一就是将供应物流、生产物流与销售物流进行综合计划、协调和组织,以最快的速度、最佳的服务水平满足客户的要求。

9.1.1 客户服务的概念

1. 客户服务的定义

从客户服务过程角度来看，客户服务（Customer Service）是企业为了满足客户对产品及相关服务的需求而整合资源，进行产品及相关服务提供的过程。

2. 客户满意

客户满意是指客户对事前的期望和可感知的效果进行判断后所得的评价。如果可感知的效果低于事前的期望，客户就会不满意；如果可感知的效果与事前的期望相匹配，客户就满意；如果可感知的效果超过事前的期望，客户就会高度满意或感到欣喜。要赢得客户、战胜竞争对手，就要在达到甚至超过客户的期望上做好服务工作。以客户为中心要求企业创造客户满意，但未必追求客户满意最大化。

衡量客户满意的常用方法有以下几种。

（1）投诉和建议制度。以客户为中心的企业都开设客户投诉和建议的渠道。如宝洁公司、通用电气公司、惠而浦公司等，都开设了免费的客户热线。

（2）客户满意调查。研究表明，客户每四次购物中会有一次不满意，而只有不到 5%的不满意客户会抱怨，大多数客户会少买或转向其他供应商。企业可以通过定期的客户满意调查，了解客户对企业服务是否满意的情况和需要企业改进的地方。

 资料卡

2024 年 10 月 23 日，国家邮政局发布关于 2024 年第三季度快递服务满意度调查和时限妥投率测试结果的通告。2024 年监测对象包括 9 家快递服务品牌，分别为邮政速递、顺丰速运、中通快递、圆通速递、韵达速递、申通快递、京东快递、德邦快递和极兔速递。此次调查范围覆盖 50 个城市，包括各直辖市、省会城市和快递业务量较大的城市。满意度调查采用在线调查方式，由 2024 年使用快递服务的用户对受理、揽收、投递、售后和信息 5 个方面进行满意度评价，共获得有效样本 10871 个。

9-1 拓展知识

调查显示，2024 年第三季度用户快递服务公众满意度得分为 83.7 分，同比上升 0.8 分。

在品牌公众满意度方面，得分较高的品牌为顺丰速运、京东快递。

在区域公众满意度得分方面，江苏、上海、重庆、吉林得分高于 85 分，满意度较高。

调查显示，2024 年第三季度，在投递服务方面，时限感知、送达质量、派件员服务的用户满意度得分分别为 83.8 分、84.5 分、84.7 分，同比分别上升 1.7 分、0.6 分、1.4 分。在售后服务方面，问题件处理、投诉处理、损失赔偿的用户满意度得分分别为 78.5 分、78.4 分、81.1 分，同比分别上升 1.5 分、1.8 分、1.4 分。

（3）伪装购物者。公司可以雇一些人，装扮成潜在客户，报告他们在购买企业及其竞争者的产品过程中发现的优缺点。这些伪装购物者甚至可以故意提出一些问题，以测试企业的销售人员处理问题的能力。企业经理还应经常走出他们的办公室，进入他们不熟悉的实际销售环境，以亲身体验作为"客户"所受到的待遇。经理们也可以打电话给自己的企业，提出各种不同的问题并发出抱怨，了解员工如何处理。

（4）分析客户流失的原因。对于那些已经停止购买或转向其他供应商的客户，企业应该了解发生这种情况的原因。企业不仅要和那些流失的客户沟通，还必须监控客户流失率。

实例分析

美国某花店给客户的一封致歉信

美国某花店经理接到某位客户的来电,说她订购的 20 支玫瑰花送到她家时迟了一个半小时,而且花已不那么鲜艳了。第二天,那位夫人接到了这样一封信。

亲爱的凯慈夫人:

感谢您告知我们那些玫瑰花在很差的情况下到达您家的消息。在此信的附件里,请查找一张退还您购买这些玫瑰花所用的全部金额的支票。

我们的送货车中途修理导致意外耽搁,加之昨天不正常的高温,所以您的玫瑰花,我们未能按时、保质交货,为此,请接受我们的歉意和保证。我们保证将采取有效的措施以防止这类事情的再次发生。

过去两年里,我们总是把您看作一位受尊敬的客户,并一直为此感到荣幸。客户满意是我们努力争取的目标。请相信我们今后一定能更好地为您提供服务。

您真诚的霍华德·佩雷斯
(经理签名)

9.1.2 物流服务的概念

1. 物流服务的定义

《物流术语》(GB/T 18354—2021)中对物流服务(Logistics Service)的定义是:"为满足客户物流需求所实施的一系列物流活动过程及其产生的结果。"具体而言,是指企业的物流部门或物流企业从处理客户订货开始,直至物品送交客户过程中,为满足客户的需求,有效地完成物品供应、减轻客户的物流作业负担所进行的全部活动。

2. 物流服务的基本特征

服务是一方提供给另一方的任何无形的活动或得益,它并不导致所有权的转移。服务具有无形性、不可分割性、变异性和即时性等特点。物流服务具有普遍意义上"服务"的共性,又较之其他服务,具有一些不同之处。物流服务主要具有以下几个特征。

(1)附属性。

在整个物流过程中,物流服务是附属于商流而产生的。商流要实现商品的所有权转移,利用物流服务是必需的,可以说商流的存在是产生物流服务的基本前提。物流服务需求者提出的服务需求要以商流为基础,要伴随着商流的发生而发生。

(2)即时性和非储存性。

物流服务属于非物质形态的产品。物流活动生产的产品不是有形的产品,而是一种同时产生于生产、销售、消费 3 个环节中的即时服务,不能进行储存。一般来说,有形的产品要经过生产、储存、销售才能完成服务的提供,而物流业务本身决定了其生产就是销售,就是物流服务。

(3)动态性。

物流服务所面临的客户是不固定的,而且地域分布较广。同时,因为物流服务具有附属于商流的特性，使得提供物流服务的企业在运营过程中往往会处于一种被动的地位，如提供服务的时间、方式等都要根据需求者的要求进行安排、调整，这就给企业提出了更高的要求。同时，要求企业提供的物流模式不能是一成不变的，而是根据需求者的要求进行实时调整，以满足客户的需求，这就决定了物流服务的动态性。

（4）专业性。

企业提供的物流服务，从物流设计、物流操作过程、物流技术工具、物流设施到物流管理，都要体现专业化的水准。这既是物流消费者的需求，也是企业自身发展的基本要求。

9-2 拓展视频

（5）增值性。

物流服务一般可以使产品的价值得以增加，而这种增值性主要通过独特的活动加以体现，主要活动是为物流服务需求者提供定制化的物流服务，以帮助特定的客户实现他们的期望，如丰田公司能够按照客户要求的规格制造汽车，并在一周内交货。增值性可以表现为提供产品包装、建立客户标志、创建特定的批量封装、提供有利于购买的信息等。

（6）可替代性。

在"双循环"新发展格局驱动下，我国物流业正经历从传统自营物流模式向第三方物流模式转型过程。尽管部分生产型企业仍延续着大而全的运营模式，依托自有物流体系完成仓储、运输等基础功能，但数字化供应链时代的到来正重构竞争逻辑。第三方物流企业通过构建智慧物流平台、提供定制化物流服务解决方案、嵌入制造业全流程等创新实践，将可替代性压力转化为行业升级的突破口。

 资料卡

京东物流是中国领先的技术驱动的供应链解决方案及物流服务商，以"技术驱动，引领全球高效流通和可持续发展"为使命，致力于成为全球最值得信赖的供应链基础设施服务商。

一体化供应链物流服务是京东物流的核心赛道。目前，京东物流主要聚焦于快消、服装、家电家具、3C、汽车、生鲜六大行业，为客户提供一体化供应链解决方案和物流服务，帮助客户优化存货管理、减少运营成本，高效分配内部资源，实现新的增长。同时，京东物流将长期积累的解决方案、产品和能力进行解耦，以更加灵活、可调用与组合的方式，满足不同行业的中小客户需求。

9-3 拓展视频　　9-4 拓展视频

京东物流建立了包含仓储网络、综合运输网络、"最后一公里"配送网络、大件网络、冷链物流网络和跨境物流网络在内的高度协同的六大网络，具备数字化、广泛和灵活的特点。京东物流服务范围覆盖了中国几乎所有地区、城镇和人口，不仅建立了中国电商与消费者之间的信赖关系，还通过211限时达等时效产品和上门服务，重新定义了物流服务标准，客户体验持续领先行业。在国家邮政局关于2024年上半年两个季度的快递服务满意度调查中，京东快递以高分位列第一阵营，服务满意度持续领跑物流行业。

3. 物流服务的重要性

物流服务的重要性主要有以下几个方面。

（1）物流服务对销售的影响。

物流服务是整个客户服务的一部分，很难确切地衡量销售与物流服务之间的关系，甚至连买主自己也很难确切地说明他们对物流服务的要求。而且，营销组合中的各因素即产品、价格、促销和实物分拨对市场份额的影响力存在差异。在客户服务的各因素中，对客户最重要的因素都具有物流属性。这些因素常常置于产品价格、产品质量及其他与营销、财务和生产有关的因素之前。

美国学者巴里兹和齐斯曼的研究表明,当客户发现服务不周时,他们常会对负有责任的供应商采取惩罚性措施。这些措施将会影响供应商的成本和收益。图 9-1 列举了采购部门对供应商服务不周采取的惩罚性措施。研究人员强调,物流服务的差异通常会带来 5%~6%的销售差异,在工业品市场上,服务水平下降 5 %将导致某些客户购买力下降 24%。

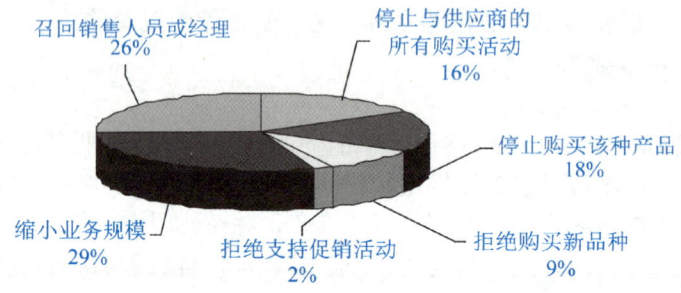

图 9-1　采购部门对供应商服务不周采取的惩罚性措施

（2）物流服务对竞争力的影响。

对于营销组合四要素而言,产品和价格较容易被竞争对手模仿,促销的努力也可能被竞争者赶上。提供令客户满意的物流服务和处理客户抱怨的有效策略则成为企业区别于竞争对手的重要途径。在短期内,物流服务不容易被对手模仿。

（3）物流服务能够节约成本。

好的物流服务能够帮助企业节约成本。在工业领域,河钢集团供应链管理有限公司的数字化转型具有较强代表性。其首创的 B+C（运力组织方+单车）网络货运平台服务模式,通过运力招标、智能调度、在途监控等全流程数字化改造,实现物流成本透明化,综合成本降低了 10%。

（4）信息时代更需要客户服务。

波士顿咨询公司和商店组织的调查显示了 65%的在线购买者在最后结账前会放弃购买。更糟的是,浏览在线零售商店而最后购买的只占 1.8%,而去商店的客户最后购买的比率是 5%。分析者把这一行为部分归结为电子商务中缺少一种互动的客户服务。寻求服务的客户常常得到的是帮助文件而不是活生生的销售代表的帮助,这就有可能产生波动,促使客户不购买而退出网站。为此,兰斯洛德网站为浏览者提供机会与销售代表交流。诺德斯特龙网站也采用了相似的方法,试图保证在线购买者与店中参观者一样对公司的客户服务满意；而通过点击一个按钮,艾迪鲍尔的电子商务网站用一个测试版的聊天工具将购买者与客户服务代表连接起来。提供现场销售代表的另一个好处是能出售额外的商品,当销售中有人员服务时,订单的平均数量会明显提高。

 **实例分析**

美国通用汽车的第三方物流服务

美国通用汽车在美国 14 个州中,约有 400 个供应商负责把各自的产品送到 30 个装配工厂进行组装。

由于卡车满载率低,使得通用汽车的库存和配送成本急剧上升。为了降低成本,改进内部物流管理,提高信息处理能力,通用汽车委托 Penske 专业物流公司提供第三方物流服务。

Penske 公司调查了解通用汽车半成品的配送路线之后,建议其在克利夫兰市创建一家有战略意义的配送中心。配送中心负责接收、处理、组配半成品,由 Penske 公司派员工管理,同时 Penske 公司提供 60 辆卡车和 72 辆拖车。除此之外,Penske 公司还通过 EOI 系统帮助通用汽车公司调度供应商的运输车辆以便实现 JIT 送货。为此,Penske 公司设计了一套最优送货路线,可以增加供应商的送货频率,减少库存水平,改进外部物流活动;Penske 公司运用全球卫星定位技术,使供应商随时了解行驶中的送货车辆的方位。与此同时,Penske 公司在配送中心组配半成品后,对装配工厂实施共同配送的方式,既降低了卡车的空载率,又减少了通用汽车公司的运输车辆,只保留了一些对 Penske 公司所提供的车队有必要补充作用的车辆,这样也减少了通用汽车公司的运输单据处理费用。

9.2 物流服务内容

9.2.1 基本服务

企业物流系统究竟提供多少基本服务(Basic Service)取决于企业的总体战略及对应营销组合中决定性要素的相对重要性。如果企业在其物流功能上寻求差异化的战略,则高水准的基本服务是必不可少的;如果企业主要的竞争特征是价格优势,则出于对成本控制的要求,其不可能愿意去完成高水准的基础服务。但是,客户的期望在不断增长,要确定究竟提供多少能力作为基本的物流服务的组成部分,就需要仔细进行成本—效益分析。一般来讲,物流的基本服务包括可得性、作业绩效、可靠性、时效性等方面的内容。

9.2.2 零缺陷服务

物流服务的最高境界就是正确地做每件事。如果客户期望供应商能及时和无差错地提供 100%的存货可得性,那么,这种服务就实现了所谓的"完美订货"。完美订货就是指期望向客户提供服务的能力,在可得性和作业绩效方面,每次都应同步地实现既定的服务目标。这意味着存货可得性和作业绩效都得到了完美的履行,并且所有的支持活动,诸如准确无误的开发票服务和恰如其分的产品介绍等,都必须严格按照对客户的承诺完美履行。

通常,完美订货可从以下三方面来衡量:交付准时性、完整性、无差错。交付准时性是根据协定的提前期来衡量的;完整性是通过订单满足情况来衡量的;无差错包括避免开发票方面的差错和在订单履行过程中的质量不合格等其他问题。在某一段时期内的完美订货实现水平是由完美订货的各个分散要素的综合作用决定的。用公式表示为

$$\text{完美订货实现水平} = \text{交付准时性}(\%) \times \text{完整性}(\%) \times \text{无差错}(\%) \quad (9\text{-}1)$$

【例 9-1】 某企业在过去的 12 个月中,满足某个客户要求的实际绩效水平为:98%的交付准时率、95%的完整订单比率、93%的无差错和无损坏比率,试求完美订货实现水平。

解:根据式(9-1),其计算结果为

$$\text{完美订货实现水平} = \text{交付准时性} \times \text{完整性} \times \text{无差错} = 98\% \times 95\% \times 93\% = 86.583\%$$

完美订货的方案通常要涉及各种超出基本服务的活动,履行完美订货的承诺通常是建立在各种协议基础上的,旨在发展供应商和核心客户之间密切的业务关系。

在很多情况下，完美订货的概念是物流质量的外延，但其代价是昂贵的。因此，很少有企业会向所有的客户承诺把完美服务（Perfect Service）作为其基本的服务战略。

履行完美订货需要在管理上和作业上做出努力、耗费巨资，并且需要充分的信息支持。这种卓越的服务表现必须致力于那些能够正确评价并愿意提高购买忠诚，能对企业的额外表现做出反应的客户。客户期望企业做出的约定每次都能如实兑现。对客户来说，只有当企业的承诺是真实的、可信的及能被一致地实现时，这种物流绩效才能被认为是高效率的。

顺丰时效快递的物流服务

顺丰持续提升产品时效和对客户服务承诺能力，细化时效服务分层，结合资源匹配和精准营销，增强产品性价比，从而扩大业务规模。针对特快产品，公司通过优化航线规划并加大获取优势散航资源，全方位提升时效能力，实现次晨达航空站点数量增长16%；同时，优化航空与陆运衔接以压缩全流程的处理时长，2024上半年特快产品的票均全程时效提速1.6小时。针对标快产品，公司聚焦重点城市线路调优运输模式，对中短距离转运"去中心化"，通过优化线路规划、增加城市间直送线路以及灵活使用大巴车串点模式等，提升次晨送达能力；对长距离寄送则策略性地提升陆运转航空的时效，为客户提供更高效的寄递体验；同时升级客户端时效承诺，增强客户感知。此外，通过科技助力小哥掌握所服务区域的更精细化的用户画像和商机潜力，并赋予快递员灵活自主的营销权限，助力开拓个人散单及小微商家业务，进一步渗透抢夺时效寄递市场份额。

资料来源：2024年顺丰控股股份有限公司半年度报告.

9-5 拓展视频

9.2.3 增值服务

增值服务（Value Added Service）是指在完成物流基本服务基础上，根据客户需求提供的各种延伸的业务活动。增值服务的特征就是在提供物流基本服务的基础上，满足更多的客户期望，为客户提供更多的利益和不同于其他企业的优质服务，它是竞争力强的企业区别于一般小企业的重要方面。有时，在物流基本服务的基础上也能够实现物流增值服务。物流增值服务主要包括基于客户的增值服务、基于促销的增值服务、基于制造的增值服务、基于时间的增值服务等内容。

顺丰的增值服务

顺丰的物流服务包括同城急送、快递服务、大件服务、冷运服务、医药服务、国际服务。顺丰还提供了增值服务。增值服务涵盖保价、包装服务、代收货款、保鲜服务、签单返还、送货上楼、验货服务、定时派送、特殊入仓、装卸服务、安装服务、转寄/退回、密钥认证等。

其中，定时派送是指客户预先指定快件到达时间（快件到达后7天内的某个时间）或者要求顺丰快件到达后暂不派送，收到通知再安排派送的服务。指定时段派送用于满足客户指定天、半天、精细时间段派送的需求；等通知派送用于满足客户派件时间灵活预定的需求。

资料来源：根据网络信息整理.

9.3 物流服务决策

企业物流系统是支持实现客户服务目标的内部业务流程和管理模式的集合,其出发点是市场,必须充分分析和理解不同市场、不同客户群体的物流服务需求,才能找到符合企业经营和发展需求的物流运作模式。

9.3.1 识别客户服务需求

客户在服务需求方面的差异是永远存在的,或者说没有两个客户对服务需求的看法是完全一样的。因此,企业可以先根据客户的大致需求将之分成需求相近的消费群体,再对各种消费群体的具体需求进行调查和分析。最后企业再针对不同消费群体的物流服务需求设计相应的物流策略,确定具有针对性的运作方法。

识别客户服务需求应有系统、按步骤地进行,一般可分成3个阶段。

1. 从客户角度出发识别客户服务的关键组成部分

由于客户个性的千差万别,企业不可能穷尽所有客户服务需求的细节和要求,只有抓住影响客户购买的主要因素,才能得出大致准确的服务需求。企业要在市场上获得长期的竞争优势,还应该建立长期追踪客户服务需求变化的机制,即有专门的负责部门或人员承担客户服务需求的调查和分析工作,并配有科学的调查分析方法和信息处理、传输的相关规则等。

进行市场信息搜集时,对调查对象可采用直接访问、电话调查、网上调查等形式,目的是从客户方面获得有用信息。首先,要调查客户认为相对于其他营销组合因素(如价格、产品质量、促销等),客户服务的重要程度;其次,要调查客户认为服务的每项因素的特定重要性;最后,还可让客户对本企业及主要竞争对手各方面服务绩效的满意度进行评估,为企业制定既满足客户需求又优于竞争对手的物流服务标准做准备。

在进行正式的调查之前,应对小范围的客户样本进行问卷或问题测试,以便发现可能漏掉的重要问题,避免有些条目让被调查者难以读懂或难以清楚回答,或识别出调查方法的缺陷,并针对这些问题进行修正,以保证调查的质量。在调查中,如果已确定了客户群体,要注意不同群体的客户服务需求的差异性,因此应设计不同的调查表,运用到相关客户群体中去。另外,客户对服务需求的认识往往是感性的,常采用一些感性描述语言表述,如"及时""友善接待"等。在调查表上,对能直接量化的就应尽量赋值,便于以后分析和设定企业运行管理的数量指标。如对于"递送及时"的要求,可确定为"实际送达时间为预定时间±1天"或"实际送达时间为预定时间±0.5天"等。

2. 列出客户服务影响因素的相对重要性

确定每项客户服务影响因素的重要性。最简单的方法是,把通过调查产生的客户服务影响因素一一列出,让接受调查的客户按照从"最重要"到"最不重要"的顺序给它们排序。但这样做非常烦琐,尤其是在客户服务影响因素较多的情况下,难以明确每项客户服务影响因素的相对重要性。也可以采用范围估值的形式,如让被访问者根据他们赋予每项客户服务影响因素的重要性对每项影响因素在 1 到 10 之间打分，但由于这些因素都是被访问者根据自己的感受提出的，因此他们可能认为大部分的客户服务影响因素都很重要，结果是打出的分数客观性不强。有时可要求被访问的客户根据感觉到的重要性在罗列出的所有客户服务影响因素中分配分数，如将 100 分或 10 分在各种客户服务影响因素中进行分配，但这对被访问者来说是一项相当烦琐的任务，以致他们随意打分。

比较实用的方法是：首先根据以往营销的经验或参照其他相关企业做法，提炼出一些可行的客户服务影响因素，并将这些因素进行不同的组合，让客户根据其偏好程度给这些组合排序；然后应用模糊数学和计算机技术计算出每项客户服务影响因素的重要性。

3. 客户服务细分

确定了各项客户服务影响因素的重要性，就要分析是否存在偏好的相似性。如果一个被访者群体具有与另一群体明显不同的喜好，那么就要把这两个群体看作不同的服务分区。随着计算机技术的成熟，可以把收集到的成千上万的数据和信息输入具有群体分析模型的计算机系统中，对被调查的客户进行分类。

客户物流服务需求调研要与企业物流运作整体过程结合起来，才能更好地发挥其效用。在企业物流系统规划时期，进行客户服务需求调查可得到企业物流系统应达到的目标；在企业物流系统正常运行时，通过调查可以确定客户对企业提供的物流服务的满意度及相对于竞争对手的优劣程度，为企业改进物流系统提供方向。

9.3.2 确定物流服务目标的方法

1. 成本与效益的平衡

企业物流系统的服务目的是以合理的成本为客户提供他们所要求的服务水平和质量。在设定或优化物流服务目标的过程中，无论采用什么方法，都要有成本和效益的观念，即以合适的成本保持长期的"优越服务"。因此，在确定物流服务目标时，首先要考虑成本与效益的关系。

企业的物流过程源于客户订货，物品转移所涉及的一切费用（如订货费用、信息处理费用、库存费用、运输费用、采购费用等）的总和就是总物流成本，它可视为企业在客户服务上的开支。服务水平和服务成本之间的关系可用一条上升的曲线来表示，如图 9-2 所示。

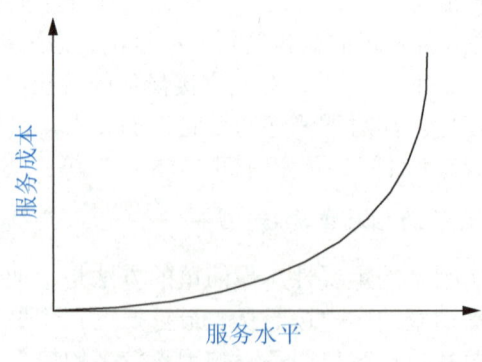

图 9-2 服务水平与服务成本之间的关系

企业及时满足客户需求的能力越强，其服务水平就越高。其具体表现为订货周期短、供货及时、适应性强、灵活性高。为了防止缺货事件，或为了满足客户需求变化，要求有大量的预存现货，并且配备足量的运输物力、人力，维持高水平的服务质量。而大量存货和运输方面的投入必然带来高成本，因此服务水平与服务成本是一对具有相对趋势走向的指标。值得注意的是，技术的提高可以在降低物流成本的同时又保持一定的物流服务水平。如使用新一代信息通信技术提高物流信息流动速度，就能以较低的存货实现同样水平的物流服务；提高安全库存的核定能力，也可使总库存量降低。由此可见，企业要提高物流服务水平，跟踪和采用先进的技术是有效的途径。

与此同时，服务水平的提高又可引发客户的购买欲望，对客户的购买行为产生积极影响，进而使企业的销售增长、收益增加。服务水平和收益之间的关系可以 S 曲线表示，如图 9-3 所示。

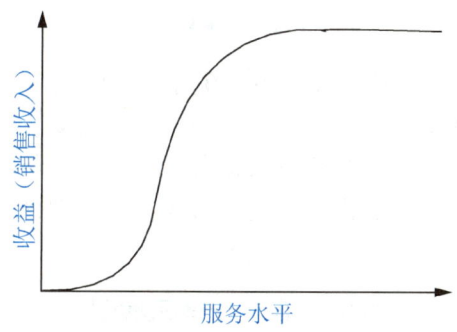

图 9-3　服务水平与收益之间的关系

总体来看，服务水平上升，收益增加。但是，影响客户购买行为的因素众多，包括价格、产品、促销、渠道、竞争对手等。当服务水平超过某个点时，收益出现递减趋势，多余的服务支出得不到相等规模的回报。根据图 9-2 和图 9-3 可推导出，服务成本的提高可引起服务水平上升，服务水平上升引起收益增长；但这种增长是有限的，存在着一个收益增长的临界点，一旦服务水平超过临界点，收益不增反降。因此，企业的总体服务水平是与物流成本相对应的，企业应根据自己的服务水平和资金能力界定自己的物流策略。

2. 确定客户服务的优先次序

在所有产品和服务提供过程中，都存在着所谓的帕累托定律：企业利润 80%源于 20%的客户或 20%的产品，这些客户或产品对企业而言就是核心客户和核心产品，在分配物流服务资源时，也应按大致的比例将物流服务资源向这些核心客户和产品倾斜。对于企业而言，客户服务管理首先是识别客户和产品的获利性，然后发展能够提高企业整体利润的服务战略。确定核心客户和核心产品，适宜的测量指标应该是利润，而不是销售收入或销售量。原因是收入和销售指标可能会掩盖成本，有时用"贡献"表示当产品通过物流系统时所带来的收益与所发生的直接相关成本之间的差额。图 9-4 表示了利润与客户或产品之间的关系即帕累托规则。

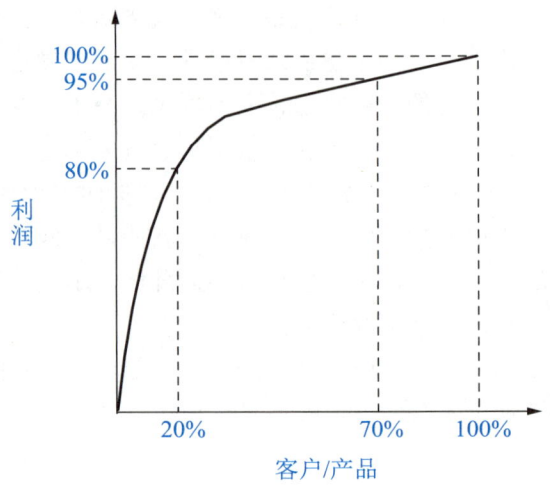

图 9-4 帕累托规则

图 9-4 中曲线分为 3 部分：利润率最高的 20% 的产品或客户是 A 类；利润率次高的 50% 的产品或客户是 B 类；利润率最低的 30% 的产品或客户是 C 类。由于分布图是随着市场和企业的不同而不同，因此不可能进行精确的分类。

在此也可将产品和客户的重要性综合起来考虑，以确定能给企业带来最大收益的客户服务水平，表 9-1 所示为客户—产品贡献矩阵。

表 9-1 客户—产品贡献矩阵

客户分类	产品		
	A	B	C
Ⅰ	1	2	5
Ⅱ	3	4	7
Ⅲ	6	8	9

表 9-1 中 A、B、C 表示产品类别，其中 A 类产品利润最高，为核心产品，其次为 B 类、C 类。Ⅰ、Ⅱ、Ⅲ表示客户类别，Ⅰ类客户对企业的利润影响最大，能产生较为稳定的需求，对价格不太敏感，交易中发生的费用也较少，但这类客户数量通常很少，通过提供高质量的服务可稳定此类客户，这样企业大部分利润就有了保障。Ⅱ类、Ⅲ类客户为企业创造大约 20% 的利润，但在数量上占了客户的大多数。根据产品和客户对企业利润贡献的大小，可以对客户—产品组合进行评判，贡献越大，赋予数值越小，将组合的分值填写在矩阵里，得出客户—产品贡献矩阵。对企业最有贡献客户—产品是Ⅰ-A，即Ⅰ类客户购买 A 类产品。以下是Ⅰ-B 或Ⅱ-A，依此类推。

根据表 9-1 中的数据制定客户服务策略时，对于利润贡献大的客户—产品组合应给予高水平和高质量的物流服务，如百分之百的及时供货、短时间的订货周期、及时的客户投诉处理等。对于利润贡献不高的客户—产品组合保持一般水平的物流服务，如 90% 的及时供货、相对较长的订货周期等。这样就可在较合理的成本下组织符合企业利益的物流活动。表 9-2 所示为对应不同的客户—产品组合的物流服务标准。

表 9-2 对应不同的客户—产品组合的物流服务标准

优先等级	存货供应率（100%）	订货周期/小时	客户投诉处理时间/小时
1～3	100	24	12
4～6	95	48	24
7～9	80	72	96

在表 9-2 中，将排序在 1～3 的定为第一等级，给予尽可能完善的物流服务标准；排序在 4～6 的处于第二等级，给予一般的物流服务标准；排序在 7～9 的处于第三等级，给予最低的服务标准。应该注意的是，无论哪种级别的物流服务水平，都要保持稳定性，只要承诺了物流服务标准，就必须尽力去完成。

3. 竞争状态矩阵

在进行物流服务评价时，将本企业与主要竞争对手的物流服务绩效进行比较，以此制定具有较强竞争力的物流服务标准。这种比较是一个过程，通过这个过程，企业可以识别关键成功因素，研究其他企业最佳的实践，然后实行改进措施以追赶或打败竞争对手。

下面以汽车玻璃市场的数据来说明竞争状态矩阵的制作与使用。为方便说明，只对两家竞争对手情况进行比较，其客户为汽车制造商，根据实际需要可扩展到多家竞争企业的分析。

首先编制客户服务影响因素评估表。表中包含了客户对关键的物流服务影响因素重要性的评分和对两家物流企业服务绩效的评分，满分以 10 分计，按照客户认可的重要性对物流服务影响因素进行排列，并将两家企业的具体得分和相对绩效分数填写到矩阵中，相对绩效分数是用本公司得分减去竞争对手得分。客户服务影响因素评估表见表 9-3。

表 9-3 客户服务影响因素评估表

顺序	影响因素	业绩评估			
		重要性	A 企业	B 企业	相对绩效（A 对 B）
①	按承诺的时间送货的能力	9.60	8.42	8.53	-0.11
②	履行订单的准确性	9.25	8.60	7.47	1.13
③	提前通知运输延误	8.60	8.90	8.57	0.33
④	对客户的投诉处理	8.34	7.79	8.21	-0.42
⑤	订货周期的稳定性	8.10	8.59	8.40	0.19
⑥	预估发运时间的准确性	7.89	7.70	8.05	-0.35
⑦	客户退货处理	7.55	6.50	6.68	-0.18
⑧	特殊订单的处理	6.69	5.94	6.02	-0.08
⑨	送货频率	6.47	7.40	7.01	0.39
⑩	订单处理计算机化	6.45	5.44	6.32	-0.88

基于表 9-3，可以得到竞争地位矩阵，矩阵的横轴是相对绩效，纵轴是客户服务影响因素重要性，根据客户服务影响因素重要性和相对绩效评分，可将竞争地位矩阵划分成不同的区域，代表不同的竞争情况。竞争地位矩阵如图 9-5 所示。

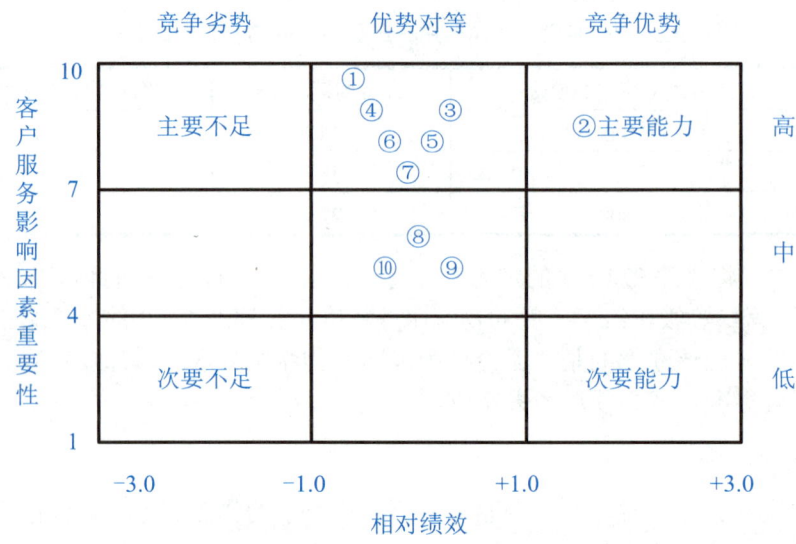

图 9-5 竞争地位矩阵

矩阵的分区代表了不同的竞争状况。

（1）竞争优势区域：主要能力（重要性高，相对绩效好），次要能力（重要性低，相对绩效好）。

（2）优势对等：相对绩效评分相近，表示企业与其竞争对手在相关领域能力相近。

（3）竞争劣势：主要不足（重要性高，相对绩效差），次要不足（重要性低，相对绩效差）。

若有客户服务影响因素评估结果落入竞争优势区域中主要能力单元格中，表示该影响因素是客户看重的，企业比竞争对手具有相对优势，企业在这方面应该继续保持领先水平。图 9-5 显示，A 企业的主要竞争能力是标号为②的影响因素，即履行订单的准确性。如果客户服务影响因素评估结果落入次要能力单元格中，表示此服务影响因素客户并不看重，但企业在此方面比竞争对手有着较大优势。优势对等区域指的是进行比较的企业在此范围内客户服务能力相近，没有优劣之分。该矩阵显示，A 企业和 B 企业的相对绩效评分多在优势对等区域，即两者的服务绩效在客户看来几乎是等同的。如果客户服务影响因素落入主要不足单元格中，则表示此服务影响因素是客户看重的，而在此项上本企业落后于竞争对手，它是企业提高竞争能力主要改进的方向。如果客户服务影响因素评估结果落入次要不足单元格中，表示此服务影响因素客户并不看重，且在此项上本企业落后于竞争对手。

有时，通过竞争地位矩阵不能完全显示企业的物流服务能力与客户需求之间的关系，这样，为了便于进行深入分析、寻找真正符合客户意向的服务影响因素，可用客户满意评价矩阵弥补竞争地位矩阵的不足。客户满意评价矩阵的横轴表示客户对企业各种服务影响因素的评价，纵轴表示客户对各种服务影响因素重要性的评价。根据服务影响因素的绩效评价和重要性评价，可把矩阵划分为 9 个区域，每个区域代表了客户对服务影响因素重要性的认可和客户对企业的服务能力的评价。服务影响因素落入具体的区域，就代表了这一服务影响因素在客户眼中的重要性和企业实际执行情况的综合期望，客户对企业服务影响因素情况评价，也是客户对企业的服务感受，因此这个矩阵称为客户满意状态矩阵。针对不同的区域,企业可制定相应的措施,提高客户满意度。客户满意评价矩阵图如图 9-6 所示。

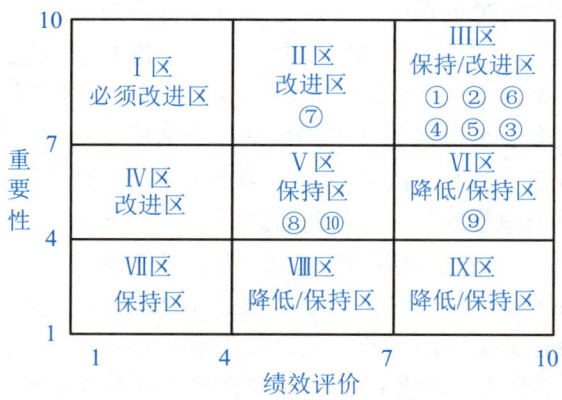

图 9-6 客户满意评价矩阵图

客户满意评价矩阵的分区及其相关措施如下。
(1) Ⅰ区,必须改进区(重要性高,绩效评价差)。
(2) Ⅱ区,改进区(重要性高,绩效评价一般)。
(3) Ⅲ区,保持/改进区(重要性高,绩效评价好)。
(4) Ⅳ区,改进区(重要性一般,绩效评价差)。
(5) Ⅴ区,保持区(重要性一般,绩效评价一般)。
(6) Ⅵ区,降低/保持区(重要性一般,绩效评价好)。
(7) Ⅶ区,保持区(重要性低,绩效评价差)。
(8) Ⅷ区,降低/保持区(重要性低,绩效评价一般)。
(9) Ⅸ区,降低/保持区(重要性低,绩效评价好)。

如图 9-6 所示,在所有与物流有关的客户服务影响因素中,客户最看重的 7 项服务影响因素,A 企业有 6 项做得较好,可以保持。而第⑦项"客户退货处理"未达到客户的要求水平,落入改进区,在下一步工作中需要对此类服务进行改进。而客户认为重要性一般的 3 项服务要求中,第⑨项"送货频率"高于客户的要求,落入降低/保持区(Ⅵ区),如果要进行物流成本控制,可适当降低此项服务水平,以体现用合适的成本满足客户需要的物流服务的准则。

9.3.3 设定客户服务标准

要做好客户服务,企业应该建立一套有效的服务体系。在这个服务体系中,离不开客户服务标准。而客户服务标准的基础是服务指标,这些指标不是凭空臆造,需要通过客户服务识别和分析过程确定物流服务影响因素,然后将这些服务影响因素量化,只有合理量化的指标,在实施的评价和控制过程中才具有指导意义。

相对于产品需求而言,服务需求更具有主观性,客户无法用准确的语言或数量指标描述它,往往采用一些叙述性的语句表述自己的要求。在表 9-3 中,调查客户服务标准的影响因素包括"按承诺的时间送货的能力、履行订单的准确性、提前通知运输延误、预估发运时间的准确性、客户退货处理"等,都是表述性的要求,无具体的数量要求。可以设想,把这些表述性的要求直接作为员工工作的指导准则,会为员工实际操作带来很大的困扰。

反之，将各项服务要求转化成可执行的数量指标，如把"按承诺的时间送货"转化为"必须在合同上规定的时间±4h 内将货送至客户"，这种时间上清晰的数量规定，为物流业务流程的时间进行了规定，同时也是评价实际工作是否符合规定的基准。

在各项服务要求转化过程中，还要区别基本服务标准和增值服务标准。服务标准一定要与客户和产品联系起来，客户和产品的重要性不同，相应的服务标准水平也有高低之分。基本服务标准是满足大多数客户服务需求的水准；增值服务标准一般比基本服务标准更严格，它针对的是对企业的效益和利润具有极大影响的客户群体，为了保证这部分客户需求的实现，企业有时会借用超常规的方法，进行严格的客户服务水平的控制。同时，服务标准的确定是一个反复拟定、实施、修改的过程，企业要根据需求的变化，对制定的标准进行修正，使之与客户反馈相匹配；另外，还要根据企业内部的情况，如物流负荷能力、员工水平等，对这些指标进行适当的调整，使之成为真正切实可行的制度。

用表 9-3 中的数据制作客户服务标准，得到客户服务标准见表 9-4。

表 9-4　客户服务标准

类别	服务要素	基本标准	增值标准
交易前因素	订单处理计算机化	人工或计算机	计算机
	准确预估发运时间	99%准确率	100%准确率
	特殊订单处理	视情况调整	100%满足
交易中因素	履行订单的准确性	98%准确供货	100%准确供货
	订货周期稳定性	基准周期±2 天	基准周期±0 天
	准时送货能力	合同时间±4h	合同时间±2h
	提前通知运输延误	发生延误的 2h 内通知	
	送货频率	两天 1 次	随时发货
交易后因素	客户投诉处理	投诉后 1 天内处理	4h 内处理
	客户退货	接受退货	退货并补偿

本 章 小 结

物流服务具有附属性、即时性和非储存性、动态性、专业性、增值性、可替代性等特征。

物流的基本服务包括可得性、作业绩效、可靠性和时效性。完美订货可从以下三方面来衡量：交付准时性、完整性和无差错。物流增值服务是指在完成物流基本服务基础上，根据客户需求提供的各种延伸业务活动。物流增值服务主要包括基于客户的增值服务、基于促销的增值服务、基于制造的增值服务、基于时间的增值服务等内容。

企业物流系统是支持实现客户服务目标的内部业务流程和管理模式的集合，其出发点是市场，必须充分分析和理解不同市场、不同客户群体的物流服务需求，才能找到符合企业经营和发展需求的物流运作模式。物流服务决策包括识别客户服务需求、确定物流服务目标的方法和设定客户服务标准。

关键术语

客户服务（Customer Service）　　物流服务（Logistics Service）
基本服务（Basic Service）　　　　完美服务（Perfect Service）
增值服务（Value Added Service）　服务策略（Service Strategy）

习题

1. 选择题

（1）衡量客户满意的方法包括（   ）。
　　A. 投诉和建议制度　　　　B. 客户满意调查
　　C. 佯装购物者　　　　　　D. 分析流失客户原因
（2）物流服务的基本特征包括（   ）。
　　A. 即时性和非储存性　　　B. 动态性
　　C. 增值性　　　　　　　　D. 专业性
（3）物流增值服务的形式包括（   ）。
　　A. 基于客户的增值服务　　B. 基于促销的增值服务
　　C. 基于制造的增值服务　　D. 基于时间的增值服务
（4）识别客户服务需求包括（   ）。
　　A. 从客户角度出发识别客户服务的关键组成部分
　　B. 列出客户服务影响因素的相对重要性
　　C. 客户服务细分
　　D. 客户服务目标的分析与确认

2. 简答题

（1）什么是物流服务？
（2）简述物流服务的内容。
（3）简述确定物流服务目标的方法。

3. 判断题

（1）客户满意是指客户对事前的期望和可感知的效果判断后所得的评价。（   ）
（2）通常，完美订货可从交付准时性、完整性、无差错等方面来衡量。（   ）
（3）物流增值服务是指在完成物流基本功能基础上，根据客户需求提供的各种延伸业务活动。（   ）

4. 思考题

（1）思考如何根据客户—产品贡献矩阵制定客户服务策略。
（2）思考如何设定物流服务标准。

实际操作训练

课题 9-1：某企业物流服务管理情况调查

实训项目： 某企业物流服务管理情况调查

实训目的： 了解该企业的物流服务管理的现状。

实训内容： 确定调研企业的类型，并进行物流服务管理的现状调查，分析其所提供物流服务的内容，并分析其物流服务决策的过程。

实训要求： 首先，学生可以小组的方式开展调查工作，每五人一组；各组成员自行联系，并调查当地的一家小型商业企业或物流服务企业；详细调研该企业的物流服务管理的情况，并分析物流服务管理过程中存在的问题，给出改进意见；将上述内容形成一个完整的调查分析报告。

案例分析

IBM 的客户服务

在全球，IBM 公司每年接到超过 50 000 名客户的投诉（不包括向公司的免费技术支持系统打进的电话）。IBM 公司从整个公司不同领域抽调员工组成小组，每个小组都被赋予必要的、立即采取措施的权力，来解决客户投诉问题。IBM 公司的客户会收到含有关于产品质量和客户满意度的 10 个具体问题的调查问卷，这些小组对来自他们已经联系过的客户反馈的调查问卷进行研究。

IBM 公司的研究中心分配 1 200 多位员工与具体的客户一起工作。这些员工常驻在客户所在地，了解并反馈客户信息，并提供解决方案。

每年，IBM 公司以 26 种语言，在 71 个国家进行 40 000 次客户访问。IBM 公司的中央数据库对得到的数据进行分析，并将结果发送给经理们，从而在全公司范围内采取行动，对客户的问题做出快速的反应。

思考题：

（1）IBM 公司处理客户投诉的小组的成员构成特点是什么？

（2）IBM 公司研究中心的工作特点是什么？

（3）IBM 公司客户服务的内容具备什么特征？

第10章 企业物流绩效管理

【本章教学要点】

知识要点	掌握程度	相关知识
企业物流绩效管理概述	了解	企业物流绩效管理介绍、企业物流绩效合理化及其模式
企业物流绩效评价	掌握	企业物流绩效评价的作用、体系、程序、指标体系和方法

【本章技能要点】

技能要点	掌握程度	应用方向
企业物流绩效评价指标体系	重点掌握	针对企业的实际需要选择适合的指标,能够对企业物流绩效进行评价
企业物流绩效评价方法	掌握	利用标杆管理法、平衡计分卡法等对企业物流绩效进行评价

导入案例

山东省烟草专卖局（公司）绩效考核

近年来，山东省烟草专卖局（公司）把"加强物流管理、提高物流效率、降低物流成本"作为现代物流建设的重要课题，并结合自身实际，以卷烟物流绩效考核体系建设为总抓手，全面推动现代物流的建设。

"跟以前相比，现在的绩效考核指标更加系统、更加标准，诊断问题更加智能，系统操作更加简单。"在山东省烟草专卖局（公司）的领导看来，科学、系统、有效、完善的绩效考核评价体系对提高物流工作效率、降低物流成本、激发队伍活力，特别是推进精细化管理水平具有重要的意义。山东省烟草专卖局（公司）在充分调研的基础上，决定以"标准系统化、采集自动化、诊断智能化、运行科学化"为原则，设计了一套适用于商业企业卷烟物流的绩效考核评价体系。

商业企业卷烟物流绩效考核体系主要由绩效考核指标体系、绩效考核采集标准、绩效考核评分方法、绩效评价分析模型4部分组成。这4部分内容分工不同，涉及现代物流建设各个方面的工作，为企业物流的精细化管理提供了基础依据。其中，绩效考核指标体系包括科学管理、成本管理、运行管理、客户服务4个维度。

考核指标和考核标准确定后，如何进行绩效考核评分尤其关键。为确保考核评分科学合理，山东省烟草专卖局（公司）按照"定性指标定量化，定量指标标准化"的原则，共确定了98个绩效考核指标，其中定性指标17个，定量指标81个。

在绩效评价方面，山东省烟草专卖局（公司）通过决策树分析方法，利用绩效评价分析模型，对考评结果进行智能诊断，及时确定存在的问题和不足，并提交针对性的改进措施。

经过近4个月的运行，试点单位均取得了良好的管理效益。在管理意识方面，通过环节控制，基层员工普遍提高了物流成本管理意识；在管理体系建设方面，构建了预算、核算、考核、分析、评价管理体系；在管理机制方面，深化了省局（公司）对市局（公司）的管理，市局（公司）对县局（营销部）的管理；在管理信息方面，集成了绩效考核、数字仓储、分拣、营销和线路优化系统，实现了所有营销数据的同步和共享。

思考题

（1）山东省烟草专卖局（公司）的物流绩效考核的作用是什么？
（2）商业企业卷烟物流绩效考核体系由哪几部分构成？
（3）该企业确定的绩效考核指标体系有哪些考核维度？具体包括多少指标？
（4）商业企业卷烟物流绩效考核体系运行后，在试点单位取得了哪些成绩？

管理学有一种说法：管理是从衡量开始的。人们从事各项管理工作，都希望用较少的投入取得较大的产出，对于企业物流管理来说也是如此。因此，需要对企业物流管理工作进行必要的评价和考核。由于企业物流管理工作涉及的内容繁多，这就使得企业物流绩效管理的难度增加。因此，如何科学、全面地分析和评价企业物流管理的绩效，已成为企业迫切需要解决的核心问题。

10.1 企业物流绩效管理概述

10.1.1 企业物流绩效管理介绍

1. 企业物流绩效的基本概念

企业物流绩效（Enterprise Logistics Performance）是指在一定经营期内，企业物流活动所产生的综合效益和经营者的物流业绩，即企业根据客户要求在物流运作过程中投入的物流资源与创造的物流价值之比，其概念图如图 10-1 所示。

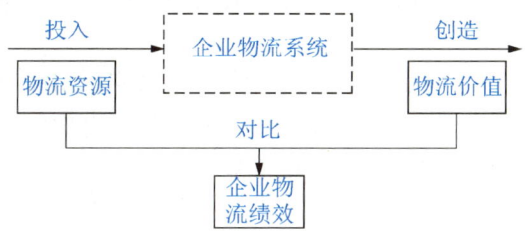

图 10-1 企业物流绩效概念图

2. 企业物流绩效管理及其原则

企业物流绩效管理（Enterprise Logistics Performance Management）是指在满足客户服务要求条件下，对物流绩效的一切管理活动的总称，即在物流运作全过程中针对物流绩效的产生、形成所进行的计划、组织、指挥、控制和协调。企业物流绩效管理一般应遵循如下 3 个原则。

（1）追求物流绩效与满足客户需求的统一。
（2）近期物流绩效与远期物流绩效的统一。
（3）物流绩效与社会效益的统一。

3. 企业物流绩效管理的流程

企业物流绩效管理是一个完整的系统管理过程，通常可以看作一个流程循环。它主要包括以下几个环节：物流绩效计划、动态绩效跟踪、绩效评价、绩效反馈。

（1）物流绩效计划。它是企业物流绩效管理的第一个环节，发生在新的绩效期的开始。制订物流绩效计划时，需要根据企业物流战略目标制定出企业物流绩效目标，在此阶段，管理者和员工之间需要在企业物流绩效目标上达成共识。在共识的基础上，各个负责人对自己的工作目标做出承诺。管理者和员工的共同参与是进行企业物流绩效管理的基础。

（2）动态绩效跟踪。制订物流绩效计划后，各项工作应依照计划实施。在工作过程中，管理者应及时与主要负责人沟通，及时掌握企业物流系统的运营情况，对于发现的问题及时予以解决，并对物流绩效计划进行调整。在整个绩效期内，管理者需要不断地对员工进行指导和反馈。

（3）绩效评价。绩效评价是企业物流绩效管理的主要任务环节。在绩效期结束时，依据制订的物流绩效计划，对企业物流系统进行有效的度量和评价及对未来的计划进行指导。

绩效评价的依据是在绩效期开始时双方达成一致的关键绩效指标。同时，在动态绩效跟踪过程中，收集到的能够说明企业物流绩效表现的数据和事实，也可作为绩效评价的依据。

（4）绩效反馈。完成绩效评价后，主管人员将评价结果反馈给企业物流系统各个部门的主要负责人，使他们了解对自己部门的期望值、自己部门的实际绩效，认清自己部门有待改进的方面。

10.1.2　企业物流绩效管理合理化及其模式

企业物流绩效管理合理化是指企业对物流系统进行设计、调整、改进与优化，以尽可能低的物流成本，获得尽可能高的物流服务水平，通过物流成本与物流服务之间的平衡，获取最优化的企业物流绩效，并且有力地促进企业物流的发展。企业物流绩效管理合理化模式主要包括以下两种。

（1）提升物流服务能力，创造更多的物流价值。企业在物流发展进程中，物流绩效的合理化需要通过物流创新服务，提高物流服务水平，扩大市场业务量，改变企业原有物流服务构成，以更优质的物流服务创造更多的物流价值。

（2）创新物流管理方式，有效降低物流成本。企业物流系统是由多个环节组成的。在维持和改进物流服务的状况下，通过创新物流管理的制度、方式和方法，科学地分析物流成本构成情况，有针对性地采取管理手段，有效地降低物流成本，实现企业物流绩效管理的合理化。

绩效管理的八大误区

对绩效管理的错误认识是企业绩效管理效果不佳的最根本原因，也是最难突破的障碍。企业管理者对绩效管理往往存在以下的误解甚至是错误认识。

（1）绩效管理是人力资源部门的事情，与业务部门无关。
（2）绩效管理就是绩效考核，绩效考核就是挑员工的毛病。
（3）重考核，忽视绩效计划制订环节的工作。
（4）轻视和忽略绩效辅导沟通的作用。
（5）过于追求量化指标，轻视过程考核，否认主观因素在绩效考核中的积极作用。
（6）忽略绩效考核的导向作用。
（7）绩效考核过于注重结果而忽略过程控制。
（8）对推行绩效管理效果抱有不切实际的幻想，不能持之以恒。

资料来源：http://baike.baidu.com/view/166419.htm[2025-03-07].

10.2　企业物流绩效评价

企业物流绩效评价（Enterprise Logistics Performance Evaluation）是对企业物流业绩和

效率进行事前控制与指导、事中监控与修正以及事后评估与度量，从而判断预定的任务是否完成、完成的水平、取得的效益和所付出的代价。依托现代信息技术，物流信息的传输和反馈变得及时、准确，企业物流绩效评价是一个根据物流信息不断控制和修正的动态过程。

10.2.1 企业物流绩效评价的作用

企业物流绩效评价的作用主要包括以下几个方面。

（1）物流绩效评价能够使企业及时地了解和判断自身的经营水平。物流绩效评价的过程就是对企业经营过程和结果进行价值判断的过程，通过对各种指标的测算，可以反映企业经营管理的状况，并将测算的指标值与历史状况、战略规划管理目标、同行业发展水平进行全方位的比较，从而客观、全面、公正地判断自身的盈利能力、发展潜力和综合竞争能力，并据此制定或修改今后的市场战略。

（2）物流绩效评价有利于正确引导企业的经营行为。物流绩效评价包括企业获利能力、基础管理、资本运营、债务状况、经营风险、长期发展能力等多方面的评价内容，可以全面系统地剖析影响企业目前经营和长远发展的诸多因素，促使企业避免短期行为，并注重将企业的近期利益与长远目标结合起来。

（3）物流绩效评价能够对企业物流活动进行监督。物流绩效评价可以追踪物流活动任务目标的达到程度，并做出不同层次的度量，从而对已发生的物流活动的过程及其结果进行评价。其主要作用是为管理者提供关于企业物流工作效果的真实信息。如果评价结果显示标准与现实之间只有很小的偏差，说明企业物流绩效目标达成了；反之，管理者就应该利用这一信息，修订企业物流绩效计划。此外，员工希望获得评价他们的物流绩效信息，而对企业物流活动的有效监督正好提供了用于评价员工物流绩效的信息。

（4）物流绩效评价能够对物流活动进行控制。对物流活动过程予以控制，管理者就可以在发生重大损失之前纠正错误，改进物流流程，使其进入正常状态。例如，在运输过程中，当发现某种产品有损坏的情况时，物流管理人员就应该查明原因，并根据需要及时采取应对措施。

（5）物流绩效评价可以对企业管理者和员工进行激励。依据物流绩效评价结果，对企业经营管理者和员工业绩进行全面、正确的评价，为组织部门、人事部门进行绩效考核、选拔、奖惩和任免提供更多的依据，有利于管理层的优胜劣汰，促使企业采取有效措施，缩小员工之间的差距，使员工争创先进。

总之，开展物流绩效评价有利于强化企业物流管理，提高企业经营管理能力和综合竞争力。企业只有把物流绩效评价工作与企业经营管理有机地结合起来，才能把物流绩效评价结果转化为企业发展的动力，才能更好地迎接未来的挑战，使企业保持长久的竞争优势。

10.2.2 企业物流绩效评价的体系

企业物流绩效评价体系属于企业物流管理控制系统的一部分，它与企业的行为控制系统、人事控制系统共同构成企业控制系统。合理有效的企业物流绩效评价体系主要由以下几个基本要素构成。

1. 评价主体

评价主体决定着企业物流绩效评价的目的、内容和方法，对企业物流绩效评价指标体系的设计产生了深刻的影响。随着数字经济时代的到来，企业经营环境发生了变化，使得越来越多的个人和群体的利益受到企业物流绩效的影响。企业的兴衰不仅与出资人的利益息息相关，而且直接影响经营者、员工、债权人、政府等的利益，从而使这些利益相关人对企业物流绩效极为关注，并与出资人一起构成了企业物流绩效评价的主体。

2. 评价客体

评价客体是实施企业物流绩效评价的对象。客体是相对于主体而言的，由主体的需求决定。作为评价主体的经营者、企业领导，有时候也是企业物流绩效评价的对象。企业物流绩效的评价客体包括仓储作业、运输作业、配送作业、物流信息化水平和物流服务等。

3. 评价目标

企业物流绩效评价目标是企业物流系统运行的指南和目的，它服从和服务于企业整体战略规划目标。

4. 评价指标

评价指标是指根据企业物流绩效的评价目标和评价主体的需求而设计的、以指标形式体现的、能反映评价对象特征的因素。对企业物流绩效进行综合评价时，必须设置若干具体的评价指标，这些指标就是企业物流绩效评价的依据和标准。评价指标的设定是否全面、科学和指标值测定的准确性均影响着企业物流绩效评价的结果。因此，如何将反映企业物流经营状况的因素准确地体现在各项具体的评价指标上，是企业物流绩效评价体系设计的核心问题。

5. 评价标准

评价标准是判断评价对象绩效优劣的基准，建立一套合理的评价标准是任何组织成功的关键。企业物流绩效评价标准随系统定义范围的不同（各种功能领域如生产、仓储、运输、配送和供应商选择等）、不同领域的物流功能要求的不同、定量评价及定义系统的能力的不同而不同。合理的企业物流绩效评价标准通常非常清晰、简单、易理解，它能反映具体物流业务活动中重要的工作状况，既包括经济指标又包括非经济指标。企业物流绩效评价标准用来测试各企业物流内部、外部的工作绩效，其分类如图10-2所示。

根据评价指标的侧重点及作用程度，可以把评价标准分为战略性标准和战术性标准。战略性标准主要评价整个系统的绩效，而战术性标准则评价某一具体单元的水平或具体机构的绩效。所有的绩效评价都可分为财务上和非财务上的评价标准。财务评价标准主要有成本和利润两个方面；非财务评价标准与物流服务水平、生产率及利用率有关。典型的非财务评价标准有物流设备利用率、货柜（货物）拒收比例和到货率等。

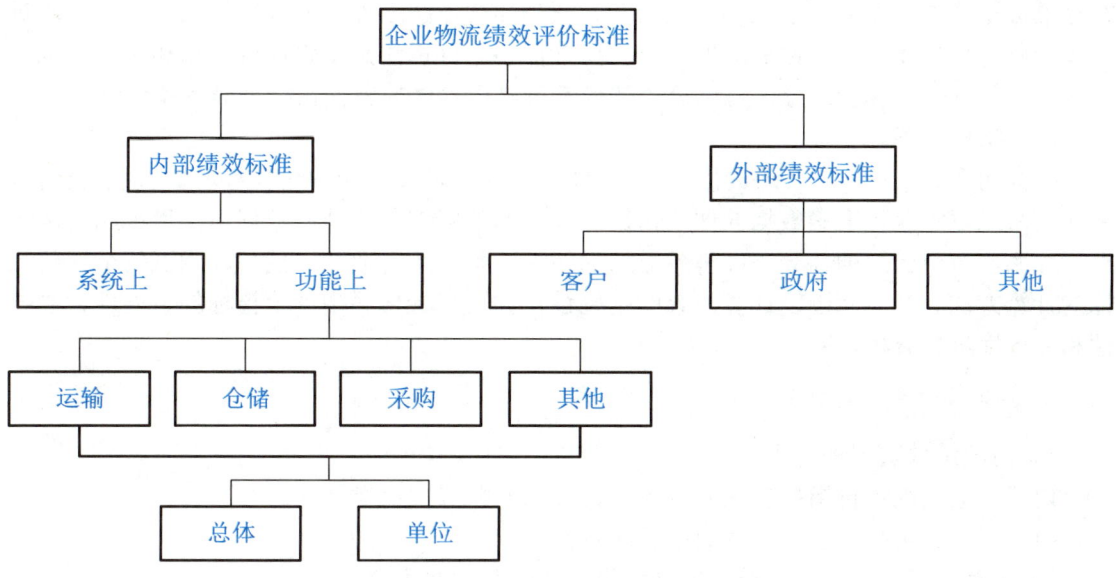

图 10-2 企业物流绩效评价标准分类

10.2.3 企业物流绩效评价的程序

企业物流绩效评价程序依次为确立评价目标、设计评价指标、获取评价信息、选择评价标准、确定评价方法、单项评价、综合评价、形成评价结论 8 个阶段，如图 10-3 所示。

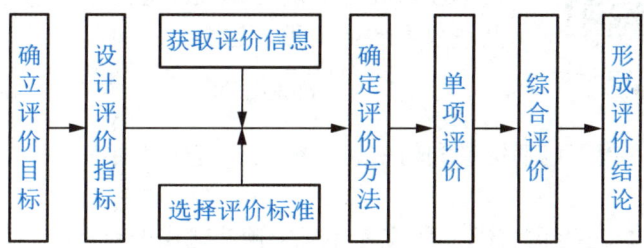

图 10-3 企业物流绩效评价程序

10.2.4 企业物流绩效评价的指标体系

确定企业物流绩效评价的指标体系是企业物流绩效评价中的一项非常重要的工作。

1. 企业物流绩效评价指标体系构建思路与方法

企业物流绩效评价指标体系（Enterprise Logistics Performance Evaluation Index System）的建立过程应该贯彻定性分析与定量分析相互结合的原则。定性分析主要是从评价目的和原则出发，考察评价指标的科学性、针对性、完备性、稳定性、独立性以及指标与评价方法的协调性等因素，以确定指标和指标结构；定量分析则是通过一系列检验，使指标体系更加科学、合理和可行。因此，企业物流绩效评价指标体系的构建过程可分为指标初选和指标完善两个阶段。

（1）指标初选。

指标的初选方法有综合法和分析法两类。综合法是指对已存在的一些指标群，按一定的标准进行分类，使之体系化的一种构造方法；如在一些已拟定的指标体系基础上，做进一步的归类整理使之条理化后，形成一套指标体系。分析法是指将评价对象和评价目标划分成若干部分，并逐步细分，直到每个部分都可以用具体的评价指标来描述和度量。

（2）指标完善。

指标初选完成后，还必须进行完善化处理。首先，测试每个评价指标的数值能否获得，那些无法或很难获得准确数据的评价指标，或者即使能够获得准确数据但费用很高（高于指标体系本身所带来的社会与经济效益）的指标，都是不可取的。然后，测试每个评价指标的计算方法、计算范围及计算内容的正确性，并对指标体系中评价指标的重要性、必要性和完备性进行分析。

2. 企业物流内部绩效评价指标

1）内部绩效宏观评价指标

内部绩效宏观评价指标包括财务评价指标和非财务评价指标。

（1）财务评价指标包括运营效率、净收益率。

① 运营效率，是指总收益中用来满足企业运营的费用比例。

$$运营效率 = \frac{总运营费用}{总收益} \times 100\% \tag{10-1}$$

② 净利润率，是指除去税收后的企业净利润与营业收入的比值。一般情况下，企业净利润率越高，说明企业自有资本获取收益的能力越强，运营效益越好，对企业的投资者及债权人的保证程度越高。

10-1 拓展知识

10-2 拓展知识

$$净利润率 = \frac{净利润}{营业收入} \times 100\% \tag{10-2}$$

（2）非财务评价指标包括资产利用率、系统正常运行时间率、缺损率、需求满足率及安全状况。

① 资产利用率，是指企业资产有效运行产生预期输出的时间与总时间的比率。显然，资产利用率越高越好。当资产利用率低时，说明企业的运行存在着资源浪费，如设备不可靠、材料短缺、暂时停电等。

$$资产利用率 = \frac{实际运行时间}{总时间} \times 100\% \tag{10-3}$$

② 系统正常运行时间率，是指系统能正常提供需要的输出或服务的时间与总时间的比率。

$$系统正常运行时间率 = \frac{系统正常运行时间}{总时间} \times 100\% \tag{10-4}$$

③ 缺损率，反映企业经营过程的质量状况，用发送缺损产品数量与总发送产品数量的比率来表示。

$$缺损率 = \frac{发送缺损产品数量}{总发送产品数量} \times 100\% \tag{10-5}$$

④ 需求满足率，反映一个企业的运营能力，用需求满足数量与总需求数量的比率来表示。不能满足需求可能有很多原因，如供应能力不足、库存水平低、营销系统不可靠等。

$$需求满足率 = \frac{需求满足数量}{总需求数量} \times 100\% \qquad (10\text{-}6)$$

⑤ 安全状况，通常根据上报的事故、死亡或因此造成的时间损失来衡量。不安全的因素会造成人员伤亡、产品损坏、财产损失，也会带来人员、设备闲置，从而使企业生产率降低，成本增高。事故频率反映了每百万人每小时由于伤亡等事故造成浪费的时间比值。

$$事故频率 = \frac{由于伤亡浪费的时间}{工作的人员小时数} \times 1\,000\,000 \qquad (10\text{-}7)$$

2) 内部绩效微观评价指标

(1) 运输评价指标。以下是常用的衡量运输绩效的评价指标。

① 单位运输费用，是指运输单位货物的费用。该指标可用来对运输作业效益的高低以及综合管理水平进行评价。运输费用主要包括燃料、各种配件、养路、工资、修理及其他费用支出。

$$单位运输费用 = \frac{运输费用}{货物周转量} \qquad (10\text{-}8)$$

其中，货物周转量是运输作业的工作量，是车辆完成的各种货物的货运量与其相应运输距离乘积之和。

② 运输费用效益，是指经营盈利额与运输费用支出额的比值。

$$运输费用效益 = \frac{经营盈利额}{运输费用支出额} \qquad (10\text{-}9)$$

③ 里程利用率，反映了车辆的实载和空载程度，可以评价运输调度组织管理水平。减少车辆空载，可以加快物资流转，节省运力，节约能源，降低运输费用，是运输管理的目标之一。里程利用率用载重行驶里程与车辆行驶里程的比率来表示。

$$里程利用率 = \frac{载重行驶里程}{车辆行驶里程} \times 100\% \qquad (10\text{-}10)$$

④ 燃料消耗定额比，反映运输车辆的燃料消耗是否合理，用于燃料消耗的管理。

$$燃料消耗定额比 = \frac{百吨公里燃料实际消耗量}{百吨公里燃料定额消耗量} \times 100\% \qquad (10\text{-}11)$$

⑤ 安全间隔里程，是指平均每两次行车安全事故之间车辆安全行驶的里程数。该指标的值是事故频率的倒数。

$$安全间隔里程 = \frac{评价期总里程}{行车安全事故次数} \qquad (10\text{-}12)$$

⑥ 运输可达性（方便性）。由于有些运输方式如铁路、航空等，不能实现门到门运输，因此要利用可达性这个标准来评价企业提供多式联运服务的能力。尤其是当货物在机场、火车站、港口之间运输时，可达性指标就显得尤为重要。

$$货物可达率 = \frac{直达票号数}{同期票号数} \times 100\% \qquad (10\text{-}13)$$

⑦ 无缺损运输率，是运输服务质量的反映。显然，降低货物损坏程度，客户和服务提供商均能受益。

$$无缺损运输率 = \frac{无缺损运输次数}{运输总次数} \times 100\% \qquad (10\text{-}14)$$

⑧ 正点运输率。准时运送是货物流转通畅的保证，正点运输率就是对此管理工作的评价，可以反映运输工作的质量，促进企业做好运输调度管理，采用先进的看板运输管理技术，可以保证货物流转的及时性。

$$正点运输率 = \frac{正点运输次数}{运输总次数} \times 100\% \qquad (10\text{-}15)$$

⑨ 满意率。企业对货主进行满意率调查，凡在被调查过程中，对运输服务感到满意的货主，称为满意货主。该指标是对运输服务质量的总体评价。

$$满意率 = \frac{满意货主数}{被调查货主数} \times 100\% \qquad (10\text{-}16)$$

（2）仓储评价指标。以下主要从库存控制和仓储管理两方面来衡量仓储绩效。

① 库存控制。其主要考虑与费用和服务有关的评价指标，费用指标可以反映库存控制功能的经济表现，服务指标主要反映客户服务水平。

a. 单位库存费用。单位库存费用包括单位库存持有费用和保管费用。保管费用包括租金、税收和其他（如照明、保险、安全）费用，还包括货物废弃费用。

b. 合计库存价值。合计库存价值反映了库存的全部价值，它是一个衡量库存投资量的指标，据此可衡量库存费用是否超过所规定的投资量上限。这个评价指标易于使用，但是不能反映库存的动态变化。

10-3 拓展知识

c. 库存周转率。库存周转率是反映企业运营状况的综合性指标。

$$库存周转率 = \frac{出货量}{平均库存量} \text{ 或 } \frac{营业额}{平均库存金额} \qquad (10\text{-}17)$$

设立该评价指标的目的在于，促使企业在保证经营连续性的同时，提高资金使用率，增加企业短期偿债能力。一般情况下，该评价指标值越高，表示企业运营状况越好，流动性越高，库存转换为现金或应收账款的速度越快，库存占用水平越低，企业的变现能力越高。

d. 未满足的需求比例。从客户角度来说，未满足的需求反映的是库存控制的绩效；从企业角度来说，未满足的需求反映的是对客户需求的服务水平。需求得不到满足就会引起客户的不满，市场份额也会受到影响。

$$未满足的需求比例 = \frac{未满足的需求}{总需求} \times 100\% \qquad (10\text{-}18)$$

② 仓储管理。仓库的功能主要是物品的保管和出库理货，其评价指标主要从时间、利用率、吞吐量、费用和质量5个方面来考虑。

a. 时间。仓库出库与理货时间直接说明了对客户的服务水平，订单分拣时间衡量的是将客户订单上所列的物品全部分拣出来所需要的时间。

$$\begin{aligned}订单分拣时间 = \ &订单处理时间 + 到第一个地点的时间 + 到中间某点的时间 + \\ &到最后地点的时间 + 集货时间 + 阻碍或等待时间\end{aligned} \qquad (10\text{-}19)$$

订单处理时间包括确定物品地点、规划分拣路径的时间；阻碍或等待时间包括等待搬运设备的时间、由于阻塞引起的移动物品过程中暂停时间等。

b. 仓库资源利用率。仓库面积利用率、仓容利用率、设备利用率等评价指标反映了仓库能力的利用情况以及仓库规划水平的高低。它们随着物品的接收量、保管量、发放量、性质、保管的设备、放置方法、通路布置方法、库存管理方法的不同而不同。

$$仓库面积利用率 = \frac{库房、货棚、货场占地面积之和}{仓库总占地面积} \times 100\% \quad (10\text{-}20)$$

$$仓容利用率 = \frac{一定时期内仓库平均库存量}{最大库存量} \times 100\% \quad (10\text{-}21)$$

$$设备利用率 = \frac{期内设备作业总台时}{同期设备应作业总台时} \times 100\% \quad (10\text{-}22)$$

c. 仓库吞吐量。仓库吞吐量是每小时入库和出库物品的平均数量。订单分拣时间和物料搬运系统的利用率影响着仓库吞吐量。

d. 仓库单位运营费用。仓库单位运营费用是对仓库运营的有效费用进行衡量的指标，可分为单位固定费用和单位变动费用。固定费用包括建设费用、设备费用、人员固定工资等；变动费用主要包括人员变动工资、燃料费用等。

e. 质量。仓储质量是指物品经过仓库存储阶段，其使用价值满足社会生产要求的程度及仓储服务工作满足货主和客户需要的程度。反映仓储质量的指标主要是进/发货准确率、物品完好率等。

- 进/发货准确率。出现差错总量包括因验收不严、责任不明确造成的错收、错发的物品总量，不包括丢失、被盗等因素造成的物品损失量。

$$进/发货准确率 = \frac{期内吞吐量 - 出现差错总量}{同期吞吐量} \times 100\% \quad (10\text{-}23)$$

- 物品完好率。丢失、损坏、变质的物品总量包括由于保管条件不好、保管方法不恰当、没有进行维护保养或保养不善及其他失职原因造成的物品损失量。

$$物品完好率 = \frac{期内平均库存量 - 期内丢失、损坏、变质的物品总量}{同期平均库存量} \times 100\% \quad (10\text{-}24)$$

由于各企业仓储管理水平不同、技术水平不等，因此，国家有关部门并没有对仓储质量指标进行统一的规定。各级、各部门、各单位的仓库可根据同行业的水平和本仓库的历史经验，在计划期初确定一个目标（如物品完好率为99%），并在期末据此考核仓储质量，评价仓储经济效果。

（3）信息化评价指标。信息化评价应注重科学性、实用性、可比性、可操作性和通用性等原则。此处从企业信息化的基础水平、信息管理水平和信息活动主体水平3个方面来评价企业物流信息化水平。

① 企业信息化的基础水平。信息技术在企业中有很多具体应用，根据企业物流管理的实际情况及其特点，可以从计算机、网络、EDI、人工智能/专家系统、通信以及条码和射频技术等方面进行评价。主要涉及以下评价指标。

a. 信息技术投入占固定资产的比重，是指当年信息技术的投入费用（含软硬件、网络建设等）占当年固定资产投资的比重。

b. 每百人计算机拥有台数，是指企业各种型号计算机、服务器、工作站累计拥有总量与企业员工总数（以百人计）的比值。

c. 网络规模，可以按照企业局域网联网计算机台数进行评价。

d. 网络性能，按照局域网带宽、数据流量、服务器容量、速度及安全性进行评价。

② 信息管理水平。企业物流信息管理水平可以从信息技术应用与管理水平、企业数据库建设水平和企业重大决策取得信息支持程度来评价，根据实际情况，每项指标相应地分为 4 个等级，见表 10-1。

表 10-1 企业物流信息管理水平指标等级

	四级	三级	二级	一级
信息技术应用与管理水平	没有使用信息技术	初步建成企业办公自动化系统、财务管理系统	基本实现企业人、财、物信息管理系统，初步采用 TQM、JIT	在实现 ERP 的基础上，全面实现供应链管理和客户关系管理，并进行智能化管理
企业数据库建设水平	没有建立任何数据库	建立企业的人、财、物等基本数据库	建立企业的经营、管理决策所需的各种数据库，具有初步评价、优化、决策等功能的软件	在二级水平的基础上，建立了人工智能/专家系统所需的各种知识库、规则库，并能够利用社会上的数据库资源为企业决策服务
企业重大决策取得信息支持程度	重大决策没有信息技术支持	通过信息资源的开发与利用，能为领导科学决策提供初步支持	能开展数据分析处理，对各种决策方案进行优选，提供有力的辅助决策支持	采用人工智能/专家系统，使管理决策智能化

③ 信息活动主体水平。

信息活动主体水平包括以下几个方面。

a. 员工受教育水平。企业中接受过大专以上文化教育的人员比例，反映企业实现信息化的总体人力资源。

b. 员工培训比例。经过信息技术培训的员工数占员工总数的比例。

c. 信息技术普及率。掌握信息技术的员工数占员工总数的比例。

（4）其他。除了以上运输、仓储、信息化等评价指标，反映企业物流绩效的评价指标还有以下几个方面。

① 包装。包装是企业物流系统的构成要素之一，与运输、储存、搬运、流通加工均有十分密切的关系。它是生产的终点，同时也是物流的起点。包装可以从保护性（避免物品腐败、破裂、丢失、污染）、流动性（运输、储存、装卸搬运、销售等环节及路线）、市场适销性（产品定位、信息广告、单位包装件的易搬运性）、经济性等方面进行评价。

a. 保护性指标。该指标综合反映了包装材料、包装技法及包装设计是否合理，同时也在一定程度上反映了物品包装是否便于运输。因此，它是评价物品包装作业质量管理水平的综合指标。

$$客户到货物品包装破损率 = \frac{某物品包装破损量}{某物品用户到货总量} \times 100\% \quad (10\text{-}25)$$

b. 流动性指标。物品包装作业实行三化（标准化、通用化、系列化）管理，是改善包装物流特性，即加强包装的保护功能与方便功能的有效途径。因此，该指标可以作为强化包装作业管理的评价与控制指标。

$$产品包装三化率 = \frac{实行三化项目}{全部作业} \times 100\% \qquad (10\text{-}26)$$

c. 市场适销性指标。该指标反映市场对包装的容纳性，包括包装是否符合产品的特性、是否具有促销功能等。

d. 经济性指标。经济性指标包括单位产品包装费和产品包装价值工程系数。

单位产品包装费可以评价企业对包装作业耗费的管理状况。当指标数值低时，说明包装作业各环节管理控制能力强，包装作业的整体耗费低。但并不是越低越好，而是要适度，即产品包装费用与产品本身价值应相适应。

$$单位产品包装费 = \frac{某产品包装费用总额}{该产品包装总量} \qquad (10\text{-}27)$$

产品包装价值工程系数可以对包装费用与其功能之间是否协调作出评价，并且通过价值分析达到以尽可能低的包装作业成本，实现其必要的功能，从而降低并控制包装作业的耗费。

$$产品包装价值工程系数 = \frac{包装作业功能}{包装作业成本} \qquad (10\text{-}28)$$

② 市场实力。决定企业物流市场实力大小的因素有许多，其中最能反映企业物流市场实力的主要指标有市场占有率、市场增长率、市场应变能力和新客户开发成功率。

市场占有率是指企业在某时期内的销售量或销售额与市场上其他企业在该时期的全部销售量或销售额之比，反映了企业在市场竞争中的地位。

市场增长率是指企业本期销售量或销售额与前期销售量或销售额之比，反映了企业在市场中的发展速度。

市场应变能力是指企业能够随时根据市场情况的变化、消费倾向的改变和技术革新的进展，及时调整库存结构和配送路线的能力，是企业在复杂的市场竞争中生存的关键。

新客户开发成功率是指在一定时期内，企业物流吸引或赢得新客户的比例，反映了企业物流拓展市场的能力。

③ 企业聚合力。企业聚合力是指企业通过培养企业文化，使企业群体建立共同的价值标准、道德标准和精神信念，从而形成企业内聚力。其主要包括领导班子的团结进取力、员工的凝聚力等指标。

3. 企业物流外部绩效评价指标

企业物流外部绩效评价一般从客户服务方面来进行。很多企业把客户誉为"上帝"，反映了企业对客户服务的重视程度。企业作为服务业的一员，其客户服务占有至关重要的地位，客户服务水平直接影响客户满意度，影响企业所占有的市场份额和总物流成本，并最终影响其盈利能力。

（1）影响客户服务评价的因素。

从物流角度分析，客户服务有4个传统要素：时间、可靠性、沟通与灵活性。

① 时间。时间因素可以用订单周期、备货时间或补货时间来表示。影响时间因素的基本变量包括订单传输、订单处理、订单准备、物品发运，通过对这些活动进行有效的管理，保证合适的订单周期及一致性。

② 可靠性。可靠性是指企业能够按照一致的备货时间，高质量可靠地为客户提供服务。其包括以下几方面。

- 备货时间。备货时间的可靠性直接影响客户库存水平和缺货成本，提供可靠的备货时间可以减少客户面临的不确定性，从而优化生产作业计划。
- 安全交货。它是所有物流系统的最终目的，如果物品到达时受到损失或丢失，客户就不能按期使用，从而加重客户方面的成本负担。
- 订单的正确性。不正确的订单使客户不得不重新订货。

③ 沟通。与客户的沟通对于监控客户服务水平非常重要。因为企业必须了解客户对服务的要求、订购信息等，客户则要求得到物品的物流状态信息，如发送时间、承运人、线路等。

④ 灵活性。由于客户需求越来越个性化，因此对于不同客户，企业应给予不同的服务水平。灵活性包括对特殊的和不能预料的客户需求的反应能力，如加快供货和货物替代能力等。

（2）客户服务评价指标。

根据对客户服务评价内容和影响客户服务因素的分析，客户服务评价指标应包括以下几个方面。

10-4 拓展知识

① 客户满意率。客户满意率是指客户对企业所提供的物流服务的满意程度。影响客户满意率的因素有很多，如物流服务的及时性、物品和服务质量、客户需求的响应程度等，很难用具体指标一一衡量。在买方市场下，可以用客户满意率指标来间接反映客户的满意程度。

$$客户满意率 = \frac{企业物流服务总次数 - 客户抱怨（投诉）次数}{企业物流服务总次数} \times 100\% \quad (10\text{-}29)$$

② 客户保持率。客户保持率反映了企业的市场保持状况，它是指一定时期内保留或维持同老客户关系的比例。

$$客户保持率 = \frac{企业当期客户或业务量 - 企业当期新增客户或业务量}{企业上期客户或业务量} \times 100\% \quad (10\text{-}30)$$

企业物流管理的绩效与客户满意度有着直接的关系，客户满意度越高，则客户保持率就越高，企业物流管理的绩效就越好。

③ 客户获得率。客户获得率反映了企业拓展市场的绩效，它是指一定时期内企业吸引或赢得新客户或业务量的比例。

$$客户获得率 = \frac{企业当期新增客户或业务量}{企业上期客户或业务量} \times 100\% \quad (10\text{-}31)$$

④ 客户利润率。客户利润率也称客户盈利率或客户获利率，是指企业从客户处获得利润的水平。企业成功地留住客户、获取新客户和使客户满意，并不能保证企业从客户处获得利润，这是因为客户的满意度与客户的利润率两项指标，从本质上看存在着冲突和矛盾。客户满意的是低价格、高质量的服务，而企业更希望获得有利可图的客户。"80/20"管理原则认为"企业80%的利润来自20%的客户"，即少量的客户创造大量的利润。由此可见，企业不可能也没有必要满足每位客户的需求。企业不可能对客户有求必应，都以盈利的方式满足需求。因而，企业应充分关注重要客户，将有限的营销资源用在能为企业创造80%利润的关键客户上。

$$客户利润率=\sum 某一客户利润率 \times \frac{客户利润额}{企业总利润额} \times 100\% \quad (10\text{-}32)$$

$$某一客户利润率=\frac{该客户的净利润}{为争取该客户投资的成本} \times 100\% \quad (10\text{-}33)$$

此处的净利润是指扣除为争取某一客户投资的成本后的净利润。为争取客户投资的成本是指运用作业成本法,分配客户承担的研发、营销等成本费用。

以上评价指标主要是从客户的角度出发,通过这些评价指标可间接反映企业物流的外部绩效,基本上能够满足企业物流管理绩效评价的需求。当然,也可以从企业物流业务的角度出发,建立评价指标体系进行评价。例如,可以从与客户交易的前、中、后分要素进行评价。交易前的评价指标有存货可得性、递送频率、顾客询问响应时间等;交易中的评价指标有供应比率、准时配送、退货比率、配送延误等;交易后的评价指标有客户投诉率、发票错误率、配件可得性等。

10.2.5 企业物流绩效评价的方法

1. 标杆管理法

标杆管理(Benchmarking Management)是通过系统性地学习、比较并借鉴行业最佳实践和最佳流程,以持续改进组织绩效、获取竞争优势的管理方法。应用标杆管理有一系列的目标,其中包括评估组织绩效、设定流程改进的优先次序以及寻求某个特定领域的改善,如客户服务、订货管理、需求预测等。

10-5 拓展视频

标杆管理的显著特征是向业内或业外的最优企业学习。学习是手段,超越才是目的。通过学习,企业重新思考、定位、改善经营实践,不断完善自己,创造自己的最佳业绩,这实际上就是模仿创新的过程。

 资料卡

标杆管理又称基准管理。20世纪70年代末,一直保持世界复印机市场实际垄断地位的施乐公司,遇到来自国内外,特别是日本竞争者的挑战。当时日本的竞争者以高质量、低价格的产品,使施乐公司的市场占有率急剧下降。为了迎接挑战,施乐公司的经理们,提出了若干提高质量和生产率的计划,标杆管理就是其中之一。

施乐公司买进日本复印机,并通过"逆向工程"分析,学习日本竞争者生产性能高、成本低的能力,取得较大改进。施乐公司的基准质量和客户满意部经理罗伯特·开普将标杆管理定义为"对照最强的竞争对手或者顶级公司的有关指标而对自身产品、服务和实施进行连续不断衡量的过程"。卡伯还指出关于标杆管理更为概括的定义为:"发现和执行最佳的行业实践。"标杆管理是指企业将自己的产品、服务和经营管理方式同行业内或其他行业的领袖企业进行比较和衡量,并在此基础上进行持续不断学习的过程。简而言之,就是"找出差距、制定目标、对照基准点、学习无止境"。

1)常见的标杆管理方法

常见的标杆管理方法有竞争标杆管理、财务标杆管理、客户标杆管理、流程标杆管理4种。

(1)竞争标杆管理(Competitor Benchmarking Management)。它是指以竞争对象为基准

的标杆管理。竞争标杆管理的目标是与有着相同市场的企业在产品、服务和工作流程等方面的绩效与实践进行比较，直接面对竞争者。这类标杆管理的实施较困难，原因是公共领域的信息容易获取，而其他关于竞争企业的信息不易获得。

（2）财务标杆管理（Financial Benchmarking Management）。它是指以标准财务比率（可从公开账目上获得）测评的杰出企业的绩效为基准的标杆管理。每个企业应仔细评价自己的各个方面，确定是为财务需要还是为满足客户的需要，从而使企业受益。

（3）客户标杆管理（Customer Benchmarking Management）。它是指以客户的期望值为基准的标杆管理。

（4）流程标杆管理（Process Benchmarking Management）。它是以最佳工作流程为基准进行的标杆管理。流程标杆管理是聚焦于业务流程本身的效能提升，而非单一业务职能或操作实践的优化。标杆主体通常为不同行业中承担相似核心流程（如供应链管理、客户服务流程）的企业。这类标杆管理可以跨越不同类型的企业进行，它一般要求企业对整个工作流程和操作有很详细的了解。虽然流程标杆管理被认为有效，但也很难进行。

2）标杆管理流程

标杆管理有一整套逻辑严密的实施流程，大体可分为以下 4 个阶段。

（1）需要标杆管理的过程。决定向标杆学习什么，即确认标杆管理的目标，是标杆管理流程的第一阶段。供应链中的活动和流程是非常多的，不可能同时对它们确立标杆。首先，必须确定哪些活动和流程（如库存投资、订货流程等）能产生最大收益；然后，确定学习、比较和改善的优先顺序。标杆的业务流程包括输入、处理、输出、反馈回路以及结果确认，如图 10-4 所示。

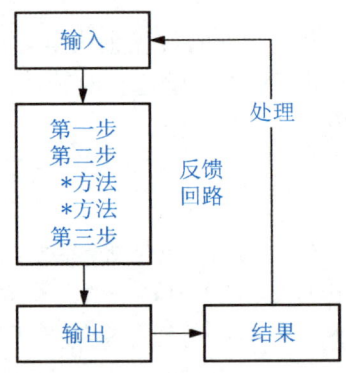

图 10-4　标杆的业务流程

在图 10-4 中，输入，服务/产品由外部供应；处理，由行动步骤组成，步骤可能是对"产品询价的回答"，也可能是"决定价格和对客户的回应"；输出，是该过程的结果，如完成产品咨询或完成第 20 周需求预测；结果，可能是"98%的履行交货"，或者是"预测精确度达到 90%"，或者是"技术咨询平均回应时间 3h"；反馈回路，主要是绩效报告，可能改善输入质量。很多可能的"结果"都涉及客户服务、成本、产品质量、订单履行、新产品开发、投资回报、生产率等。其中，最具优先地位的方面将成为标杆管理的候选项。这些"结果"（如客户服务、资产回报率）是多个环节共同作用的结果，单个环节可能对其没有明显的影响。

（2）选定标杆学习伙伴，即谁做得最好，确定比较目标。比较目标就是能够为公司提供值得借鉴信息的公司，比较目标的规模不一定同自己的公司相似，但它应该在标杆比较方面是世界一流的领袖企业，即最佳者。当个人或团队对其他公司，特别是对其他行业的公司了解有限时，找出伙伴中潜在"最佳"是相当困难的。

标杆学习伙伴可以在组织内部，也可以在组织外部。在不同商业领域、不同国家有分支的大型跨国公司里，宜采用内部标杆管理。例如，一些工厂的标杆管理遵守日程表的情况比其他厂好得多，比较公司内各流程发现所在的市场是完全不同的，或集团内有些公司的订单管理系统特别有效，因而生产日程更加稳定。外部标杆伙伴是那些致力于持续改进的其他组织，这些伙伴为了获得双方组织的共同改进，在流程和活动等方面交换信息。外部标杆伙伴可以通过现有标杆管理网络或行业协会来进行选择。不管选择什么流程，都需要考虑以下因素。

① 需要评估是否与竞争者接洽，同时制定处理机密信息的方案，并分析对方在关键活动和操作流程上的优势领域。若仅关注同类企业，可能限制创新视角的拓展。

② 需要建立筛选机制来确认"最佳"组织，设计合作激励机制以推动伙伴之间的协作，并评估其订货系统的技术可行性。

③ 需要确定主要流程检查所需的标杆伙伴数量，通常建议选择3~5个标杆伙伴。

④ 比照有相似的需求或操作流程的组织，且该组织可能已经开发出处理这些需求或操作的更好流程。

⑤ 需构建差异化对接机制来平衡伙伴之间的兴趣差异，如双方可能分别关注库存系统优化与产品开发协作，需预先识别流程匹配盲区并制订互补性方案。

（3）搜集及分析信息。分析最佳实践和寻找标杆是一项比较烦琐的工作，这对标杆管理的成效非常关键。在这个阶段，标杆小组必须有明确的信息搜集方法，而负责搜集信息的人必须对这些方法很熟悉。标杆小组在联络标杆伙伴后，依据既定的规范搜集信息，然后将信息摘要并进行分析。最后依据最初设定的目标，分析标杆学习信息，从而提出行动建议。

出于保密需要或者由于伙伴中的"最佳"缺乏提供信息的动机，因此信息收集可能存在一定的障碍。

如果有一个潜在标杆伙伴的名单，就需要对名单中的标杆伙伴做一些调查，获取潜在标杆伙伴的信息可能来自以下渠道。

① 公司内部的技术资料。

② 行业出版物。

③ 专业杂志。

④ 公开账目。它显示了库存、周转额、员工数等信息。这些可提供标杆管理比率。

例如，研究表明，制造企业中的长期利润与库存周转有很强的相关性。这种比率可从公开账目中计算出来。

⑤ 书籍及出版物，如《中国物流与采购》《管理世界》《哈佛商业评论》等。这些出版物含有与实际情况相关的案例，它们是收集信息非常好的渠道。

另外一个信息渠道可能是有关某行业的常识，如某一公司是配送可靠度或订单的"标杆"。除此之外，还有以下信息来源渠道。

① 专业组织——如中国物流与采购联合会。

② 特殊利益集团。

③ 咨询公司。
④ 公认的行业专家。
⑤ 互联网。
⑥ 行业博览会。

标杆小组必须留出一些时间进行研究，如果找到一个优秀的标杆组织（它可能是你自己公司的一部分），那么所花的时间就是有价值的。

(4) 评价与提高。这一阶段是通过对比分析绩效差距，对现有流程进行评价，制定目标并实施改进。影响这个阶段的因素，是客户的需求及标杆学习信息的用途。团队可能会采取的行动有很多种，从制作一份报告或发表成果到提出一套建议，甚至根据调查搜集到的信息具体落实一些变革。

① 绩效差距（Performance Gap）。如图10-5所示，本公司和标杆公司之间的绩效差距从今年的7%变为1年后的9%，表明绩效差距被拉大。

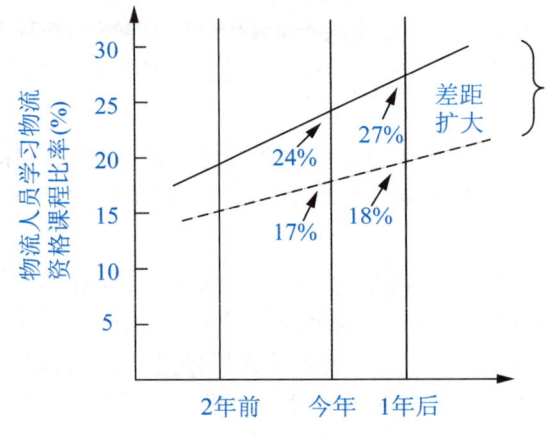

图10-5 差距图

注：------ 表示你所在的公司；——— 表示标杆公司。

② 对现有流程进行评价和备案。应该把现有流程作为基线备案，在此基础上，企业不断提高自己的绩效。在现有流程中，可能有一些不尽如人意的地方（外在的或内在的）会令客户失望。如对客户咨询的非标准产品或服务处理时间太长，会被对手抢走业务。初步分析发现原因可能是处理客户咨询的责任划分不清。

在这个阶段也要确认是否有必要采取某些步骤或适当的后续活动，如有必要，可以建议标杆学习活动继续。实施标杆管理不能一蹴而就，而是一个长期、渐进的过程。每次学完后，都有一项重要的后续工作，这就是重新检查和审视标杆研究的假设、标杆管理的目标和实际效果，分析绩效差距，为下一轮改进打下基础。

2. 平衡计分卡法

平衡计分卡（Balanced Score Card，BSC）法打破了传统的绩效评价体系，建立了一个全新的绩效评价体系，为管理人员提供了一个全面的框架，用以把企业战略目标转化为一套系统的绩效评价指标。平衡计分卡法应用于物流绩效评价，可以克服传统的物流绩效评价的不足，将财务评价指标和业务评价指标结合在一起使用，从而能够同时从几个角度对物流绩效进行快速而全面的考察。

平衡计分卡法的基本思想是：存在一些关键绩效指标（Key Performance Indicator，KPI），其中大多数指标是非财务的，与传统的财务导向的指标相比，它们为管理者提供了更好的实现战略目标的指标衡量方法。如果能够识别与企业物流战略目标的实现相关的关键绩效指标，并以这些指标为基础，就可以建立相应的物流绩效评价的平衡计分卡系统。

（1）关键物流活动的选取。

企业物流绩效评价经常遇到的一个很实际的问题，就是很难确定客观、量化的绩效评价指标。其实，对所有的绩效评价指标进行量化并不现实，也没有必要。通过行为性评价指标体系，同样可以衡量企业物流绩效。

物流关键绩效指标（Logistics Key Performance Indication，LKPI）是通过对整个物流流程的关键参数进行设置、取样、计算、分析，衡量流程绩效的一种目标式、量化管理的评价指标，是把企业物流战略目标分解为可操作的工作目标的工具，是企业物流绩效管理的基础。LKPI 可以使部门主管明确部门的主要责任，并以此为基础，明确部门人员的业绩衡量指标。建立明确的切实可行的 LKPI 体系，是做好企业物流绩效管理的关键。

① LKPI 选取原则。确定 LKPI 有一个重要的 SMART 原则。SMART 是 5 个英文单词首字母的缩写：S 代表具体（Specific），即企业物流绩效评价要确定的工作指标，不能笼统；M 代表可度量（Measurable），即企业物流绩效评价指标是数量化或者行为化的，验证这些物流绩效评价指标的数据或者信息是可以获得的；A 代表可实现（Attainable），即企业物流绩效评价指标在付出努力的情况下可以实现，避免设立过高或过低的目标；R 代表现实性（Realistic），即企业物流绩效评价指标是实实在在的，可以证明和观察；T 代表有时限（Time-bound），即完成企业物流绩效评价指标的特定期限。

② LKPI 要素。一个典型的企业物流系统的组成要素包括客户服务、需求预测、库存控制、物料搬运、订单处理、工厂和仓库选址、采购、包装、退货处理、废弃物处理、运输管理、仓储管理。这些活动进一步又可细分为关键性物流活动（图 10-6）和支持性物流活动。其中，关键性物流活动包括客户服务、库存控制、订单处理、运输管理和仓储管理等；支持性物流活动包括需求预测、物料搬运、工厂和仓库选址、区位分析、采购、包装、退货处理和废弃物处理等。

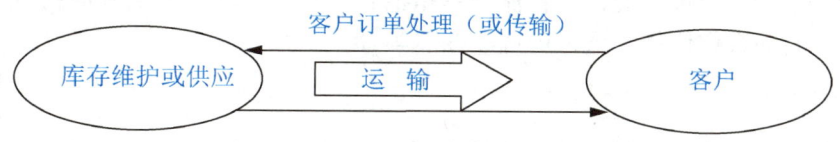

图 10-6 关键性物流活动

将关键性物流活动和支持性物流活动分开是因为某些物流活动在每个物流渠道都会发生，另外一些物流活动则视各企业的具体情况而定。关键性物流活动或者是在总物流成本中占有很大的比重，或者是有效协调、完成物流工作的关键环节。

（2）平衡计分卡系统的建立。

平衡计分卡法从以下 4 个重要的方面来观察企业物流运作。

① 客户满意度：如何更好地满足客户需求。

② 内部运营：如何提升企业自身的服务能力。

③ 学习和成长：如何持续提升与创造价值。

④ 财务状况：反映盈利能力。

管理者可以通过以下5个步骤建立一个平衡计分卡系统。

① 为重要的财务绩效设置目标和评价指标。
② 为客户服务绩效设置目标和评价指标。
③ 为重要的内部业务绩效设置目标和评价指标。
④ 为重要的创新与学习绩效设置目标和评价指标。
⑤ 使用平衡计分卡法传达企业物流战略。

平衡计分卡法抓住了隐藏在传统的收益表和资产负债表之后的关键的价值创造活动，揭示了长期财务业绩与竞争能力的价值驱动。平衡计分卡法与各种绩效评价指标的联系示意图如图10-7所示。

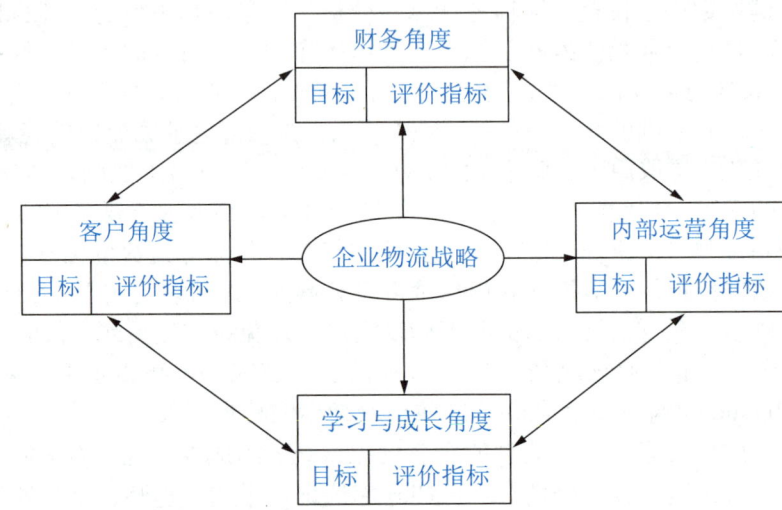

10-6 拓展视频

图10-7 平衡计分卡法与各种绩效评价指标的联系示意图

平衡计分卡法的评价指标来自企业物流战略目标和竞争需要，其把企业物流战略置于中心地位。它确定了目标，并假定人们会采取一切必要的行动来努力实现这些目标。应用平衡计分卡法与企业所推出的许多物流新举措的目标是一致的，如供应链物流一体化、客户与供应商之间的合作伙伴关系、可持续发展等。

3. 360度考核法

传统的绩效评价方法仅仅从一个角度对各项工作进行评价，这就导致考核往往不够全面，在一定程度上失去了绩效评价原有的意义。360度考核（360° Feedback）法就是全方位、全面地对企业物流绩效进行考核。360度考核法示意图如图10-8所示。

10-7 拓展视频

4. 目标管理法

目标管理（Management by Objective，MBO）法是通过上下级共同设定可量化目标，明确责任分工，定期评估进展，以协调组织行动并实现战略规划的管理方法。组织的整体目标被转换为每级组织的具体目标，即从整体组织目标到经营单位目标，再到部门目标，最后到个人目标；从年度目标到季度目标，最后分解到月度目标。

10-8 拓展视频

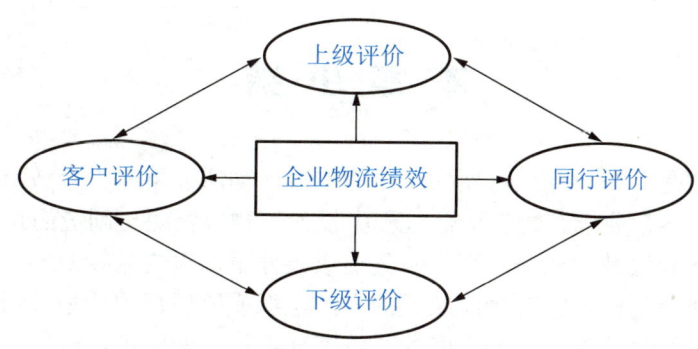

图 10-8　360 度考核法示意图

目标管理通过评估各个环节成果对目标的贡献度，系统化衡量部门目标达成情况，进而实现对组织整体目标的量化评价。因此，企业不但要对所有物流绩效进行评价，同时也要对企业各级组织和部门进行目标实现的评价。对团队和部门的评价将主要以目标管理为主，具体包括以下步骤。

（1）制定组织的整体目标和战略。
（2）在物流经营单位和部门之间分解主要目标。
（3）各单位的管理者和其上级一起设定本部门的具体目标。
（4）部门的所有成员参与设定自己的具体目标。
（5）管理者与下级共同商定如何实现目标和行动计划。
（6）实施行动计划。
（7）企业定期检查实现目标的进展情况，并向有关单位和个人反馈。

为保证目标管理的成功，企业应该做到：确立目标的程序必须准确严格，保证目标管理项目的推行和完成；企业应当将目标管理与部门的年度和月度预算计划、工资等财务性指标相结合，并对各个部门的非财务性指标进行严格的考核。

 资料卡

EVA（Economic Value Added，附加经济价值）管理是基于 EVA 绩效管理的方法，它把企业内部制定的很多离散指标统一成一个最终指标，无论是提高销售额还是提高市场份额，最终目的是为企业创造价值。EVA 是一种概念朴素的方法，其不衡量过程，避免了考核中间过程指标可能造成的管理上的误导。

EVA 管理对最终创造价值的考核是以公司从上至下的价值链来贯穿，能够有效地将高层压力分解到基层。这种方法主要针对财务指标，因此又引入了独立绩效因素，类似于 KPI 中的行为过程指标。通过独立绩效因素把行政、人事等不创造价值的支持部门的奖金总额，与所服务的内部客户创造的价值额度按比重挂钩，再决定各个部门内每个员工之间的奖金分配。

在国内，基于财务的 EVA 管理有时比较难操作，主要原因是部分企业内部抽取下属单位的财务数据比较难，或者数据难以达到供分析判断的要求。所以，对于财务分析系统不很完善的企业，实行时需要加以具体调整。

资料来源：http://baike.baidu.com/view/166419.htm.

本 章 小 结

企业物流绩效是指在一定经营期内，企业物流活动所产生的综合效益和经营者的物流业绩，即企业根据客户要求在物流运作过程中投入的物流资源与创造的物流价值之比。

企业物流绩效管理是指在满足客户服务要求条件下，对物流绩效的一切管理活动的总称，即在物流运作全过程中针对物流绩效的产生、形成所进行的计划、组织、指挥、控制和协调。企业物流绩效管理是一个完整的系统管理过程，通常可以看作一个流程循环。它主要包括以下几个环节：物流绩效计划、动态绩效跟踪、绩效评价、绩效反馈。

企业物流绩效评价是对企业物流业绩和效率进行事前控制与指导、事中监控与更正以及事后评估与度量，从而判断预定的任务是否完成、完成的水平、取得的效益和所付出的代价。依托现代信息技术，物流信息的传输和反馈变得及时、准确，企业物流绩效评价是一个根据物流信息不断控制和修正工作的动态过程。企业物流绩效评价程序依次为确立评价目标、设计评价指标、获取评价信息、选择评价标准、确定评价方法、单项评价、综合评价、形成评价结论 8 个阶段。

企业物流绩效评价指标体系的构建过程可分为指标初选和指标完善两个阶段。企业物流绩效评价指标主要包括企业物流内部绩效评价指标和企业物流外部绩效评价指标。其中，企业物流内部绩效评价指标包括内部绩效宏观评价指标和内部绩效微观评价指标。

企业物流绩效评价的方法包括标杆管理法、平衡计分卡法、360 度考核法和目标管理法。标杆管理是通过系统性地学习、比较并借鉴行业最佳实践和最佳流程，以持续改进组织绩效、获取竞争优势的管理方法。应用标杆管理有一系列的目标，其中包括建立评估组织绩效、设定流程改进的优先次序以及寻求某个特定领域的改善，如客户服务、订货管理、需求预测等。常见的标杆管理方法有 4 种，即竞争标杆管理、财务标杆管理、客户标杆管理和流程标杆管理。平衡计分卡法打破了传统的绩效评价体系，建立了一个全新的绩效评价体系，为管理人员提供了一个全面的框架，用以把企业战略目标转化为一套系统的绩效评价指标。360 度考核法就是全方位、全面地对企业物流绩效进行考核。目标管理是通过上下级共同设定可量化目标，明确责任分工，定期评估进展，以协调组织行动并实现战略规划的管理方法。组织的整体目标被转换为每级组织的具体目标，即从整体组织目标到经营单位目标，再到部门目标，最后到个人目标；从年度目标到季度目标，最后分解到月度目标。

企业物流绩效（Enterprise Logistics Performance）

企业物流绩效管理（Enterprise Logistics Performance Management）

企业物流绩效评价（Enterprise Logistics Performance Evaluation）

企业物流绩效评价指标体系（Enterprise Logistics Performance Evaluation Index System）

标杆管理（Benchmarking Management）

竞争标杆管理（Competitor Benchmarking Management）

财务标杆管理（Financial Benchmarking Management）
客户标杆管理（Customer Benchmarking Management）
流程标杆管理（Process Benchmarking Management）
绩效差距（Performance Gap）
平衡计分卡（Balanced Score Card，BSC）
目标管理（Management by Objective，MBO）
物流关键绩效指标（Logistics Key Performance Indication，LKPI）
360度考核（360° Feedback）

习题

1. 选择题

（1）（　　）是指在物流运作全过程中针对物流绩效的产生、形成所进行的计划、组织、指挥、控制和协调。

    A．绩效　　　　　　　　　　B．物流绩效
    C．绩效管理　　　　　　　　D．企业物流绩效管理

（2）企业物流绩效管理是一个完整的系统管理过程，主要包括（　　）。

    A．物流绩效计划　　　　　　B．动态绩效跟踪
    C．绩效评价　　　　　　　　D．绩效反馈

（3）企业物流绩效评价的作用主要包括（　　）。

    A．物流绩效评价能够使企业及时地了解和判断自身的经营水平
    B．物流绩效评价能够对企业物流活动进行控制
    C．物流绩效评价可以对企业管理者和员工进行激励
    D．物流绩效评价有利于正确引导企业的经营行为

（4）合理有效的绩效评价体系构成的基本要素是（　　）。

    A．评价主体　　B．评价客体　　C．评价目标　　D．评价指标

（5）企业物流绩效评价程序包括（　　）。

    A．确定评价方法　　　　　　B．选择评价标准
    C．综合评价　　　　　　　　D．确立评价目标

（6）从物流角度分析，客户服务的要素包括（　　）。

    A．时间　　　B．可靠性　　　C．沟通　　　D．灵活度

（7）（　　）反映了企业的市场保持状况，它是指一定时期内保留或维持同老客户关系的比例。

    A．客户获得率　　　　　　　B．客户保持率
    C．客户满意率　　　　　　　D．客户利润率

（8）（　　）的显著特征是向业内或业外的最优企业学习。学习是手段，超越才是目的。通过学习，企业重新思考、定位、改善经营实践，不断完善自己，创造自己的最佳业绩，这实际上就是模仿创新的过程。

    A．360度考核法　　　　　　B．平衡计分卡法

C．标杆管理法 D．目标管理法
（9）常见标杆管理方法主要有（　　）。
A．财务标杆管理 B．竞争者标杆管理
C．客户标杆管理 D．流程标杆管理
（10）360度考核法主要包括的评价是（　　）。
A．上级评价　　B．下级评价　　C．同行评价　　D．客户评价

2．简答题

（1）什么是企业物流绩效？什么是企业物流绩效管理？
（2）什么是企业物流绩效评价？
（3）试用图形方式分析企业物流绩效评价的体系和程序。
（4）简述标杆管理的流程。
（5）简述建立一个平衡计分卡系统的步骤。
（6）简述在目标管理中对团队和部门的考核的具体步骤。

3．判断题

（1）企业物流绩效管理合理化是指企业对物流系统进行设计、调整、改进与优化，以尽可能低的物流成本，获得尽可能高的物流服务水平，通过物流成本与物流服务之间的平衡，获取最优化的企业物流绩效，并且有力地促进企业物流的发展。（　　）

（2）企业绩效评价的目标是整个企业运行的指南和目的，它服从和服务于企业整体战略规划目标。（　　）

（3）指标的初选方法有综合法和分析法两类。分析法是指对已存在的一些指标群，按一定的标准进行分类，使之体系化的一种构造方法。（　　）

（4）影响客户满意率的因素有很多，如物流服务的及时性、质量、客户需求的响应程度等，这些都可以用具体指标来度量。（　　）

（5）SMART原则是确定物流关键绩效指标的一个重要原则。（　　）

（6）使用平衡计分卡，企业物流管理者可以衡量物流流程在创造现有和未来客户，建立和增强物流能力，对人员、物流系统、物流运作程序、未来绩效的投资方面是否有效。
（　　）

（7）传统的绩效评价方法仅仅从一个角度对各项工作进行评价，这就导致过去的考核往往不够全面，在一定程度上失去了绩效评价原有的意义。（　　）

4．思考题

（1）思考建立企业物流绩效评价指标体系需要注意哪些问题，有哪些原则。
（2）思考企业物流绩效管理和企业物流绩效评价的区别。
（3）思考平衡计分卡法与各种绩效评价指标的联系。
（4）思考组织变革会受到哪些阻力。

实际操作训练

课题 10-1：某企业物流绩效管理情况调查

实训项目：某企业物流绩效管理情况调查

实训目的：了解该企业的物流绩效管理的现状，调查其物流绩效评价指标及其数据获取的途径。

实训内容：确定调研企业的类型，并进行企业物流绩效管理的现状调查，分析其物流绩效评价指标体系及获取数据的难易程度。

实训要求：首先，学生可以小组的方式开展调查工作，每五人一组；各组成员自行联系，并调查当地的一家生产企业或商业企业；详细调研该企业的物流绩效管理的情况，并分析绩效管理过程中存在的问题，给出改进意见；将上述内容形成一个完整的调查分析报告。

案例分析

德百物流绩效管理现状及改进方案

1. 德百物流绩效管理现状

德百物流的考评方法主要是360度考核法、述职听证法和目标管理法的结合。德百物流的绩效考核期为一年，即年初定目标，年末进行考核，其间会进行不定期的检查、记录和反馈。绩效考核的组织工作由最高管理层统一负责，下设绩效考核领导小组、绩效考核办公室。绩效考核领导小组主要负责绩效考核的相关工作，包括计划、协调、组织、控制和存档等，并负责对考核中出现的重大问题进行反馈和处理，接受相关考核申诉的处理。绩效考核的具体流程是：年初由管理者根据企业战略目标与员工协商制定绩效考核目标，年末由考核者对被考核者的工作绩效进行评分，主要采取个人述职，各级考核，下级评议等方式，考核者向被考评者进行结果反馈，并指出问题与不足，提供必要的帮助。

2. 德百物流绩效管理改进方案

（1）在目标制定时应用平衡计分卡。

现在德百物流的绩效管理存在的主要问题是绩效指标设立得过于单一，前瞻性不够。相对于传统的绩效管理工具只集中对过去运营情况作评估而言，平衡计分卡更强调对未来的发展，具有高度前瞻性，符合德百物流可持续发展的要求。除了把影响财务指标的工作维度作为其绩效管理一个考虑要素，还要把一些不能显示在资产负债表及损益表的非财务资料与数据（如服务质量、客户满意度、员工忠诚度等）也纳入德百物流绩效考评指标中，增加绩效指标的全面性及广泛性；它除了考虑德百物流内部运作流程对业绩的影响，同时还考虑外部环境对德百物流经营的影响因素，能够更真实地反映德百物流的经营水平及发展情况。平衡计分卡的指标设计应划分为4个指标，即员工工作指标、客户指标、重点项目建设指标、员工发展指标。

（2）各部门员工的绩效管理流程设计。

德百物流在员工的绩效管理方面最突出的问题是重考核、轻管理。对绩效目标的制定和绩效管理中的沟通重视程度明显不足，这就需要强化绩效过程管理。

① 绩效目标的制定。德百公司将总公司的绩效目标层层分解到德百物流各部门，各部门主管根据分配下来的绩效目标，与员工协商制定员工个人的绩效目标。这样，个人和部门的绩效目标实现了，全公司战略目标也实现了。

② 绩效沟通。沟通不足是德百物流一个重要的问题，在绩效目标确定之后，管理者需要全程与员工进行沟通，及时解决员工遇到的问题和困惑。一般来讲，正式的沟通至少三个月一次，非正式的沟通随时可以进行。沟通时要注意以下事项。首先，要确立相互信任的关系，管理者对于自己的错误和问题要敢于承担责任，以身作则，不能将自身的错误强加在员工身上；在沟通时要向员工讲明沟通的目的，引导员工找出自身的不足，注意沟通的方法，换位思考，避免产生冲突而影响沟通的效果。其次，沟通时避免单向沟通的做法，应采取双向沟通，多听取员工的想法，不要将自己的想法强加给员工，并且对沟通的内容做好详细的记录，在制订以后的工作计划时有据可依。

③ 绩效考核。年底进行绩效考核的时候，要划分考核等级，具体划分为5个等级：出色、良好、一般、糟糕、极差。

绩效奖励与改进是为了提高员工的绩效，促进绩效提升和员工的职业发展，从而实现员工利益和公司利益最大化。

资料来源：郭栋梁，2011. 德百物流绩效管理存在的问题及改进方案[J]. 中国商贸（34）：178-179.

问题：

（1）德百物流绩效管理采用何种方法？其特点如何？

（2）德百物流绩效考核的具体流程和组织形式是什么？

（3）德百物流绩效管理改进方案是什么？与目前的物流绩效管理相比，有什么特点？

第11章 企业物流现代化及其发展趋势

【本章教学要点】

知识要点	掌握程度	相关知识
企业物流的国际化	了解	企业物流国际化特征、企业物流国际化组织
企业物流现代化技术	了解	管理现代化、技术现代化
企业物流战略联盟	了解	战略联盟的特征、战略联盟的类型、动态物流联盟
我国企业物流的发展趋势	熟悉	双向发展趋势加剧、新一代信息技术将被广泛应用、绿色物流与冷链物流加速崛起、企业物流管理向供应链管理转型

【本章技能要点】

技能要点	掌握程度	应用方向
企业物流现代化技术	掌握	在企业物流管理的过程中，可以正确地选择现代化技术
基于动态物流联盟的物流系统规划方法	掌握	在构建动态物流联盟时，可以用于指导该战略联盟的物流系统的规划与设计工作

导入案例

电子商务环境下企业物流管理面临的挑战

信息技术的发展催生了电子商务这一经济运行模式,电子商务的出现又给企业的物流管理带来了新的发展契机。在电子商务环境下,企业物流管理的便捷性得以提升,管理质量较以往也有了明显的提高,但从目前企业物流的实际情况来看,许多企业在管理、运输等方面尚有不足之处,还需借助电子商务全面构建物流管理的新系统和新体系,以推动企业物流管理模式的现代化转型。

目前,电子商务环境下企业物流管理面临的挑战如下。

(1)物流专业综合人才缺乏。电子商务具有便捷性、智能化和高效性等特点,其在引进物流管理的实际操作过程中需要从业人员设置系统、读取信息,而大多数企业在引进电子商务平台时,尚未培养出一批技能型人才,这给电子物流工作带来了极大的挑战。许多物流管理人员的管理理念较为落后,他们无法结合当前电子商务发展的整体趋势对物流管理工作进行创新,仍然延续了传统的物流管理思维;他们对各种自动化、信息化技术缺乏足够的认知,也无法有效打造智能化物流管理信息体系。而且,企业物流管理的发展形势日新月异,高校所开设的电子商务课程和物流管理课程只能按照以往的企业需求来培养人才,在教学目标与实践教育上存在与现代企业的物流管理衔接不畅的问题;平时高校与企业实施的产教融合项目和顶岗实习项目较少,专业人才数量和质量无法满足物流市场的需求。

(2)物流管理体系存在漏洞。在采购管理环节,许多企业尚未与商品供应商建立信息化的物流体系,整个物流服务仍采用半人工、半机械化的模式。采购环节需要工作人员先从网络上查询相关信息再实施采购行为,而企业缺乏完善的信息物流平台,无法与供应商及时交流信息状况,导致生产企业与供应商之间出现了信息不对称情况,错失了电子商务这一良机。在销售物流运输环节,部分企业片面追求高效快捷的物流配送,忽视了物流信息的更新,导致客户无法及时接收货品的运输信息,进而出现向物流中心追责或退单等情况。在制度建设层面,某些汽车制造企业在物流管理过程中没有完善与更新相关的制度条款。物流监督与管理过程也存在形式化的问题。相关人员在开展工作的过程中也容易出现管理误差,无法为汽车制造和物流管理各项工作的开展提供保障和支持。某些汽车制造企业始终处于自营产销供一体化的封闭状态,信息化平台建设不统一、资源配置不合理,企业之间的信息交换和数据共享程度不足,阻碍了企业的物流发展。在较长时期内,汽车物流的发展是建立在传统汽车运输、仓储和搬运等体系上的,在对信息的收集、加工、处理和应用管理方面动力不足,也无法为客户提供物流的综合性服务。

(3)物流管理基础设施不全。由于物流企业起步较晚,因此其基础设施的配备也较为落后。具体表现在:首先,仓储设备数量不多。一些中小企业的物流管理仍然在使用仓储货架、仓储周转箱和堆垛架,智能仓储设备的数量较少。企业只能在订单量较少时采用智能仓储设备,一旦遇到订单量较多的情况,则需要使用仓储货架和周转箱来分流,暴露基础设施不健全的问题。其次,对物流基础设施的管理缺乏整体性规划。具体包括铁路、公路、空运等运输方式之间的协同性较差,无法充分发挥铁路、公路、水路等不同运输体系的优势。另外,企业与电子商务相关的物流产业不够集中,跨区域物流规划建设也缺乏协同性;企业对物流园区和物流基地的建设不够重视;某些面向国际市场的汽车制造企业在国际运输物流通道建设方面存在不足,许多战略性运输通道和重要节点尚未打通,因此也无法更好地满足未来企业现代化物流发展的实际需要。

资料来源:廖夏菲,2023.电子商务环境下企业物流管理面临的挑战和应对之策[J].现代企业文化(23):73-76.

> **思考题**
> （1）电子商务环境下企业物流管理面临的主要挑战是什么？
> （2）电子商务环境下企业物流管理需要哪种类型的物流人才？
> （3）电子商务环境下企业可以采取哪些措施应对企业物流管理面临的问题？

11.1 企业物流的国际化

11.1.1 企业物流国际化特征

企业物流国际化要求企业具有克服时间和空间阻隔的功能。虽然国内物流具有克服时间和空间阻隔的功能，但是国际物流要克服的时间和空间阻隔比国内物流大得多。相对国内经营来说，物流在全球经营中承担的责任要大得多。

1. 功能特征

国际物流活动的构成除了包含与国内物流一样的运输、储存、包装、装卸、搬运、流通加工、配送和信息处理等，还有国际物流特有的报关和相关文书单据的缮制等。

海关是一个国家主权的象征，它主要从事征收关税和取缔违法物品和行为的活动。报关手续又称通关手续，是指出口商或进口商向海关申报出口或进口、接受海关的监督与检查、履行海关规定的手续。货物经过申报、验收，经海关同意，方可通关放行。

另外，国际物流活动中涉及大量的贸易合同和文书，也是其特征之一，这些贸易合同和文书涉及运输、报关、保险、结算等方面的业务。运输单据是证明货物已经装船发运或由承运人接收、监管的单据。按运输方式不同，运输单据分为海运提单、铁路运单、航空货运单、邮包收据和全球复合运输单据。在FOB（Free on Board，装运港船上交货）和CIF（Cost, Insurance and Freight，成本加保险费加运费）条件下，运输单据是卖方证明已履行交货责任和买方证明已支付货款的主要依据。报关文书有出口许可证、出口货物报关单、商品检验证书等，货主在备齐报关文书后自己或直接委托专门服务业者向海关申报。

11-1 拓展视频

在国际物流中，由于物流过程中可能会遇到各种风险，因此，必须办理货物的运输保险，以便在货物遭遇损失时能获得一定的经济补偿。我国海洋运输保险险种有平安险、水渍险和一切险3种。国际物流活动中结算支付方式较国内物流活动结算支付方式复杂，一般使用的支付方式有汇付、托收、信用证、银行保函等。

 资料卡

《物流术语》（GB/T 18354—2021）中有如下两个术语。

装运港船上交货（Free on Board，FOB）是卖方在合同规定的装运期内，在指定装运港将货物交至买方指定的船上，并负担在装船前货物灭失或损坏造成的所有风险的交货方式和价格模式。

成本加保险费加运费（Cost, Insurance and Freight，CIF）是卖方负责租船订舱，办理货运保险，在合同规定的装运期内在装运港将货物交至运往指定目的港的船上，货物灭失或损坏的风险在货物交到船上时转移的交货方式和价格模式。

2. 交货周期长

企业从规模经济的角度出发,把生产活动按专业分工集中于少数几个地点,这种生产集中化和专业化与市场的全球化和分散化之间存在矛盾,并直接反映在国际物流交货周期上。在海运条件下,国际物流运输距离长、周期长,同时相关的装卸搬运、报关通关等其他业务活动也会延长交货周期。交货周期长往往会造成两个后果:其一,增加加工过程中的库存投资,占用了大量资金;其二,在迅速满足客户需求方面存在困难。有时企业为了能迅速满足客户需求,往往预先在销售地准备大量的安全库存作为缓冲。这样虽然能及时满足各地的客户需求,但储存的货物量大、所占用的资金多,因而存在因客户需求变化使得库存积压等风险。有时,企业为了节约成本,以牺牲及时满足客户需求为代价,采用长发货周期作为缓冲。上述两种情况表明,应从整体分析物流成本与物流服务之间的平衡关系。在国际运输中,航空运输是缩短运输时间的最有效的方式,但航空运输的缺点是单位运输成本高。因此,在考虑采用航空运输时,应从货物特性、库存成本、对市场的反应、顾客服务水平要求及空运成本等方面进行权衡。

 资料卡

顺丰建设的亚洲最大规模的鄂州航空枢纽转运中心于2023年第三季度全面投入运营。截至报告期末,公司已于鄂州枢纽累计开通55条国内货运航线和13条国际货运航线,链接全国40个城市,触达国际15个航站。公司的枢纽转运中心占地75万平方米,拥有全长52公里的智能分拣线,每小时峰值能处理28万件快递;同时14条海关智能查验线配合全自动分拣系统,让国际快件拥有和普通包裹一样的效率,从上线、通关、落格到组板只需15~20分钟。2024年6月,鄂州枢纽的国际货运吞吐量较2023年12月增长超50%。

鄂州枢纽长远发展目标是打造成全球供应链中心和高端加工流通中心,目前已有3C、美妆、冷链、医药、汽车、光学眼镜等高端产业多家企业落户。公司将持续以安全、高效、智慧、绿色为运营准则,优化完善空网布局,实现国内与国际航网的无缝衔接,逐步达成"一夜达全国,隔日连世界"的目标。

资料来源:2024年顺丰控股股份有限公司半年度报告.

3. 运输方式多样

不同企业或同一企业在物流中所采用的运输方式是不同的。在国际物流中输送方式的多样性也是其特征之一。在多种输送方式中,以集装化和散装化方式为最多。常见的集装方式有以下几种。

(1) 企业按最终客户不同对货物进行分类集装,以整箱货物运送方式从企业直接送达最终客户。

(2) 供应地的物流配送中心对来自不同企业的货物按最终客户进行分类,以整箱输送方式从物流配送中心直接送达最终客户。

(3) 企业把不同客户的货物(每个客户的货物都不足一个集装箱)进行集装,以拼箱货运输方式,从企业运到消费地物流配送中心,在消费地物流配送中心对集装箱货物进行开箱分装,再将货物配送到不同的最终客户。

(4) 在供应地物流配送中心把不同客户的来自不同企业的货物进行集装,以拼箱货运输方式,从供应地物流配送中心运送到消费地物流配送中心,在消费地物流配送中心对集装箱货物进行开箱分类,把货物配送到不同的最终客户。

对于大量的散装和液体类货物的国际物流,大多采用专用的散装运输船和油轮完成。其作业过程是:由企业组织货物送达输出国某港口的专业码头,装船运输,到达输入国的某港口专业码头,最后配送到最终客户。

4. 国际多式联运

在国际物流中,除选择单一运输方式外,还可以将水路运输、铁路运输、航空运输和公路运输等运输方式组合而成**国际多式联运**。不同的运输方式的组合不仅关系到交货周期,同时也与物流总成本密切相关。在国际物流中,门到门的运输方式备受货主欢迎,并逐渐成为国际物流的主流。国际多式联运是按照多式联运合同,以至少两种不同的运输方式,由多式联运经营人将货物从一国境内的接管地点运至另一国境内指定交付地点的货物运输方式。国际多式联运最好的组织手段是集装箱运输,这是因为集装箱自身的结构特点为不同运输方式的转换提供了方便、敏捷、经济的条件。

11-2 拓展视频

11.1.2 企业物流国际化组织

当企业将它们的供应链向国际化延伸时,这些企业会面临一个如何设计管理它们的全球物流组织的问题。企业物流国际化要求企业的物流组织结构由具有综合计划协调功能的物流管理总部、事业部所属物流部门、生产企业所属物流部门和海外分厂物流部门所组成。

1. 物流管理总部

物流管理总部是制定和实施企业物流政策、物流战略计划和物流教育计划,并指导、协调各事业部物流活动的职能部门。它的主要工作包括以下几个方面。

(1)搜集、整理和分析有关国际物流状况、物流设施、价格费用等方面的信息,从而设计出效率高、经济效益好的国际物流运输方式。

(2)指导物流业务人员熟悉国际贸易手续、各国报关手续等业务。

(3)与世界各国主要物流组织保持联系,参与全球物流网络的建设,负责与全球供应链各参与方的联系和协调。

2. 事业部所属物流部门

事业部所属物流部门负责管理、协调不同货物种类和市场加工过程中的各种物流活动。

3. 生产企业所属物流部门

生产企业所属物流部门负责全球的原材料厂内物流和产品销往世界各国的物流。

4. 海外分厂物流部门

海外分厂物流部门负责所在国所有的有关物流活动,包括有关产品、原材料进出口的物流。其具体工作包括制订和执行各国国内的物流计划,联系物流管理总部和其他海外分厂的物流部门,制作和管理国际贸易等方面的文件单据,安排货物的运输方式和运输线路,与当地政府、公共部门、承运企业、代理公司等建立良好的业务和人际关系。

案例 11-1

不同企业的国际化物流探索

1. 亚马逊的全球物流配送网络

亚马逊凭借其庞大且高效的全球物流配送体系，实现了快速、精准的货物交付。在美国本土，其物流配送中心分布广泛，利用先进的仓储管理系统和自动化设备，如 Kiva 机器人，大幅提升分拣和包装效率。在国际业务上，与各大航空公司和船运公司紧密合作，优化运输路线和航班/船期安排，确保货物能及时运往世界各地的物流配送中心。通过大数据分析方法预测各地需求，提前将热门商品部署在当地仓库，实现快速配送，如欧洲地区部分商品可实现 1～2 天送达，提升客户满意度的同时，也增强了自身在全球电商市场的竞争力，彰显了其强大的物流资源整合与运营能力，构建起覆盖全球的高效物流生态。

2. 大众汽车的零部件供应物流

大众汽车构建了复杂而精密的国际零部件供应物流体系。在德国总部周边，聚集了核心零部件供应商，便于及时供应关键部件，通过 JIT 生产模式，减少库存积压，从而降低成本。对于海外工厂，如在墨西哥等地，采用多种运输方式，如海运集装箱运输大量的基础部件，辅以空运紧急零部件，确保生产线不停歇。利用先进的物流管理信息系统，实时监控零部件运输状态，与供应商紧密协同，根据生产作业计划灵活调整发货节奏和路线，保障全球各地工厂的高效运营，以高效、稳定的物流支撑其汽车产业的全球布局，确保产品按时交付给全球客户，维持品牌的市场份额。

3. DHL 的跨境电商物流服务

DHL 为英国及全球的跨境电商企业提供全面的物流解决方案。在英国，DHL 为电商卖家提供上门取件、仓储管理等服务；通过与电商平台的数据对接，实现订单信息的快速处理和货物的精准分拣。在国际运输中，其拥有广泛的航线网络和清关能力。例如，从英国发往美国的包裹，能快速完成清关手续并送达客户手中，运输时间可控制在 3～5 天。同时，DHL 提供物流增值服务，如货物保险、退货管理等，满足电商业务多样化需求，凭借专业、高效的物流服务，助力英国及全球电商企业拓展国际市场，促进国际贸易往来，成为跨境电商物流领域的领先者，推动了全球电商行业的发展。

4. 路易威登的奢侈品物流

路易威登的国际物流专注于高端奢侈品的配送和维护品牌形象。其在法国本土生产后，通过温控、防震的专业包装，确保产品在运输过程中的品质不受损。路易威登以航空运输为主，将产品运往全球旗舰店和高端零售商，如运往亚洲的主要城市，确保新品能迅速上架。在物流过程中，严格控制货物的运输环境和流转环节，配备高安全性的仓储设施，防止盗窃和损坏。同时，提供定制化的配送服务，如客户可选择特定的时间和地点送货上门，甚至包括白手套服务，通过优质、专属的物流体验，维护品牌的奢华定位，提升品牌价值和客户忠诚度，成功将法国奢侈品文化传播到世界各地，在全球奢侈品物流领域独树一帜。

5. 丰田汽车的全球物流优化

丰田汽车以精细化的全球物流管理著称。在日本，丰田汽车通过紧密协作的供应商网络，实现零部件的高频次、小批量配送，采用共同配送模式降低运输成本，确保整车生产的高效性和连续性。对于海外市场，如北美和欧洲，丰田建立了本地化的物流配送中心，根据当地市场需求预测，合理安排整车和零部件的进口与库存。利用海运滚装船运输整车，提高运输效率和车辆安全性。在物流过程中，应用丰田生产方式的理念，不断消除浪费和持续优化流程，如优化物流路线减少运输里程和时间，通过完善的物流体系保障全球汽车供应链的稳定运行，在国际汽车市场中凭借高效物流支撑其高质量产品供应和市场份额的稳固增长。

资料来源：根据网络资料整理.

11.2 企业物流现代化技术

11.2.1 管理现代化

随着贸易保护主义抬头、全球经济增速放缓、全球供应链断链风险上升等局面的出现，大量企业面临前所未有的竞争压力。当前的市场特征是新产品开发速度日益加快，产品生命周期不断缩短，产品必须满足客户个性化需求，市场竞争愈演愈烈。在这种形势下，最低的成本、最高的效率、最好的产品和服务构成了影响现代企业生存和发展的 3 个最主要方面。通过引入先进的管理模式与理念，向管理变革要效益，企业才有望在全球化的市场竞争中脱颖而出。

1. 系统管理现代化

企业物流系统是一个具有多层次、多要素、多功能的大系统。系统管理技术的重点是系统分析。企业物流系统分析是指从企业物流的整体出发，根据企业物流的目标要求，运用科学的分析工具和计算方法，对企业物流的功能、环境、费用和效益等进行充分的调研，并收集、分析、处理有关的数据和资料，建立若干企业物流系统方案，比较和评价企业物流管理的效果。

2. 质量管理现代化

企业物流质量通常可以理解为企业物流过程和企业物流服务对客户的满足程度。企业将全面质量管理的手段运用于物流管理中，强调"三全"管理：①全过程的管理，即对物品运输、储存、包装、装卸、搬运、配送、流通加工、信息处理等进行全过程的管理；②全方位管理，即包括服务质量、物品质量、工作质量以及涉及物流各环节质量的管理；③全员性管理，即企业全体员工都参加企业物流管理。在我国物流界，普遍制定的各级岗位责任制和各种工作质量体系则是质量管理技术的具体体现。

3. 标准化管理现代化

物流标准化是指在物流过程中，相关的企业、相互衔接的作业工序应当共同遵守的标准指令。如果说信息化是从技术层面提升企业物流的效率，那么标准化则是从管理层面提升企业物流的效率。企业物流标准化是指以企业物流为一个大系统，制定内部设施、机械装备、专用工具等各子系统的技术标准；制定各分领域如运输、储存、包装、装卸等各类作业标准；以系统为出发点，研究各子系统与分领域中的技术标准与工作标准的配合性要求，统一整个企业物流系统的标准；研究企业物流系统与其他系统的配合性要求，进一步谋求大系统的标准化。

4. 决策管理现代化

企业物流管理中的每个方案、计划，每个层次、环节的调整，以及每个指标变动的决定都可以称为决策。决策是企业物流管理的核心，是执行各项物流管理的基础。企业物流决策管理已从定性分析进入定性分析和定量分析相结合的阶段。例如，在运输路线决策中，为了防止对流、迂回、重复、过远等不合理运输方式的出现，普遍采用运筹优化、人工智能等方法来决定物流的合理流向。

11.2.2 技术现代化

现代物流运作方式与企业生产方式、生产规模和销售方式等密切相关。现代经济社会生产方式规模化、全球化、专业化的发展，在客观上要求现代物流技术提供强有力的支持。近年来，我国在先进物流装备技术、物流信息技术的研发、生产等方面取得了令世界瞩目的成就；同时，在物流管理技术的探索与创新方面也取得了长足发展。

1. 物流装备技术现代化

物流装备按功能可划分为存储设备（包括自动化立体仓库、穿梭式货架、旋转式货架等）、输送设备（包括带式输送机、链式输送机、辊子输送机等）、装卸搬运设备（包括叉车、巷道堆垛机、穿梭车、自动导引车等）、分拣设备（包括交叉带分拣机、滑块分拣机、斜导轮分拣机等）、其他类型设备（包括智能包装设备、无人机等）、信息控制系统等。物流装备技术水平伴随着用户需求的变化和科学技术水平的提高而发展变化。近年来，在大力吸收国外先进技术、发展国内物流装备制造业的基础上，建立了完善的物流设备制造体系。我国物流装备技术现代化呈现如下的特点：信息化、智能化、标准化、模块化、多样性、专业化、人性化、绿色化、节能化、系统性、可扩展性、先进性。总之，客户需求与科技进步推动了我国物流装备技术不断向前发展。

11-3 拓展视频

11-4 拓展视频

11-5 拓展视频

2. 物流信息技术现代化

我国物流企业采用的比较成熟的物流信息技术涵盖条形码技术、无线射频识别技术、电子数据交换技术和物流信息跟踪技术。近年来，我国物流行业和企业也在不断探索新一代物流信息技术（涉及大数据技术、云计算技术、人工智能技术、物联网技术、区块链技术、虚拟现实/增强现实技术、数字孪生技术、工业互联网技术等）的应用领域和场景。同时，互联网与移动互联网的引入对我国物流业的社会化起到了关键作用。物流信息管理水平标志着企业物流的服务水平和管理水平。而建立在互联网与移动互联网上的物流管理信息系统储存大量的客户交易信息，可为企业的管理决策提供大数据支撑。以互联网与移动互联网为基础的现代物流作为新的生产方式，可大大缩短物流时间，为企业带来新的利润增长点。

11-6 拓展视频

11-7 拓展视频

3. 物流管理技术现代化

面对复杂多变、竞争日趋激烈的市场环境与客户需求的多样化和个性化的市场需求，企业一方面越来越注重利用自身的有限资源形成自己的核心能力，发挥核心优势；另一方面，充分利用信息网络寻找互补的外部优势，与供应商、分销商等上下游企业构建供应链网络组织，通过供应链管理形成合作竞争的整体优势。供应链管理意味着企业的物流管理涵盖供货商、生产商、批发商和零售商等不同企业在内的整个供应链计划和运作活动的协调，意味着跨越各个企业的边界对企业群构成的整个供应链应用系统观念进行集成化管理。

资料卡

顺丰前沿技术应用

1. 无人车

顺丰在中转场和网点之间的支线运输环节,以及网点和快递员收派区域之间的接驳运输环节,投入使用数百台定制化无人车,以替代外采支线运力和节省快递员往返网点作业时间,从而提升效率并降低成本。

支线环节:匹配快件以容器集装及转运的营运模式变革,定制可承载容器的无人车。中转场十公里以内区域,由无人车搭载装满快件的容器从中转场直接高频发运至快递员收派的终端小站点;中转场十公里以外区域,通过支线车辆先送至接驳点并将容器转至无人车后,由无人车再发运至终端小站点。

接驳环节:在工业园区、住宅区等部分场景采用无人车接驳模式,解决快递员往返网点耗时长的问题,提高快递员作业效率的同时保证快件时效,且降低票均成本。

2. 智能物流大模型

基于大模型技术,顺丰结合物流场景特征打造智能服务机器人,应用在日常经营的各个环节,提效降本、增加收入。针对快消零售领域,尤其是新品发布或新店开业的关键时刻,精准预测销量对于科学备货至关重要。传统算法受限于单一商品历史数据,预测精准度有限。顺丰创新引入大模型技术,不仅显著提升了销量预测的准确性,更实现了预测能力的跨越式升级。尤为关键的是,该技术通过高度优化算力资源利用效率,助力企业实现服务器资源成本的大幅削减,最高可达80%,极大地降低了技术应用的门槛。这一变革使得高效供应链决策系统不再是大企业专属,而是开启了中小企业智能化转型的新篇章,让更多企业都能享受智能化决策带来的竞争优势与成本节约。

资料来源:2024年顺丰控股股份有限公司半年度报告.

11.3 企业物流战略联盟

11.3.1 战略联盟的特征

战略联盟的实现无论从广度上看,还是从深度上看,都将传统的价格联盟提升到新的高度。战略联盟是一种新型的竞争合作的网络型组织,是两个或两个以上具有资源优势互补的企业出于对整个市场的预期和企业自身总体经营目标、经营风险的考虑,为达到共同拥有市场、共同使用资源等战略目标而通过协议所结成的联盟。这种联盟涉及公司的战略问题,具有以下特征。

1. 组织的松散性和灵活性

组成战略联盟的企业只是受共同的利益驱动,因而具有较强的动态性。它们之间并不一定有正式的组织实体,组织的形式比较松散和灵活。随着环境的变化和竞争的需要,战略联盟的目的和方式也会进行动态的调整。可以这样认为,战略联盟是一个"市场机会驱动型"的组织,它从组成到解散完全取决于市场机会的存在与消失。组织具有高度的灵活性和敏捷性;组织结构是可以重构的、扁平状的动态网络化组织形式;组织的范围具有伸缩性;组织的规模具有动态可调性;组织是学习型组织;由面向市场机遇的临时团队构成。

2. 行为的战略性

战略联盟的目的是改善今后或更长时间的经营环境条件。因此，计划和实际的运作具有战略意义。为了各自的长远利益，企业在选择战略联盟的合作形式时，更注重对未来复杂多变的竞争环境的长远规划，这种联盟的行为着重从战略的高度来改善未来企业面临的经营环境和竞争环境。

3. 合作的平等性

战略联盟的各方都具有各自的竞争优势，在资源共享、优势互补、相互独立、相互信任的基础上通过事先达成的协议建立平等的合作关系，打破了以往在经营能力不对等、资源优势不均衡的企业之间不平等的合作关系的局面。

4. 范围的广泛性

网络化的迅速发展，使得战略联盟在各个领域内得以实现，不再受国家、地域等自然因素的制约，范围也从传统的高科技领域延伸到众多的相关行业和领域。从产生方式上来看，战略联盟的范围也相当广泛，包括技术转移、相互特许、中间产品联营、合作生产等多种形式。

5. 管理的复杂性

一方面，战略联盟使得管理权关系变得模糊不清，再加上收益的不平衡，使得每个成员期望带来的利益最大化往往很难协调一致，这就给协调和控制带来了很大的困难。另一方面，企业文化的冲突、组织结构的冲突、合作的不稳定性，也都直接威胁到战略联盟的稳定。因此，在战略联盟建立之初，就应该遵循一定的组织原则制定共同的制度，加强各个成员之间在战略文化等方面的配合，消除管理过程中的不利因素，使战略联盟的关系相对稳固。

6. 优势的互补性

战略联盟的目的是实现资源共享、优势互补并最终培育和巩固企业的核心竞争力。因此，合作中的任何一方都须具有对方或其他合作者不具备的核心资源或竞争优势，且这种资源和优势在短时间内难以模仿，而对竞争来说又是至关重要的，这种核心资源或竞争优势是战略联盟的前提条件。

7. 竞争中的合作性

战略联盟内部的成员之间以一种既竞争又合作的方式存在，矛盾在竞争中被激化，又在彼此的合作中趋于缓和。战略联盟中的合作和竞争共存可以分为先竞争后合作、先合作后竞争和边合作边竞争3种情况。

11.3.2 战略联盟的类型

1. 按照战略联盟成员的参与程度和依赖程度划分

（1）股权式战略联盟。

股权式战略联盟是指参与联盟的各成员通过相互持有股权的方式建立的联盟。这种联盟比较稳定，对合作各方的约束力较大。根据持股多少的不同又可分为对等持股型和非对等持股型两种。

（2）契约式战略联盟。

契约式战略联盟是指联盟的各成员通过契约的形式建立起来的联盟。与股权式战略联盟相比，契约式战略联盟的合作形式更为灵活，成员参与合作更加方便，有利于更多合作伙伴的加入。但由于没有股权的制约，各成员之间的依赖程度比较低，因此联盟的稳定性比较差。契约式战略联盟比较常见的形式有以下几种。

① 研究开发协议。其合作的目的是新技术的研究、新材料的开发等，合作伙伴之间以技术研讨、信息交流、人员互换等方式进行某种松散程度的合作。

② 采购联盟。在采购的环节组成战略联盟，可以充分利用各方的优势资源减少重复性活动，不仅降低了成本，还节约了采购的时间。

③ 联合生产。这种战略联盟使分散在不同企业中的最具有比较优势的生产能力结合起来，完成产品的制造，使产品在范围更广的地域具有竞争力。这种联盟形式有产品品牌联盟、供求伙伴联盟等。

④ 联合市场营销。这种战略联盟是在产品的销售环节组成临时的战略联盟，通过其他企业的营销网络来扩大自己的产品销售渠道。

⑤ 特许经营。特许经营是指特许者向被特许者转让某一特定品牌产品的制造权和经销权。特许者向被特许者提供技术、专利和商标等知识产权，以及在规定范围内的使用权，对被特许者从事的生产经营活动并不作严格的规定。这类特许经营形式的典型例子有汽车经销商、加油站，以及饮料的罐装和销售等。目前，国际上这种模式发展趋于缓和并逐渐向经营模式特许演化。它不仅要求加盟店经营总店的产品、服务，而且质量标准等都要按照特许者规定的方式执行。被特许者缴纳加盟费，特许者为被特许者提供培训、广告、研究开发和后续支持。

⑥ 合资经营。它是指合作者根据一定的协议，共同出资、共同承担风险、共同分享利益的一种战略联盟。这种战略联盟更加接近于股权式战略联盟，各联盟成员的参与程度和紧密程度较高。

2. 按照战略联盟成员在价值链上的不同环节和相互关系划分

（1）联合研制型战略联盟。

联合研制型战略联盟是由处在价值链上游活动中的企业组成的联盟，主要是在生产和研究开发领域中开展广泛的合作。战略联盟的各企业利用联盟的优势，共享信息、技术等资源，共同开发新技术、新产品，从而大大降低新技术、新产品开发的风险，一般多用于开发新技术、新材料等高科技领域。

（2）资源互补型战略联盟。

资源互补型战略联盟既可以是处在价值链的不同环节上的企业组成的联盟，也可以是处在上游活动的企业与其他处在下游活动的企业组成的联盟。处在价值链上游活动的企业利用下游活动企业的营销网络优势，提高自身产品的市场占有率；处在价值链下游活动的企业利用上游活动企业的开发生产优势，及时、迅速地推出新产品。

(3) 市场营销型战略联盟。

市场营销型战略联盟是指处在价值链下游活动的企业相互结成的联盟。这类战略联盟可以提高市场营销网络的效率,加强对市场的控制,能迅速占领市场、适应市场变化。

11.3.3 动态物流联盟

由于无法高效地完成物流服务,许多制造企业只能将物流外包,这就使得第三方物流企业向着更加专业化和集成化的方向发展。在激烈的竞争中,具有不同优势的物流企业也将逐渐结成战略联盟,以快速响应客户的物流服务需求。这种战略联盟被称为动态物流联盟(Dynamic Logistics Alliance),其逐渐成为现代物流组织演变的基本趋势。

动态物流联盟是基于核心能力关联、由核心企业联合其他提供专业化物流服务的企业所组成的、以快速响应客户物流服务需求为战略目标的物流组织。它是面向物流用户的物流企业组织形式,随着物流契约的产生而建立,随着物流契约的结束而结束。

在动态物流联盟形成的过程中,一些具有物流服务供求关系整合能力并能够提供物流综合解决方案的物流企业,以其物流信息技术和客户关系管理能力获得较高的收益,从而发展为动态物流联盟的核心企业。另外,一些不能提供物流综合解决方案的物流企业,因为具有部分专业优势如运输、仓储等,而逐渐成为动态物流联盟的普通加盟企业。这些成员在动态物流联盟内部具有不同的地位。动态物流联盟的核心成员在联盟内部处于主导地位,作为盟主,它负责战略联盟的组建、运行控制及关系协调。动态物流联盟的非核心成员在联盟内处于从属地位,一般情况下,它们只和核心成员之间存在物流契约关系,而不直接和具有物流外包需求的各类制造企业或流通企业发生联系。

基于动态物流联盟的物流系统规划方法由以下 6 个主要步骤组成。

(1) 市场竞争环境与物流系统核心竞争力分析。

针对确定的或潜在的物流服务需求,动态物流联盟的核心企业首先综合分析企业内外环境,根据自身的竞争优势,选择适当的物流服务需求企业进行协商,最终签署物流契约。

(2) 动态物流联盟服务能力与服务需求匹配。

当一项新的物流契约签署之后,则与该契约相关的物流业务就应该有效地融入物流系统的运行。动态物流联盟存在的优势是可以统筹规划多项物流业务,在满足客户需求的前提下,尽可能地节约物流成本。通常,物流系统服务能力相对服务需求会有一定程度的剩余。但是,系统现有物流能力并不总是可以满足未来的业务需要。因此,当物流系统有新的服务需求时,核心企业需要预测物流业务的能力需求,进行物流能力供给与需求的匹配分析,以判断现有资源是否满足需要。

如果系统现有资源不能满足物流服务需求,则需要联合其他第三方物流企业来共同完成物流业务。如果现有资源可以满足物流服务需求,则直接转到步骤(4)。

(3) 动态物流联盟合作伙伴选择决策。

按照供应链管理的思想,动态物流联盟中的合作伙伴之间是基于核心竞争力的战略协作关系,通过强强联合可以实现双赢的目标。其实也不尽然,因为企业都是独立的利益主体,所以会追求局部利益的最大化。动态物流联盟的合作伙伴关系实质上是委托-代理关系。由于合作双方缺少信任或受利益驱使,因此经常导致物流系统运行成本过高、信息传递错误等问题。

动态物流联盟合作伙伴选择决策除了根据设定好的一系列评价指标对合作伙伴进行评价，更重要的是对委托-代理关系做出事前的制度安排，以防患于未然。如果核心企业能够有效地应对委托-代理关系并迅速选定最佳合作伙伴，那么就可以实现物流系统的快速组建与重构。

（4）物流系统资源整合与网络优化。

无论是加入新的合作伙伴还是加入一批新业务，动态物流联盟的核心成员都需要对物流系统进行资源整合与网络优化，这个过程称为物流系统的资源配置。其主要内容是进一步整合物流资源、优化物流系统，对未来发生的每项物流业务都有事先的规划。

（5）物流业务实时运作管理设计。

与相对稳定的物流系统规划过程不同，动态物流联盟的系统规划与设计过程更加独特，在过去，物流系统较少地受到外界的扰动，而在供应链管理环境下，动态物流联盟的成员经常发生变化。于是，在供应链管理环境下，物流业务实时运作管理设计必须考虑由于动态物流联盟成员更替而产生的物流系统资源要素变化。

（6）物流系统运行评价与反馈。

物流系统规划不是一劳永逸的，动态性是物流系统的一个基本特性，物流系统规划也应该是一个持续的过程。在动态环境下，强调物流系统规划的动态性、连续性，其目的是实现系统规划的持续优化。因此，供应链管理环境下的物流系统规划过程，必须对物流业务的实时运作管理过程以及系统评价与信息反馈过程进行有效的规划。

11.4 我国企业物流的发展趋势

11.4.1 双向发展趋势加剧

1. 企业不断改进和发展物流系统

物流系统不断吸收高新技术，以适应新的生产要求。这些新技术包括信息技术、网络技术、计算机技术、自动控制技术、物流信息追踪技术、动态仿真技术、大模型技术等。例如，以无人化技术为代表的智能仓储解决方案已在物流企业或企业物流部门得到广泛应用；在自动化立体仓库中采用自动存储/提取系统和自动导引车，进一步发挥自动化立体仓库在物流配送中心的作用。这种不断改进和发展现代物流系统的方式将在大中型企业中采用，因为这类企业物流量大且比较稳定。

11-8 拓展视频

2. 选择第三方物流

在工业化高度集中的今天，企业只有依靠核心技术才能在竞争中占有一席之地。而任何企业的资源都是有限的，不可能在生产、流通各个环节都面面俱到。因此，企业将资源集中到主营的核心业务，将辅助性的物流功能部分或全部外包给第三方物流企业不失为一种战略性的选择。

例如，在我国某些经济开发区，新的外资企业或独资企业在建立企业时仅考虑企业的主要业务（产品制造），而将企业的物流业务全部委托或部分委托给第三方物流企业。这给双方都带来了许多明显的优势。例如，降低了物流成本，扩大了企业业务能力；集中精力，强化主业；减少进出货物时间，缩短生产经营周期；减少资金投入，降低投资风险；提高物流装备效率等。例如，亚马逊公司虽然目前已经拥有比较完善的物流设施，但对于"门到门"的配送业务，它始终坚持外包。因为"最后一公里"是一项极其烦琐、覆盖面极广的活动，不是其优势所在。因此，它的这种外包既降低了物流成本，又增强了企业的核心竞争力。

11.4.2 新一代信息技术将被广泛应用

党的二十大报告强调，要"构建新一代信息技术、人工智能、生物技术、新能源、新材料、高端装备、绿色环保等一批新的增长引擎。"随着新一代信息技术的飞速发展，物联网、大数据和人工智能将成为推动各行业变革的关键力量，我国企业物流也将展现出巨大潜力，正逐步重塑企业物流的运作模式、管理理念和服务质量。

1. 物联网在企业物流中的应用趋势

（1）智能仓储管理。通过在仓库内布置各类物联网传感器，实现对货物的实时定位与追踪。例如，在货架上安装电子标签和传感器，不仅能精准掌握货物的存储位置、数量变化，还可实时监测货物的状态（如温度、湿度、是否受损等），确保货物存储环境适宜，减少货物损耗。智能仓储正朝着全信息化、全自动化的方向发展，货物的出入库、装卸搬运、分拣等操作将由物联网连接的自动化设备协同完成，从而提高仓储空间利用率和作业效率，降低人力成本。

（2）运输过程可视化与智能调度。在运输车辆上装载北斗卫星导航系统（Beidou Navigation Satellite System, BDS）、传感器等物联网设备，企业可实时获取车辆的位置、行驶速度、路线、货物状态等信息，实现运输过程的全程可视化监控。基于这些数据，企业能够优化运输路线，根据交通状况、天气变化、车辆载重等因素实时调整调度方案，提高车辆利用率和运输时效性，降低运输成本和能耗，同时增强对运输风险的预警和应对能力，保障货物按时、安全送达。

2. 大数据在企业物流中的应用趋势

（1）需求预测与库存优化。企业收集和分析海量的历史订单、市场趋势、季节性因素、客户行为等数据，运用数据挖掘和机器学习算法，对物流需求进行精准预测。根据预测结果，企业可以合理安排库存水平，优化库存布局，减少库存积压或缺货现象，降低库存持有成本，提高资金周转率。同时，大数据分析还能帮助企业识别畅销和滞销产品，为生产计划、采购决策提供有力支持，使供应链各个环节紧密协同，增强企业整体运营的灵活性和响应速度。

（2）物流绩效评估与决策支持。通过整合企业物流各个环节产生的大量数据，包括运输成本、仓储成本、配送时效、客户满意度等，构建全面的企业物流绩效评价体系。企业管理层可以利用大数据分析工具深入了解企业物流业务的运营状况，挖掘潜在问题和改进机会，为制定战略决策提供数据依据。例如，通过对不同物流服务提供商的绩效数据对比分析，选择最优合作伙伴；依据成本效益分析结果，合理规划物流网络布局和资源配置，提升企业物流运营的整体效益和竞争力。

3. 人工智能在企业物流中的应用趋势

（1）智能仓储机器人与自动化分拣。人工智能技术赋能的仓储机器人正逐渐成为智能仓储的核心力量。这些机器人能够自主完成货物的搬运、存储和分拣任务，通过人工智能算法不断优化路径和操作流程，提高仓储作业的准确性和效率。例如，自动导引车和自主移动机器人可以在仓库内灵活穿梭，协作完成复杂的分拣作业，适应不同货物类型和仓储布局的需求，有效解决了传统仓储作业中人力劳动强度大、效率低、易出错等问题，推动仓储环节向高度自动化和智能化方向发展。

（2）智能运输规划与自动驾驶。人工智能在运输领域的应用主要体现在智能运输规划和自动驾驶技术的发展上。利用人工智能算法对运输任务进行智能分配和路径优化，综合考虑交通路况、车辆载重、客户时间窗等多种因素，可以实现运输资源的最优配置和运输效率的最大化。同时，自动驾驶技术的逐步成熟将深刻改变企业物流的运输模式。自动驾驶车辆能够减少人为因素导致的交通事故风险，提高运输安全性；还可以通过不间断运行和精准的行驶控制，降低能耗和车辆损耗，进一步降低物流成本，为物流业带来全新的发展机遇和变革。

未来，物联网、大数据和人工智能将在企业物流中深度融合，形成智能化的物流生态系统。物联网作为数据采集的基础，实时获取企业物流各个环节的详细数据；大数据负责对海量、多源的数据进行存储、管理和分析，挖掘数据价值，为决策提供依据；人工智能则基于大数据分析结果，实现物流作业的自主决策、智能执行和优化控制，如智能仓储机器人的任务调度、运输自动驾驶的决策控制等。三者相互协作、相辅相成，将推动企业物流向更加智能化、高效化、精准化和柔性化的方向发展，全面提升企业物流的核心竞争力，助力企业在全球市场中脱颖而出，实现可持续发展。

案例 11-2

顺丰的智慧供应链

在数字供应链的基础上，顺丰结合数字技术、人工智能、物联网、云计算等新科技能力，赋能客户的仓网规划、供应链计划、库存、运输和包装管理等不同环节，实现供应链的智能化和自动化，提升供应链的弹性、效率和韧性。顺丰打造了一套"丰智云策"智能系统，帮助客户在供应链上做出更好的决策，包括仓网规划支撑客户供应链战略规划顶层设计，构建以消费者为中心的供应链体系；供应链计划联动产销协同，实现全网库存布局更优化，促进库存周转、提升资金利用率；运输管理实现运输模式和线路的优化，降本增效的同时实现更好的服务体验；包装管理通过运筹算法，提供最优包装方案，实现高效运营和成本节约。该系统已经在美妆、服装、制造、食品、医药和餐饮等多个行业服务了数十家行业头部企业。

1. 仓网优化案例

顺丰为某大型医药集团提供仓网优化方案。该客户体量庞大，旗下拥有数十家公司及数百个含中药、保健品、医疗器械的品规，营销网络遍布各地，因渠道变革及业务发展需要，拟对全国数十个省仓进行重新规划布局，在保持服务水平的前提下实现降本增效。基于该背景，顺丰利用数据分析技术、机器学习算法与运筹优化算法，针对客户三层仓网结构，结合运输干支线成本、仓储成本、综合作业与管理成本、时效及服务质量要求等因素输出了新的全国仓网布局优化方案。该方案横向对比了不同仓库数量和总成本的平衡点，并综合考量未来3~5年的业务发展规划。预计可为客户供应链节省年均数百万元成本。

2. 运输优化案例

顺丰为某实验动物服务领域客户打造智慧物流管理系统。活体运输模式具有特殊性，且该客户规模较大，拥有2个生产基地及多个中转库，涉及多点提送的同城和跨城运输场景。顺丰为其搭建可视化看板，使订单、运输和仓内数据清晰可见，提高监控管理能力。在运输环节，运用运筹优化算法推荐最优规划路线，协调各种运输场景的干支线运输，从而提升线路规划效能并降低运营成本。此外，"丰循"运输系统全面支持对自有司机与外部承运商的管理，司机可通过小程序进行任务打卡和节点信息上报，确保运输全信息在途可视，进而实现司机考核与管理精细化。最终帮助该客户降低超20%的车辆使用数，减少超10%的运输总里程数和提升超10%的运输时效。

3. 智能中台案例

顺丰与某乳制品头部企业合作，为客户构建智能履约中台解决方案，推动全渠道一盘货业务模式落地。针对客户线上线下订单渠道繁多、销售计划波动大、多仓库存管理困难等问题，以及压货、滞销、串货等的痛点，顺丰为该客户搭建了以订单、库存为核心的业务中台系统，并提供仓配一体化的整合方案。该方案实现了全渠道库存统一分配、运输模式的灵活选择，以及全链路订单的可视化运营。最终，帮助客户将库存天数降低16%，订单处理时长缩短50%，订单满足率提升12%，确保了产品新鲜度，并成功支持了客户新销售模式的实施。此外，该方案还从客户的单个事业部推广至其全集团事业部，助力整个集团提升其供应链弹性和灵活度。

资料来源：2024年顺丰控股股份有限公司半年度报告.

11.4.3 绿色物流与冷链物流加速崛起

1. 绿色物流的趋势

《物流术语》（GB/T 18354—2021）中对绿色物流（Green Logistics）的定义是，通过充分利用物流资源、采用先进的物流技术，合理规划和实施运输、储存、装卸、搬运、包装、流通加工、配送、信息处理等物流活动，降低物流活动对环境影响的过程。

从运输环节来看，绿色物流倡导使用清洁能源车辆，如电动卡车、混合动力汽车等，减少传统燃油车辆的尾气排放。这些清洁能源车辆可以有效降低二氧化碳、氮氧化物等污染物的排放，有助于改善空气质量。同时，在运输路线规划方面，借助先进的信息技术和算法，选择最优路线，减少运输里程、降低能源消耗。例如，一些企业利用大数据分析，综合考虑交通状况、货物重量和体积等因素，为每一次运输任务规划最经济且环保的路线。

仓储环节也在践行绿色理念。绿色仓库注重建筑的节能设计，采用高效的隔热材料，减少仓库在夏季制冷和冬季取暖的能源消耗。仓库内部的照明系统也多使用节能灯具，并且通过智能控制系统，根据光线和人员活动情况自动调节亮度。此外，在仓储货物的包装方面，尽量使用可回收、可降解的包装材料，如纸质填充物代替塑料泡沫，减少包装废弃物对环境的污染。

在装卸搬运过程中，推广使用环保型的装卸设备。例如，采用电动叉车代替传统的燃油叉车，减少废气排放。并且，合理安排装卸流程，可以提高装卸效率，减少货物在装卸过程中的破损和浪费。

绿色物流的发展还涉及逆向物流。逆向物流主要是对退货、回收产品的处理。它通过建立完善的回收网络，将消费者退回的商品或者废旧产品进行分类、处理。对于可再销售的产品进行重新包装和销售,对于无法销售但可拆解的产品,将其零部件回收利用,减少资源浪费。例如,电子设备回收后,其中的贵金属等有价值的材料可以被提炼出来,重新用于生产。

绿色物流是物流行业可持续发展的必然趋势,它不仅能够减少物流活动对环境的负面影响,还能为企业树立良好的社会形象,带来经济效益和社会效益的双赢。

2. 冷链物流的趋势

冷链物流是一种特殊的物流方式,主要用于对温度敏感产品的运输和储存,这些产品包括易腐食品(如肉类、海鲜、水果、蔬菜等)、医药制品(如疫苗、生物试剂等)等。

在冷链物流的运输环节,首先要有专业的冷藏运输设备。对于公路运输而言,冷藏车是最常见的运输工具。冷藏车配备制冷机组,能够精确控制车厢内的温度。例如,在运输新鲜草莓时,车厢温度需要保持0~2℃,以延缓草莓的腐烂速度。同时,为了保证温度的均匀性,冷藏车内还设有通风系统,确保冷空气能够循环到车厢的各个角落。对于航空和航海运输,也有专门的冷藏集装箱,这些集装箱在长时间的运输过程中能够持续稳定地提供适宜的低温环境。

仓储环节同样关键。冷链仓库是一种特殊的仓库,它能够提供不同温度区域的存储服务。例如,对于速冻食品,需要在-18℃以下的低温库中存储;而对于一些需要保鲜的蔬菜,0~4℃的保鲜库就可以满足需求。冷链仓库的建筑结构也具有良好的保温性能,墙壁和屋顶都采用了高效的保温材料,防止外界热量传入仓库内部。并且,仓库内还配备温度监测系统,能够实时监控温度变化,一旦温度出现异常,会及时发出警报。

冷链物流的配送也是一个复杂的过程。在"最后一公里"配送时,为了保证产品的温度,会使用小型的冷藏设备,如保温箱、冷藏背包等。特别是对于一些生鲜电商平台,配送员会将冷藏包装好的产品快速送到消费者手中,确保产品在到达消费者时依然处于良好的状态。

冷链物流的发展对于保障食品安全和药品质量有着极其重要的作用。它延长了易腐产品的保质期,扩大了产品的销售范围,同时也为人们的健康生活提供了有力的保障。

 应用实例

顺丰的冷链物流

2024年上半年,顺丰冷运及医药业务实现不含税营业收入50.6亿元,同比下降5.2%。主要由于受霜冻等恶劣天气及华南连续降雨影响,今年部分时令水果明显减产,影响生鲜寄递业务增长。

据中国物流与采购联合会发布,2024上半年我国冷链物流市场规模为2779亿元,同比增长约3.4%,总体平稳增长但增速有所放缓。市场需求方面,生鲜电商市场增速放缓,餐饮连锁品牌加速布局下沉市县,大型商超企业调优门店布局,整体追求稳健经营。顺丰通过冷链与快递网络的资源融通,以更低成本的模式实现冷链网络的延展,保障冷链业务在合理的利润水平下实现业务拓展。

(1)生鲜寄递。2024年上半年,顺丰持续深耕农产品产业链上下游,在营销端助力品牌打造和渠道撮合,在服务端通过科技赋能与精益化运营,横向扩大产区覆盖,纵向开发细品类,稳固顺丰在生鲜寄递市场的领先地位。目前,顺丰农产品流通服务网络已覆盖全国2700多个县区级城市,囊括全国226类累计5500多种特色农产品。①精益化运营与服务：顺丰整合自有专机、冷运、仓储资源及其他外部合作资源，根据不同农产品的价值与时效需求，采取精细化的分层分流向策略，辅以跨区域农产品集散中心的建设，加速订单流转及全链路物流时效。同时，顺丰通过采用大车型运输、优化中转策略以拉直干线线路、充分利用空仓资源等措施，持续降低运营成本，从而以更高性价比的服务反哺农户及商家，有效提升服务竞争力并实现了业务抢夺。②拓展生鲜跨境进出口业务：依托全货机资源优势，持续拓展东南亚及美洲流向的水果及海鲜进口业务；其中上半年携手某生鲜供应链合作伙伴共建的面向东南亚进口水果贸易的大型仓库项目正式投运，提供跨境冷链运输、仓储、预处理及物流等服务，共同打造高效、便捷、安全的东南亚进口水果供应链体系。此外，持续助力我国高端水果品牌出海，聚焦欧洲流向以高时效的国际快递服务满足生鲜跨境B2C需求，实现生鲜出口业务量翻番。

（2）食品冷运。国内冷链市场价格竞争有所增强，行业参与者"增量不增收"的现象凸显。顺丰专注于食品冷链B2C仓配一体和B2B零担业务，在保持领先的高品质和差异化服务的同时，持续降低成本，提升服务性价比和竞争力。2024年上半年顺丰食品冷运业务增长高于行业的增长。

① 夯实冷链网络。仓网方面，整合优化现有冷链场地功能，结合外部云仓、合作仓等轻资产模式，降低固定成本支出，同时迭代自动化设备和实现生产工序智能化等，有效提升仓内生产效率。运输网方面，优化冷链骨干网络，通过集团层面对自有及外包冷链运力资源的共建共用、统一采购及调度等，提高车辆装载率，降低运输成本。配送网方面，通过利用快递网络和顺新晖的末端资源，结合温控容器的使用，实现冷链网络进一步下沉拓展，2024年上半年冷链零担新开通派送上门服务的城市数量较2023年年底增加27%。

② 拓展业务增量。顺丰冷运聚焦B2C仓配一体、B2B温控零担、餐饮店配领域，重点围绕线上线下全渠道销售的品牌食品企业、线下渠道为主的食品加工企业及餐饮连锁企业，加大商机挖掘和客户开发。其中，通过积累迭代冰激凌行业专属操作SOP及包装方案，成功将标杆案例实现快速复制，冰激凌品类新签收入同比增幅超100%。

③ 建立行业标杆。顺丰冷运连续六年荣登中国冷链物流百强企业榜首，参与国家多项行业标准制定和修订，持续细化各项专业服务标准，打造冷链服务标杆。其中在北京和上海的生鲜电商配送场景中，试点使用可分解再造新材料循环箱替代白色泡沫箱，建立可持续的包装回收体系，推动冷链物流绿色化发展。

资料来源：2024年顺丰控股股份有限公司半年度报告。

11.4.4　企业物流管理向供应链管理转型

11-9 拓展视频

1. 企业物流管理向供应链管理转型的必要性

（1）适应市场竞争的需求。在现代商业环境中，市场竞争日益激烈，仅优化企业内部物流已不足以获得竞争优势。供应链管理可以整合上下游资源，增强企业对市场变化的响应速度，如及时补货、快速推出新产品等，使企业更具竞争力。

（2）满足客户多样化需求。客户对产品的要求越来越高，不仅关注产品质量，还注重配送速度、服务体验等。供应链管理可以更好地协调各个环节，提供更精准的交付时间和更完善的服务，提升客户满意度。

（3）应对企业物流国际化趋势。随着企业全球化业务的拓展，物流过程涉及多国资源和市场。供应链管理能有效地统筹跨国采购、生产和配送，规避国际贸易风险，保障企业在全球市场的高效运营。

2. 企业物流管理向供应链管理转型的具体表现

（1）战略视角的转变。企业物流管理多关注成本控制和服务水平提升等战术问题。供应链管理上升到战略高度，从整体上规划供应链的布局和发展，考虑如何通过优化供应链获取竞争优势。

（2）管理范围的拓展。企业物流管理主要侧重于企业内部的物流活动，如运输、储存、配送等环节。而供应链管理涵盖了从原材料供应商到最终消费者的整个链条，包括供应商选择、采购管理、生产协同、销售渠道以及客户服务等多个环节。例如，在供应链管理下，企业不仅关注自身仓库的货物存储情况，还会与供应商协商原材料的供应计划，确保整个供应链的库存处于合理水平。

（3）信息整合程度的加深。在企业物流管理阶段，信息往往集中在物流作业层面，如货物的运输进度、库存水平等。在供应链管理阶段，信息整合范围扩大到整个供应链。企业需要通过新一代信息技术，与上下游企业实时共享订单信息、需求预测、库存动态等关键数据。例如，利用大数据和云计算技术，企业能够提前获取市场需求变化信息，从而协调供应链的各个环节提前做好准备。

（4）合作关系的强化。企业物流管理侧重于内部效率优化，与外部企业联系相对松散。供应链管理则注重建立紧密、长期的战略合作伙伴关系。企业会与供应商、分销商等协同合作，共同应对市场风险和不确定性。例如，与供应商签订长期合作合同，共同研发新产品、改进包装设计，提升整个供应链的竞争力。

资料卡

供应链管理主要有以下几种类型。

（1）推式供应链管理。在推式供应链中，企业根据对市场需求的预测来安排生产和配送。制造商先进行生产，然后将产品推向销售渠道。这种供应链管理方式适用于需求相对稳定、产品标准化程度高的行业。例如，日用品行业常采用推式供应链。像牙膏、洗发水等产品，消费者的需求比较稳定，企业可以基于以往的销售数据、市场趋势等来预测未来的需求。制造商按照预测的数量进行大规模生产，将产品存储在仓库，再通过分销商、零售商等渠道推向市场。其优势在于生产的计划性强，能够有效利用规模经济，降低生产成本。但它的缺点也很明显，一旦预测失误，就可能导致库存积压或缺货的情况。

（2）拉式供应链管理。拉式供应链是由客户的订单来驱动生产和配送。企业只有在接到客户订单后，才开始采购原材料、组织生产。这种方式对市场需求的响应速度更快，能够更好地满足客户的个性化需求。在电子定制产品行业，拉式供应链较为常见。以定制计算机为例，消费者在网上下单，选择自己需要的计算机配置，企业收到订单后，采购相应的零部件，才开始组装计算机。这种供应链管理的好处是库存水平较低，产品符合客户需求。不过，它对供应链的协同性和灵活性要求很高，企业需要具备快速组织生产和配送的能力，否则可能会延长客户的等待时间。

（3）推拉结合式供应链管理。这是一种综合了推式和拉式供应链优点的管理方式。在供应链的前端，如原材料采购、零部件生产等环节采用推式，根据预测进行一定的备货；而在供应链的后端，如产品的组装、配送等环节采用拉式，根据客户订单来操作。汽车行业是典型的采用推拉结合式供应链的行业。汽车制造商对于一些通用的零部件，如轮胎、螺钉等，会根据市场预测进行生产和采购，这是推式部分。而对于汽车的定制化配置，如特定的内饰颜色、高级音响系统等，是在接到客户订单后才进行安装，这是拉式部分。这种方式既能够利用推式供应链的规模经济优势,又能发挥拉式供应链的快速响应优势,在保证产品供应效率的同时,满足客户的多样化需求。

(4)精益供应链管理。精益供应链管理的核心是消除供应链中的一切浪费,包括库存积压、过度生产、多余的运输环节等。它通过优化流程、加强供应链各个环节的协同来实现高效运作。例如,在服装制造业,精益供应链管理会精确计算每款服装的生产数量,避免过度生产。同时,优化服装从工厂到店铺的运输路线,减少不必要的中间环节。企业与供应商紧密合作,确保原材料的及时供应,并且质量符合要求。企业通过这些措施,可以降低成本,提高供应链的整体效益。

(5)敏捷供应链管理。敏捷供应链强调快速响应市场的变化和不确定性。它要求供应链中的企业具有高度的灵活性和快速调整的能力。在高科技产业中,技术更新换代快,市场需求多变。以智能手机行业为例,企业需要敏捷的供应链来应对。当有新的技术出现或者竞争对手推出新的产品功能时,企业能够迅速调整生产计划,更换零部件供应商或者调整产品设计。并且,在遇到突发情况,如原材料供应中断或者市场需求急剧变化时,敏捷供应链能够快速重新配置资源,保障产品的供应。

本 章 小 结

企业物流国际化要求企业具有克服时间和空间阻隔的功能。虽然国内物流具有克服时间和空间阻隔的功能,但是国际物流要克服的时间和空间阻隔比国内物流大得多。企业物流国际化要求企业的物流组织结构由具有综合计划协调功能的物流管理总部、事业部所属物流部门、生产企业所属物流部门和海外分厂物流部门所组成。

企业物流现代化技术主要包括管理和技术现代化两个方面。管理现代化涉及系统管理现代化、质量管理现代化、标准化管理现代化和决策管理现代化。技术现代化包括物流装备技术现代化、物流信息技术现代化和物流管理技术现代化。

动态物流联盟是基于核心能力关联、由核心企业联合其他提供专业化物流服务的企业所组成的、以快速响应客户物流服务需求为战略目标的物流组织。基于动态物流联盟的物流系统规划方法由以下 6 个主要步骤组成,即市场竞争环境与物流系统核心竞争力分析、动态物流联盟服务能力与服务需求匹配、动态物流联盟合作伙伴选择决策、物流系统资源整合与网络优化、物流业务实时运作管理设计、物流系统运行评价与反馈。

我国企业物流的发展呈现一些新的趋势,如双向发展趋势加剧、新一代信息技术将被广泛应用、绿色物流与冷链物流加速崛起、企业物流管理向供应链管理转型等。

  国际物流(International Logistics)
  装运港船上交货(Free on Board, FOB)
  成本加保险费加运费(Cost, Insurance and Freight, CIF)
  动态物流联盟(Dynamic Logistics Alliance)
  第三方物流(Third Party Logistics)
  物联网(Internet of Things,IoT)
  北斗卫星导航系统(Beidou Navigation Satellite System, BDS)
  大数据(Big Data)

人工智能（Artificial Intelligence，AI）
绿色物流（Green Logistics）
冷链物流（Cold Chain Logistics）
供应链管理（Supply Chain Management）

习题

1. 选择题

（1）企业物流国际化的组织形式主要包括（　　）。
  A. 物流管理总部　　　　　　　　B. 事业部所属物流部门
  C. 生产企业所属物流部门　　　　D. 海外分厂物流部门

（2）技术现代化包括（　　）。
  A. 物流装备技术现代化　　　　　B. 物流管理技术现代化
  C. 物流网络技术现代化　　　　　D. 物流信息技术现代化

（3）战略联盟的特征主要包括（　　）。
  A. 合作的平等性　　　　　　　　B. 管理的复杂性
  C. 优势的互补性　　　　　　　　D. 竞争中的合作性

（4）按照联盟成员的参与程度和依赖程度划分，战略联盟的类型包括（　　）。
  A. 股权式战略联盟　　　　　　　B. 契约式战略联盟
  C. 市场营销型战略联盟　　　　　D. 资源互补型战略联盟

（5）基于动态物流联盟的物流系统规划方法主要步骤有（　　）。
  A. 市场竞争环境与物流系统核心竞争力分析
  B. 动态物流联盟服务能力与服务需求匹配
  C. 物流系统资源整合与网络优化
  D. 物流系统运行评价与反馈

2. 简答题

（1）企业物流现代化技术中管理现代化包括哪些内容？
（2）按联盟成员的参与程度和依赖程度进行分类，战略联盟有哪些类型？
（3）简述新一代信息技术在企业物流中的应用趋势。
（4）我国企业物流的发展趋势包括哪些？

3. 判断题

（1）企业物流决策管理已从定性分析阶段进入定量分析阶段。（　　）
（2）联合研制型战略联盟是由处在价值链的上游活动中的企业组成的联盟，主要是在生产和研究开发领域中开展广泛的合作。（　　）
（3）市场营销型战略联盟是指处在价值链下游活动的企业相互结成的联盟。（　　）
（4）智慧物流是指通过充分利用物流资源、采用先进的物流技术，合理规划和实施运输、储存、装卸、搬运、包装、流通加工、配送、信息处理等物流活动，降低物流活动对环境影响的过程。（　　）

4. 思考题

（1）我国企业物流可能会应用哪些新一代信息技术？
（2）我国绿色物流与冷链物流的应用情况。

实际操作训练

课题 11-1：某企业物流发展趋势调查
实训项目：某企业物流发展趋势调查
实训目的：了解该企业的物流发展趋势的详细情况。
实训内容：确定调研企业的类型，并进行物流发展趋势的情况调查，分析其在物流发展中存在的问题。
实训要求：首先，学生可以小组的方式开展调查工作，每五人一组；各组成员自行联系，并调查当地的一家物流服务企业；详细调研该企业的物流发展趋势的情况，分析其在物流发展中存在的问题，并针对该企业出现的问题，提出相应的解决方案；将上述内容形成一个完整的调查分析报告。

案例分析

北斗为快递物流带来更多可能性

2024年7月10日，国务院新闻办公室举行"推动高质量发展"系列主题新闻发布会，国家邮政局局长赵冲久表示，邮政快递业已经成为与国民经济社会发展和人民群众生活密切相关的重要领域，2023年全国快递业务量超1320亿件，2024年上半年已完成800亿件，较去年同期增长23%，继续呈现快速增长态势。

海量的快递包裹，是如何精准抵达消费者手里的？北斗卫星导航系统（简称北斗）在这个过程中，扮演了怎样的角色？

北斗面向全球用户提供高稳定、高可靠、高安全、高质量的时空信息服务，已成为邮政快递行业重要的时空基石，贯穿快递物流从下单到配送、收货的全部环节，在其数字化智能化转型中发挥了重要作用。

1. 下单环节

消费者在下单时，基于北斗定位服务，手机能够快速定位消费者的下单地点，生成收货地址。

2. 出库环节

大型网购平台在全国各地设有仓库，平台收到消费者的下单申请后，推送至仓储管理系统，通过位置服务调取距离消费者最近的仓库和货源。这个环节有机融合了北斗技术与通信技术、地理信息技术等。

3. 分拣环节

基于北斗高精度的无人化分拣系统，为快递快速送达消费者打下了基础，这些分拣机器人可以在十几秒之内完成海量货物的分拣。例如菜鸟、京东、顺丰等在多地建设了智能仓储，构建了智慧物流体系，利用高精度的北斗定位，对分拣机器人、配送机器人等进行全程的位置管控。

4. 运输环节

快递从仓库发出后，进入运输过程，北斗高精度服务已经成为物流车辆不可或缺的制胜法宝。物流管理平台能够根据位置信息获知驾驶人员状态、车辆速度等信息，确保物流运输安全。同时，将快递运输和配送环节的位置信息集成在平台上，消费者打开手机软件即可查看此时此刻运输车辆的位置，确保包裹路线和环节可追溯、可实时查看。

5. 配送环节

融合了北斗高精度服务、视觉导航、激光雷达、室内导航等技术的无人车和机器人配送上门，构建了全新的末端配送模式，完成快递运输的"最后一公里"，消费者足不出户就可以查收包裹。除了地面的无人车，穿梭在城市低空的无人机已经在深圳、上海等地的景区、公园、商圈等"上岗"，为游客配送奶茶、汉堡等外卖。由于公园、游乐场等景区普遍面积较大，景区内的景点又相对分散，如果经由外卖员在公园内步行，容易存在定位难、配送慢的问题。基于北斗高精度的无人机，解决了"最后一公里"的"痛点"；而且相较于传统的快递外卖配送模式，无人机能够缓解高峰期地面的交通压力，以畅通的线路和高效的速度提效近四成。截至2024年3月，美团无人机已在深圳、上海等城市11个商圈落地了28条航线，配送服务覆盖了办公、景区、市政公园、医疗、校园等多种场景，并累计完成用户订单超25万单，为消费者节约了超过1万小时的等待时间，构建了城市低空"15分钟配送圈"。

未来，随着北斗高精度服务质量的不断提高，快递物流领域的时空数据逐步丰富，消费者的购物体验也将持续优化，更多的精细化寄递场景将让我们的生活更便利。

资料来源：http://www.beidou.gov.cn/yw/xwzx/202407/t20240715_28152.html[2025-03-16].

问题：

（1）北斗在邮政快递行业哪些环节得到了有效应用？

（2）北斗在运输环节如何应用？

（3）北斗在配送环节如何应用？

（4）北斗将为物流行业带来哪些变革？

参 考 文 献

白会芳，董雅丽，2016. 现代物流管理教程[M]. 北京：经济管理出版社.
崔介何，2015. 物流学概论[M]. 5 版. 北京：北京大学出版社.
董千里，等，2023. 物流运作管理[M]. 3 版. 北京：北京大学出版社.
甘卫华，2023. 仓储管理与库存控制[M]. 北京：北京大学出版社.
甘卫华，尹春建，2005. 现代物流基础[M]. 北京：电子工业出版社.
高廷勇，李春发，许彦，2008. 企业物流管理概论[M]. 北京：电子工业出版社.
谷再秋，乔志强，2016. 物流管理概论[M]. 2 版. 北京：科学出版社.
郭冬芬，2022. 现代物流基础：理论 案例 实训：微课版[M]. 3 版. 北京：人民邮电出版社.
何海军，齐绍琼，2023. 管理学基础[M]. 北京：电子工业出版社.
黄福华，周敏，2024. 现代企业物流管理[M]. 3 版. 北京：科学出版社.
黄有方，2021. 我国物流科技研究和应用的新动态[J]. 物流技术与应用，26(1): 42-43.
黄中鼎，2016. 现代物流管理学[M]. 3 版. 上海：上海财经大学出版社.
黄中鼎，2019. 现代物流管理[M]. 4 版. 上海：复旦大学出版社.
孔继利，2023. 物流配送中心规划与设计[M]. 3 版. 北京：北京大学出版社.
孔继利，冯爱兰，2010. 实验教学型单设施重心法选址系统的设计与实现[J]. 物流工程与管理，32(1): 139-142.
孔继利，王梦萧，2011. 大型装备制造企业备品备件库存管理系统[J]. 物流技术，30(11): 109-113.
李承霖，2015. 企业物流管理实务[M]. 2 版. 北京：北京理工大学出版社.
李锋，2024. 电子商务与现代物流[M]. 北京：北京大学出版社.
廖夏菲，2023. 电子商务环境下企业物流管理面临的挑战和应对之策[J]. 现代企业文化 (23): 73-76.
刘丹，2018. 物流企业管理[M]. 3 版. 北京：科学出版社.
毛海军，覃运梅，马成林，等，2023. 现代物流学[M]. 北京：人民交通出版社.
万立军，闫秀荣，2017. 物流企业管理[M]. 2 版. 北京：清华大学出版社.
王海鹰，王洋，2010. 企业物流管理[M]. 北京：电子工业出版社.
王晓艳，2020. 企业物流管理[M]. 北京：北京大学出版社.
王转，2020. 现代物流学[M]. 北京：清华大学出版社.
吴清一，2005. 现代物流概论（初级、中级、高级通用）[M]. 2 版. 北京：中国物资出版社.
张浩，2024. 采购管理与库存控制[M]. 3 版. 北京：北京大学出版社.
张洪，洪树权，张佺举，2023. 物流管理[M]. 2 版. 北京：北京大学出版社.
赵启兰，2011. 企业物流管理[M]. 2 版. 北京：机械工业出版社.
赵小柠，2024. 仓储管理[M]. 2 版. 北京：北京大学出版社.
周启蕾，许笑平，2023. 物流学概论[M]. 5 版. 北京：清华大学出版社.